Don Dinkmeyer Sr., Gary D. McKay, Don Dinkmeyer Jr.
STEP – Das Buch für Lehrer/innen

Die professionelle, praxisorientierte STEP Fortbildung für Lehrer/innen – ein weiterer Baustein des STEP Programms – inspiriert Lehrer/innen zu einem neuen Ansatz. Lehrkräfte aller Schulformen probieren Schritt für Schritt Wege aus, den Schulalltag wertschätzend und ermutigend zu gestalten, um ihr eigenes Potenzial und das der Schüler zu entfalten: z.B. durch eine demokratisch-partizipative Atmosphäre in der Klasse, geprägt von Gemeinschaftsgefühl, gegenseitigem Respekt und Kooperation. Erfahrungen werden reflektiert, sodass mehr Sicherheit in der pädagogischen Handlungskompetenz und größere Gelassenheit sowohl beim/bei der einzelnen Lehrer/in als auch im Kollegium und damit in den Lebensraum Schule Einzug halten können. Um die Nachhaltigkeit der bei der Fortbildung erworbenen Haltung und der neu gewonnenen Handlungsstrategien zu sichern, bilden Nachtreffen zur kollegialen Intervision einen Teil der Fortbildung.

Das pädagogische Konzept von STEP für Lehrer/innen basiert auf den Forschungsergebnissen der Individualpsychologen Alfred Adler und Rudolf Dreikurs sowie auf den Prinzipien der Humanistischen Psychologie nach C. Rogers und T. Gordon und wurde von den amerikanischen Autoren Don Dinkmeyer Sr. Ph.D., Gary McKay Ph.D. und Don Dinkmeyer Jr. Ph.D. über vier Jahre entwickelt, in der Praxis getestet und revidiert. Erfahrungswerte aus fünf Pilotprojekten im deutschsprachigen Kulturraum 2010–2011 sind in die deutsche Adaption eingeflossen.

Die Themen:

- Das eigene Verhalten als Lehrer und das Verhalten der Schüler aus der Sicht der Individualpsychologie verstehen, die Perspektive auf das Fehlverhalten der Schüler ändern und – falls notwendig – anders als bisher reagieren, alltäglichen Stress reduzieren und positives Verhalten der Schüler stärken.
- Zwischen Ermutigung und Lob unterscheiden, die intrinsische Motivation der Schüler, zu lernen, stärken und sich selbst in der Rolle als Lehrer regelmäßig ermutigen – u.a. »den Mut haben, nicht perfekt zu sein«.
- Auf respektvolle Weise kommunizieren: achtsam zuhören, um den Ansprechpartner zu verstehen, und seiner eigenen Meinung und Gefühlen so Ausdruck verleihen, dass diese für andere nachvollziehbar werden.
- Entscheiden, wer die Verantwortung für die Lösung anstehender Probleme übernimmt, die Schüler bei der Lösungsfindung durch die Erforschung von Alternativen unterstützen (u.a. durch den Klassenrat).
- Disziplin auf sinnvolle, kooperative Weise (zur Prävention und als Intervention) ausüben und als Lernprozess erachten – die Schüler aus den Folgen ihrer Entscheidungen lernen lassen. Das Ziel ist Selbstdisziplin.
- Mithilfe der STEP Strategien flexibel, individuell und wirkungsvoll mit den täglichen Herausforderungen – mit dem einzelnen Schüler, der Klasse als Gruppe und den Kollegen – umgehen.
- Die Kräfte der Gruppe in ihrer Dynamik verstehen und den Zusammenhalt der Klasse durch Strategien zur Entwicklung einer kohäsiven Gruppe fördern (u.a. durch Förderung der Interaktion zwischen Schülern).
- Fertigkeiten für eine professionelle, u.a. moderierende Gesprächsführung im Unterricht anwenden.
- Die Entwicklung der sozialen Kompetenz der Schüler – in Vorbereitung auf das Leben – fördern.
- Mit den Eltern bei der Erziehung und Bildung der Kinder professionell in einer wertschätzenden, effektiven Partnerschaft zum Wohl der Kinder an einem Strang ziehen.

Die Autoren:

Dr. Don Dinkmeyer Sr. hat bahnbrechende Arbeit auf den Gebieten Schulpsychologie, Adlerianische Psychotherapie, Elterntraining, Gruppensupervision und Ehetherapie geleistet. Als Autor innovativer und erfolgreicher Trainingsprogramme für Eltern und für Pädagogen hat er 35 Bücher und 125 Zeitschriftartikel veröffentlicht.
Dr. Gary McKay ist approbierter Psychologe und Mitglied der amerikanischen Gesellschaft für Ehe- und Familienberatung. Zahlreiche Veröffentlichungen und Workshops zur Erziehungsberatung in den USA und Europa.
Dr. Don Dinkmeyer Jr., ehemals Professor an der Western Kentucky University und Präsident der Nordamerikanischen Gesellschaft für Adlerianische Psychologie; Autor zahlreicher Bücher auf dem Gebiet der Beratung und Therapie; leitet in den USA seit 35 Jahren Workshops für Lehrer, Berater und Elterntrainer.

Die Herausgeberinnen und Leiterinnen der Aus- und Weiterbildungen von STEP Dozent/innen:

Trudi Kühn hat nach ihrer pädagogisch-philologischen Hochschulausbildung an einem Gymnasium in Hamburg unterrichtet, viele Jahre in London gelebt, und Fortbildungen, insbesondere in der Humanistischen Psychologie, absolviert sowie als Trainerin für Verhandlungsführung gearbeitet. Sie ist verheiratet, lebt in Düsseldorf und hat zwei erwachsene Kinder.
Roxana Petcov ist Sprachwissenschaftlerin und hat sich im individualpsychologischen Bereich fortbilden lassen. Sie hat die Fremdsprachenabteilung eines Weiterbildungsinstituts geleitet und im Qualitätsmanagement gearbeitet. Sie ließ sich bei Dr. Don Dinkmeyer Jr. in den USA zur STEP Kursleiterin ausbilden. Sie ist verheiratet, hat zwei erwachsene Kinder und lebt in Düsseldorf.

Don Dinkmeyer Sr., Gary D. McKay, Don Dinkmeyer Jr.

STEP –
Das Buch für Lehrer/innen

Wertschätzend und professionell
den Schulalltag gestalten

Mit einem Vorwort von Professor Klaus Hurrelmann

Überarbeitet, adaptiert und herausgegeben
von Trudi Kühn und Roxana Petcov

Titel der Originalausgabe: Systematic Training for Effective Teaching
by Don Dinkmeyer Sr., Gary D. McKay, Don Dinkmeyer Jr.
Published by AGS® American Guidance Service, Inc.
All rights reserved. Communication and Motivation Training Institute, Inc. (CMTI) of Coral
Springs, Florida und Communication and Motivation Training Institute, Inc. (CMTI-West)
of Tucson, Arizona. The rights to this work have been transferred to STEP Publishers, LLC
of Bowling Green, Kentucky; www.STEPPublishers.com

Wichtiger Hinweis
Die im Buch veröffentlichten Ratschläge wurden mit größter Sorgfalt und nach bestem
Wissen vom Autor erarbeitet und geprüft. Eine Garantie kann jedoch weder vom
Verlag noch von dem Verfasser übernommen werden. Die Haftung des Autors bzw.
des Verlages und seiner Beauftragten für Personen-, Sach- oder Vermögensschäden ist
ausgeschlossen. Wenn Sie sich unsicher sind, sprechen Sie mit dem Schulpsychologen,
Ihrem Supervisor oder Therapeuten.

www.beltz.de

1. Auflage 2011

Alle Rechte der deutschsprachigen Ausgabe
© 2011 Beltz Verlag, Weinheim und Basel
Aus dem Amerikanischen von Gabi Bührer
Illustrationen von John Bush
Umschlaggestaltung: Nancy Püschel unter Verwendung des Logos
von InSTEP® Weiterbildungsinstitut, Düsseldorf
Umschlagabbildung: © Fotolia/goodluz
Satz und Herstellung: Nancy Püschel
Druck und Bindung: Beltz Druckpartner, Hemsbach
Printed in Germany

ISBN 978-3-407-22926-7

Inhaltsverzeichnis

Zum Geleit

Trudi Kühn und Roxana Petcov, die beiden Begründerinnen von STEP in Deutschland, legen hier das fünfte Buch ihrer erfolgreichen Serie von Erziehungsbüchern vor. Zuvor erschienen die drei immer wieder nachgefragten Elternbücher mit Hinweisen und Anleitungen für Kinder in den ersten sechs Jahren, über sechs Jahren und für Teenager, danach das ausgezeichnete Erziehungsbuch für Erzieherinnen und Erzieher. Jetzt haben die beiden Leiterinnen des renommierten InSTEP Weiterbildungsinstituts das Erziehungsbuch für Lehrerinnen und Lehrer herausgegeben.

Ebenso wie die bisherigen Texte handelt es sich um eine von den Herausgeberinnen überarbeitete, an die deutschen Bedingungen adaptierte und um anschauliche Beispiele aus der hiesigen pädagogischen Arbeit angereicherte Übersetzung aus dem Amerikanischen. Ebenso wie bei den bereits vorliegenden Texten sind die beiden Psychologen Don Dinkmeyer (Senior) und Don Dinkmeyer (Junior) die einflussreichsten Mitautoren. Sie arbeiten seit Jahrzehnten im Bereich der Schulpsychologie, des Elterntrainings und der Beratung und Therapie und orientieren sich dabei an individual- und sozialpsychologischen Ansätzen von Alfred Adler, Rudolf Dreikurs, Thomas Gordon und Carl Rogers.

Es gibt in Deutschland sehr wenige »Erziehungsbücher« für Lehrerinnen und Lehrer. Die Literatur mit fachlichen und didaktischen Anleitungen für den Unterricht füllt Regale, und auch an Büchern mit schulpädagogischen und bildungspolitischen Themen besteht kein Mangel. Aber ein »Erziehungsratgeber« für Lehrerinnen und Lehrer, den gibt es bisher kaum. Völlig zu Unrecht, denn ebenso wie Eltern und Erzieher brauchen auch Lehrer von Zeit zu Zeit neue Impulse, um sich nicht nur kompetent mit neuen fachlichen Erkenntnissen, sondern auch mit den sich schnell verändernden Verhaltensweisen der Schülerinnen und Schüler, den sich wandelnden gruppendynamischen Prozessen in der Klasse, neuartigen Konflikten und Spannungen und ärgerlichen Aggressionen und Provokationen im Schulleben auseinandersetzen zu können.

Das vorliegende Buch – von Trudi Kühn und Roxana Petcov wieder hervorragend adaptiert und auf die deutsche Schullandschaft übertragen – ergänzt die nach wie vor überwiegend unterrichtsinhaltlich und fachdidaktisch ausgerichtete Literatur um theoretisch gut fundierte, pragmatisch abgesicherte und in der Praxis bereits erprobte Ansätze. Solch eine Mischung aus konzeptioneller Herleitung und handfester Umsetzung ist – so kann man sagen – »typisch amerikanisch« im positiven Sinn. Wir tun uns in Deutschland schwer mit konkreten Empfehlungen und Handreichungen für den respektvollen Umgang eines Lehrers mit einem Schüler. Wir unterstellen, Lehrer seien die geborenen Erziehungsfachleute.

Das sind sie aber nicht und können es auf Grund ihrer bisherigen Ausbildung auch gar nicht sein. Auch Lehrerinnen und Lehrer benötigen ausformulierte und einfache, auch für einen Fachlehrer verständliche Leitlinien für die Reaktion auf Verhaltens- und Disziplinprobleme im Unterrichtsalltag. Auch in Deutschland mit seiner im internationalen Vergleich recht guten Fachausbildung für den Lehrerberuf. Dabei hilft dieses Buch. Es spricht neben der Wissensvermittlungs- und der Bildungs- auch die Erziehungsfunktion eines Lehrers ohne ideologische Scheuklappen an. »Erziehung«, definiert als die soziale Interaktion zwischen Menschen, bei der ein Erwachsener planvoll und zielgerichtet versucht, bei einem Kind unter Berücksichtigung seiner Bedürfnisse und seiner persönlichen Eigenart ein für seine individuelle Entwicklung und für die Klassengemeinschaft erwünschtes Verhalten zu fördern – das war bis in die 1980er-Jahre hinein in der deutschen Diskussion ein Tabuwort. Dass ein Lehrer Autorität aufbauen muss, um eine erfolgreiche Erziehung auf der Basis einer guten Beziehung zum Schüler leisten zu können, das kam selbst Erziehungswissenschaftlern in pädagogischen Fakultäten nur schwer über die Lippen.

Wie angenehm lesen sich da die unverkrampften, klugen, klaren und so entwaffnend pragmatischen Leitlinien und Hinweise von Dinkmeyer, McKay und Dinkmeyer! Die drei Amerikaner machen anschaulich, wie auch der Lehrer – und nicht nur die Mutter oder der Vater, die Erzieherin oder der Erzieher – erziehen kann und erziehen muss, wenn er Kinder zu selbstständigen, leistungsfähigen und gesellschaftlich verantwortungsbereiten Persönlichkeiten machen möchte. Die drei Autoren erläutern überzeugend, wie zentral hierfür ein offener und transparenter Gebrauch von persönlicher, immer neu zu rechtfertigender Autorität als Lehrkraft und eine sensible Berücksichtigung der Bedürfnisse des Schülers sind.

Man merkt dem vorliegenden Erziehungsbuch für Lehrerinnen und Lehrer an: Die amerikanischen Forscherinnen und Forscher haben die in Deutschland heftigen Pendelschläge zwischen den autoritären und den antiautoritären Lehrmeinungen nicht mitgemacht – nicht mitmachen müssen, weil sie keine autoritäre pädagogische Vergangenheit hatten. Sie haben vielmehr das gemacht, was hierzulande bis vor nicht allzu langer Zeit als pädagogisch unmöglich galt: Sie haben empirisch und evidenzorientiert überprüft, welches erzieherisches Verhalten eines Lehrers zu welchen konkreten Reaktionen im Verhalten eines Schülers führt. Diese Erkenntnis, durch Praxiserfahrung hundertfach untermauert und durch ständige Verfeinerung und Präzisierung auf alle Bereiche des Unterrichts- und Schulalltags bezogen, prägt dieses wunderbare Buch.

Dieses Buch sei jeder Lehrerin und jedem Lehrer dringend zur Lektüre empfohlen – ebenso wie die darauf basierende Fortbildung. Der Lehrerberuf ist zu einer der besonders schönen und erfüllenden, aber inzwischen leider auch der besonders anstrengenden und zehrenden Professionen geworden. Immer mehr Lehrkräfte in Deutschland sind unter den heutigen Arbeitsbedingungen überfordert. Ein deutliches Signal hierfür sind die immer früher eintretenden Berentungen aus gesundheitlichen Gründen. Etwa die Hälfte der Lehrerinnen und Lehrer wird schon mit 60 Jahren in den Ruhestand versetzt. Nur wenige Lehrkräfte erreichen das Pensionsalter von 65 Jahren. Lärm, körperliche Anstrengungen, ständiger Zeitdruck, hohe Erwartungen der Eltern und herausforderndes Schülerverhalten setzen auch den erfahrenen unter ihnen schwer zu.

Die Lage ist ernst: Das ganze Schulsystem ist in einer Schieflage. Eine Anerkennung ihrer geleisteten Arbeit für die Förderung der Schülerinnen und Schülern erhalten Lehrerinnen und Lehrer im Schulalltag nur selten und meist indirekt. Die Wertschätzung von Eltern wird wenn überhaupt oft erst nach dem Schulabgang der Kinder ausgesprochen. Im kollegialen Austausch ist ein Lob unüblich. Es fehlt eine professionelle fachliche Supervision durch geschulte Kräfte, wie sie bei anderen Berufen, z. B. Ärzten, Sozialarbeitern, Therapeuten und Beratern, üblich und teilweise sogar vorgeschrieben ist. Der Lehrerberuf ist eine Profession mit einer starken Kommunikations- und Moderationskomponente. In Ausbildung und Praxis wird dieser Komponente aber wenig Rechnung getragen, hier wird fast nur auf die fachliche Seite Rücksicht genommen. Dadurch kommt es zu einer ständigen Spannung zwischen der fachsystematischen und der gruppendynamischen Kompetenz, die nur von wenigen Lehrkräften gut bewältigt werden kann. Das überfordert auf Dauer auch die engagierteste und kompetenteste Lehrerpersönlichkeit.

Genau hier setzt dieses Erziehungsbuch für Lehrerinnen und Lehrer an. Es wendet sich an Lehrkräfte in allen Schulstufen und Schulformen. Im Vordergrund stehen Vorschläge und Tipps zur gelingenden Beziehungsgestaltung im Schulalltag – dem heute wohl wichtigsten auf die Gesundheit der Lehrkräfte durchschlagenden Faktor. Das Buch ermutigt dazu, sofort Erneuerungen und Veränderungen im Umgang mit den Schülerinnen und Schülern aber auch den Eltern vorzunehmen und nicht auf die große Änderung des Schulsystems zu warten. Die Autoren zeigen ganz konkrete Wege auf, wie Lehrerinnen und Lehrer Änderungen in ihrem Unterricht selbst herbeiführen können. Die Lektüre ist spannend und im guten Sinn des Wortes »aufbauend«: Hier erfährt man, was »Selbstwirksamkeit« ist, wie das Empfinden jeder einzelnen Lehrkraft gestärkt werden kann, durch das eigene Verhalten eine Beziehung zum Schüler herbeizuführen, die zu effektiven Lern- und Leistungsergebnissen führt, weil sie den gemeinsamen Umgang miteinander verbessert, die Kontakte erleichtert, die Bildungs- und Erziehungsgemeinschaft stärkt und dabei auch noch die eng begrenzten eigenen Kräfte schont.

Übrigens: Auch für Hochschullehrerinnen und Hochschullehrer sehr zu empfehlen.

Professor Dr. Klaus Hurrelmann,
Universität Bielefeld und Hertie School of Governance Berlin

Vorwort der Herausgeberinnen

Es ist uns eine große Freude mit dem vorliegenden Buch für Lehrer/innen den Kreis zu schließen bei unserem Bestreben, dass alle an der Erziehung von Kindern Beteiligten – Eltern und Pädagogen – die Chance haben, zum Wohle der Kinder an einem Strang zu ziehen!

Nach ihrer Ausbildung kommen Lehrer[1] fachlich kompetent und engagiert, mit vielen Idealen in die Schule. Sehr viel bewusster als früher möchten sie heutzutage, dass Schüler neben dem Wissen auch soziale Kompetenzen erwerben, Vertrauen zu sich selbst, zum Leben und zu anderen entwickeln[2].

Es gibt Beispiele von Schulen[3], in denen außergewöhnlich engagierte Schulleiter zusammen mit den Lehrern ihres Kollegiums ihre Vision von einem inspirierenden, ermutigenden Lebensraum Schule verwirklichen: Schüler werden dort individuell begleitet, sie entwickeln ein Gemeinschafts- und Selbstwirksamkeitsgefühl, sie werden für lebenslanges Lernen begeistert und auf das Leben nach der Schule vorbereitet. Die Erfahrung zeigt jedoch, dass es in vielen anderen Schulen zahlreiche »Bildungsverlierer«[4] gibt – junge Menschen, die entmutigt sind und den Bildungsprozess – sowohl den eigenen als auch den der Mitschüler – durch Fehlverhalten stören.

Als Herausgeberinnen dieses Buchs und der darauf basierenden Fortbildung möchten wir all jenen – ob Lehrer oder Schulleiter, in welcher Schulform auch immer –, die zur Veränderung eines zuweilen problembeladenen Schulalltags beitragen möchten, Mut machen, mit STEP ihr Repertoire an Handlungskompetenzen systematisch und Schritt für Schritt zu erweitern und die Erkenntnisse, die sie durch Reflexion und Ausprobieren der neuen Fertigkeiten gewonnen haben, in ihrem Berufsalltag anzuwenden. Wir sind zuversichtlich, dass sie in der Folge gelungene Beziehungen zu Schülern, Kollegen und Eltern[5] aufbauen und eine von Gleichwertigkeit, Respekt und Kooperation geprägte Schulkultur gestalten können, in der Schüler gerne lernen und Lehrer ihren Beruf mit mehr Gelassenheit ausüben – auch ohne eine grundsätzliche Änderung des Schulsystems.

---

1   Aus Gründen der besseren Lesbarkeit stehen die Bezeichnungen Lehrer, Schulleiter, Schüler, Kursleiter auch für das andere Geschlecht.

2   Hüther, Gerald: Vorlesung, St. Gallen 2006

3   Beispiele dafür sind der Öffentlichkeit durch die Arbeit des Journalisten und Filmemachers Reinhardt Kahl bekannt geworden (u.a. durch den Film »Treibhäuser der Zukunft«)

4   Hurrelmann, Klaus: Focus-Schule, Nr. 2/2011, S. 112

5   Hüther, Gerald: 3. Vorlesung, St. Gallen 2006: Da das Hirn ein soziales Produkt ist, hält Prof. Hüther es für wichtig, mit Schülern in Beziehung zu treten, denn um im Gehirn etwas zu ändern, muss man Beziehungen ändern, d.h. es muss etwas passieren, das die Schüler im Innersten betrifft. Und: Hüther, Gerald: Vorlesung, Weggis 2008: Bildung ist nicht machbar, sie muss als Selbstbildungsprozess ablaufen.

Denn viele Lehrer, die zwischen 2001 und 2011 an STEP Elternkursen teilgenommen haben, konnten bereits den STEP Ansatz beruflich erfolgreich anwenden. Sie haben uns angespornt und ermutigt, das pädagogische Konzept von STEP als umfassendes Programm für Lehrer zu veröffentlichen, in dem die Führung und die Moderation der Klasse sowie der Umgang mit Konflikten in der Gruppe zentrale Themen sind.

Zahlreiche Schulpsychologen, Lehrer und in der Lehrerfortbildung tätige Dozenten waren an den Testläufen der STEP Lehrerfortbildung in 13 amerikanischen Staaten und in Kanada beteiligt. Die deutsche Übersetzung des STEP Programms für Lehrer wurde von uns aktualisiert und für die deutschsprachige Kultur adaptiert. Erfahrungswerte mit dem gesamten STEP Programm (seit 1999 in Deutschland), Erkenntnisse aus den fünf Pilotprojekten, die mit Lehrern und Referendaren 2010–2011[6] durchgeführt wurden, sowie Beispiele, die Lehrer aus Deutschland, Belgien und der Schweiz zur Verfügung gestellt haben, sind in die Überarbeitung der amerikanischen Originalversion eingeflossen.

Die Kollegen, die an den Pilotprojekten teilgenommen haben, haben schnell erkannt, dass für die Anwendung von STEP keine zusätzliche Rollenübernahme im Lehrerdasein gefordert wird. Vielmehr geht es neben dem Erwerb von Handlungsstrategien vor allem um eine professionelle Sensibilisierung, einen Perspektivwechsel und eine wertschätzende, freundliche und bestimmte Haltung – ein pädagogisches Konzept durch das sie als Lehrer (mehr) *Sicherheit, Halt und Orientierung bekommen und geben können*!

Die Erfahrung hat gezeigt, dass die erworbene Kompetenzerweiterung – durch die flexible, individuelle Anwendung dieses Konzepts – nicht nur zu mehr Souveränität und Professionalität im pädagogischen Alltag in der Klasse, im Unterricht, sondern auch zu regelmäßigem, vertrauensvollem Austausch unter den Kollegen, zu entspannteren Beziehungen zu Schülern und Kollegen und damit letztlich zu größerer Gelassenheit und mehr Freude im Schulalltag führt.

Wir wünschen den Lesern dieses Buchs, sowie den Teilnehmern an der Lehrerfortbildung, viele ermutigende Aha-Erlebnisse mit STEP im Schulalltag, aber auch dass sie bei Rückschlägen dran bleiben und weiter ausprobieren. Mögen sie die Neugierde auf mögliche Entwicklungen bei sich selbst, bei Schülern und Kollegen spüren! Eine Neugierde, die aus der Gelassenheit erwächst und die ihren Beruf im Umgang mit jungen Menschen so spannend macht.[7] Jeden Tag aufs Neue! Viel Freude und viel Erfolg beim Ausprobieren und dem Entdecken neuer Möglichkeiten!

Trudi Kühn und Roxana Petcov, Düsseldorf im Juli 2011

---

6 Erich-Kästner Schule in Hamburg-Farmsen, Studienseminar Celle für Primarstufe und Sekundarstufe I, Bischöfliche Schule in St. Vith in Belgien

7 Tillmann, Klaus-Jürgen: Tillmanns idealer Lehrer findet Kinder spannend, dann erst seine Fächer. Er nennt sich Experte für Vermittlung, nicht Anglist oder Germanist. Spiegel Spezial, Nr. 3/2002, S. 75.

Einleitung

Herausforderungen für den Lehrer heutzutage

Wir sind Lehrer[1]. Vielleicht sind wir neu in unserem Beruf. Wir haben unser Studium abgeschlossen, unser Examen an der Universität oder der Pädagogischen Hochschule, die Referendarzeit und das Zweite Staatsexamen bzw. die Lehramtsprüfung erfolgreich hinter uns gebracht und eine Stelle gefunden. Jetzt haben wir unsere eigenen Schüler – mit echten, individuellen Bedürfnissen, Erwartungen und Problemen –, und nun wollen wir all unsere Fachkenntnisse, all unsere Überzeugungen, wie Bildung und Erziehung aussehen sollten, zum Einsatz bringen.

Einige von uns haben ein paar Jahre Berufserfahrung. Unabhängig davon, ob wir seit mehreren Jahren oder erst seit drei Monaten vor der Klasse stehen, und unabhängig von der Schulform, in der wir arbeiten, an jedem Tag, an dem wir das Klassenzimmer betreten, sind wir entschlossen, das zu tun, wofür wir uns entschieden haben, als wir Lehrer wurden: Wir möchten unsere Fächer, für die wir begeistert sind, unterrichten und dadurch den Schülern etwas Hilfreiches fürs Leben mitgeben.

In der Schule dauert es oft nicht lange, bis wir merken, dass unsere Idealvorstellungen und guten Vorsätze mit den Anforderungen der Realität – den individuellen Bedürfnissen der Schüler, den Anforderungen der Schule und den Erwartungen der Gesellschaft – kollidieren. Es wird von uns erwartet, dass wir Wissen vermitteln, zum Lernen motivieren, Ordnung schaffen, Verwaltungsaufgaben übernehmen, Krisensituationen managen, Berater und Schiedsrichter sind und darüber hinaus regelmäßig Umorganisationen im System Schule mittragen und implementieren.

Dabei werden wir überschüttet von widersprüchlichen Ratschlägen von innerhalb und außerhalb der Schule: »Das Schulsystem muss verbessert werden«, »Der Lehrer ist das A und O!«, »Sie müssen alles unter Kontrolle haben – es ist Ihre Verantwortung!«, »Lassen Sie den Schülern Freiräume!«, »Strukturieren, planen Sie jede Minute!«, »Lassen Sie die Schüler selber entscheiden, was sie tun möchten!«, »Sagen Sie den Eltern, dass sie sich um die Erziehung ihrer Kinder kümmern sollen!« oder auch »Nehmen Sie die Eltern mit ins Boot!«.

---

1 Aus Gründen der besseren Lesbarkeit steht die Bezeichnung Lehrer bzw. Lehrerin jeweils auch für das andere Geschlecht. Das Gleiche gilt auch für andere Bezeichnungen wie Schüler bzw. Schülerin oder Kursleiter bzw. Kursleiterin.

Wie sieht die Praxis im Klassenzimmer aus?

Als ob die vielen unterschiedlichen Meinungen nicht sowieso schon mehr Fragen als Antworten nach sich ziehen würden, stellen wir schnell fest, dass – auch wenn wir für uns die Antwort gefunden zu haben glauben – viele Schüler *nicht koope-rieren, nicht zuhören* und *nicht tun, was wir sagen …* Stattdessen stören sie den geregelten Unterrichtsverlauf oder machen ihn gar unmöglich. Deshalb halten viele Experten mangelnde Disziplin für das Hauptproblem unseres Bildungssystems und einen großen Stressfaktor für Lehrer.[2]

Wie lässt sich dieser Umstand erklären? Offensichtlich ist die ehemals gängige, traditionelle Autorität von Männern, Arbeitgebern, Eltern und Lehrern in unserer Gesellschaft, in unserer Kultur nicht mehr gegeben. Zugeständnisse, die von Parteien und Initiativen in ihrem Kampf um mehr Demokratie, um mehr Gleichheit vor dem Gesetz erreicht wurden, sind inzwischen selbstverständlich. Die in den letzten Jahrzehnten entstandene multikulturelle Gesellschaft stellt uns vor genauso viele Herausforderungen wie der Einfluss der Medien auf unsere Schüler. »Die Facebook-Generation« ist kein Modebegriff, den wir einfach ignorieren können.

Unabhängig davon, ob wir uns durch die gesellschaftlichen Veränderungen angespornt oder bedroht fühlen, wir müssen in der Welt leben und unterrichten, die wir vorfinden. Unsere Schüler haben bestimmte Erwartungen. Wenn sie Rechte einfordern, aber Pflichten vernachlässigen oder wenn sie unsere Autorität infrage stellen, müssen wir wissen, wie wir reagieren, was wir ihnen antworten, sodass eine respektvolle, lernförderliche Atmosphäre in der Klasse entsteht. Die alte Antwort: »Du machst, was ich dir sage, weil ich dein Lehrer bin!«, funktioniert schon lange nicht mehr.

Es könnte trotzdem sein, dass sich ein Kollege entscheidet, ein »altmodischer« Autokrat zu sein, der mithilfe seiner Position und Macht Kontrolle ausübt und mit Belohnungen und Strafen arbeitet. In seiner Klasse, insbesondere solange die Schüler noch jung sind, kann es durchaus diszipliniert zugehen und Ordnung herrschen. Belohnungen und Strafen fördern jedoch nicht die intrinsische Motivation der Schüler, zu lernen. Indem wir als Lehrer versuchen, die Schüler zu kontrollieren, ihnen Angst einzujagen oder Belohnung als Prinzip in Aussicht zu stellen, erreichen wir nicht, dass unsere Schüler selbstmotiviert und selbstdiszipliniert werden. Auf diese Weise werden die Schüler nicht darauf vorbereitet, als mündige Bürger in einer demokratischen Gesellschaft selbstverantwortlich Entscheidungen zu treffen und ihren Beitrag zu leisten!

---

2   siehe Steen [41], S. 8/9

Sollen wir die Schüler dann also tun lassen, was sie möchten? Ist ein Klassenzimmer, in dem der Lehrer keine Führungsrolle übernimmt, sondern die Schüler immer gewähren lässt, die einzige Alternative? Sollen wir passive Beobachter sein und Lernen zufällig und willkürlich geschehen lassen? Nur wenige Menschen funktionieren ohne Richtlinien und Grenzen, bewahren die Orientierung in grenzenloser Freiheit, und noch weniger können in einer solchen Umgebung lehren und lernen.

Wenn Kinder und Jugendliche Orientierung und Disziplin genauso sehr brauchen wie Freiräume, dann ist der *demokratisch-partizipative* Ansatz in der Schule der beste Rahmen für erfolgreiches Lernen. In diesem Ansatz ist ein Grundprinzip demokratischer Gesellschaft wiederzufinden: die verantwortliche, individuelle, kreative Nutzung von Freiräumen innerhalb angemessener Grenzen.

Ziele einer erfolgreichen Schulbildung heute

Hilfreich ist es, zu verstehen, weshalb heute viele Schüler nicht mehr auf die traditionellen Methoden der Unterrichtsgestaltung – die sie häufig zu passiven Teilnehmern des Unterrichtsgeschehens werden lassen – und auf rigide Disziplinierung ansprechen.[3]

Entscheidend ist jedoch, dass wir Lehrer unser Repertoire für den Umgang mit den Schülern erweitern, um sie – als gleichwertige, entscheidungsfähige und verantwortungsvolle Teilnehmer – in ihren eigenen Bildungs- und Erziehungsprozess mit einzubeziehen, sodass sie sich im Lebensraum Schule dazugehörig und angenommen fühlen. Wir begegnen unseren Schülern auf Augenhöhe, bauen eine respektvolle, wertschätzende Beziehung zu ihnen auf – auch in unserer professionellen Führungsrolle als Lehrer.

Auf der Basis dieser Beziehung können wir als Lehrer folgende Ziele nicht nur anstreben, sondern auch erreichen:

- **Interesse am Lernen wecken** – z. B. durch individuelle, angemessene Aufgabenstellungen, durch die die Schüler die Chance bekommen, ihre eigenen Ressourcen zu erkennen und zu nutzen und auf Entdeckungsreise zu gehen – ein Leben lang.

- **Individuelles Potenzial entfalten** – z. B. durch Aufgaben, die für den Einzelnen oder für die Gemeinschaft von Bedeutung sind, an denen sie wachsen können und durch die ihr Selbstvertrauen gestärkt wird.

---

3 siehe Endres [20], S. 24–36

- **Soziale Kompetenz entwickeln** – z. B. durch Erfahrungen, die den Schülern helfen, Kooperations- und Verantwortungsbereitschaft sowie Selbstdisziplin zu entwickeln und sich als Teil der Klasse zu fühlen.

- **Auf die Realität des Lebens vorbereiten** – z. B. durch Aktivitäten, die den Bezug zwischen Schule und Arbeitswelt deutlich werden lassen und die Schüler auf die Anforderungen der Berufswelt vorbereiten.

Eine weitere Voraussetzung für die erfolgreiche Umsetzung dieser Ziele ist, dass wir unsere Führungsrolle bei der Leitung der Klasse wahrnehmen und ausüben.[4] Das tun wir u. a., indem wir Vorbild sind, wertschätzend und konsequent die Kinder und Jugendlichen inspirieren, sie fachlich anleiten, sie ermutigen, Interesse und Verständnis zeigen, Vertrauen in ihre Lernbereitschaft haben, aber auch indem wir Grenzen setzen, das Verhalten der Schüler verstehen, durch unsere Reaktion ihr positives Verhalten verstärken und so die Schüler begleiten, damit sie ihren Weg finden. Dies gelingt, wenn wir dabei stets das Ziel unserer Arbeit als Lehrer im Blick haben.

Darüber hinaus ist dieser Weg für uns Lehrer bereichernd. Indem wir miterleben, wie unsere Schüler nach und nach wachsen, gedeihen und sich entfalten, empfinden auch wir mehr Freude an unserem Beruf und fühlen uns als Profis im besten Sinn: Wir sehen Herausforderungen und Fehler als Teil des Lebens und als stetigen Lernprozess, kommen so mit dem Alltagsstress besser zurecht und bleiben gesund.

Der STEP Ansatz

STEP entspricht dem eben beschriebenen Lehrerbild. Im Mittelpunkt des Konzepts steht der demokratisch-partizipative Ansatz bei der Leitung der Klasse – im Unterricht und bei Aktivitäten außerhalb. Im Schulalltag bedeutet das, dass der individuelle Bildungs- und Erziehungsprozess ebenso gefördert wird wie der Beitrag der Schüler zur Gemeinschaft der Klasse als Gruppe. Im Unterricht werden den Schülern immer wieder Entscheidungsmöglichkeiten angeboten, es wird Kooperation erwartet, Disziplin wird sowohl präventiv als auch als Intervention sinnvoll, d. h. konsequent und logisch nachvollziehbar ausgeübt, mit dem Ziel der Selbstdisziplin.

Auch eine gelungene Zusammenarbeit im Kollegium, basierend auf respektvoller Kommunikation und Kooperationsbereitschaft, gehört zum STEP Konzept.

---

4   siehe Hoegg [24], S. 110/111

Die Elternarbeit ist ebenfalls von tragender Bedeutung, da sie uns Lehrern ermöglicht, die Eltern über die Transparenz der Schule und bessere Integration ins Boot zu holen und mit ihnen an einem Strang zu ziehen.

Was macht diese demokratisch-partizipative Atmosphäre in unserer Klasse aus?

Es folgen, kurz zusammengefasst, die vier Prinzipien, auf deren Basis mit STEP die o. g. Ziele erfolgreicher Schulbildung erreicht werden können:

1. *Gleichwertigkeit: Wir schaffen eine Atmosphäre der Gleichwertigkeit und des gegenseitigen Respekts.* Unsere Schüler und wir unterscheiden uns nach Alter, Wissen und Erfahrung, aber wir sind als Menschen alle gleichwertig. Wir haben alle einen Anspruch darauf, mit Würde behandelt zu werden. Wenn wir auf diese Art gleichwertig mit unseren Schülern sind, bedeutet das für uns keine »Abwertung«; es kann *uns*, ganz im Gegenteil, einige Rechte und Freiräume einräumen, die uns bis dahin verwehrt waren. Gleichwertigkeit bedeutet auch, Verantwortung für das eigene Verhalten zu übernehmen. Unsere Schüler können die Gelegenheit nutzen, zu lernen, sich Ziele zu setzen, Selbstkontrolle auszuüben und davon zu profitieren. Wir selbst fühlen uns als gleichwertiger Teil der Klasse – der Teil, der die Führungsrolle in der Gruppe ausübt.

   Für die Entwicklung unserer Schüler zu mündigen Bürgern in einer demokratischen Gesellschaft ist es wichtig, die Rechte unserer Schüler zu respektieren und von ihnen zu erwarten, dass auch sie die unseren respektieren. Wir lassen sie Lernerfahrungen im Team machen; wir nutzen ihre Ressourcen und ihr Streben nach Erfolg; wir reagieren auf sie als Individuen. Außerdem bringen wir uns selbst genügend Respekt entgegen, um nicht in die Rolle des Autokraten, des Kindermädchens oder die eines Fußabtreters zu verfallen. Es ist wichtig, ein eigenes, professionelles Selbstbild zu entwickeln und zu bewahren, mit dem wir uns wohlfühlen. Dann fällt es uns leichter, unseren Schülern dabei zu helfen, ihr eigenes, individuelles Selbstbild zu entwickeln. Auch auf diese Weise sind wir Vorbild für unsere Schüler.

2. *Ermutigung: Wir ermutigen unsere Schüler – und uns selbst.* Jeder möchte sich geschätzt und anerkannt fühlen. Jeder möchte dazugehören. Wir konzentrieren uns auf die positiven Eigenschaften, die Stärken unserer Schüler; wir betonen das Positive, lassen die Kinder und Jugendlichen aus Fehlern lernen und erkennen ihre Lernfortschritte an – dadurch wächst ihr Selbstwirksamkeitsgefühl. Durch wohldurchdachte Ermutigung wird die Motivation unserer Schüler gesteigert und ihre Beziehung zu uns gestärkt. Wir helfen ihnen, auf ihren Erfolgen, nicht auf ihren Misserfolgen aufzubauen. Wir stärken dadurch ihr Selbstvertrauen.

Wir achten auf unsere eigene Selbstermutigung. Das tun wir, indem wir uns unserer Ressourcen bewusst sind, einen positiven inneren Dialog pflegen und den Mut haben, nicht perfekt zu sein.

3. *Dazugehörigkeitsgefühl: Wir bieten unseren Schülern die Möglichkeit, bei der Entscheidungsfindung mitzuwirken.* Wären *wir* glücklich in einem System, in dem wir an der Erarbeitung von Richtlinien und Vorgehensweisen nicht mitwirken dürfen? Auch unsere Schüler lehnen eine »Diktatur im Klassenzimmer« ab, fühlen sich aber auch in einem regelfreien Raum ohne Orientierung und Halt nicht wohl. Schüler können nicht alles bezüglich ihrer Ausbildung in der Schule selbst entscheiden, weil ihnen Wissen und Erfahrung fehlen. Sie können jedoch – je nach Schulform – bei der Entscheidungsfindung mitwirken, z. B. indem sie mitbestimmen, wie schnell sie manche Dinge lernen, welche Projekte durchgeführt und wie sie bewertet werden, oder zumindest, was am Schwarzen Brett in ihrer Klasse steht oder welche Sitzordnung gewählt wird, usw. Entscheidungen treffen zu lernen ist ein wichtiger Teil der Erziehung, eine unbedingt notwendige Vorbereitung auf das Erwachsenwerden. Regeln und Richtlinien, die die Schüler mitgestaltet haben, werden außerdem viel eher von ihnen akzeptiert.

4. *Selbstdisziplin: Wir erziehen unsere Schüler zu Selbstdisziplin, indem wir (mit ihnen gemeinsam) Verhaltensrichtlinien aufstellen und berechenbare, logische und nachvollziehbare Konsequenzen folgen lassen.* Viele von uns lernen unsere erste Lektion aufgrund natürlicher Konsequenzen: Wenn wir unseren Regenschirm nicht mitnehmen und es zu regnen beginnt, werden wir nass. Wenn ein Kind auf eine heiße Herdplatte greift, verbrennt es sich und lernt daraus.

Ebenso gibt es innerhalb unserer Gesellschaft bestimmte Regeln. Wenn sie verletzt werden, hat das bestimmte vorhersehbare Konsequenzen, z. B.: Wenn wir unsere Schulden nicht bezahlen, werden wir voraussichtlich keinen weiteren Kredit von der Bank bekommen. Eine solche Konsequenz, sozusagen die vorhergesehene, berechenbare Folge der Missachtung der sozialen Ordnung, ist nicht so unausweichlich, wie im Regen nass zu werden. Aber sie ist dennoch vorhersehbar, und wir sind nicht überrascht, wenn sie eintritt. Die Beziehung zwischen unserem Verhalten – unsere Schulden nicht wie vereinbart zurückzuzahlen – und der Folge – keinen weiteren Kredit von der Bank zu bekommen – stellen wir nicht infrage. Solche Konsequenzen sind logisch.

Sinnvolle Disziplin in der Klasse ist ebenso folgerichtig und berechenbar. Wenn die Vorgehensweise und die Richtlinien angemessen sind, möglichst gemeinsam mit dem Schüler vereinbart wurden und das Überschreiten von

Grenzen zu logischen, vorhersehbaren Konsequenzen führt, erreichen wir Selbstdisziplin beim einzelnen Schüler und in der Klasse.

In den folgenden zehn Kapiteln des Buches wird der STEP Ansatz systematisch – durch Erläuterungen und viele Beispiele aus dem Alltag – als praktische Hilfe für den Umgang mit dem einzelnen Schüler bzw. mit der Klasse vorgestellt.

KAPITEL 1

Wir verstehen das Verhalten unserer Schüler und ändern unsere Reaktion

Das Verhalten unserer Schüler aus der Sicht der Individualpsychologie verstehen (Alfred Adler und Rudolf Dreikurs).

Fehlverhalten definieren.

Die vier Ziele des Fehlverhaltens erkennen.

Unsere Reaktion ändern: Das Unerwartete tun und die Perspektive ändern.

Positives Verhalten fördern.

Wir verstehen das Verhalten unserer Schüler

Durch die Einführung demokratischer Grundsätze in der Klasse, werden unsere Probleme im Schulalltag nicht automatisch verschwinden. Um effektiv mit diesen Herausforderungen umgehen zu können, ist es notwendig, das Verhalten der Schüler zu verstehen.

Es kursieren einige verbreitete, aber wenig nützliche Meinungen, die immer wieder herangezogen werden, um das Verhalten von Kindern zu erklären – wie z. B. *»Ihr Vater war genauso«*, *»Es liegt nicht am Kind. Es liegt an der Umgebung«*, *»Wir Lehrer sind nicht schuld. Es sind die Eltern, die ihre Kinder nicht richtig erziehen«*, *»Es ist nur eine Entwicklungsphase«*, *»Jungs sind eben Jungs. Und Mädchen sind Mädchen«*, *»Alle Schüler sind so!«*.

Die von den Psychiatern Alfred Adler und Rudolf Dreikurs entwickelte individualpsychologische Theorie – auf der dieses Buch basiert – liefert folgende Begründung:

Jeder Mensch möchte dazugehören. Um das Gefühl der Dazugehörigkeit zu erreichen (langfristiges Ziel), setzen Schüler positives Verhalten, aber auch Fehlverhalten ein.

Wenn unsere Schüler glauben, dass sie uns und ihren Mitschülern etwas bedeuten, im Klassenverband eine anerkannte, positive Rolle spielen, haben sie das Gefühl, dazuzugehören, und zeigen positives Verhalten. Gelingt es ihnen nicht, sich durch positives Verhalten dazugehörig zu fühlen, sind sie *entmutigt* und zeigen deshalb Fehlverhalten.

BEISPIEL:

Wenn **Christoph** (10) ein Schimpfwort an die Tafel schreibt, ist der Lehrer verärgert und weist Christoph zurecht. Gleichzeitig aber sind seine Klassenkameraden begeistert und lachen.

Der Lehrer schimpft zwar, schenkt ihm aber dadurch seine Aufmerksamkeit – auch wenn sie negativ ist –, sodass sich das Fehlverhalten gelohnt hat: Christoph steht im Mittelpunkt und hat das Gefühl, in der Klasse eine wichtige Rolle zu spielen. Er hat sein unbewusstes Ziel erreicht: Er gehört durch sein Fehlverhalten dazu.

Auf gewisse Weise ist Fehlverhalten wie ein Hilferuf, der ein Echo verursacht. Das Echo (unsere Reaktion) ist dabei wichtiger als der Ruf – denn durch unsere Reaktion verstärken wir das Fehlverhalten des Schülers.

Wenn wir das Selbstvertrauen unserer Schüler in einer demokratisch geführten Klasse aufbauen und ihnen Anerkennung für nützliches, konstruktives Verhalten geben – und dadurch ihr positives Verhalten verstärken –, dann besteht keine Notwendigkeit für sie, um Hilfe zu rufen: Sie haben es dann nicht nötig, Fehlverhalten zu zeigen. Deshalb ist es wichtig, dass wir uns darauf konzentrieren, das Selbstwertgefühl unserer Schüler zu stärken, sie zu *ermutigen* (s. Kap. 3).

Wenn ein Schüler z. B. entscheidet: »Ich kann eben kein Mathe«, »Ich bin nicht gut in Sport«, »Niemand mag mich«, dann können wir als Lehrer daran arbeiten, diese Einstellung durch Ermutigung zu ändern. Ohne Ermutigung wird der Schüler wahrscheinlich nach Anerkennung – dem Gefühl der Dazugehörigkeit – jenseits der Grenzen und Richtlinien der Schule suchen.

**Schüler zeigen aus zwei Gründen Fehlverhalten:
weil sie entmutigt sind und weil ihr negatives Verhalten
durch ihr Umfeld verstärkt wird.**

Wir definieren Fehlverhalten

Was wir in *unserer* Klasse als Fehlverhalten empfinden, gilt in der nebenan möglicherweise nicht als Fehlverhalten. Die Schüler wiederum würden vielleicht keiner der beiden Interpretationen zustimmen. Wenn wir in der Lage sein wollen, auf das Fehlverhalten unserer Schüler angemessen und effektiv zu reagieren, benötigen wir eine genauere Definition:

Unter Fehlverhalten versteht STEP:
- Handlungen oder Ausdrücke eines Schülers, die respektlos sind oder die Rechte anderer Menschen missachten;
- die Weigerung eines Schülers, zu kooperieren, obwohl er die Erfordernisse einer Situation kennt und die notwendigen Kenntnisse und Fähigkeiten besitzt, um kooperativ zu handeln;
- das Verhalten eines Schülers, das gefährlich für ihn selbst oder andere ist, vorausgesetzt, dass er sich der Gefahr bewusst ist.

BEISPIELE:
- **Julius** (11) weigert sich, die Klassenarbeit zu schreiben, er sagt: »Ich kann nicht schreiben. Mir tut die Hand weh.«

- **Julia** (12) kommentiert ständig die Beiträge ihrer Mitschüler.

- **Tim** (14) und **Boris** (15) verlangen Schutzgeld von jüngeren Schülern.

- **Nicky** (17) filmt eine Schlägerei auf dem Schulhof und schickt die Szenen per MMS an Freunde.

Auf der Basis dieser Definition können wir Fehlverhalten besser einordnen und lernen, damit umzugehen.

Wir erkennen die vier Ziele des Fehlverhaltens

Rudolf Dreikurs hat das kindliche Fehlverhalten vier großen Kategorien zugeordnet. Dreikurs nennt diese Kategorien *kurzfristige Ziele*, weil sie Wege beschreiben, auf denen die Schüler kurzfristig das Gefühl der Dazugehörigkeit erreichen können.

Die vier Ziele des Fehlverhaltens sind:

1. *Aufmerksamkeit* erregen

2. *Macht* ausüben

3. *Rache* nehmen

4. *Unfähigkeit unter Beweis stellen.*

Diese Ziele zu verstehen kann uns helfen, das Verhalten unserer Schüler wieder in konstruktive Bahnen zu lenken.

Nach Rudolf Dreikurs wird das Ziel des Fehlverhaltens im *Ergebnis* sichtbar – durch unser Gefühl, unsere Reaktion und die Reaktion des Schülers auf unser Verhalten.

Der Schlüssel zur Erkennung des Ziels liegt in der Beantwortung der drei folgenden Fragen:

1. Wie fühle ich mich?
2. Wie reagiere ich in dieser Situation?
3. Wie reagiert der Schüler auf meine Reaktion?

BEISPIEL:

Tina (11) weigert sich, ihre Aufgabe zu erledigen.

1. Wir werden uns *unserer eigenen Gefühle* in dieser Situation bewusst:

   Sind wir deshalb verärgert? Wütend? Verletzt? Oder fühlen wir uns gar hoffnungslos oder verzweifelt?

2. Wir beobachten *unsere übliche Reaktion* aufgrund unseres Gefühls:

   Wie reagieren wir in dieser Situation? Schimpfen wir? Machen wir Vorwürfe? Strafen wir? Beleidigen wir? Geben wir auf?

3. Wir beobachten *Tinas übliche Reaktion* auf unser Verhalten:

   Fängt Tina an zu arbeiten, weil wir geschimpft haben, und hört sie kurz darauf wieder auf? Schaut sie uns böse an? Gibt sie am Ende ein leeres Blatt ab?

Nehmen wir an, dass wir gewöhnlich auf Tinas Verhalten *wütend* reagieren und sagen: »Tina, außer dir hat jeder die Aufgabe hinbekommen. Weshalb du nicht?« Daraufhin ernten wir lediglich ein *respektloses, überhebliches Grinsen*.

Tina hat ihr – *unbewusstes* – Ziel des Fehlverhaltens erreicht. Unsere Reaktion hat gezeigt, dass wir in den *Machtkampf* eingestiegen sind – Tina hat gewonnen. Es besteht die Gefahr, dass Tina ihr Verhalten deshalb wiederholt.

Wenn Ihre Schüler Fehlverhalten zeigen, identifizieren Sie als Erstes das Ziel des Fehlverhaltens: Prüfen Sie Ihre Gefühle, beobachten Sie Ihre Reaktion und die Reaktion Ihres Schülers.

Tabelle 1A: Erkennen Sie das Ziel des Fehlverhaltens

Beispiel	Wie fühlen Sie sich als Lehrer?	Wie reagieren Sie als Lehrer in der Situation?	Wie reagiert der Schüler auf Ihre Reaktion?	Ziel des Fehl-verhaltens
Bastian (7) redet im Unterricht dazwischen, ohne aufgezeigt zu haben.	genervt / verärgert / irritiert	erinnern, gut zureden, ermahnen, schimpfen	unterbricht zeitweilig das Fehlverhalten; nimmt später dasselbe Verhalten wieder auf oder versucht, auf andere Art und Weise Aufmerksamkeit zu erregen	Aufmerksamkeit
Moritz (11) weigert sich – ohne triftigen Grund –, in der Pause auf den Hof zu gehen.	wütend / provoziert	schimpfen, schreien, strafen, kämpfen oder aufgeben	intensiviert den Machtkampf oder gibt halbherzig nach	Macht
Martina (14) ist beleidigend wegen einer schlechten Note.	verletzt	es dem Schüler durch Strafe heimzahlen, sich (an anderer Stelle) revanchieren	nimmt weiterhin Rache	Rache
Anna Lena (17) gibt wieder ein leeres Blatt ab.	hoffnungslos, verzweifelt	dem Schüler bestätigen, dass es hoffnungslos mit ihm ist. Aufgeben	zeigt keine Verbesserung	Unfähigkeit unter Beweis stellen

Wir ändern unsere Reaktion: Wir tun das Unerwartete und ändern unsere Perspektive

Unser Ziel als Lehrer ist es, den Schülern zu helfen, positive Verhaltensziele zu entwickeln. Das bedeutet, dass wir lernen, so zu reagieren, dass die Schüler in ihrem Fehlverhalten nicht bestätigt, sondern dazu ermutigt werden, sich in eine positive Richtung zu entwickeln.

Der erste Schritt, das Verhalten eines Schülers in eine positive Richtung umzulenken, besteht darin, *das Unerwartete zu tun.* Wir verstärken das Fehlverhalten des Schülers nicht, indem wir das Gegenteil von dem tun, was er von uns erwartet. Das negative Verhalten zahlt sich für den Schüler nicht aus. Möglicherweise ändert er sein Verhalten.

Der zweite Schritt, das Verhalten eines Schülers umzulenken, ist, dass wir unsere *Perspektive bezüglich seines Fehlverhaltens ändern* und Maßnahmen ergreifen, durch die der Schüler zu *positiven Verhaltenszielen* ermutigt wird.

Ändern Sie Ihre Reaktion (Verhalten und Haltung) – je nach Ziel des Fehlverhaltens.

Aufmerksamkeit

Wir alle wollen manchmal Aufmerksamkeit. Aber junge Menschen scheinen ein besonders starkes Interesse daran zu haben, im Mittelpunkt zu stehen und aufzufallen. »Hey! Nimm mich wahr! Ich bin hier und ich bin wichtig!« Möglicherweise stören sie dabei den Unterricht, aber sie wissen, dass sie dadurch beachtet werden.

BEISPIEL:

Jan (9) geht zum Mülleimer und spitzt seinen Bleistift, während die Klasse eine Arbeit schreibt. Er spitzt den Stift so lange, bis nur noch ein Stummel übrig bleibt. Herr Peters schaut auf, er ist verärgert. »Jan, ich habe dir schon einmal gesagt, du sollst deinen Bleistift nicht während der Arbeit spitzen. Das stört die anderen. Setzt dich jetzt bitte wieder hin!« Einige andere Schüler schauen ebenfalls von ihren Heften auf und lachen. Jan kehrt auf seinen Platz zurück, er grinst verschämt, wohl wissend, dass er zum dritten Mal in dieser Woche die Regel gebrochen hat.

Jan weiß: »Herr Peters und meine Mitschüler nehmen mich wahr, wenn ich während der Arbeit aufstehe und meinen Bleistift spitze.«

Jan hat den Unterricht unterbrochen. Herr Peters war verärgert – nicht wütend, nur verärgert – und hat ihn gebeten, auf seinen Platz zurückzukehren. Jan hat aufgehört, seinen Bleistift zu spitzen, und sich wieder hingesetzt. Herr Peters Verärgerung und das Kichern der Mitschüler lassen vermuten, dass Jan Aufmerksamkeit will und *aktiv* versucht, sie mithilfe dieser bestimmten Art von Fehlverhalten zu bekommen.

Andere Schüler versuchen, auf *passive* Weise auf sich aufmerksam zu machen.

Beispiele:

- **Ralf** (8) kann sein Heft nie finden, also hilft ihm die Lehrerin beim Suchen.
- **Corinna** (12) muss immer wieder daran erinnert werden, ihre Mathehausaufgaben abzugeben.
- **Johanna** (14) trödelt, wenn die Klasse sich im Sportunterricht in einer Reihe aufstellen soll, also wiederholt der Lehrer die Anweisung mehrfach – speziell für sie.

Indem wir als Lehrer diesen Schülern zusätzlich Aufmerksamkeit geben, bestärken wir sie in ihrem Glauben, dass sie *nur* auf diese Weise von uns beachtet werden.

Schüler, die über aktives oder passives Fehlverhalten Aufmerksamkeit auf sich ziehen, bekommen gewöhnlich zu wenig Beachtung für ihr positives und kooperatives Verhalten und erhalten zu viel Aufmerksamkeit für ihr Fehlverhalten.

Es ist unsere Aufgabe, diesen Schülern zu helfen, sich *grundsätzlich* beachtet zu fühlen und ihnen keine Aufmerksamkeit zu schenken, wenn sie sie einfordern. Die Reaktion von Herrn Peters bedeutet für Jan: »Du wolltest wahrgenommen werden. Ich nehme dich aufgrund deines Fehlverhaltens wahr. Du stehst jetzt im Mittelpunkt, und du bist deshalb wichtig.«

Auch wenn ein Schüler immer wieder von uns erwartet, dass wir sein positives Verhalten bemerken und loben, kann es sich um das Ziel *Aufmerksamkeit* handeln.

Unsere Schüler sollen sich sicher fühlen bzgl. ihres Platzes in der Klasse und deshalb Selbstvertrauen entwickeln, ohne dafür ständig Bestätigung zu benötigen.

BEISPIEL:

So verführerisch es auch ist, **Jens** (8) dann dranzunehmen, wenn er wild und ausdauernd mit dem Arm fuchtelt, sollten wir auf andere Gelegenheiten warten und ihm dann Aufmerksamkeit schenken: z. B. wenn er still arbeitet oder bei einer Gruppenarbeit kooperiert. Langsam wird er merken, dass er nicht immer im Mittelpunkt stehen muss. Auf diese Weise helfen wir ihm, sowohl sein Verhalten zu modifizieren als auch neue Wertvorstellungen und Überzeugungen zu entwickeln und sich neue, *positive* Ziele zu stecken.

Als allgemeine Richtlinie für Ihre Reaktion gegenüber Schülern, die unangemessen **Aufmerksamkeit** suchen, gilt:

Erster Schritt: Tun Sie das *Unerwartete (Verhalten).*
- Schenken Sie Aufmerksamkeit nicht dann, wenn die Schüler es von Ihnen fordern – weder für Fehlverhalten noch für positives Verhalten. Dadurch helfen Sie Ihren Schülern, Selbstvertrauen zu gewinnen und sich so selbst zu motivieren.
- Schenken Sie den Schülern Ihre Aufmerksamkeit dann, wenn sie es nicht erwarten. Ertappen Sie sie dabei, »gut« zu sein.

Zweiter Schritt: Ändern Sie Ihre *Perspektive (Haltung).*
- Erkennen Sie, dass Schüler, die ständig Ihre Aufmerksamkeit suchen, sich beteiligen möchten.

BEISPIELE FÜR UNSERE GEÄNDERTE REAKTION (VERHALTEN UND HALTUNG):
- In **Jans** (9) Fall hätte Herr Peters das Verhalten ignorieren und ihm später Anerkennung zollen können, z. B. dafür, dass er sich bei einem Klassengespräch konstruktiv eingebracht hat. Jan würde dann Aufmerksamkeit zuteil, die er nicht erwartet, und zwar für seine Bemühungen, erfolgreiche Arbeit und Kooperation. So könnte Jan auf positive Weise Teil des Ganzen sein.

- Wir vermitteln **Ralf, Corinna** und **Johanna**, dass wir von ihnen erwarten, dass sie die Verantwortung für ihre Aufgaben übernehmen. Indem wir uns weigern, ihr aufmerksamkeitsheischendes Verhalten zu beachten, helfen wir ihnen möglicherweise am meisten.

Diese Reaktionen helfen vielleicht nicht bei allen Schülern, die unangemessen Aufmerksamkeit suchen. Aber die Vorgehensweise – das Ziel des Fehlverhaltens zu identifizieren, unerwartet auf das Fehlverhalten zu reagieren und die Perspektive zu ändern – ist eine Möglichkeit, das Verhalten unserer Schüler in Richtung Selbstmotivation und Eigenverantwortung zu lenken.

**Die positive Kehrseite des Ziels *Aufmerksamkeit*
ist das *Streben nach Beteiligung*.**

Wenn der Adrenalinspiegel steigt, unsere Gefühle intensiver werden und wir Wut empfinden, dann möchte der Schüler wahrscheinlich Macht ausüben.

Macht

Nach Macht strebende Schüler fühlen sich nur bedeutsam, wenn sie Autorität herausfordern, sich Regeln widersetzen und Anweisungen unterlaufen. Häufig lassen wir uns provozieren, sind wütend und zwingen die jeweiligen Schüler, zu gehorchen. Machtkämpfe bewirken eine angespannte und unangenehme Atmosphäre in der Klasse. Mit einem Schüler, der nach Macht strebt, ist in der Regel schwer umzugehen.

BEISPIELE:

- Der Lehrer sagt: »Bitte geht langsam die Treppe runter.« **Martins** (7) Haltung: »Wir werden sehen, wer hier das Sagen hat.«

- Die Lehrerin sagt: »Ich akzeptiere keine unleserlichen Arbeiten.« **Susannas** (10) Haltung: »Ich schreibe, wie ich will.«

- Der Direktor sagt: »Handys werden am Eingang abgegeben.« **Mounirs** (16) Haltung: »Ich tue, was ich will: Eins gebe ich ab, ich benutze mein anderes.«

Diese Schüler sind der Überzeugung, dass sie nur dazugehören, wenn sie die Kontrolle haben. Sie widersetzen sich und wollen herausfinden, wie weit sie gehen können. Oder sie machen alles, um uns zu beschwichtigen, und rechnen damit, dass wir den Kampf nur sehr ungern fortsetzen wollen. Am Ende – nach dem vierten »Noch-mal-Schreiben« – akzeptieren wir Susannas unordentliche Arbeit. Wir haben es satt, zu kämpfen. Susannas »trotzige, scheinbare Fügsamkeit« hat sich also ausgezahlt. Eines Tages sind wir dann bereit dazu, ihre unleserliche Arbeit gleich beim *ersten Mal* zu akzeptieren: Wir wollen einfach nicht mehr kämpfen, wir geben nach.

Wenn wir uns dafür entscheiden, Macht mit Macht zu bekämpfen – »Wie kannst du es wagen, mir nicht zuzuhören? Ich habe hier das Sagen!« –, zeigen wir unseren Schülern lediglich, wie gewinnbringend und erstrebenswert Macht ist. Damit bringen wir den Kampf unter Umständen zum Eskalieren. Wenn wir nachgeben, bestätigen wir die Schüler in ihrem Glauben, dass sich der Machtkampf gelohnt hat.

Ohne Gegner kann niemand einen Kampf in Gang halten.

Als allgemeine Richtlinie für Ihre Reaktion gegenüber Schülern, die nach **Macht** streben, gilt:

Erster Schritt: Tun Sie das *Unerwartete (Verhalten).*
- Weigern Sie sich, in den Machtkampf einzusteigen.
- Geben Sie den Schülern Wahlmöglichkeiten und treffen Sie Vereinbarungen mit ihnen.
- Erlauben Sie ihnen, die Konsequenzen ihrer Handlung zu erfahren. Bleiben Sie dabei freundlich **und** bestimmt.
- Bitten Sie sie zu einem anderen Zeitpunkt um Hilfe und Kooperation – Sie fördern dadurch ihre Selbstständigkeit.

Zweiter Schritt: Ändern Sie die *Perspektive (Haltung).*
- Erkennen Sie, dass Schüler, die immer wieder Macht ausüben wollen, selbstständig sein und Entscheidungen treffen möchten.

BEISPIELE FÜR UNSERE GEÄNDERTE REAKTION (VERHALTEN UND HALTUNG):
- Wir lassen **Martin** (7) die Wahl: »Du kannst alleine langsam die Treppe runtergehen oder an meiner Hand. Du entscheidest.« Je nachdem, wie sich Martin entscheidet, geht er mit allen anderen die Treppe langsam hinunter oder an unserer Hand.
- Wir weigern uns freundlich **und** bestimmt, ein unleserliches Projekt anzunehmen, und sagen **Susanna** (10): »Du kannst die Arbeit bis morgen ordentlich schreiben oder du nimmst eine 6 für diese Arbeit in Kauf, weil ich deine Schrift nicht lesen und die Arbeit deswegen nicht bewerten kann.«

Zu einem späteren Zeitpunkt bitten wir bei einer für die Klassengemeinschaft nützlichen Aufgabe um die Hilfe der rebellischen, nach Selbstständigkeit strebenden Schüler. Dadurch helfen wir diesen Schülern, ihr Durchsetzungsvermögen konstruktiv einzusetzen: Wir können sie bitten, andere Schüler zu unterstützen, Diskussionen zu leiten, Projekte durchzuführen oder die Verantwortung für die Klassenkasse zu übernehmen. Dadurch leiten wir ihre enorme Energie in konstruktive Bahnen.

**Die positive Kehrseite des Ziels *Macht*
ist *das Streben nach Selbstständigkeit.***

Rache

Gleich, was wir tun, es wird immer Schüler geben, die uns als Tyrannen sehen und denken, wir hätten alle Vorteile auf unserer Seite. Sie fühlen sich besiegt, verletzt und unglücklich und glauben, stets den Kürzeren zu ziehen. Deshalb setzen sie sich – bewusst oder unbewusst – ein neues Ziel: Rache, um andere so zu verletzen, wie sie sich verletzt fühlen. Diese Schüler können uns nicht besiegen, aber sie können uns verletzen. Sie sagen sich: »Der Lehrer hasst mich, und ich wünschte, ich wäre nicht hier. Dafür wird er zahlen.« Unabhängig davon, ob ihre empfundene Verletzung real oder imaginär ist, diese Schüler fühlen sich schlecht behandelt.

Schüler können das Ziel Rache *aktiv* – durch körperliche bzw. verbale Übergriffe – oder *passiv* – durch Untätigkeit bzw. Verweigerung – verfolgen. Ihre Rache kann vollkommen wortlos vonstattengehen und lediglich durch hasserfüllte Blicke und Gesten zum Ausdruck kommen.

> BEISPIEL:
>
> **Felix** (14) nimmt wahr, dass seine ausdrucksstarken Gesten Frau Schwartz betroffen machen. Er ist der Überzeugung: »Jetzt bin ich mit ihr quitt, dafür, dass ich länger hierbleiben musste.« Wenn Frau Schwartz sich entscheidet, Felix noch einmal zu bestrafen, gibt sie ihm erneut Anlass dazu, es ihr heimzuzahlen.

Ein Schüler kann sich auch indirekt an einem Lehrer rächen, z. B. indem er das Pult zerkratzt oder Mitschüler beschimpft, auslacht, mobbt oder »fertigmacht«. Der Effekt ist derselbe: Der Lehrer fühlt sich angegriffen und verletzt.

Wir erkennen, dass die Schüler, die es uns heimzahlen möchten, ausgesprochen entmutigt sind.

> Als allgemeine Richtlinie für Ihre Reaktion gegenüber Schülern, die **Rache** nehmen, gilt:
>
> **Erster Schritt:** Tun Sie das *Unerwartete (Verhalten)*.
> - Nehmen Sie das Verhalten nicht persönlich und fühlen Sie sich nicht verletzt.
> - Lassen Sie sich nicht dazu verleiten, selbst Rache zu nehmen.
> - Stattdessen arbeiten Sie daran, ein vertrauensvolles Verhältnis aufzubauen.
>
> **Zweiter Schritt:** Ändern Sie Ihre *Perspektive (Haltung)*.
> - Erkennen Sie, dass Schüler, die wiederholt Rache nehmen, möchten, dass es fair zugeht.

BEISPIEL FÜR UNSERE GEÄNDERTE REAKTION (VERHALTEN UND HALTUNG):

Wenn wir Felix' Sicht der Dinge und sein unbewusstes Ziel verstehen, gelingt es uns, seine nonverbale Feindseligkeit nicht persönlich zu nehmen. Wir erkennen, dass er tief verletzt ist. Wir sehen seine Not. Seine Reaktion mag ungerechtfertigt sein, aber für ihn sind wir nur ein weiterer »Feind« unter vielen. Rache gibt uns – Schülern und Lehrern – zwar vorübergehend Genugtuung, sie verstärkt jedoch das Ziel des Fehlverhaltens. Statt Rache zu nehmen, zeigen wir dem Schüler, dass er ein gleichwertiges Mitglied der Klasse ist. Wir sind freundlich und geduldig mit ihm. Wir finden seine Stärken heraus und ermutigen ihn, sie konstruktiv einzusetzen. Vielleicht wollen wir ihm die Chance geben, sich zum Streitschlichter ausbilden zu lassen, denn:

Die positive Kehrseite des Ziels *Rache*
ist das *Streben nach Fairness*.

Unfähigkeit unter Beweis stellen

Tief verletzte und besonders entmutigte Schüler entscheiden sich möglicherweise dafür, sich jeder Herausforderung völlig zu entziehen. Sie sagen z. B.: »Ich kann das einfach nicht, Frau Möller«, »Dieses Buch ist zu schwierig für mich«, »Geografie werde ich nie lernen«. Solche Schüler haben ihre Ansprüche an sich selbst möglicherweise unrealistisch hoch gesetzt – evtl. unter dem Druck der Eltern – und sind einmal zu oft gescheitert. Jetzt haben sie sich dem Gefühl der Hoffnungslosigkeit ergeben. Sie glauben nicht mehr daran, dass sie ihren Platz in der Klasse durch nützliche Beiträge finden können. Sie möchten, dass wir sie in Ruhe lassen und ihre Unfähigkeit akzeptieren, damit sie nicht am Wettbewerb teilnehmen müssen. Schüler entscheiden sich nur selten dafür, ein solches Maß an Unfähigkeit in *allen* Bereichen des Lebens zu zeigen.

BEISPIEL:

Tessa (12) schlägt vielleicht beim Volleyball unhaltbare Bälle. Aber im Unterricht ist ihre Antwort auf jede schriftliche Aufgabe zuerst: »Das kann ich nicht.«

Wenn unser Gefühl Tessa gegenüber Hoffnungslosigkeit oder gar Verzweiflung ist, dann wissen wir, dass sie sich selbst aufgegeben hat und dass es unsere Aufgabe ist, ihr zu helfen.

BEISPIEL FÜR UNSERE GEÄNDERTE REAKTION (VERHALTEN UND HALTUNG):

Wir holen Tessa dort ab, wo sie sich – emotional und intellektuell – befindet. Wir stellen realistische Erwartungen an sie. Wir üben keine Kritik an ihrer Arbeit, sondern wir bemerken den leisesten Erfolg, das kleinste Anzeichen eines Fortschritts. Wenn sie es schafft, eine Einleitung für einen Aufsatz zu schreiben oder auch nur einen Satz dieser Einleitung, dann bemerken wir, dass sie etwas geschrieben hat, und ermutigen sie. D. h., wir sagen Tessa, dass sie den ersten Schritt gemacht hat. Wir erinnern sie an vorherige Erfolgserlebnisse und lassen sie wissen, dass sie nicht perfekt sein muss.

Ermutigung hilft den Schülern bei *allen* Zielen des Fehlverhaltens, sich für positives Verhalten zu entscheiden. Ermutigung ist jedoch besonders wichtig für Schüler, die ihre Unfähigkeit unter Beweis stellen.

Als allgemeine Richtlinie für Ihre Reaktion gegenüber Schülern, die ihre Unfähigkeit unter Beweis stellen, gilt:

Erster Schritt: Tun Sie das *Unerwartete (Verhalten).*
- Geben Sie nicht auf.
- Kritisieren und bemitleiden Sie den Schüler nicht.
- Ermutigen Sie stattdessen jede Bemühung und Verbesserung.

Zweiter Schritt: Ändern Sie Ihre *Perspektive (Haltung).*
- Erkennen Sie, dass Schüler, die ihre Unfähigkeit unter Beweis stellen, auch kompetent und erfolgreich sein möchten.

**Die positive Kehrseite des Ziels *Beweis der Unfähigkeit*
ist das *Streben nach Kompetenz.***

Wichtige Hinweise zu den Zielen des Fehlverhaltens

Folgende Hinweise bzgl. Fehlverhalten helfen uns, effektiv zu reagieren.

- *Schüler kennen in der Regel die Folgen ihres Verhaltens, sind sich aber der Ziele des Fehlverhaltens nicht bewusst.*
  Auch wenn sie mit Absicht auf Macht oder Rache aus sind, ist Schülern nicht bewusst, wozu sie dieses Verhalten zeigen. Es ist eher unwahrscheinlich, dass Christopher sich sagt: »Heute werde ich Herrn Jablonski in einen Machtkampf verwickeln.«

- *Je nach Situation verfolgen Schüler möglicherweise unterschiedliche Ziele.*
  Nathan (12) hat herausgefunden, dass er sich anerkannt fühlt, wenn es er schafft, zu Hause Aufmerksamkeit zu erregen. In der Schule dagegen gelingt ihm das nicht. Deshalb zwingt er den Lehrer durch einen Machtkampf, ihn zu beachten.

Alle vier Ziele des Fehlverhaltens sind kurzfristige Ziele. Das übergeordnete langfristige Ziel ist Dazugehörigkeit.

- *Mit dem gleichen Fehlverhalten kann ein Schüler bei unterschiedlichen Lehrern unterschiedliche Ziele erreichen.*
  Ein Verhalten löst bei jedem Menschen andere Gefühle und deshalb andere Reaktionen aus (s. Kap. 2 – Lebensstil). Wenn Tobias (9) auf den Tisch trommelt, ist Frau Kaiser, die Deutschlehrerin, irritiert und mahnt Tobias, das zu unterlassen (das Ziel des Fehlverhaltens ist *Aufmerksamkeit*). Herr Seifert, der Physiklehrer, ist wütend und schickt Tobias aus der Klasse (das Ziel des Fehlverhaltens ist *Macht*).

- *Unterschiedliche Schüler können das gleiche Fehlverhalten zeigen, um unterschiedliche Ziele zu erreichen.*
  Daniel (14) kommt möglicherweise zu spät aus der Pause zurück, aber nicht um *Aufmerksamkeit* zu erlangen wie Helen, sondern um *Macht* auszuüben: »Dem zeige ich, wer hier der Boss ist! Er kann mich nicht zwingen, pünktlich zu sein!« Das gleiche Verhalten – unterschiedliches Ziel.

- *Alle Ziele des Fehlverhaltens können aktiv oder passiv angestrebt werden.*
  Nora bekommt *Aufmerksamkeit* durch Schwätzen, Philip, indem er schüchtern ist und den Lehrer dazu bringt, ihn anzutreiben. Sven will mit einem lauten Wutausbruch *Macht* ausüben, Rebecca, indem sie stur schweigt. Julian will sich durch einen verbalen Angriff *rächen*, Linda mit hasserfüllten Blicken. Timo versucht erst gar nicht, die neue Aufgabenstellung zu verstehen, Linda stellt ihre *Unfähigkeit unter Beweis*, indem sie die Schule schwänzt.

- *Die vier Ziele des Fehlverhaltens folgen nicht zwangsläufig einer festgelegten Reihenfolge.*
  Anjeta (10), die häufig Aufmerksamkeit erregt und das Ziel auch erreicht, kann davon abhängig werden. Indem sie ständig um Hilfe bittet und sie auch bekommt, unterliegt sie möglicherweise am Ende einem Gefühl der Unfähigkeit, weil sie sich selbst u. a. durch unsere Reaktion davon überzeugt hat, dass sie nichts selbstständig zustande bringt.
  Heute will Fabian (14) möglicherweise Rache nehmen; nächste Woche spielt er vielleicht ein Machtspiel. Das Ziel ist stark abhängig von der wechselnden Wahrnehmung des Schülers, wie er am besten dazugehören kann.

- *Mit zunehmendem Alter – ab 10 oder 12 Jahre – verfolgen junge Menschen auch zwei weitere Ziele.*
  Sie versuchen, die *Anerkennung Gleichaltriger* zu gewinnen, und suchen *Abenteuer und riskante Herausforderungen*. Die Verfolgung dieser beiden Ziele setzt sich möglicherweise außerhalb der Schule fort, jenseits unserer

Lehrer-Schüler-Beziehung. Bis zu einem gewissen Grad führt die Verfolgung dieser Ziele dazu, dass die Schüler auf positive Weise dazugehören. So bekommen manche Anerkennung, indem sie sich um ein Amt bewerben, oder sie finden die notwendige Herausforderung z. B. beim Basketballspielen.

Andere wiederum kommen zu der Überzeugung, dass sie *nur* dann Beachtung finden, wenn sie von ihren Freunden – um jeden Preis – akzeptiert werden oder wenn sie Aufregendes erleben, das erhebliche Risiken mit sich bringt. Solche Schüler zeigen möglicherweise Fehlverhalten in der Schule, vielleicht insbesondere im Unterricht, aber auch in ihrer Freizeit: Z. B. finden sie den Unterricht langweilig, sind geistesabwesend, schwänzen die Schule, machen später beim »Flatrate-Saufen« mit oder nehmen Drogen.

Im Schulalltag hilft es uns, zu wissen, dass auch diese beiden o. g. Ziele unsere Arbeit mit den Schülern, insbesondere mit Teenagern, beeinflussen. Unsere geänderte Reaktion kann in diesem Fall darin bestehen, durch die abwechslungsreiche Gestaltung des Unterrichts[1] den Schülern verstärkt die Möglichkeit zu geben, gemeinsam mit ihren Mitschülern an neuen, herausfordernden Aufgaben oder reizvollen, spannenden Projekten (im Bereich Sport, Theater, Musik, Umweltgestaltung usw.) mitzuwirken und mitzugestalten. Auf diese Weise können sie ihre Kräfte messen und einen konstruktiven Beitrag leisten.

- **Wir Lehrer sind nicht der Grund für das Fehlverhalten unserer Schüler, aber wir können es durch unsere Reaktion verstärken.**
  Wenn wir unseren Schülern helfen wollen, ihr Verhalten zu ändern, müssen wir unsere Reaktion (unser Verhalten und unsere Haltung) auf ihr Fehlverhalten bewusst ändern.

- **Wir sind geduldig. Wir zeigen Ausdauer und Beharrlichkeit.**
  Unsere Schüler werden uns testen und möglicherweise auf nichts reagieren, was wir tun oder sagen. Aber wenn wir uns weigern, sie in ihren fehlerhaften Vorstellungen zu bestärken, und uns aktiv bemühen, ihre Ziele umzuleiten, werden wir bestimmt Erfolg haben. In der Klasse eine demokratische, partizipative Atmosphäre zu schaffen, in der Gleichwertigkeit und gegenseitiger Respekt vorherrschen, hilft dabei, die Schüler von unserem Vertrauen in uns selbst und in sie zu überzeugen.

---

1   Anregungen dazu: z. B. Endres [20]; Meyer [36]; Müller [38]

Wir fördern positives Verhalten

Wir wollen die Schüler dazu ermutigen, sich positive Verhaltensziele zu setzen und positive Wertvorstellungen und Überzeugungen zu entwickeln. Deshalb bemerken wir Situationen, in denen sich Schüler positiv verhalten, und geben ihnen Anerkennung dafür. Wie gehen wir dabei vor?

- **Bei Aufmerksamkeit: Wir lassen die Schüler wissen, dass ihre Beiträge und Bemühungen wirklich zählen.** Z. B., wenn sie sich aktiv an Projekten im Unterricht beteiligen, weil sie es genießen, auf positive, konstruktive Weise in der Gruppe eingebunden zu sein, mitzuwirken und einander zu helfen.

- **Bei Macht: Wir nehmen die Entscheidungsbereitschaft und -fähigkeit der Schüler wahr und benennen sie.** Z. B., wenn Schüler Verantwortung für ihr eigenes Verhalten übernehmen und ihre Macht (Energie, Kreativität) positiv nutzen: Als Jennys (16) Freunde vorschlagen, die Schule zu schwänzen, entscheidet sie sich, dabei nicht mitzumachen. Nadine (12) ruft einen Lehrer zu Hilfe, als sie sieht, wie ein jüngerer Schüler waghalsig auf dem Klettergerüst turnt.

- **Bei Rache: Wir wissen das Interesse der Schüler an Kooperation und Fairness zu schätzen und sprechen unsere Anerkennung für ihre Fähigkeit aus, ihrem Verhalten eine neue Richtung zu geben.** Z. B., wenn ein Schüler trotz seiner verletzten Gefühle keine Rache nimmt und kooperiert: Wir waren ungeduldig mit Paul (14) und haben ihn angeschrien. Trotzdem entscheidet er sich, freiwillig bei Klassenaktivitäten zu kooperieren, anstatt seine Energie mit Rache zu verschwenden.

- **Beim Beweis der Unfähigkeit: Wir erkennen und schätzen Mut, Ausdauer und Durchhaltevermögen, aber auch realistische Erwartungen.** Z. B., wenn Thomas (12), der die Diagnose LRS (Lese-Rechtschreibschwäche) erhalten hat, geduldig an verschiedenen Lerntechniken arbeitet oder wenn Sascha (9) entscheidet, mit den Dreien, für die er sehr hart arbeiten muss, zufrieden zu sein, anstatt weiter mit seinem Bruder zu konkurrieren, der mit Leichtigkeit Einsen und Zweien schreibt.

Herausforderungen im Schulalltag

Frau Hecking hat ihrer 7. Klasse zehn Matheaufgaben gestellt, die sie sofort lösen sollen. Die meisten Schüler beginnen zu arbeiten, aber Franziska (13) sitzt nur da und starrt aus dem Fenster. Frau Hecking geht zu ihrem Tisch und sieht, dass sie noch nicht einmal mit der ersten Aufgabe begonnen hat. Sie fragt Franziska, weshalb sie nicht angefangen habe, und die Schülerin erwidert: »Die Aufgaben sind zu schwierig. Ich kann sie nicht lösen.« Frau Hecking seufzt verzweifelt, versucht aber, herauszufinden, was genau Franziska Schwierigkeiten bereitet. Franziska starrt geradeaus und nimmt nicht einmal ihren Bleistift in die Hand.

Beantworten Sie bitte folgende Fragen
- alleine im Selbststudium,
- gemeinsam mit Ihren Kollegen, die dieses Kapitel auch gelesen haben, oder
- beim entsprechenden Modul der STEP Fortbildung für Lehrer:

     1. Welches Ziel verfolgt Franziska mit ihrem Verhalten?
     2. Haben Sie einige Ideen, wie Frau Hecking Franziska motivieren könnte?
     3. Wie verhalten Sie sich in der Regel gegenüber Schülern wie Franziska?

STEP in der Praxis

1. Wählen Sie einen Ihrer Schüler aus, mit dessen Verhalten Sie ein Problem haben. Identifizieren Sie, welches Ziel des Fehlverhaltens er verfolgt.
2. Ändern Sie die Perspektive und überlegen Sie sich, welche positive Kehrseite das Fehlverhalten hat.
3. Tun Sie das Unerwartete.
4. Machen Sie sich Notizen über Ihre Erfahrung.
5. Dokumentieren Sie auch Beispiele für positives Verhalten des Schülers.
6. Ermutigen Sie den Schüler.

Bitte beachten Sie

Die Fertigkeiten, die wir in diesem Buch präsentieren, zeigen unserer Erfahrung nach in den meisten Fällen Wirkung. Wenn Sie STEP im Alltag umsetzen, stellen Sie folgende Überlegungen an:

- Inwiefern trägt die Umgebung des Kindes in der Schule – z. B. Aktivitäten, Fächerabfolge, Stundenplan, Tagesablauf, Lehrerwechsel, Räumlichkeiten, usw. – zum Fehlverhalten bei?
- Welche Ihrer persönlichen Ressourcen tragen zur Lösung von Problemen bei? Dazu gehören Eigenschaften oder Stärken wie ein Sinn für Humor, die Fähigkeit, Abstand zu nehmen und die Perspektive zu wechseln, Erfahrung oder Geschick in der Lösung von Problemen, Geduld, Achtsamkeit oder eine gute Wahrnehmung.
- Inwiefern tragen Sie selbst zu Konflikten bei, beispielsweise indem Sie sehr empfindlich oder leicht verletzbar sind, zu viel reden, zu viel fordern, ständig die Kontrolle oder recht haben müssen, perfekt sein oder gefallen wollen?

Tabelle 1B: Verstehen Sie das Verhalten der Schüler und ändern Sie Ihre Reaktion

Entmutigende Wertvorstellungen der Schüler, die den Zielen des Fehlverhaltens zugrunde liegen	Ziel des Fehlverhaltens der Schüler	Positive Kehrseite	Was können Sie als Lehrer ändern? Das Unerwartete tun– *Verhalten* Perspektive ändern – *Haltung*	Möglichkeiten, positive Ziele und Wertvorstellungen zu ermutigen
Ich gehöre nur dazu, wenn ich beachtet oder bedient werde.	Aufmerksamkeit	Streben nach Beteiligung	Erkennen Sie, dass Nörgeln, Ermahnen und Warnen das Ziel nur verstärken. Wenn möglich, ignorieren Sie das Verhalten und setzen Sie den Unterricht fort – ohne Gereiztheit! Schenken Sie Aufmerksamkeit, wenn es nicht erwartet wird. Geben Sie den Schülern die Möglichkeit, sich konstruktiv zu beteiligen.	Lassen Sie die Schüler wissen, dass ihr Beitrag zählt und Sie sie als Person wertschätzen.
Ich gehöre *nur dazu, wenn* ich die Kontrolle habe oder wenn ich beweisen kann, dass mich niemand zwingen kann, etwas zu tun.	Macht	Streben nach Selbstständigkeit	Vermeiden Sie Machtkämpfe. Geben Sie Entscheidungsmöglichkeiten, treffen Sie Vereinbarungen und lassen Sie Konsequenzen folgen. Bleiben Sie dabei freundlich und bestimmt. Helfen Sie den Schülern, Macht konstruktiv auszuüben, indem Sie sie um Unterstützung bitten.	Ermutigen Sie die Schüler, Entscheidungen zu treffen. Lassen Sie die Schüler wissen, dass Sie ihnen vertrauen.
Ich gehöre *nur dazu, wenn* ich andere verletze o der wenn ich es ihnen heimzahle. Ich bin nicht liebenswert.	Rache	Streben nach Fairness	Erkennen Sie die Not der Schüler. Vermeiden Sie, zu strafen, sich zu revanchieren und sich verletzt zu fühlen. Bauen Sie eine vertrauensvolle Beziehung auf.	Lassen Sie Ihre Schüler wissen, dass Sie ihr Interesse an fairer Zusammenarbeit wertschätzen.
Ich gehöre *nur dazu, wenn* ich die anderen davon überzeuge, mich in Ruhe zu lassen, weil ich unfähig und ein hoffnungsloser Fall bin.	Unfähigkeit unter Beweis stellen	Streben nach Kompetenz	Erkennen Sie die tiefe Entmutigung der Schüler. Geben Sie nicht auf, zeigen Sie kein Mitleid und äußern Sie keine Kritik. Ermutigen Sie alle Bemühungen und kleinen Fortschritte.	Erkennen Sie den Mut, die Geduld und die Beharrlichkeit Ihrer Schüler, wenn sie Neues ausprobieren und nicht aufgeben.

Zusammenfassung

1. Dazuzugehören ist ein grundsätzliches Bedürfnis aller Menschen und langfristiges Ziel ihres Verhaltens.

2. Schüler, die Fehlverhalten zeigen, haben bestimmte falsche Wertvorstellungen und Überzeugungen darüber, was es bedeutet, dazuzugehören.

3. Schüler, die Fehlverhalten zeigen, sind entmutigt.

4. Die vier kurzfristigen Ziele des Fehlverhaltens nach Rudolf Dreikurs sind:
   - Aufmerksamkeit erregen,
   - Macht ausüben,
   - Rache nehmen und
   - Unfähigkeit unter Beweis stellen.

   Alle Ziele des Fehlverhaltens können *aktiv* oder *passiv* verfolgt werden.

5. Um das Ziel des Fehlverhaltens zu erkennen, achten Sie darauf,
   - wie Sie sich fühlen, wenn ein Schüler Fehlverhalten zeigt,
   - wie Sie gewöhnlich auf das Fehlverhalten in der jeweiligen Situation reagieren und
   - wie der Schüler auf Ihr Verhalten reagiert.

6. Lehrer sind nicht die Ursache für Fehlverhalten. Aber sie können es verstärken, indem sie die vom Schüler erwartete Reaktion zeigen. Deshalb ändern Sie bewusst Ihre Reaktion: Tun Sie das Unerwartete und ändern Sie Ihre Perspektive.

7. Richtlinie für den Umgang mit aufmerksamkeitssuchendem Fehlverhalten: *Erster Schritt:* Tun Sie das *Unerwartete*.
   - Geben Sie Aufmerksamkeit nicht dann, wenn der Schüler es von Ihnen fordert – weder für sein Fehlverhalten noch für sein positives Verhalten. Dadurch helfen Sie Ihrem Schüler, Selbstvertrauen zu gewinnen und sich so selbst zu motivieren.
   - Schenken Sie dem Schüler Ihre Aufmerksamkeit dann, wenn er es nicht erwartet. Ertappen Sie ihn dabei, »gut« zu sein.
   Zweiter Schritt: Sehen Sie die *positive Kehrseite* seines Fehlverhaltens: *Streben nach Beteiligung.*

8. Richtlinie für den Umgang mit einem nach Macht strebenden Schüler: *Erster Schritt:* Tun Sie das *Unerwartete*.
   - Weigern Sie sich, in den Machtkampf einzusteigen.

- Geben Sie dem Schüler Wahlmöglichkeiten, und treffen Sie eine Vereinbarung mit ihm.
- Erlauben Sie ihm, die Konsequenzen seiner Handlung zu erfahren.
- Bleiben Sie dabei freundlich *und* bestimmt.
- Bitten Sie den Schüler zu einem anderen Zeitpunkt um Hilfe und um Kooperation.

Zweiter Schritt: Sehen Sie die *positive Kehrseite* seines Fehlverhaltens: *Streben nach Selbstständigkeit.*

9. Richtlinie für den Umgang mit einem Schüler, der es Ihnen heimzahlen möchte:

   Erster Schritt: Tun Sie das *Unerwartete.*
   - Nehmen Sie das Verhalten nicht persönlich und fühlen Sie sich nicht verletzt.
   - Lassen Sie sich nicht dazu verleiten, selbst Rache zu nehmen.
   - Stattdessen arbeiten Sie daran, ein vertrauensvolles Verhältnis aufzubauen.

   Zweiter Schritt: Sehen Sie die *positive Kehrseite* seines Fehlverhaltens: *Streben nach Fairness.*

10. Richtlinie für den Umgang mit einem Schüler, der seine Unfähigkeit unter Beweis stellt:

    Erster Schritt: Tun Sie das *Unerwartete.*
    - Geben Sie nicht auf.
    - Kritisieren und bemitleiden Sie den Schüler nicht.
    - Ermutigen Sie stattdessen jede Bemühung und Verbesserung des Schülers.

    Zweiter Schritt: Sehen Sie die *positive Kehrseite* seines Fehlverhaltens: *Streben nach Kompetenz.*

11. Die vier Ziele folgen nicht zwangsläufig einer festgelegten Reihenfolge.

12. Mit zunehmendem Alter verfolgen junge Menschen auch zwei weitere Ziele, die oft in Fehlverhalten münden: Sie möchten die *Akzeptanz durch Gleichaltrige* erreichen – manchmal um jeden Preis –, oder sie *suchen Abenteuer und riskante Herausforderungen.* Berücksichtigen Sie auch diese möglichen Ziele des Fehlverhaltens, wenn Sie mit Schülern in dieser Altersgruppe (Pubertät und Adoleszenz) arbeiten.

13. Sie fördern das positive Verhalten Ihrer Schüler durch Wertschätzung, indem Sie
    - bei *Aufmerksamkeit* – Beiträge und Bemühungen bemerken und benennen,

- bei *Macht* – Entscheidungsbereitschaft und -fähigkeit wahrnehmen und benennen,
- bei *Rache* – Kooperation und Fairness erkennen und benennen,
- bei *Beweis der Unfähigkeit* – Mut, Geduld und Durchhaltevermögen erkennen und benennen.

NUR FÜR SIE

Reduzieren Sie Ihren Stress

Stress ist die physische und emotionale Antwort auf eine Situation, die für Sie eine Herausforderung darstellt. Ihre Tätigkeit als Lehrer ist eine anspruchsvolle, intensive Arbeit mit Kindern und Heranwachsenden, bei der zwischenmenschliche Beziehungen eine zentrale Rolle spielen. Professor Dr. med. Joachim Bauer sagt in der Freiburger Schulstudie: »*Der Gestaltung des schulischen Beziehungsgeschehens* wird eine oft nur nachrangige Bedeutung zuerkannt, mit der Folge, dass schulische Beziehungsabläufe zwischen Lehrern untereinander, Lehrern und Schülern, aber auch Eltern und Lehrern zu einem Stressfaktor geworden sind.«[2]

Die folgenden Hinweise können Ihnen im Schulalltag – kurz- und langfristig – helfen, Stress abzubauen und besser damit umzugehen[3]:

1. Atmen Sie mehrmals tief durch. Lassen Sie Ihren Atem zur Ruhe kommen. Sagen Sie sich beim Einatmen »Ruhig« und beim Ausatmen »werden«. Machen Sie so lange damit weiter, bis Sie anfangen, sich zu entspannen.

2. Führen Sie positive Selbstgespräche. Sagen Sie sich selbst einfache, optimistische Sätze wie: »Ich rege mich nicht auf«, »Ich nehme es leicht«, oder: »Ich habe mein Bestes gegeben. Ich bin in Ordnung.«

---

2 Bauer [2]: 35 % der Lehrerinnen und Lehrer befinden sich in einer durch hohe Verausgabung, Erschöpfung und Resignation gekennzeichneten Situation, d. h. in einer Burn-out-Konstellation. Stressbedingte Belastungssymptome, die in ihrer Schwere einer medizinisch relevanten gesundheitlichen Beeinträchtigung entsprechen, zeigen sich bei 20 % der über 400 untersuchten Lehrkräfte.

3 Weitere Methoden zum Stressabbau: Kretschmann [29]

3. Bereiten Sie sich im Voraus auf Situationen vor, von denen Sie glauben, dass sie stressig werden. Atmen Sie tief durch und führen Sie positive Selbstgespräche.

4. Betrachten Sie Situationen als Chancen oder Herausforderungen und nicht als Stress oder etwas, vor dem Sie Angst haben, weil Sie denken, Sie können es möglicherweise nicht bewältigen.

5. Akzeptieren Sie sich jeden Tag aktiv aufs Neue. Konzentrieren Sie sich jeden Tag auf Ihre *eigenen* positiven Eigenschaften. Geben Sie sich Selbstbestätigung mit Aussagen wie: »Ich bin fähig«, »Ich bin es mir wert«, »Ich treffe meine eigenen Entscheidungen«. Nehmen Sie sich jetzt ein paar Minuten Zeit und schreiben Sie einige Aussagen zu Ihrer Selbstbestätigung auf.

Das vorliegende Buch bzw. die darauf basierende Lehrerfortbildung unterstützt Sie – durch zahlreiche Impulse zur Selbstreflexion sowie durch die systematisch aufgebaute, praktisch anwendbare STEP Strategie (Verhalten und Haltung) –, Ihren Stress im Alltag nachhaltig abzubauen.

Beginnen Sie gleich in dieser Woche mit dem Stressabbau!

KAPITEL 2

Der Einfluss des Lebensstils auf die Interaktion zwischen Lehrer und Schüler

Jeder Mensch hat seinen eigenen Lebensstil.

Faktoren, die den Lebensstil beeinflussen.

Zusammenhang zwischen Lebensstil, Gefühl und Verhalten bei Schülern und Lehrern.

Strategien für eine nachhaltige Änderung der Reaktion des Lehrers.

Förderliche und hinderliche Wertvorstellungen und Überzeugungen (Lebensstil) beeinflussen die Interaktion und die Beziehung zwischen Lehrer und Schüler.

Jeder Mensch hat
seinen eigenen Lebensstil

Ob Lehrer oder Schüler, die Art und Weise, in der wir auf Menschen und Situationen reagieren, ist – nach Rudolf Dreikurs – abhängig von unserem *Lebensstil* – dem einzigartigen, früh entwickelten, unbewussten Grundriss unserer Persönlichkeit, einem Muster, nach dem wir unser Leben gestalten. Unsere *Wertvorstellungen und Überzeugungen* über uns selbst, andere Menschen und die Welt reflektieren unseren Lebensstil. Der Lebensstil, die Grundmelodie eines Individuums[1], entsteht durch die individuelle Bewertung frühkindlicher Erfahrungen (*»schöpferische Kraft«*[2] oder *»private Logik«*[3]) und führt zu Verallgemeinerungen. Der Lebensstil beeinflusst unsere *langfristigen Ziele im Leben*, die so wirken, dass diese Wertvorstellungen und Überzeugungen durch weitere Erfahrungen immer wieder bestätigt und somit aufrechterhalten werden. Unsere Wertvorstellungen und Lebensziele sind uns in der Regel nicht bewusst, aber unser Verhalten spiegelt sie wider.

BEISPIEL:

> Angenommen, jemand glaubt, das Leben sei unfair. Deshalb strebt er in seinem eigenen Leben möglicherweise nach einem unerreichbaren Maß an Gerechtigkeit und Fairness – obwohl er sich dieser Wertvorstellung eventuell nicht bewusst ist. Er macht deshalb immer wieder die Erfahrung, dass die Welt ungerecht ist.

Die Entwicklung unseres Lebensstils beginnt bereits sehr früh – noch bevor wir sprechen lernen. Selbst unsere jüngsten Schüler kommen bereits zur Schule mit vielen Verallgemeinerungen als Ergebnis ihrer Erfahrungen. Sie kommen zu uns mit vielen, oft falsch verstandenen Vorstellungen über das Leben.

Die grundlegenden Wertvorstellungen des Lebensstils (Glaubenssätze) haben für den Einzelnen – ob ausgesprochen oder implizit – absolute Gültigkeit: »Ich *muss* der Erste sein«, »Man kann *niemandem* trauen«, »*Jeder* ist sich selbst der Nächste«, »Das Leben ist *immer* gefährlich«. Solche Schwarz-Weiß-Überzeugungen können einen großen Einfluss auf das Verhalten haben. Menschen halten an den Wertvorstellungen fest, die sie als Kinder für sich als allgemeingültig formuliert haben, auch wenn spätere Erfahrungen diese Werte infrage stellen.

---

1   Brunner et al. [5], S. 255: Adler schrieb, dass »in jedem Symptom immer die ganz große Melodie des Individuums steckt«.

2   Brunner et al. [5], S. 368–371

3   Felten [21], S. 136

Menschen offenbaren ihren Lebensstil, indem sie ihr Verhalten – positives und negatives – aus einem breiten Repertoire auswählen.

BEISPIEL:

Nehmen wir an, Frau Schmidt glaubt daran, dass sie immer die Erste und die Beste sein muss. Sie wird vielleicht Spitzensportlerin, Chirurgin oder eine »erfolgreiche« Kriminelle. Frau Schmidt könnte aber auch entscheiden, dass sie den Anforderungen des Lebens nicht gerecht werden kann und dass deshalb die Verweigerung oder der Rückzug die einzige Antwort darauf ist.

Faktoren, die den Lebensstil beeinflussen

Indem wir uns mit den Faktoren beschäftigen, die den Lebensstil eines jeden Menschen am meisten beeinflussen, können wir unser Verständnis von Verhalten und Fehlverhalten vertiefen. Bei diesen einflussreichen Faktoren, die individuell bewertet bzw. genutzt werden, handelt es sich um:

- die Erbanlagen,
- die Atmosphäre und Werte in der Familie und in der Schule,
- die Vorbilder,
- die Art, Disziplin auszuüben,
- die Geschwisterkonstellation.

Bei folgenden Überlegungen werden diese Faktoren in Bezug auf Schüler betrachtet:

Die Erbanlagen. Es ist unmöglich, den Einfluss von Erbanlagen auf die Entwicklung und das Potenzial eines Menschen genau einzuschätzen. Aber Erbfaktoren geben sicherlich auch bestimmte Grenzen oder Einschränkungen vor.

Als Lehrer interessiert es uns jedoch viel mehr, was unsere Schüler innerhalb der Grenzen ihrer Möglichkeiten *tun*. Wir treffen viele Schüler mit großem Potenzial für Erfolg, aber ihre fehlerhaften und einengenden Wertvorstellungen hindern sie daran, dieses Potenzial auszuschöpfen.

Die Atmosphäre und Werte in der Familie und in der Schule. Das soziale Klima zu Hause, das von den Eltern etabliert wird, hat großen Einfluss darauf, wie Kinder die Welt wahrnehmen. Die Verhältnisse, aus denen unsere Schüler kommen, sind möglicherweise ordentlich oder chaotisch, flexibel oder rigide, von Wettstreit oder ständigem Vergleich geprägt, stabil oder instabil. Der Erziehungsstil der Eltern – und als Folge die Beziehungsstruktur in der Familie – kann autoritär, antiautoritär (laisser-faire) oder demokratisch (partizipativ, autoritativ) sein, auf Angst, Vernachlässigung, Verwöhnung oder auf Liebe und Fürsorge basieren. Erwachsene können vernünftige Maßstäbe setzen, unvernünftige oder gar keine.

Obwohl Kinder aus derselben Familie häufig einige Eigenschaften gemeinsam haben, reagiert doch jedes Kind unterschiedlich auf die häusliche Umgebung – abhängig von seiner individuellen Wahrnehmung, der Bewertung der Umstände bzw. seiner »schöpferischen Kraft« (siehe dazu auch die Ergebnisse der Resilienzforschung[4], die Adlers Ansatz bestätigen).

Werte machen einen wichtigen Teil der Atmosphäre in der Familie aus. Alles, was für Eltern wichtig ist, selbst wenn sie unterschiedliche Standpunkte vertreten, wird auf die eine oder andere Weise auch wichtig für die Kinder. Jedes Kind bezieht zu den Themen, die innerhalb der Familie wichtig sind, für sich Position. Die Familienmitglieder sind sich möglicherweise bestimmter Werte bewusst. Dazu gehören z. B. Moral und Ethik, Religion, Geld, Arbeit oder Erziehung. An anderen Werten halten sie möglicherweise zwar genauso fest, sind sich dessen aber nicht bewusst: z. B. Gewinnen, Kontrollieren oder Rechthaben. Jedes Kind reagiert auf alle Werte, die in der Familie eine Rolle spielen.

Als Lehrer beeinflussen wir die Atmosphäre in unserer Klasse. Als wichtige Personen im Leben unserer Schüler vermitteln wir auch bestimmte Werte, sei es bewusst oder unbewusst. D. h., *auch wir* beeinflussen das Verhalten unserer Schüler erheblich.

Die Vorbilder. Kinder lernen durch die Beobachtung ihrer Eltern und anderer Erwachsener. Sie beobachten, wie sich Männer und Frauen verhalten und wie Erwachsene auf Stress reagieren. Sie entscheiden sich möglicherweise dafür, das Verhalten eines Elternteils nachzuahmen, oder sie kombinieren Verhaltenszüge von beiden Eltern. Oder aber sie lehnen das Verhalten eines Elternteils oder beider Elternteile ab.

---

4   Wustmann [46]

Unglücklicherweise nehmen Kinder oft die am wenigsten wünschenswerten Verhaltensweisen ihrer Eltern an, weil diese am besten zu funktionieren scheinen. Z. B., wenn Frederiks Mutter in der Regel schmollt, wenn sie etwas durchsetzen möchte, probiert er diese Technik eventuell auch aus.

Auch wir Lehrer dienen unseren Schülern als Vorbild. Wenn wir beispielsweise durch das Ausüben von Macht andere kontrollieren, lernen sie daraus, dass machtvolles Gebaren Erfolg bringt und deshalb erstrebenswert ist.

Die Art, Disziplin auszuüben. Die Art und Weise, wie Eltern und Lehrer Disziplin ausüben, kann Schüler dazu veranlassen, bestimmte Schlüsse über das Leben zu ziehen. Erwachsene, die auf demokratische, kooperative Problemlösung Wert legen – die auf gegenseitigem Respekt basiert –, fördern bei den Kindern Verantwortungsbewusstsein und Selbstdisziplin mehr als solche, die autoritär oder antiautoritär (laisser-faire) vorgehen.

Die Geschwisterkonstellation. Die Geschwisterkonstellation nimmt einen wesentlichen Einfluss auf den Lebensstil eines Menschen. Mit der Geschwisterkonstellation ist *die psychologische Position eines jeden Kindes in der Familie in Bezug auf die Geschwister* gemeint. Diese Position kann, muss aber nicht, der Reihenfolge entsprechen, die durch die Geburt festgelegt ist. Die Position in der Familie basiert auch darauf, wie sie vom Kind selbst eingeschätzt wird.

Das Kind entscheidet, wie es am besten seinen Platz in der Familie einnimmt. Einige Erstgeborene bleiben nicht in der Rolle des kompetenten, verantwortungsbewussten Ältesten, wenn ein zweites Kind geboren wird, z. B., wenn es sich nicht in der Lage fühlt, die Führungsrolle gegenüber dem Zweitgeborenen zu übernehmen. Von Jungen beispielsweise wird in unserer Kultur in der Regel erwartet, dass sie sich langsamer entwickeln als Mädchen. Ein aus diesem Grund entmutigter älterer Bruder könnte seiner jüngeren Schwester erlauben, die Rolle des Erstgeborenen zu übernehmen.

Jedes Kind wird innerhalb einer Familie in andere Umstände hineingeboren. Das Erstgeborene ist für eine Weile das einzige Kind, aber seine Situation ändert sich, sobald ein zweites Kind zur Welt kommt. Das zweite Kind – genauso wie jedes weitere danach geborene – muss damit zurechtkommen, dass es ältere Geschwister hat, die »mehr können« als es selbst, es sei denn, die älteren Geschwister sind körperlich oder geistig beeinträchtigt.

Die *Atmosphäre in der Familie* ist eher für die *Ähnlichkeiten* in den Persönlichkeiten der Kinder verantwortlich, die *Geschwisterkonstellation* erscheint ausschlaggebend für die Unterschiede.

Kinder haben häufig das Gefühl, dass sie um einen Platz in der Familie kämpfen müssen.

Beispiel:

Nehmen wir an, **Miriam** (15) ist eine Einserschülerin. Ihre Schwester **Diana** (14) dagegen muss für Dreien und Vieren hart arbeiten. Diana wird zunehmend mutloser, weil sie glaubt, dass ihre Noten nie so gut sein werden wie die von Miriam. Da sie sportlicher ist als ihre Schwester, beschließt Diana, es nicht mehr mit den Schulnoten zu versuchen, sondern ein Ass in Sport zu werden. Miriam auf der anderen Seite beginnt jede sportliche Betätigung zu meiden und steckt ihre gesamte Energie in die Schule. Auf diese Weise verschafft sich jedes der Mädchen einen eigenen Platz in der Familie. Miriam ist die gute Schülerin, Diana die Sportskanone. Möglicherweise hätten aber beide in beiden Bereichen gut sein können, wenn sie nicht das Gefühl gehabt hätten, gegeneinander konkurrieren zu müssen.

Eltern und Lehrer der beiden Mädchen haben den Wettstreit möglicherweise unbeabsichtigt gefördert, indem sie Miriam für ihre guten Noten gelobt und dabei Diana ignoriert oder kritisiert haben. Wenn wir all unsere Schüler ermutigen wollen, ist es wichtig, die Einzigartigkeit eines jeden Schülers wertzuschätzen und uns auf seine Stärken zu konzentrieren. Wenn wir den Druck von Diana nehmen und ihre Bemühungen anerkennen, ist sie möglicherweise kooperativer und bereit, sich in der Schule noch mehr Mühe zu geben. Es ist besonders wichtig, *jeglichen* Vergleich zwischen den Geschwisterkindern einer Familie zu vermeiden.

Der psychologische Platz eines jeden Schülers innerhalb der Familie ist abhängig von verschiedenen Variablen. Das Wissen um die Position eines jeden Schülers in der Familie hilft uns, eine Hypothese über seine grundlegenden Wertvorstellungen zu entwickeln. Auf diese Weise gelingt es uns eher, die Welt aus dem Blickwinkel unseres Schülers zu betrachten und ihn möglicherweise besser zu verstehen.

Detailliertere Informationen zum Thema Geschwisterkonstellation sind im »Exkurs zur Geschwisterkonstellation« am Ende von Kapitel 2 zu finden und Hinweise zur Nutzung dieser Erkenntnisse bei der Arbeit mit Schülern und Eltern in Kapitel 10, »Die Zusammenarbeit von Eltern und Lehrern«.

Der Zusammenhang zwischen Lebensstil, Gefühl und Verhalten

Der Lebensstil, die Gefühle und das Verhalten unserer Schüler

Als Reaktion auf Erbanlagen, die Atmosphäre in der Familie, ihre Vorbilder, die Art, Disziplin auszuüben, und die Familienkonstellation entwickeln Schüler also ihren Lebensstil, d. h. ihre grundsätzlichen Wertvorstellungen und ihre – meist unbewussten – *langfristigen Lebensziele.*

> *Dazuzugehören* ist – nach Alfred Adler – das wichtigste *langfristige Lebensziel.*
> Gelingt es Schülern nicht, auf positive Weise dazuzugehören, sind sie *entmutigt.*
> Sie zeigen *Fehlverhalten* und finden so ihren Platz in der Gruppe.
> Die *vier Ziele des Fehlverhaltens* und deren positive Kehrseiten sind *kurzfristige, situationsabhängige Ziele*, die den Schülern helfen, ihre langfristigen Ziele zu erreichen.

Schüler, die eines der vier Ziele des Fehlverhaltens verfolgen, handeln aufgrund starker Gefühle, die als Folge ihrer Wertvorstellungen und Überzeugungen entstanden sind. *Diese Gefühle sind der Antrieb für das Verhalten unserer Schüler.* Möglicherweise wollen sie mit heftigen Wutausbrüchen Macht demonstrieren. Weil sie sich verletzt fühlen, möchten sie vielleicht, dass ihr Lehrer genauso betroffen ist wie sie selbst. Wut kann zu Rache führen. Selbstmitleid oder Verzweiflung können zu einem Beweis der Unfähigkeit werden.

BEISPIELE:

- **Karen** (15) möchte es *bequem haben* und vermeidet deshalb, in der Schule Verantwortung zu übernehmen. Solange sie dieses *langfristige Lebensziel* (Bequemlichkeit) – zumindest meistens – erreicht, wird sie wahrscheinlich kein Fehlverhalten zeigen. Wenn sie aber auf Aktivitäten stößt, bei denen sie Angst hat, dass sie die Aufgaben nicht ohne großen Einsatz erfolgreich erfüllen könnte, zeigt sie eventuell Fehlverhalten. Vielleicht entschließt sie sich dazu, die Aufgabe so nachlässig zu erfüllen, dass sie in Zukunft keine mehr übertragen bekommt. D. h., Karen hat sich für das kurzfristige Ziel »Unfähigkeit unter Beweis stellen« entschieden, weil es ihrer Ansicht nach die größte Aussicht auf Erfolg hat. Ihr Ziel ist, es auch zukünftig bequem zu haben.

- **Matthias** (16) drängt sich nicht danach, Verantwortung in der Schule zu übernehmen, weil er eher zurückhaltend ist. Wenn er allerdings eine Aufgabe übernimmt, tut er sein Bestes, denn er muss es nicht immer bequem haben. Er fühlt sich sicherer im Klassenverband, ist selbstbewusster als Karen und hat sich deshalb entschieden, seine langfristigen Ziele auf konstruktive Art zu verfolgen.

- Manche Schüler allerdings gelten als »gut« – aber aus einem falschen Grund. **Alexandra** (13) bietet immer freiwillig ihre Hilfe an, beantwortet Fragen zum richtigen Zeitpunkt und ist eine unserer besten Schülerinnen. Aber sie lästert auch und scheint Spaß daran zu haben, andere Schüler herablassend zu behandeln oder gar zu demütigen. Sie fühlt sich bedroht im Konkurrenzkampf mit den Mitschülern. Deshalb ist sie »gut« – aber nur aus Eigeninteresse, um ihre Überlegenheit (langfristiges Ziel) zu zeigen.

  Ähnlich verhält es sich mit **Max** (17), er zieht häufig die Aufmerksamkeit auf sich, indem er nett und charmant ist. Auch ihm liegt nicht wirklich etwas an anderen. Er fühlt sich nur wohl, wenn er stets im Mittelpunkt steht und die Anerkennung der anderen bekommt (langfristiges Ziel).

  Beide – Alexandra und Max – fühlen sich irgendwie entmutigt. Sie glauben, auf Kosten anderer »gut« zu sein bzw. nur mit Charme durchzukommen sei für sie der einzige Weg, in der Gruppe dazuzugehören.

Das Beste, was wir für solche Schüler tun können, ist, sie nicht zu loben, ihre herablassenden Bemerkungen zu ignorieren und *unbeeindruckt mit dem Unterricht fortzufahren.* Andererseits ist es wichtig, Anerkennung dann zu geben, wenn sie unsere *Aufmerksamkeit nicht erwarten,* und nur, wenn sie tatsächlich einen *Beitrag zum Wohl der Gemeinschaft* geleistet haben.

- **Peter** (8) ist ein »hypersensibler« Schüler: Bereits die kleinste Bemerkung bringt seine Lippen zum Zittern, und die Tränen steigen ihm in die Augen. Andere Schüler hänseln ihn deswegen. Er tut uns leid, und deshalb schenken wir ihm eine Weile besondere Beachtung. Aber schon bald sind wir wütend über sein dauerndes Geheule. Unsere Wut wiederum bringt Peter dazu, sich selbst noch mehr leidzutun. Wir sehen, dass er sich verletzt fühlt, fühlen uns schuldig und nehmen deshalb die Sonderbehandlung wieder auf. Der entmutigende Kreislauf wird aufrechterhalten.

Es ist unsere Aufgabe, Schülern wie Peter eben nicht die Aufmerksamkeit oder Macht zu geben, nach der sie streben. Durch übermäßige Empfindlichkeit lenkt Peter die Aufmerksamkeit von Erwachsenen und Mitschülern auf sich. Seine Mitschüler schenken ihm entweder Aufmerksamkeit (und das gefällt Peter besser, als ignoriert zu werden), oder sie erkennen, dass er es schafft, die Sympathie des Lehrers auf sich zu ziehen und Schutz zu bekommen, wann immer er möchte. Das Ziel seines Fehlverhaltens (Macht) ist Peter nicht bewusst. Wir können ihn aber wissen lassen, dass wir glauben, dass er genauso fähig und stark ist wie alle anderen Schüler. Wir können ihn behandeln wie alle anderen auch und uns weigern, ihm die emotionale Reaktion zu geben, nach der er verlangt. Stattdessen können wir uns auf seine Stärken konzentrieren und diese fördern, sodass Peter ermutigt wird und positive Ziele verfolgt.

Schüler, die positive Ziele verfolgen, fühlen sich in vielen Bereichen des Lebens motiviert, sind resilient und haben ein höheres Maß an Selbstvertrauen. Sie verfolgen nicht nur ihr eigenes Interesse, sondern interessieren sich auch für das Wohlbefinden anderer. Sie gehören dazu und haben ein gut ausgeprägtes Gemeinschaftsgefühl.

Sie unterbrechen den Kreislauf des Fehlverhaltens: Durch Ihre nachhaltig geänderte Reaktion (Verhalten und Haltung) beeinflussen Sie als Lehrer die kurzfristigen Ziele des Fehlverhaltens Ihrer Schüler.

Der Lebensstil, die Gefühle und das Verhalten der Lehrer

Auch wir Lehrer haben grundlegende Wertvorstellungen (unseren Lebensstil), die wir in den ersten Jahren unseres Lebens entwickelt haben – genauso wie unsere Schüler. Obwohl jeder Mensch einzigartig ist, definiert die Individualpsychologie einige Prioritäten (Persönlichkeitsmerkmale), wie wir bevorzugt mit unserer Umwelt interagieren, um dazuzugehören:

- Kontrolle;
- Überlegenheit;
- recht haben;
- gefallen wollen;
- Perfektionismus;
- Bequemlichkeit.

Dem Verhalten der meisten Menschen liegt eine oder liegen zwei dieser Prioritäten hauptsächlich zugrunde. Wir agieren aufgrund dieser Prioritäten mit den besten Absichten und gehen so in einer für uns typischen Art und Weise mit Situationen um. Aber einige weit verbreitete Prioritäten können sich *hinderlich* auf das Verhältnis zu unseren Schülern auswirken.

Aufgrund unserer Wertvorstellungen und Überzeugungen, durch die unser Lebensstil zum Ausdruck kommt, entwickeln auch wir Lehrer Gefühle, die den Antrieb bilden für unsere Reaktion auf das Fehlverhalten unserer Schüler. Um unsere Reaktion ändern zu können und die förderliche Seite unserer Prioritäten zum Tragen zu bringen, ist es wichtig, unsere Gefühle wahrzunehmen und sie im Rahmen eines Reflexionsprozesses zu beeinflussen: Wir nehmen Einfluss auf unsere Gefühle durch das *Überdenken* unserer Wertvorstellungen und Überzeugungen. Dadurch sind wir in der Lage, negative Gefühle zu reduzieren und positive Emotionen wie Empathie oder Entschlossenheit zu entwickeln. *Positive Gefühle* sind der Weg zu *konstruktiven Reaktionen*.

Wie können wir unsere negativen Gefühle reduzieren?

Uns allen fällt das nicht leicht. Es geht auch nicht darum, Gefühle zu unterdrücken. Aber mit dem Willen zur Veränderung, mit Mut und Ausdauer gelingt es uns, negative Gefühle zu *vermindern*.

Außerdem hilft uns der Gedanke an unser Ziel als Lehrer – das Verantwortungsbewusstsein und die Kooperationsbereitschaft unserer Schüler zu fördern –, positive Gefühle zu entwickeln und so unsere Reaktion auf das Fehlverhalten unserer Schüler zu ändern.

Zudem ist leicht zu erkennen, dass die bewusste Unterbrechung des negativen emotionalen Kreislaufs dazu beiträgt, den Herausforderungen des Berufsalltags mit mehr Gelassenheit zu begegnen und dadurch den *Stresslevel* zu reduzieren.

Folgende Beispiele regen dazu an, eigene hinderliche Wertvorstellungen durch förderliche (die Kehrseite) zu ersetzen (siehe dazu auch Tab. 2) und dadurch unsere Gefühle und unser Verhalten zu beeinflussen:

- *Kontrolle: »Ich muss stets die Kontrolle haben und mich immer durchsetzen.«* »Hör auf damit oder du bleibst heute nach der Schule hier! Mal sehen, was deine Eltern dazu sagen!« »Hör zu, ich will keine weiteren Beschwerden über dich von anderen Lehrern mehr hören. Ich will in meiner Klasse keinen Schüler haben, der Lehrern Ärger macht!« »Hör endlich auf mit der Tagträumerei und fang an zu arbeiten.«
  Wenn wir glauben, dass wir stets die Kontrolle über unsere Schüler haben müssen, schaffen wir eine einengende Atmosphäre, geprägt von Abhängigkeit oder Rebellion.

Ein demokratisch-partizipativer Führungsstil in der Klasse dagegen ermöglicht es uns, Disziplin zu schaffen, die den Anforderungen der jeweiligen Situation gerecht wird. Wir bieten Entscheidungsmöglichkeiten und Freiräume innerhalb bestimmter Grenzen, d. h.: *Wir kontrollieren die Situation und nicht den/die Schüler*. Dadurch, dass wir die Verantwortung mit den Schülern teilen, fühlen wir uns entlastet und weniger gestresst.

Beispiel:

Stefan (12) und Mark (13) stören den Unterricht in Biologie mit ihrer privaten Unterhaltung. Als Lehrer hätten wir uns durch unsere Verärgerung verleiten lassen können, den Unterricht zu unterbrechen, die Schüler zu ermahnen, ihnen gut zuzureden oder sie anzuschreien. Stattdessen denken wir um und entscheiden uns, uns nicht verärgert zu fühlen und sie zunächst zu ignorieren. Stefan und Mark stören weiter. Wir sagen freundlich und bestimmt: »Stefan, Mark, wegen eurer Unterhaltung kann keiner mehr verstehen, was in der Runde gesagt wird. Ihr könnt zusammenbleiben und euer Gespräch später fortsetzen oder euch auseinander setzen. Was möchtet ihr tun?«

Damit haben wir sie nicht aufgefordert, still zu sein. Wir haben nur auf die Anforderung der Situation (jeder Schüler sollte dem Unterricht folgen können) reagiert und Stefan und Mark eine Wahl innerhalb bestimmter Grenzen gelassen. Wir haben keinen nutzlosen Versuch unternommen, *die Schüler unter unsere Kontrolle* zu bringen (*hinderliche* Wertvorstellung der Priorität »Kontrolle«). Stattdessen haben wir uns gefragt: »Was erfordert die Situation? Wie kann ich *die Situation* – nicht die Schüler – *kontrollieren?*« (*förderliche* Wertvorstellung der Priorität »Kontrolle«).

Manchmal versuchen wir Kontrolle über die Schüler auszuüben, indem wir jede ihrer Bewegungen beobachten. Wir ermahnen sie, wir ernennen Aufpasser, die die Aufsicht übernehmen, auch wenn wir das Klassenzimmer nur kurz verlassen müssen. Vielleicht ermutigen wir sie sogar, andere zu verpetzen. Eine solche kleinschrittige Kontrolle kann eine Benachrichtigung der Eltern einschließen, in der wir das Fehlverhalten detailliert beschreiben und die Eltern – aus der Ferne – um Hilfe bei der Disziplinierung bitten.

- *Überlegenheit: »Ich bin anderen überlegen.«*[5]
Wir wollen, dass unsere Schüler lernen, selbstständig zu sein, Verantwortung zu übernehmen und Selbstdisziplin zu entwickeln. Aus einem Gefühl der Überlegenheit heraus, über unsere Schüler zu bestimmen, sie übermäßig zu behüten und vor der Realität zu bewahren (hinderliche Wertvorstellung der Priorität »Überlegenheit«), fördern wir in ihnen nur Gefühle der Unfähigkeit und Wertlosigkeit.

Stattdessen denken wir um und nehmen wir uns vor, unsere Schüler als Menschen zu sehen, denen wir – unabhängig davon, wie jung sie sind – zutrauen, aus Erfahrungen lernen zu können. Gefährliche Situationen ausgenommen!

BEISPIEL:

Alexander (11) trödelt und wird mit der Aufgabe nicht fertig. Wir lassen ihn wählen:»Alexander, du kannst die Aufgabe jetzt – in der Stunde – fertig machen oder nach der Schule so lange bleiben, bis du die Aufgabe fertig hast. Du entscheidest, wann du daran arbeitest.« Wenn Alexander weiter rumtrödelt, wissen wir, dass er sich entschieden hat, nach der Schule an der Aufgabe weiterzuarbei-

---

5 Brunner et al. [5], S. 332: Diese Priorität ist seit Alfred Adler bekannt für die bemerkenswerte Vielfalt der Möglichkeiten. Eine Sonderform ist das Streben nach moralischer Überlegenheit, »Ich mache stets alles richtig«, z. B. als Märtyrer, Heiliger, Helfer.

ten. Auf diese Weise lassen wir Alexander wissen, dass wir glauben, dass er in der Lage ist, aus den Konsequenzen seiner Entscheidung zu lernen (förderliche Wertvorstellung der Priorität »Überlegenheit«).

Ausschlaggebend, ob der Schüler aus den Konsequenzen seiner Entscheidung lernt, ist *unsere Haltung*: Wir sind freundlich *und* bestimmt. Wir trennen »Tat« und »Täter«, fühlen uns wohl mit dieser Entscheidung und sind deshalb gelassen.

Die Zeit, die auch wir nach der Schule – ohne nachtragend zu sein – investieren, ist gut angelegt, denn Alexander wird seine Aufgaben höchstwahrscheinlich in Zukunft im Unterricht erledigen wollen.

Wir mögen mehr Wissen, Erfahrung und Verantwortung haben als unsere Schüler. Aber Lehrer und Schüler sind gleichwertig, was ihren Wert und ihre Würde als Mensch betrifft.

- *Recht haben: »Es ist mein Recht. Es steht mir zu.«*
Um eine Atmosphäre des gegenseitigen Respekts zu schaffen, müssen sich beide – Schüler und Lehrer – verantwortungsvoll verhalten. Respekt will verdient sein. Dennoch haben wir manchmal das Gefühl, dass wir ein Anrecht auf Gehorsam und Respekt haben, einzig und allein, weil wir Lehrer und Erwachsene sind (hinderliche Wertvorstellung der Priorität »recht haben«). Wenn wir unsere Schüler dominieren, kontrollieren oder überbehüten, zeigen wir ihnen keinen Respekt.

Stattdessen denken wir um und nehmen wir uns vor, freundlich *und* bestimmt zu sein und unseren Schülern Entscheidungsmöglichkeiten auf respektvolle Weise anzubieten (förderliche Wertvorstellung der Priorität »recht haben«). Wir gehen dabei in Vorleistung und bleiben dran! Wenn Schüler sich respektiert fühlen, geben sie diesen Respekt eher zurück.

BEISPIEL:

Sollten Stefan und Mark auch weiterhin den Unterricht stören, bleiben wir ruhig und bestehen respektvoll darauf, dass sie sich umsetzen.

- *Gefallen wollen: »Ich muss es immer allen recht machen. Ich zähle nicht.«*
Wir wahren uns selbst gegenüber keinen Respekt, wenn wir es vielen Menschen mit oft gegensätzlichen Vorstellungen, wie Lehrer sein sollten, recht machen möchten. Dabei nehmen wir oft keine Rücksicht auf eigene Bedürfnisse. Wir werden zum Fußabtreter.
In einer Klasse, in der eine demokratische Atmosphäre herrscht, haben auch Lehrer Rechte. Wir glauben an unseren eigenen Wert und an unsere Fähigkeiten.

BEISPIEL:

Herr Eckes erkennt, dass er durch ständiges Wiederholen seiner Anweisungen für Schüler, die immer wieder nachfragen, keinen Respekt zeigt – sich selbst und den Fähigkeiten der Schüler gegenüber. Deshalb schreibt er jetzt alle Anweisungen an die Tafel. Wann immer ein Schüler um eine Wiederholung bittet, zeigt er nun wortlos auf die Tafel. Herr Eckes ist seinen Frust los und er fühlt sich entsprechend wohl.

Fördern Sie gegenseitigen Respekt, indem Sie für die Rechte Ihrer Schüler und für Ihre eigenen einstehen.

- *Perfektionismus: »Ich muss immer perfekt und in Bestform sein.«*
Einige von uns sind in dem Glauben groß geworden, dass wir keine Fehler machen dürfen. Perfektionisten können Fehler an sich selbst nicht tolerieren. Als Lehrer ärgern sie sich auch über die Fehler, die ihre Schüler machen. Ihre eigene Angst, zu versagen, geht oft auf die Schüler über. Sowohl Lehrer als auch Schüler fangen an zu glauben, dass ihre Arbeit nie gut genug ist. Die Meinung anderer wird über die Maßen wichtig. Sie glauben, sie müssen um jeden Preis und immer gut dastehen.

Stattdessen denken wir um und helfen wir uns und den Schülern »den Mut, nicht perfekt zu sein«[6] zu entwickeln. Wir akzeptieren, dass wir fehlbare Wesen sind, damit wir realistische Ansprüche an uns selbst und an unsere Schüler stellen können. Wenn wir erkennen, dass Fehler uns beim Lernen helfen, können wir unsere Schüler dazu ermutigen, Neues anzugehen ohne die Angst, zu versagen.[7]

- *Bequemlichkeit: »Ich muss es immer bequem haben.«*
Einige von uns möchten übergroße Anstrengungen, Belastungen, Konflikte und Stress unbedingt vermeiden. Sie neigen dazu, keine klaren Grenzen zu setzen, weil sie den damit verbundenen Aufwand scheuen. Möglicherweise bekommen Schüler dadurch zu wenig Orientierung und setzen ihre Energie – auf der Suche nach Grenzen – für Fehlverhalten ein.

Stattdessen denken wir um und fördern das Verantwortungsbewusstsein unserer Schüler, indem wir im Vorfeld Verhaltensregeln für die Zusammenarbeit in unserer Klasse gemeinsam definieren. Wir stellen uns Konfliktsituationen und agieren konsequent – freundlich *und* bestimmt. Auf diese Weise geben wir unseren Schülern die Chance, aus den Konsequenzen ihrer Entscheidungen zu lernen und so Selbstdisziplin zu entwickeln. Durch unsere Gelassenheit und Geduld sind wir Vorbild für unsere Schüler.

---

6 Dinkmeyer, Dreikurs [9]

7 Hüther [26]: Die Neurobiologie hat die positiven Auswirkungen der Fehlerfreundlichkeit auf den Lernprozess bewiesen.

Bildungs- und Erziehungspartnerschaft mit den Eltern
Wenn Sie Daniels (10) Eltern darum bitten, ihn zum Lernen zu zwingen (hinderliche Wertvorstellung), lassen Sie dabei außer Acht, dass sein Verhalten wahrscheinlich auch zu Hause Schwierigkeiten bereitet. Selbst wenn Sie durch den Druck der Eltern einen kurzfristigen Erfolg erzielen, fühlt sich Daniel jetzt wahrscheinlich gezwungen, gegen beide – Lehrer und Eltern – zu kämpfen.

Sobald Sie Ihre eigene Beziehung zu den Schülern verbessert haben, können Sie den Eltern helfen, besser mit ihren Kindern zurechtzukommen. Überbringen Sie den Eltern in Gesprächen ermutigende Nachrichten (s. Kap. 10). Lassen Sie Ihre Schüler wissen, dass Sie daran glauben, dass sie innerhalb bestimmter Grenzen Entscheidungen treffen und aus den Folgen ihrer Entscheidungen lernen können (förderliche Wertvorstellung). Solche Rückmeldungen vermitteln Vertrauen. Die Schüler beginnen selbst daran zu glauben, dass sie gute Entscheidungen treffen können.

Strategien für eine nachhaltige Änderung unserer Reaktion

Ihr Ziel besteht darin, durch Umdenken
- förderliche Wertvorstellungen in Ihrem Lebensstil zu erkennen bzw. zu entwickeln

und
- Ihre Reaktion in der Interaktion mit Schülern zu ändern, um die Beziehung zwischen Ihnen und Ihren Schülern zu verbessern.

Wenn wir daran arbeiten, unsere gewohnten Reaktionen auf Fehlverhalten zu modifizieren – *das Unerwartete* zu tun und die *Perspektive zu ändern* – beziehen wir folgende Strategien in unsere Überlegungen mit ein: Einige Strategien nutzen wir in der Reflexionsphase außerhalb des Unterrichts und andere, während wir mit Schülern interagieren, die Fehlverhalten zeigen.

1. Wir haben den Mut, nicht perfekt zu sein. Niemand ist perfekt. Wir entscheiden, was wir an uns ändern möchten, und lassen uns von langsamem Fortschritt oder gar Rückschlägen nicht entmutigen. Wir gehen die Risiken ein, die nötig sind, um als Lehrer effektiver zu handeln.

2. Wir ändern unsere Perspektive. Sobald wir erkannt haben, dass unsere bisherige Reaktion – aufgrund unserer Verärgerung, unserer Wut, unseres Verletztseins oder unseres Gefühls der Hoffnungslosigkeit – das Fehlverhalten der Schüler aufrechterhält, können wir uns entscheiden, unsere Perspektive und dementsprechend unsere Reaktion zu ändern.

Beispiele:

- **Selbstständigkeit statt Machtkampf fördern.** Wir erinnern uns an **Susanna** (10) (s. Kap. 1), die ihre Arbeit mit unleserlicher Schrift abgibt. Anstatt uns zu entschließen, ihr zu zeigen, wer das Sagen hat, oder nachzugeben und es ihr später heimzuzahlen, entschließen wir uns, ihr die Chance zu geben, sich für Kooperation zu entscheiden. Diese Überlegung führt uns zu dem *Entschluss,* nicht zu kämpfen oder nachzugeben. Stattdessen sehen wir die *Not der Schülerin.* Wir *bedauern,* dass Susanna sich entschlossen hat, sich das Leben so schwer zu machen. Unsere Entschlossenheit und unser Bedauern motivieren uns dazu, uns aus dem Konflikt zurückzuziehen und Susanna aus den Konsequenzen der Entscheidung, die sie trifft, lernen zu lassen: die Arbeit bis zum nächsten Tag noch mal zu schreiben oder eine 6 in Kauf zu nehmen. Gleichzeitig unterstützen wir Susanna, ihr Streben nach Selbstständigkeit (die positive Kehrseite von Macht) konstruktiv einzusetzen, indem wir ihre Hilfe in Anspruch nehmen, wenn es um Aufgaben geht, die der Klassengemeinschaft zugutekommen, z. B. Diskussionen leiten, andere Schüler als Helfer zu unterstützen usw. (s. Kap. 8).

- **Kompetenz statt Beweis der Unfähigkeit fördern.** Wir erinnern uns an **Tessa** (12), die im Unterricht auf Anforderungen schnell mit »Ich kann nicht« reagiert, um in Ruhe gelassen zu werden (s. Kap. 1). Anstatt Tessa aufzugeben, entschließen wir uns, zu sehen, dass auch sie – wie jeder Mensch – kompetent sein möchte. Wir empfinden dann *Vertrauen* in Tessa und sind *entschlossen,* nicht zu verzweifeln. Dies wiederum versetzt uns in die Lage, Kritik und Mitleid zu vermeiden, Tessa in kleinen Schritten Erfolgserlebnisse zu ermöglichen und jede ihrer Bemühungen zu ermutigen.

3. Wir ändern unseren inneren Dialog: Wir denken positiv. Wir sind uns darüber im Klaren, wie viel hilfreicher und effektiver es ist, in positiver und konstruktiver Weise über Schüler nachzudenken – auch wenn sie Fehlverhalten zeigen.

Beispiel:

Johannes (9) ruft immer wieder dazwischen, statt sich ordentlich zu melden. Wir werden wütend und versuchen, ihn dazu zu zwingen, sich zu benehmen, aber er ignoriert unsere Bemühungen. Möglicherweise denken wir über Johannes: »Dieses kleine Monster *muss* lernen, sich zu melden (d. h., wir beklagen uns, wir stellen die Forderung, dass es anders sein sollte, als es ist). *Ich kann es einfach nicht leiden,* wenn er dazwischenruft (wir glauben, es nicht aushalten zu können). *Was ist bloß los mit mir,* kann ich noch nicht mal einen Neunjährigen unter Kontrolle halten (wir beschuldigen uns selbst)?«

Wenn wir uns darüber im Klaren sind, dass ein solch *negativer innerer Dialog* weder uns noch Johannes etwas nützt, können wir versuchen, die Situation in einem anderen Licht zu betrachten: »Okay, wenn ich weiterhin wütend bin, widersetzt er sich mir, unterbricht öfter und die ganze Klasse wird darunter leiden. Ich mag es zwar nicht, wenn er dazwischenruft, aber *ich kann es aushalten*. Es ist frustrierend, dass ich jetzt nicht haben kann, was ich möchte, aber *es ist nicht das Ende der Welt*. Es bedeutet nicht, dass ich inkompetent bin.

Johannes zeigt nur Fehlverhalten, weil *er entmutigt ist. Ich kann ihm helfen*, indem ich mich weigere, mit ihm zu kämpfen. Ich stelle ihn einfach vor die Wahl, aufzuzeigen wie die anderen oder die Klasse zu verlassen, bis er bereit ist, sich an die Klassenregeln zu halten (s. Kap. 7). Wahrscheinlich wird er aus dem Raum gehen, aber am Ende wird er sich dazu entschließen, zu kooperieren.

Ich kann die Kehrseite seines Fehlverhaltens erkennen – sein Streben nach Selbstständigkeit. Indem ich ihn z. B. die Aufsatzhefte einsammeln lasse, gebe ich ihm die Chance, selbstständig und verantwortlich zu handeln. Diese Aufgabe wird er mögen und sich dann besser fühlen – sich selbst und mir gegenüber.« Negatives Denken, verstärkt nur unsere negativen Gefühle. Fehlverhalten *kann* meist erklärt werden. Mit den neu gewonnenen Erkenntnissen *können* wir auch anders damit umgehen.

4. Wir bereiten uns auf wiederkehrende Situationen im Schulalltag vor. Wenn immer wieder die gleiche Art von Fehlverhalten im Unterricht auftritt, planen wir unsere Reaktion, *bevor* wir das Klassenzimmer betreten. Wir denken über das Fehlverhalten nach und darüber, wie die Schüler auf unsere neue Herangehensweise reagieren werden. Wir spielen die Szene in Gedanken durch und stellen uns vor, was passiert. Wir berücksichtigen unterschiedliche Reaktionen auf unser neues Verhalten und planen, wie wir uns bei der jeweiligen Reaktion verhalten. Auf diese Weise entwickeln wir ein Repertoire an Reaktionen, das uns hilft, auch mit unerwarteten Situationen umzugehen.

5. Wir sprechen in freundlichem und bestimmtem Ton. Unser Tonfall ist der beste Indikator für unsere Haltung und unsere Gefühle.[8] Wenn wir unsere Gefühle und unsere Haltung ändern, wird unser Tonfall positiver. Ebenso kann ein freundlicherer Tonfall uns helfen, unsere negativen Gefühle zu vermindern. Wenn Johannes sich beispielsweise entscheidet, lieber den Raum zu verlassen als nicht dazwischenzurufen, sagen wir: »Du hast dich also entschieden, zu gehen. Du weißt, du bist willkommen, wenn du dich an unsere Regeln hältst.«

6. Wir kontrollieren die Situation, nicht den Schüler, indem wir Johannes' Entscheidung respektvoll annehmen – unabhängig davon, ob er sich meldet wie die anderen oder lieber die Klasse verlässt.

---

8   Dreikurs [19]

Wir trennen »Tat« und »Täter«, indem wir respektvoll bleiben. Wir lassen Johannes dadurch wissen, dass wir ihn als Person akzeptieren, selbst dann, wenn sein Verhalten inakzeptabel ist.

7. Wir achten auf unsere nonverbale Kommunikation. Schüler können unsere negativen Gefühle an unserem Gesicht ablesen, auch wenn unser Ton freundlich ist. Wir müssen sicherstellen, dass unsere Worte, unsere Körperhaltung, unsere Gestik und Mimik dasselbe sagen. Wir können vor einem Spiegel üben, mit Freunden oder in Rollenspielen in der STEP Lehrerfortbildung.

8. Wir lenken uns ab. Wenn unsere Gefühle – als Reaktion auf Fehlverhalten – sehr intensiv sind, wir aber wissen, dass es besser ist, ruhig zu bleiben, denken wir ganz bewusst an etwas anderes, z. B. an das Fitnesstraining nach der Schule, unseren Lieblingssong, was wir als Nächstes unterrichten, was jemand im Lehrerzimmer gesagt hat etc. Wir gehen durch den Raum, reden mit anderen Schülern in der Klasse – wir tun, was auch immer uns hilft, uns abzulenken.

9. Wir benutzen Signale, sog. Anker, für uns selbst. Wir können z. B. Merkzettel, Cartoons, Karten oder kleine Gegenstände benutzen. Wir platzieren sie so, dass wir sie gut sehen können und sie uns daran erinnern, nicht wie gewohnt auf Fehlverhalten zu reagieren.

10. Wir setzen unseren Sinn für Humor ein. Humor löst Spannung. Wenn wir vor der Klasse einen Fehler machen, lachen wir auch selbst darüber. Unsere Schüler verdienen es, von Menschen aus Fleisch und Blut unterrichtet zu werden.

Wenn wir uns einer guten Beziehung zu unseren Schülern sicher sein können, gelingt es uns möglicherweise, das Fehlverhalten eines Schülers durch einen augenzwinkernden Scherz zu beenden: »Ist das alles, was dir einfällt, um im Mittelpunkt zu stehen? Das kannst du bestimmt besser!« Womöglich geben wir dem Schüler die Chance, auf die gleiche humorige Art zu erwidern. Wenn unser Tonfall *freundlich* ist – nicht etwa ironisch, sarkastisch oder sogar zynisch –, sehen die Schüler möglicherweise ein, dass sie mit ihrem Fehlverhalten auf dem Holzweg sind. Vielleicht können am Ende alle gemeinsam lachen.

Wenn wir tagsüber in Machtkämpfe mit Schülern verstrickt waren, können wir später, wenn wir alleine sind, ganz bewusst die humorige Seite der Situation sehen: »Von den 100 möglichen Machtkämpfen bin ich immerhin nur bei 50 eingestiegen!«

11. Wir fühlen uns nicht schuldig. Schuldgefühle dienen manchmal dazu, unser Verhalten vor uns selbst und anderen zu rechtfertigen. Wir »zahlen den Preis«

für unsere Fehler und haben deshalb die Erlaubnis, das Gleiche noch einmal zu tun. Mit Schuldgefühlen verschwenden wir Energie und erreichen nichts. Z. B., wenn wir unsere guten Vorsätze vergessen und Maybritt heute angeschrien haben, geben wir unseren Fehler einfach zu – »Es tut mir leid!« – und beschließen, morgen anders zu reagieren.

12. Wir setzen uns realistische Ziele. Manchmal schaffen wir es nicht, unser Verhalten zu ändern, weil wir von uns und von anderen Perfektion erwarten. Aber Veränderung muss nicht alles oder nichts heißen. Zum Beispiel konzentrieren wir uns darauf, unsere Wut zu verringern, anstatt die Wut *vollkommen loszuwerden.* Damit setzen wir uns erreichbare Ziele und reduzieren unseren Stress.

13. Wir schätzen eigene Bemühungen und Fortschritte. Wir erkennen jeden Fortschritt auf unserem Weg zum Ziel. Z. B., wenn wir uns entschlossen haben, Lisas Streben nach Aufmerksamkeit zu ignorieren und uns das in der letzten Woche zweimal in vier Fällen gelungen ist, dann haben wir schon etwas erreicht. Wir verdienen es, uns ermutigt zu fühlen.

14. Wir vermeiden Selbstgespräche, die eine Veränderung verhindern. Wir alle benutzen Vorwände, um nicht die Verantwortung für unser Verhalten übernehmen zu müssen. Vier Ausreden kommen besonders häufig vor:[9]

»*Ich kann* nicht.« Viele sagen: »Ich kann nicht«, und meinen eigentlich: »Ich will nicht.« Zum Beispiel: »Ich kann dieses Kind nicht leiden«; »Ich kann nichts dagegen tun, ich werde einfach sauer«.
Es hilft, wenn wir »Ich kann nicht« durch »Ich will nicht« ersetzen und dann überprüfen, ob wir unsere Aussage stehen lassen möchten. Wir halten inne und fragen uns: »Wer oder was hält uns ab?« Wir sind uns darüber im Klaren, dass die *Bereitschaft,* sich zu ändern, entscheidend ist.

»*Er ist schuld, dass ich in die Luft gegangen bin.*« Sind wir uns sicher, dass wir in dieser Sache keine Wahl hatten? Er hat uns vielleicht »*eingeladen*«, und wir haben uns provoziert gefühlt, zu explodieren. Aber haben nicht *wir* die Entscheidung getroffen? Statt Schuld zuzuweisen, übernehmen wir die Verantwortung für unsere eigenen Gefühle und für unser Verhalten.

9   McKay [35]

»*Ich versuch's mal*« ist häufig Ausdruck schwachen Engagements. Wenn wir dann tatsächlich versagen, können wir sagen: »Ich habe es wenigstens versucht«, oder: »Ich habe gewusst, das wird nichts.« Wir zeigen uns ernsthaft entschlossen, uns zu ändern, indem wir uns sagen: »*Ich probiere es aus.*«

»*Ach, das würde ich gerne machen, aber …*« ist eine höfliche Art, »Nein« zu sagen. Wir stimmen einem Vorschlag zu und verneinen dann unsere Zusagen mit »aber«, »nur«, »allerdings«, »außer«, »jedoch« und »obwohl«. Es ist meist besser, geradeheraus »Nein« zu sagen als auszuweichen. Niemand kann uns zu einer Änderung zwingen: Wir entscheiden.

Herausforderungen im Schulalltag

Christian Müller unterrichtet seit drei Jahren. Er hat sein Studium mit Note »Eins« abgeschlossen, im Hauptfach und in den Nebenfächern. Er hat promoviert und nimmt regelmäßig an Fortbildungen teil, um seine Arbeitsweise zu verbessern. Er kann gut mit hoch motivierten Schülern arbeiten, aber er hat Schwierigkeiten mit durchschnittlichen oder langsam lernenden Schülern. Er stellt hohe Ansprüche und wird ungeduldig, wenn seine Schüler oder er selbst auch nur den kleinsten Fehler machen. Am Ende eines Schultages fühlt er sich oft sehr müde, aber der Arzt kann dafür keinen physischen Grund feststellen. Eines Tages denkt Christian Müller: »Diese Kinder sind unmöglich. Ich bin schon völlig erschöpft, dabei will ich nur, dass sie den Anforderungen genügen! Was kann ich nur tun?«

Beantworten Sie bitte folgende Fragen
- alleine im Selbststudium,
- gemeinsam mit Ihren Kollegen, die dieses Kapitel auch gelesen haben, oder
- beim entsprechenden Modul der STEP Fortbildung für Lehrer:

1. Was ist Ihrer Meinung nach der Grund für seine Frustration?
2. Was könnte Christian Müller tun, um die Situation zu ändern?

STEP in der Praxis

1. Machen Sie die Probe aufs Exempel: Probieren Sie aus, was Sie bisher gelernt haben.

- **Wählen Sie eine Situation aus,** an der Sie arbeiten möchten. Vielleicht entscheiden Sie sich dazu, weniger zu reden, wenn Schüler Fehlverhalten zeigen, denn Schüler erwarten, dass Lehrer viel reden oder sie ermahnen.
- **Tun Sie das Unerwartete:** Überraschen Sie die Schüler, indem Sie Ihre Worte sorgfältig wählen, sich kurz fassen und in freundlichem, aber bestimmtem Ton sprechen.
- **Legen Sie einen Zeitraum zum Ausprobieren fest.** Geben Sie sich z. B. eine Woche, um daran zu arbeiten. Gehen Sie also realistisch mit dem Versuch um, an Ihrem Verhalten etwas zu ändern.
- **Warten Sie mit der Auswertung Ihres »Experiments«,** bis diese Zeitspanne abgelaufen ist. Lassen Sie sich auf keinen Fall in unnötige Gespräche verwickeln – und sich dadurch von Ihrem Weg abbringen –, gleichgültig, wie Ihre Schüler reagieren.
- **Werten Sie das Ergebnis am Ende der Woche aus.** Konzentrieren Sie sich auf das, was Sie erreicht haben.
- **Entscheiden Sie, ob Sie auf die gleiche Weise fortfahren** oder etwas anderes ausprobieren wollen.

2. Arbeiten Sie mit Tabelle 2

- Identifizieren Sie eine Ihrer eigenen *förderlichen* und eine Ihrer *hinderlichen* Wertvorstellungen und Überzeugungen, Fähigkeiten oder Verhaltensweisen.
- Schreiben Sie in der folgenden Woche auf, wie die förderliche Wertvorstellung Ihnen geholfen und wie die hinderliche Sie in Ihrem Schulalltag beim Umgang mit den Schülern behindert hat.
- Überlegen Sie sich, was Sie ändern möchten.

Bitte beachten Sie

Die Fertigkeiten, die wir in diesem Buch präsentieren, zeigen unserer Erfahrung nach in den meisten Fällen Wirkung. Wenn Sie STEP im Alltag umsetzen, stellen Sie folgende Überlegungen an:

- Inwiefern trägt die Umgebung des Kindes in der Schule – z. B. Aktivitäten, Fächerabfolge, Stundenplan, Tagesablauf, Lehrerwechsel, Räumlichkeiten, usw. – zum Fehlverhalten bei?
- Welche Ihrer persönlichen Ressourcen tragen zur Lösung von Problemen bei? Dazu gehören Eigenschaften oder Stärken wie ein Sinn für Humor, die Fähigkeit, Abstand zu nehmen und die Perspektive zu wechseln, Erfahrung oder Geschick in der Lösung von Problemen, Geduld, Achtsamkeit oder eine gute Wahrnehmung.

- Inwiefern tragen Sie selbst zu Konflikten bei, beispielsweise indem Sie sehr empfindlich oder leicht verletzbar sind, zu viel reden, zu viel fordern, ständig die Kontrolle und recht haben müssen, perfekt sein oder gefallen wollen?

Exkurs zur Geschwisterkonstellation

Die Geschwisterkonstellation hat einen großen Einfluss auf die Entwicklung des Lebensstils eines Kindes. Das Kind entscheidet selbst, wie es am besten seinen Platz in der Familie einnimmt.

Um zu verstehen, wie Kinder ihren Platz in der Familie und im Leben finden, wollen wir die Charakteristika der psychologischen Positionen der Kinder in Beziehung zu ihren Brüdern und Schwestern (die Geschwisterkonstellation[10]) betrachten. Bei den folgenden Betrachtungen handelt es sich um allgemeine Beschreibungen – der Lebensstil eines Kindes lässt sich nicht allein aus der Position in der Familie erklären.

Einzelkinder haben oft die Eigenschaften sowohl eines ältesten als auch eines jüngsten Kindes. Da sie keine Geschwister haben, orientieren sie sich alleine an den Erwachsenen. Sie arbeiten hart, fühlen sich aber gleichzeitig oft nicht gut genug, wenn sie versuchen, in der Welt der Erwachsenen etwas zu erreichen. In der Regel sind sie es gewohnt, bedient zu werden und ihren Willen zu bekommen. Als Kinder haben sie möglicherweise Schwierigkeiten mit Gleichaltrigen. Wenn sie älter werden, verbessert sich jedoch ihre Beziehung zu Gleichaltrigen oft – sie wollten immer Erwachsene sein, und sie wissen bereits, wie man mit Erwachsenen gut auskommt. Sie neigen dazu, kreativ, findig und geistig beweglich zu sein, weil sie lernen mussten, sich mit sich selbst zu beschäftigen und wie man sich in der Welt der Erwachsenen verhält.

Die *Ältesten* haben oft gute Führungsqualitäten und genießen es, Verantwortung zu übernehmen. Die ältesten Kinder beginnen das Leben als Einzelkinder. Als Einzelkinder haben sie – aus ihrer Sicht – die beste aller Positionen. Wenn das zweite Kind geboren wird, beginnt ihre Welt zu wanken. Sie müssen dann beschließen, ob sie ihre Position als das gute, verantwortungsbewusste, kompetente Kind behalten oder ob sie die Position abgeben und danach streben wollen, der Erste auf andere Art zu sein. So könnten sie z. B. durch Fehlverhalten »der Beste im Ungezogensein« oder »das schwarze Schaf« werden. All das ist davon abhängig, wie beide Kinder einander sehen und beurteilen, während sie miteinander aufwachsen.

---

10 Brunner, Titze [5] S. 178–180

Zweite Kinder haben nie die ungeteilte Aufmerksamkeit ihrer Eltern. Sie haben immer ein Geschwisterkind, das schon vor ihnen da war. Physisch und von der intellektuellen Entwicklung her ist das zweite Kind immer »weniger weit« und möchte dies wettmachen. Die zweiten Kinder entwickeln oft Interessen und Fähigkeiten, die die ersten Kinder nicht haben. Oft werden sie geselliger und sind mehr an anderen interessiert, wenn das ältere Kind dazu neigt, ein Einzelgänger zu sein. Möglicherweise rebellieren sie, wenn das erste Kind das »gute Kind« ist. Vielleicht ist das Kind auch sehr aktiv und fordernd, wenn es versucht, das erste Kind einzuholen oder gar zu überholen. Manchmal sind zweite Kinder sehr verunsichert, was sie selbst und ihre Fähigkeiten betrifft, besonders dann, wenn das Erstgeborene erfolgreich ist.

Das *mittlere* von drei Kindern war ehedem das zweite Kind. Durch die Geburt des dritten Kindes, wird das zweite zum mittleren Kind. Mittlere Kinder befinden sich in einer einzigartigen Situation, zwischen dem ältesten, das alle Rechte hat, und dem jüngsten, das alle Privilegien für sich in Anspruch nehmen kann. Oft empfinden mittlere Kinder, dass sie keinen Platz in der Familie haben und dass ihr Leben deswegen unfair ist. Möglicherweise reagieren sie, indem sie zum Problemkind werden oder ihr Selbstbewusstsein dadurch aufbauen, dass sie ihre Geschwister verächtlich behandeln.

Da sie mit älteren und jüngeren Geschwistern auskommen müssen, lernen mittlere Kinder oft, sich den unterschiedlichen Erwartungen ihrer Mitmenschen anzupassen. Mittlere Kinder lernen oft dazuzugehören, indem sie kooperieren.

Die *jüngsten* Kinder benehmen sich häufig wie Einzelkinder. Sie finden, dass jeder größer und fähiger ist als sie. Die jüngsten Kinder haben oft ein großes Interesse daran, bedient zu werden. Sie lernen dies dadurch, dass jeder in der Familie sie umsorgen und beschützen will. Als Ergebnis fühlen sie sich nicht kompetent. Möglicherweise werden sie zum Boss in der Familie, indem sie verlangen, dass jeder sie bedient, oder indem sie sehr charmant sind, um zu bekommen, was sie wollen. Auf diese Weise lernen viele jüngste Kinder, wie man andere beeinflussen bzw. manipulieren kann. Wenn das Kind das jüngste von drei Kindern ist, könnte es zum Verbündeten des Ältesten gegen das mittlere Kind werden. Einige jüngste Kinder mögen ihre Position gar nicht und versuchen, ihre älteren Geschwister zu überholen.

Die Unterschiede unter den Kindern einer Familie spiegeln den Wettbewerb zwischen den Kindern wider, die um ihre Zugehörigkeit in der Familie kämpfen. Wenn ein Kind auf einem Gebiet erfolgreich ist, wie etwa in der Schule, wird die Schwester oder der Bruder möglicherweise die Position des Kindes auf andere Weise infrage stellen. Oft verstärken sowohl Lehrer als auch Eltern unbeabsichtigt den Wettbewerb zwischen Geschwisterkindern, indem sie sie miteinander vergleichen. Das ist entmutigend, weil es die Einzigartigkeit eines Kindes als Individuum außer Acht lässt.

Wenn Lehrer und Eltern lernen, die Stärken und den Beitrag eines jeden Kindes in der Klasse bzw. in der Familie zu schätzen, dann hat jedes Kind eine bessere Chance, für sich zu entscheiden, dass es möglich ist, im Leben erfolgreich zu sein, und dass es nicht aufgeben muss, nur weil ein Geschwisterkind etwas besser kann.

In größeren Familien ist es möglich, dass Kinder sich in mehreren Gruppen zusammenschließen, wobei sich in jeder Gruppe ein ältestes, ein mittleres und ein jüngstes Kind befinden. In Familien mit vier oder fünf Kindern ist es möglich, dass einige Kinder zwei Positionen einnehmen. So könnte z. B. das dritte Kind das jüngste von dreien und das älteste von zwei oder drei Kindern sein. In einer Familie, in der der fünfjährige Leon zwei ältere Geschwister im Alter von neun und sieben Jahren hat, ist Leon der Jüngste in der Gruppe. Aber Leon hat auch einen jüngeren Bruder, der drei Jahre alt ist. Damit wäre er auch der Älteste von zwei Kindern. Er könnte sich allerdings auch als der Mittlere von dreien betrachten – zwischen dem Sieben- und dem Dreijährigen. Leon entwickelt möglicherweise ergänzende Eigenschaften in verschiedenen Rollen. Alles hängt davon ab, wie Leon sich selbst im Verhältnis zu seinen Geschwistern sieht.

Bestimmte Faktoren können zu **Veränderungen in der Geschwisterkonstellation** führen:

- Da der Lebensstil normalerweise im Alter von sechs feststeht, könnte ein Unterschied von fünf Lebensjahren oder mehr zwischen den Geschwistern bedeuten, dass wenigstens einer von ihnen zumindest psychologisch ein Einzelkind ist. So könnte in einer Familie mit drei Kindern – Maybritt, zehn, Katharina, fünf, und Johannes, drei – Maybritt psychologisch mehr wie ein Einzelkind sein, eher als die Älteste von dreien.
- Geschlechtsbedingte Unterschiede können die Geschwisterkonstellation ebenfalls beeinflussen. Ein Junge, der nur Schwestern, oder ein Mädchen, das nur Brüder hat, wird oft als etwas Besonderes angesehen.
- Eine Veränderung in der Familienstruktur, wie z. B. durch eine neu entstandene Patchworkfamilie, könnte zu einer Verschiebung in der Geschwisterkonstellation führen oder zu einem Konflikt um die Wahrung der vorherigen Position.

Tabelle 2: Hinderliche bzw. förderliche Wertvorstellungen von Lehrern, ihr Verhalten und mögliche Reaktionen der Schüler

Hinderliche Wertvorstellung des Lehrers	Verhalten des Lehrers	Mögliche Reaktionen der Schüler	Förderliche Wertvorstellung des Lehrers (die Kehrseite)	Verhalten des Lehrers	Mögliche Reaktionen der Schüler
Kontrolle: »Ich muss stets die Kontrolle haben und mich durchsetzen.«	verlangt Gehorsam; belohnt und bestraft; versucht zu gewinnen; besteht darauf, dass er selbst recht hat und Schüler unrecht haben; überbehütet; beschützt Schüler vor den Konsequenzen ihrer Entscheidungen.	rebellieren; müssen gewinnen oder recht haben; verstecken wahre Gefühle; fühlen sich ängstlich; streben nach Rache; haben das Gefühl, das Leben sei unfair; geben auf, weichen aus; lügen; stehlen; zeigen fehlende Selbstdisziplin.	»Ich glaube, Schüler können eigene Entscheidungen treffen.«	lässt Wahlmöglichkeiten zu; ist bestimmt und freundlich; erwartet Kooperation; trennt »Tat« und »Täter«, kontrolliert Situation, nicht Schüler; ermutigt; lässt Schüler aus den Folgen ihrer Entscheidungen lernen.	fühlen Selbstvertrauen; trauen sich, Neues auszuprobieren; haben Freude am Experimentieren; lernen aus den Konsequenzen ihrer Entscheidungen; leisten gemeinschaftsförderliche Beiträge; lösen Probleme; werden einfallsreich.
Überlegenheit: »Ich bin anderen überlegen.«	bemitleidet Schüler; übernimmt zu viel Verantwortung; behütet zu sehr; traut Schülern keine Verbesserung zu; schützt Schüler vor Konsequenzen; agiert selbstgerecht; beschämt Schüler.	lernen, sich selbst zu bemitleiden und die Schuld bei anderen zu suchen; kritisieren andere; haben das Gefühl, das Leben sei unfair; fühlen sich unzulänglich; entwickeln Abhängigkeit oder das Bedürfnis, überlegen zu sein.	»Ich bin gleichwertig – als Mensch bin ich nicht mehr oder weniger wert als andere.«	glaubt an Schüler und respektiert sie; ermutigt Selbstständigkeit; gibt Wahlmöglichkeiten; lässt Schüler aus den Konsequenzen ihres Verhaltens lernen; fördert dadurch Verantwortungsbewusstsein; erwartet Beitrag/Kooperation von Schülern.	entwickeln Selbstständigkeit und Verantwortungsbereitschaft; lernen, Entscheidungen zu treffen; respektieren sich selbst und andere; glauben an Gleichwertigkeit.

Tabelle 2 69

Hinderliche Wertvorstellung des Lehrers	Verhalten des Lehrers	Mögliche Reaktionen der Schüler	Förderliche Wertvorstellung des Lehrers (die Kehrseite)	Verhalten des Lehrers	Mögliche Reaktionen der Schüler
recht haben: »Es ist mein Recht. Es steht mir zu.« Sonderform: »Ich mache stets alles richtig.« (Streben nach moralischer Überlegenheit)	ist zu sehr um faire Behandlung durch andere bemüht; setzt Respekt der Schüler für seine Rolle als Lehrer voraus, ohne sich selbst respektvoll zu verhalten.	haben kein Vertrauen anderen gegenüber; haben das Gefühl, das Leben sei unfair; fühlen sich ausgenutzt; lernen, andere auszunutzen.	»Ich glaube an Gleichwertigkeit und gegenseitigen Respekt.«	ist respektvolles Vorbild; fördert Gleichwertigkeit; ermutigt gegenseitigen Respekt; verursacht keine Schuldgefühle.	respektieren sich selbst und andere; entwickeln gesteigertes Selbstwert- und Gemeinschaftsgefühl; vertrauen anderen.
gefallen wollen: »Ich muss es allen immer recht machen. Ich zähle nicht.«	lässt viel durchgehen; setzt keine Grenzen; gibt den Forderungen der Schüler nach; fühlt sich schuldig, wenn er »Nein« sagt.	erwarten, sich durchsetzen zu können; sind ohne Orientierung; übertreten Schulregeln; respektieren die Rechte anderer nicht; sind egoistisch.	»Ich glaube, jeder Mensch ist wichtig, auch ich.«	ermutigt gegenseitigen Respekt; lädt Schüler dazu ein, einen Beitrag zu leisten, »Fußabtreter« zu sein; weigert sich, »Nein« zu sein; weiß, wann Grenzen gesetzt und »Nein« gesagt werden muss.	kennen und akzeptieren Grenzen; respektieren die Rechte anderer.
Perfektionismus: »Ich muss immer perfekt und in Bestform sein.«	verlangt Perfektion von sich und anderen; findet überall Fehler; ist zu sehr besorgt darüber, was andere denken; übt Druck auf die Schüler aus, damit er selbst gut dasteht.	glauben, sie seien nie gut genug; werden selbst Perfektionisten, d.h. nie mit sich selbst und ihrer Leistung zufrieden; fühlen sich entmutigt; sorgen sich bei allem, was sie tun, um die Meinung anderer.	»Auch ich bin ein Mensch mit Stärken und Schwächen; ich habe den Mut, nicht perfekt zu sein.«	stellt realistische Anforderungen; konzentriert sich auf Stärken; ermutigt; ist nicht zu sehr um das eigene Ansehen besorgt; ist geduldig.	konzentrieren sich auf die Aufgabe, die vor ihnen liegt, und nicht darauf, vor anderen gut dazustehen; sehen Fehler als Herausforderung; haben Mut, Neues auszuprobieren; sind anderen gegenüber tolerant.

Hinderliche Wertvorstellung des Lehrers	Verhalten des Lehrers	Mögliche Reaktionen der Schüler	Förderliche Wertvorstellung des Lehrers (die Kehrseite)	Verhalten des Lehrers	Mögliche Reaktionen der Schüler
Bequemlichkeit: »Ich muss es immer bequem, konflikt- und stressfrei haben.«	lässt viel durchgehen; verminderte Produktivität; setzt keine Grenzen, um übergroße Anstrengung, Belastung, Konflikte und Stress zu vermeiden; gibt den Forderungen der Schüler nach, weil es leichter ist, als sich durchzusetzen.	lernen nicht, Verantwortung für sich und ihr Verhalten zu übernehmen; werden konfliktscheu; sind egoistisch.	»Ich kann mich Konflikten stellen und sie gelassen bewältigen. Ich bin der ruhende Pol für mich und die anderen.«	lässt Schülern Raum; erlaubt ihnen, aus den Folgen ihrer Entscheidungen zu lernen; erwartet Kooperation; ist Vorbild beim respektvollen Umgang mit Schülern – auch in Konfliktsituationen; ist gelassen und geduldig.	lernen, Verantwortung für ihr Verhalten zu übernehmen; lernen, mit Konflikten umzugehen; sind geduldig mit sich und anderen; lernen Gelassenheit.

Zusammenfassung

1. Die Wertvorstellungen eines Menschen bzgl. seiner selbst, anderer Menschen und der Welt reflektieren seinen Lebensstil.

2. Der Lebensstil wird beeinflusst durch die Erbanlagen, die Atmosphäre und Werte in der Familie (u. a. Erziehungsstil), die Geschwisterkonstellation, durch Vorbilder und die Art der Ausübung von Disziplin.

3. Die Geschwisterkonstellation bezieht sich auf die psychologische Position eines jeden Kindes in der Familie.

4. Schüler drücken ihre langfristigen Ziele (Lebensziele) möglicherweise durch eines der vier kurzfristigen Ziele aus.

5. Sechs typische Wertvorstellungen und Überzeugungen behindern möglicherweise gute Beziehungen zwischen Lehrern und Schülern:
   - Kontrolle
   - Überlegenheit
   - recht haben
   - gefallen wollen
   - Perfektionismus
   - Bequemlichkeit

   Ziel ist es, diese hinderlichen Wertvorstellungen – Schritt für Schritt – durch förderliche zu ersetzen:
   - Ich glaube, Schüler können Entscheidungen treffen.
   - Ich bin als Mensch nicht mehr oder weniger wert als andere – alle sind gleichwertig.
   - Ich glaube an gegenseitigen Respekt.
   - Ich glaube, jeder Mensch ist wichtig – auch ich.
   - Ich habe »den Mut, nicht perfekt zu sein«.
   - Ich kann mich Konflikten stellen und sie gelassen bewältigen.

6. Es ist wichtig, die Umwandlung von negativen in positive Gefühle zu trainieren. Dies ist möglich, weil Sie durch Ihre Gedanken Einfluss auf Ihre Gefühle haben. Sie sind verantwortlich für Ihre eigenen Gefühle und Ihr Verhalten.

7. Folgende Strategien können Ihnen helfen, Ihre gewohnte Reaktion auf Fehlverhalten nachhaltig zu ändern:
   - Sie haben den Mut, nicht perfekt zu sein.
   - Sie ändern Ihre Perspektive.
   - Sie denken positiv.

- Sie bereiten sich auf wiederkehrende Situationen im Schulalltag vor.
- Sie sprechen in freundlichem und bestimmtem Ton.
- Sie kontrollieren die Situation, nicht den Schüler.
- Sie achten auf Ihre nonverbale Kommunikation.
- Sie lenken sich ab.
- Sie benutzen Signale, sog. Anker, für sich selbst.
- Sie setzen Ihren Sinn für Humor ein.
- Sie fühlen sich nicht schuldig.
- Sie setzen sich realistische Ziele.
- Sie vermeiden Selbstgespräche, die eine Veränderung verhindern.
- Sie schätzen Ihre eigenen Bemühungen und Fortschritte.

NUR FÜR SIE

Die Bedeutung von Gefühlen

Die Bedeutung von Gefühlen in der Interaktion mit Ihren Schülern kann nicht genug betont werden.

Beispiel:

Caroline (12) fühlt sich benachteiligt. Deshalb schmollt sie und weigert sich, sich am Unterricht zu beteiligen. Der Lehrer empfindet Carolines Haltung als respektlos und straft sie. Der Kreislauf der Rache wird dadurch fortgesetzt.

»Gefühle sind der Treibstoff, der uns dorthin bringt, wo wir hinwollen«[11]. Viele Menschen verstehen ihre Gefühle nicht. Sie glauben nicht, dass sie sie kontrollieren können. Nachfolgendes, einfaches Experiment sagt Ihnen vielleicht etwas darüber, wie gut Sie Ihre Gefühle unter Kontrolle haben:

Entspannen Sie sich in einem bequemen Stuhl. Schließen Sie die Augen und konzentrieren Sie sich auf eine besonders glückliche Zeit in Ihrer Vergangenheit. Visualisieren Sie die Menschen, mit denen Sie diese Zeit verbracht haben, deren Gesichter und was sie gesagt haben. Erinnern Sie sich an Ihren eigenen Gesichtsausdruck und die Worte, die Sie gesagt haben. Erinnern Sie sich an die guten Gefühle und genießen Sie sie.

Nach etwa einer Minute denken Sie zurück an ein besonders trauriges Ereignis oder an eine besonders unangenehme Erfahrung. Visualisieren Sie den Ge-

---

11 Dreikurs [14]

sichtsausdruck und die Worte der Menschen, mit denen Sie zusammen waren, sowie Ihren eigenen Gesichtsausdruck und Ihre Worte. Konzentrieren Sie sich auf Ihre Wut, Ihren Schmerz und Ihre Niedergeschlagenheit. Wenn Sie sich dieser schmerzhaften Gefühle bewusst sind, gehen Sie zurück zu Ihrer angenehmen Erinnerung und bleiben Sie dort, bis Sie sich wieder gut fühlen[12].

Was haben Sie herausgefunden? War es schwieriger, die unangenehme Erfahrung wieder hervorzuholen oder die angenehme Erinnerung aufleben zu lassen? Die Reaktionen der Menschen auf diese Übung sind unterschiedlich, abhängig von ihrer persönlichen Wahrnehmung. Die meisten finden allerdings heraus, dass sie *dazu in der Lage sind,* ihre Gedanken von einer visualisierten Szene zur anderen zu bewegen und dadurch entsprechende Gefühle freizusetzen.

Sie können sich darauf trainieren, Ihre Gefühle zu ändern, *weil Ihre Gefühle ein Ergebnis Ihrer Gedanken sind – basierend auf Ihren Wertvorstellungen und Überzeugungen.* Ihr Lebensstil bestimmt, wie Sie sich fühlen und wie Sie reagieren. Wenn Sie daran glauben, dass Ihre Schüler Vertrauen und Respekt verdienen, bauen Sie eine vertrauensvolle und respektvolle Beziehung zu ihnen auf. Sind Sie dagegen überzeugt davon, dass Ihre Schüler immer beobachtet und kontrolliert werden müssen, entstehen – allein durch Ihre Erwartungen – feindselige Gefühle und angespannte Beziehungen.

Alle Menschen brauchen Gefühle. Ohne Gefühle können sie weder enge Beziehungen entwickeln noch entschlossen handeln. Gefühle erfüllen den Zweck, Menschen mit Energie für ihre Handlungen zu versorgen. Viele Menschen neigen allerdings dazu, überwiegend ihre negativen Gefühle als Basis für ihr Verhalten zu nutzen.

Gefühle zu verstehen – die Ihrer Schüler und Ihre eigenen – hilft Ihnen, anders als bisher auf Fehlverhalten zu reagieren: nämlich unerwartet, kreativ und wirkungsvoll.

---

12 Mosak [37]

KAPITEL 3

Das Selbstwertgefühl durch Ermutigung stärken – zum Lernen motivieren

Ein starkes Selbstwertgefühl – die Basis für eine gesunde Entwicklung.

Ermutigung – der Schlüssel zur Entwicklung des Selbstwertgefühls.

Wirkungsvoll zum Lernen motivieren – der Unterschied zwischen Ermutigung und Lob.

Wege der Ermutigung.

»Der Mut, nicht perfekt zu sein« hilft Lehrern und Schülern gleichermaßen.

Ideal und Realität im Schulalltag einander annähern.

Ein starkes Selbstwertgefühl – die Basis für eine gesunde Entwicklung

Wenn Menschen ein starkes Selbstwertgefühl haben, fällt es ihnen leichter, positive Überzeugungen von sich selbst aufzubauen, ihren Platz in der Welt zu finden und Herausforderungen im Leben zu bewältigen (»Resilienz«).[1] Selbstwertgefühl bedeutet, eine positive Einstellung sich selbst gegenüber. Es ist eine Haltung, die wir entwickeln, wenn wir uns geliebt, wertvoll, geschätzt und akzeptiert fühlen und wenn wir wissen, dass wir fähig und kompetent sind und unseren Beitrag leisten. Als Folge davon akzeptieren und schätzen wir uns selbst und sind bereit, uns den Herausforderungen des Lebens zu stellen.

> **Ein gesundes Selbstwertgefühl versetzt Schüler in die Lage, Erfolge zu erzielen, mit Problemen zurechtzukommen und Misserfolge zu bewältigen.**

Schüler, die mit sich selbst zufrieden sind, kommen im Leben besser zurecht. Gefühle hinsichtlich des eigenen Werts haben ihre Entsprechung in den Glaubenssätzen (Lebensstil – s. Kap. 2), die die Basis der Persönlichkeit bilden. Diese Glaubenssätze, Wertvorstellungen und Überzeugungen sind entscheidend dafür, wie Schüler ihre Fähigkeiten nutzen.

Wir Lehrer tragen dazu bei, dass Schüler ein gesundes Selbstwertgefühl entwickeln, wenn wir ihnen mit Respekt begegnen und auch von ihnen erwarten, uns und anderen mit Respekt zu begegnen. Respekt ist eine Haltung, die wir – vor allem durch unser Vorbild – den Schülern beibringen können. Auf diese Weise geben wir ihnen Orientierung und Halt.

> **Gegenseitiger Respekt bildet die Grundlage für das Selbstwertgefühl der Schüler.**

Ermutigung – der Schlüssel zur Entwicklung des Selbstwertgefühls

Durch Ermutigung fördern wir die Entwicklung eines gesunden Selbstwertgefühls der Schüler. Ermutigung allein lehrt sie zwar nicht lesen oder schreiben,

---

1 Wustmann [46]: Resilienzförderung auf der individuellen Ebene durch Stärkung des Selbstwertgefühls (S. 125) und auf der Beziehungsebene (S. 134)

aber ohne Ermutigung ist Unterrichten viel schwieriger und der Lernprozess mühsamer. Indem wir als Lehrer ermutigen, machen wir einen großen Schritt auf dem Weg, eine motivierende, kreative und partizipative Atmosphäre in unserer Klasse zu schaffen.

Ermutigung ist nicht so einfach, wie es klingt – es ist jedoch eine *Fähigkeit* und eine *Fertigkeit*, die wir lernen können. Wenn wir regelmäßig systematisch ermutigen, zeigen wir eine grundsätzliche Haltung gegenüber uns selbst und unseren Schülern.

Ermutigung bedeutet,
- an den Schüler zu glauben,
- den Schüler so zu akzeptieren, wie er ist,
- den Wert des Schülers als Mensch, unabhängig von seiner Leistung, zu sehen,
- Hoffnung zu geben,
- Wettstreit zu reduzieren und
- zu hohe Maßstäbe oder auch Doppelmoral zu vermeiden.

Ermutigung kann sowohl verbal als auch nonverbal zum Ausdruck gebracht werden.

Ermutigung ist ein Geschenk, das Sie jedem Schüler zugutekommen lassen können.

Wirkungsvoll zum Lernen motivieren – der Unterschied zwischen Ermutigung und Lob

Möglicherweise sagen wir uns, dass wir unsere Schüler *bereits motivieren und ermutigen:* Wenn sie etwas gut machen, geben wir Anerkennung, verteilen wir Sterne und Smileys, vergeben Privilegien und gute Noten und schreiben Positives ins Zeugnis. Wir sagen zu ihnen:
- »Das hast du sehr gut gemacht!«
- »Ich bin stolz auf dich!«
- »Du bist eine sehr gute Schülerin.«
- »Du hast die schönste Handschrift in der Klasse.«

Es gibt jedoch entscheidende Unterschiede zwischen Ermutigung und Lob. Wir denken manchmal, wir ermutigen unsere Schüler, aber in Wirklichkeit – wie in den obigen Beispielen – loben wir sie. Lob hat seine Berechtigung, kann aber auch *entmutigend* wirken.

Wenn wir *loben*, senden wir die unterschwellige Botschaft: »Du bist (nur) etwas wert, wenn du deine Sache gut machst«, oder: »Ich mag Leute, die eine bessere Leistung erbringen als andere.«
Wenn wir dagegen *ermutigen*, konzentrieren wir uns auf eine Vielfalt von individuellen Verhaltensweisen, *Bemühungen* und *Verbesserungen* – nicht nur auf die erbrachte Leistung.

Ein Schüler interpretiert in ein Lob (z. B. »Ich bin stolz auf dich«) möglicherweise eine Bedeutung hinein, z. B.: »Um etwas wert zu sein, muss ich tun, was der Lehrer will.« Schüler, die von Lob abhängig sind, gelangen vielleicht zu der Überzeugung, dass ihr Selbstwert vollständig darauf beruht, anderen zu gefallen.

> BEISPIELE:
>
> **Denise** ist eine Einserschülerin, **Sabrina** eine ausgezeichnete Flötenspielerin und **René** ein sehr guter Basketballspieler. Unser Lob (z. B. »Das hast du sehr gut gemacht, es hat mir sehr gut gefallen«) kann sie auf den Gedanken bringen: »Was muss ich tun, um wieder gelobt zu werden?«

Für manche Schüler wird Lob so wichtig, dass sie von der Bewertung anderer abhängig werden – einer Bewertung, der sie wahrscheinlich nicht immer genügen können.
Ständig zu betonen: »Du hast die schönste Handschrift in der Klasse«, »Du bist der Beste in Mathematik«, fördert unnötige Konkurrenz.

Unser Ziel ist es, selbstmotivierte Schüler zu erziehen.

**Wenn Sie ermutigen, leiten Sie Ihre Schüler dazu an,
Verantwortung für ihr eigenes Selbstwertgefühl zu übernehmen.**

Was machen wir mit einem Schüler, der sich verbessert hat, aber immer noch nicht gut ist?

> BEISPIEL:
>
> **Tobias** (10) hat bei einem Englischtest fünf Wörter richtig geschrieben. Letzte Woche war es nur eines. Er hat sich also um 500 % verbessert. Dennoch ist seine Rechtschreibung noch immer schlecht. Wenn Tobias glaubt, dass er nur dann Anerkennung verdient, wenn er alle Wörter richtig schreibt oder wenn er darin besser als jeder andere ist, wird er sich mehr und mehr entmutigt fühlen. Vielleicht rebelliert er gegen uns, weigert sich mitzuarbeiten oder gibt einfach auf. Wenn wir ihn ermutigen, zeigen wir ihm, dass wir seine Verbesserung anerkennen. Wir sagen z. B.: »Tobias, du hast Fortschritte gemacht! Du kannst stolz auf dich sein!« Wir betonen seine Bemühung, seine Verbesserung, und nicht den Wettstreit mit anderen. Damit helfen wir Tobias, sich gut zu fühlen.

Ermutigung fördert resilientes Verhalten, Selbstmotivation, selbstständiges Handeln und die Entwicklung der Persönlichkeit.

Je mehr wir darüber nachdenken und je mehr praktische Erfahrung wir sammeln, desto leichter können wir den feinen Unterschied zwischen *Lob* und *Ermutigung* erkennen:

Ermutigung	Lob
Ermutigung bedeutet, eine Bemühung oder eine Verbesserung zu erkennen und zu benennen.	Lob ist die Anerkennung, die wir für einen Erfolg geben.
Durch Ermutigung helfen wir unserem Schüler, seine Leistungen selbst zu beurteilen.	Mit einem Lob bewerten wir die Leistungen des Schülers und sagen ihm, dass er unsere Erwartungen erfüllt hat.
Durch Ermutigung konzentrieren wir uns auf die Stärken der Arbeit eines Schülers, die positiven Seite seines Verhaltens und helfen ihm so, seine eigenen Fähigkeiten zu erkennen und auf sie zu vertrauen. Ermutigung führt zu Selbstvertrauen.	Durch Lob verbinden wir die Leistung und das Verhalten des Schülers mit seinem Wert als Person – und fördern auf diese Weise möglicherweise Versagensängste bzw. Fehlverhalten (s. Kap. 2).
Durch Ermutigung akzeptieren und respektieren wir den Schüler, wie er ist – in der Entwicklungsphase, in der er sich gerade befindet.	Durch Lob – unabhängig davon, wie gut gemeint es ist – bewerten wir einen Schüler als Person.

Ermutigung ist die Aussage eines Menschen, der sich mit den anderen gleichwertig fühlt.	Lob wirkt von oben herab, so, als hätte der Lobende als Mensch eine überlegene Position inne.
Ermutigung ist ein Geschenk, das wir jederzeit geben können, weil jeder verdient, ermutigt zu werden.	Lob ist eine Belohnung. Wir können strafen, indem wir Lob vorenthalten. Lob kann seinen Wert verlieren, wenn wir zu viel oder ständig loben.

Wege der Ermutigung

Wenn wir uns entschieden haben, unsere Schüler mehr zu ermutigen, können wir folgende Fähigkeiten und Fertigkeiten einsetzen:

Wir akzeptieren unsere Schüler so, wie sie sind.
Wir trennen »Tat« und »Täter«.

Wir kommunizieren unsere Erwartungen nicht nur mit Worten, sondern auch mit Blicken, Tonlage, Gestik und Mimik. Wenn wir häufig – verbal oder nonverbal – z. B. »Du bist immer als Letzter fertig«, »Ich nehme an, das ist zu schwierig für dich« oder »Du kannst nicht selbstständig arbeiten«, kommunizieren, müssen wir eventuell feststellen, dass unsere Schüler unsere Erwartungen erfüllen, indem sie sich entsprechend verhalten.

Stattdessen akzeptieren wir unsere Schüler so, wie sie sind, und schätzen ihre Unterschiede:

BEISPIEL:

Thomas (17) ist möglicherweise immer als Letzter fertig, aber sind seine Zeichnungen nicht wirklich fantasievoll?

Unsere besten Freunde haben auch Fehler und Schwächen, aber wir konzentrieren uns auf ihre positiven Seiten, auf ihre einzigartigen Qualitäten. Genauso können wir unsere Schüler sehen. *Schüler, die ungeachtet ihrer Fehler und Schwächen von uns respektiert werden*, die sich dazugehörig fühlen und wissen, dass sie ihren Mitschülern gegenüber gleichwertig sind, können ihre Energie darauf konzentrieren, innerlich zu wachsen und zu lernen.

Unabhängig davon, wie sich unsere Schüler bislang verhalten und welche Leistung sie gezeigt haben, konzentrieren wir uns auf die Gegenwart und die Zukunft. D. h. nicht, dass wir ihr Verhalten immer gutheißen. Wir können jedoch sie als Person akzeptieren, *indem wir zwischen »Tat« und »Täter« trennen.* Auch in der schlechtesten Arbeit kann ein Grund für Ermutigung gefunden werden.

Beispiele:

- **Anabel** (9) gibt einen Aufsatz ab, in dem sie den Ausflug der Klasse in den Zoo beschreibt. Sie hat lange an dem Aufsatz gesessen. Das ganze Wochenende hat sie damit zugebracht, aber den Text nicht mehr abgeschrieben. Sie gibt zerknitterte Blätter mit verschmierter Schrift und durchgestrichenen Wörtern ab. Ihre Lehrerin geht in die Luft und schreit Anabel vor der ganzen Klasse an: »Erwartest du von mir, dass ich meine Zeit mit so was verbringe? Ich muss 32 Aufsätze lesen! So geht's nicht! So schaffst du den Übergang ins Gymnasium niemals!«

  Indem sie Anabel als Person angreift und vor der Klasse beschämt, hat die Lehrerin nicht Verhalten und Person (»Tat« und »Täterin«) getrennt. Anstatt den Inhalt des Aufsatzes anzuerkennen, vermittelt sie Anabel, dass sie »zu nichts taugt«. Beim nächsten Aufsatz wird sich Anabel wahrscheinlich auch mit dem Inhalt keine Mühe mehr geben.

  Eine Lehrerin, die Anabel als Person akzeptiert, würde zunächst etwas Positives an Anabels Aufsatz finden, trotz der zerknitterten Blätter. Sie könnte z. B. sagen: »Ich kann am Aufbau sehen, dass du dir viele Gedanken über das Thema gemacht hast.« Mit dieser Vorgehensweise hätte die Lehrerin eine Schülerin anerkannt, die sich bemüht hat. Ermutigt durch die Anerkennung ihrer Bemühungen, wird sich Anabel in der Zukunft vermutlich eher bereit finden, neben dem Inhalt auch auf die Form zu achten.

- **Ben** (12), ein ansonsten eher stiller Schüler, unterbricht den Unterricht und redet dazwischen.

  Wir können die positive Seite – seine Absicht, einen Beitrag zu leisten – anerkennen: »Ich bin sicher, du hast uns etwas Wichtiges zu sagen, Ben …«, ohne sein Verhalten gutzuheißen: »… und wir werden dir zuhören, sobald Irina ausgeredet hat.« Da Ben sich verstanden und akzeptiert fühlt, ist er ermutigt, auch die Rechte anderer zu respektieren.

  Vielleicht fragen wir uns, ob diese Art von Akzeptanz verhindert, dass Ben lernt, zwischen angemessenem und unangemessenem Verhalten zu unterscheiden. Die Antwort ist »Nein«. Indem wir Bens Beitragshaltung respektvoll anerkennen, helfen wir ihm, in zukünftigen Situationen auf diese positive Erfahrung als Ressource zurückzugreifen und positives Verhalten zu zeigen, um sich dazugehörig zu fühlen. (s. Kap. 1).

Wie zeigen wir Schülern, dass wir sie akzeptieren?

Mit einem Lächeln, einer Berührung, wohlwollendem Augenkontakt und ohne Worte oder durch Sätze wie:

- »Du hast selbst die Lösung gefunden. Das war nicht einfach.«
- »Das wird schon. Mach dir keine Sorgen um die Fehler. Du bist auf dem Weg.«
- »Es freut mich, dass du mit deiner Arbeit zufrieden bist.«
- »Du hast dein Bestes gegeben. Weiter so.«
- »Ich weiß, du bist enttäuscht. Möchtest du darüber reden?«

Wenn wir Menschen akzeptieren, wie sie sind, dann *bewerten wir sie nicht.* Akzeptanz ist nicht an Bedingungen geknüpft. Wir machen eine ermutigende Aussage und danach einen Punkt. Wenn wir sagen: »Leon, du hast viel darüber nachgedacht«, hängen wir kein entmutigendes »aber«, »jedoch«, »dennoch« oder »nichtsdestotrotz« an. Wir sagen nicht: »Siehst du, was du erreichen kannst, wenn du es versuchst?«, oder: »Das wurde aber auch Zeit!« Jedes zusätzliche Wort soll dazu da sein, unsere ermutigende Aussage zu untermauern, indem wir auf etwas *Konkretes* hinweisen (z. B.: »Diese Überschrift passt zu diesem Paragrafen!«).

Wir stärken das Selbstvertrauen unserer Schüler: Wir helfen ihnen, mutig Herausforderungen anzunehmen und aus Fehlern zu lernen.

Wir erwarten, dass jeder unserer Schüler im Rahmen seiner Möglichkeiten lernen kann und lernen möchte. Wir lassen sie wissen, dass wir an sie glauben. Einige Schüler haben Angst, etwas Neues auszuprobieren, weil sie keine Fehler machen wollen. Vielleicht wurden sie einmal zu oft beschämt. Oder sie haben herausgefunden, wofür sie stets gelobt werden, und haben jetzt Angst davor, ihr Glück in einem anderen Bereich noch einmal herauszufordern.

Wir sind »fehlerfreundlich«[2]! Wir lassen unsere Schüler wissen, dass *Fehler ein wichtiger, selbstverständlicher Teil eines jeden Lernprozesses* sind. Wir stärken ihr Selbstvertrauen, damit sie Fehler, Fehlstarts und falsche Entscheidungen gut verkraften und daraus lernen können.

Uns selbst befreien wir von der Rotstiftmentalität: Wir heben die *korrekten* Antworten der Schüler hervor anstatt ihre falschen. Denn nur Fehler zu markieren beraubt viele Schüler ihrer Hoffnung, jemals besser zu werden. Wir fördern den Lerneifer unserer Schüler, indem wir sie ermutigen, sich zu bemühen, Geduld mit sich selbst zu haben und Ausdauer zu zeigen. Wir zeigen ihnen, dass sie keine Angst haben müssen, sich lächerlich zu machen oder ausgeschlossen zu werden, wenn ihr Fortschritt langsam oder schleppend ist. *Wir erkennen und benennen jeden Versuch und jede Verbesserung.*

---

2   Felten [21]

Beispiele:

- Wenn **Robin** (7) den größten Teil eines Wortes richtig schreibt, sagen wir ihm, dass wir es bemerkt haben.

- Wenn **Sandra** (13) während einer Klassendiskussion aufmerksam oder nachdenklich zuhört, wenn sie zustimmend lächelt oder einfach nur aufschaut, zeigen wir durch freundliches Nicken, dass wir ihre Beteiligung, ihr Mitdenken wahrgenommen haben.

Wir lernen, kleine Erfolge und schrittweise Entwicklung zu erwähnen und dadurch anzuerkennen. Jemand, der ermutigt, glaubt an eine positive Entwicklung!

**Lieber ein Optimist, der manchmal falsch liegt,
als ein Pessimist, der in der Regel recht hat.**

Wir glauben an unsere Schüler und zeigen Interesse durch Gestik, Mimik und Worte. Die Schüler spüren unsere *positiven Erwartungen* und werden ihnen so eher gerecht.

Wir könnten z. B. sagen:
- »So wie ich dich kenne, wirst du dein Bestes geben.«
- »Ich vertraue deinem Urteilsvermögen.«
- »Das ist nicht einfach, aber ich bin sicher, du bekommst das hin.«
- »Du schaffst das. Einen Teil davon hast du ja schon erledigt.«

Wenn wir Schülern zeigen, dass wir *Vertrauen in ihre Fähigkeiten* haben und in ihre Entschlossenheit, etwas zustande zu bringen, werden sie Schritt für Schritt *Selbstvertrauen* entwickeln. Am Ende werden die Schüler über einen ermutigenden Lehrer, der sie an ihren Aufgaben wachsen lässt, sagen können: »Bei ihm habe ich am meisten gelernt. Er hat mir gezeigt, wie ich mit Ausdauer und Bemühungen einiges erreichen kann. Bei ihm habe ich gespürt, dass ich ihm wichtig bin.«[3]

Wir ändern die Perspektive: Wir betonen das Positive.

Es ist immer möglich, Stärken, Bemühungen und selbst geringfügige Anzeichen eines Fortschritts aufzuspüren. Sandras aufmerksame Haltung, die wir wahrgenommen und dadurch ermutigt haben, ist vielleicht das erste und einzige positive Zeichen, das sie uns seit Wochen gegeben hat. Deshalb ist unsere Ermutigung doppelt so wichtig, denn dadurch *wecken und verstärken* wir den Lerneifer und die *Lernbereitschaft unserer Schüler.*

---

3 Originalzitat eines Schülers aus der Schweiz, 2010

Wir fangen damit an, Negatives aus unserem Vokabular, unseren Handlungen und unserer Haltung zu streichen. Genauso, wie wir durch ein Lächeln Ermutigung zeigen, können wir auch Missmut oder Ungeduld zum Ausdruck bringen, etwa durch Stirnrunzeln, Seufzen, indem wir mit dem Fuß genervt auf den Boden klopfen oder Augenkontakt mit unseren Schülern vermeiden. Schüler nehmen nonverbale Zeichen wahr – ob positiv oder negativ.

Indem wir unsere *positive Haltung* auf authentische Weise und beständig erkennen lassen, fördern wir das Selbstvertrauen unserer Schüler.

Positiv eingestellt zu sein bedeutet möglicherweise eine *Änderung unseres Unterrichtsstils.* Z. B. stellen wir statt zwanzig Aufgaben nur zehn. Zehn Aufgaben wirken weniger entmutigend auf langsamere Schüler. Schüler mit größerem Potenzial werden trotzdem daraus lernen und sich in der verbleibenden Zeit an zusätzlich von uns gestellten Aufgaben messen bzw. ihren Mitschülern helfen können. Möglicherweise steigern wir das Interesse der Schüler an Mathematik, indem wir auf eine langsamere Entwicklung, aber eine positive Einstellung abzielen. Während wir das Selbstvertrauen unserer Schüler aufbauen, ihrem Interesse und ihren Fähigkeiten entsprechend, können wir die Anzahl der gestellten Aufgaben langsam erhöhen.

Oft melden wir uns nur dann bei den Eltern, wenn Schüler Probleme haben. Schicken wir doch ganz unerwartet ein paar *ermutigende Zeilen nach Hause,* denn jeder Schüler ist ein Individuum mit einzigartigen Fähigkeiten (s. Kap. 10).

Beispiele:

- **Fatima** (8) liest vielleicht im Vergleich mit anderen Schülern nicht sehr gut. Wenn sie jetzt aber besser liest als letzten Monat, dann verdienen Fatima und ihre Eltern, dass sie davon erfahren.

- Erzählen wir doch den Eltern des sonst eher schüchternen **Jakob** (13), dass er sich freiwillig für eine Rolle in einem Theaterstück gemeldet hat. Vielleicht ist er zu verschlossen, um es zu Hause zu erzählen.

Ermutigte Eltern können uns unsere Aufgabe nur erleichtern.

Durch Aussagen wie in den folgenden Beispielen erkennen wir Bemühungen und Verbesserungen an:

- »Stefan, mir scheint, du hast daran wirklich hart gearbeitet.«
- »Marie, du hast viel Zeit darauf verwendet, diese Aufgabe zu durchdenken. Das merkt man.«
- »Ich freue mich, Mehmet, dass du dich freiwillig gemeldet hast.«
- »Schau nur, welchen Fortschritt du gemacht hast.« (Wir machen konkrete Angaben.)
- »Du wirst immer besser in _____.« (Wir machen konkrete Angaben.)
- »Fabian, vielleicht denkst du, du hast dein Ziel nicht erreicht, aber schau mal, wie weit du schon gekommen bist!«

Wir zeigen Respekt für uns selbst und unsere Schüler. Wir sind Vorbild.

Wir wollen, dass unsere Schüler den Mut haben, Fehler zu machen und Fortschritte anzuerkennen sowie Ergebnisse, die nicht perfekt sind. Geben wir ihnen *mit unserem Verhalten ein Beispiel,* dem sie folgen können. Wenn wir einen Fehler machen, geben wir es zu. Wenn wir die Antwort auf eine Frage nicht wissen, sagen wir es und finden die Antwort gemeinsam mit unseren Schülern. Unsere Schüler verdienen es, von einem Lehrer unterrichtet zu werden, der auch »nur ein Mensch« ist. Die Schüler empfinden Empathie für Lehrer, die *authentisch, offen, ehrlich* und *gerecht* sind.

Schüler müssen immer wach und auf Draht sein!

Unterschiedliche Maßstäbe für Schüler anzulegen kann verheerende Folgen haben. Es ist menschlich, Lieblingsschüler zu haben. Aber eine ermutigende Atmosphäre in der Klasse verlangt von uns, dass *alle möglichst gleich behandelt werden.* Wir übersehen deshalb das Fehlverhalten von »guten« Schülern nicht. Wenn unsere Schüler wissen, dass wir alle gleich behandeln, zeigen sie größere Bereitschaft, zu kooperieren und sich zu beteiligen. Außerdem tragen wir nicht zu »bösem Blut« unter unseren Schülern bei.

Wie verhält es sich mit unterschiedlichen Maßstäben für Lehrer und Schüler – unserer eigenen *Doppelmoral?* Gelten für uns dieselben Verhaltensregeln wie für unsere Schüler?

Schüler bemerken sehr schnell, wenn wir von ihnen erwarten, dass sie tun, was wir sagen, aber uns selbst nicht daran halten. Im Unterricht zu essen, Kaugummi zu kauen, nicht auf gepflegte Kleidung zu achten, herumzubrüllen oder zu spät zum Unterricht zu kommen zeigt mangelnden Respekt. Unseren Schülern gibt dieses Verhalten die Botschaft: »Ich bestimme hier. Ich kann machen, was ich will.« Das Selbstwertgefühl der Schüler und ihre Bereitschaft zur Kooperation sinken.

Wir wollen so *berechenbar, zuverlässig und konsequent* wie möglich sein. Wir ändern unser Verhalten nicht, weil wir schlecht gelaunt sind oder es uns nicht gut geht. Wenn es doch passiert, entschuldigen wir uns dafür.

Wenn Schüler etwas für uns oder für die Klasse tun, zeigen wir *unsere Anerkennung:*
- »Vielen Dank, Tobi. Das war eine große Hilfe.«
- »Es war sehr aufmerksam von dir, Hassan, dass du _____.«
- »Vielen Dank. Ich weiß _____ zu schätzen, weil es mir die Arbeit sehr erleichtert.«
- »Ich habe deine Hilfe gebraucht und du warst da. Danke.«
- »Sandra, deine Vorschläge haben unsere Diskussion weitergebracht.«
- (zur Klasse) »Die Stunde hat mir heute viel Spaß gemacht. Vielen Dank.«

Wenn Sie Ihre Schüler respektieren, bekommen Sie von ihnen diesen Respekt zurück. Wenn Sie sich selbst respektieren, lernen die Schüler, auch sich selbst zu respektieren.

Wir verringern den Konkurrenzkampf: Wir helfen unseren Schülern, sich Ziele zu setzen und ihre Arbeit selbst zu bewerten.

Wenn unsere Schüler – zu Anfang mit unserer Unterstützung – sich eigene Ziele setzen, haben wir die Möglichkeit, sie zu ermutigen, an sich selbst und ihre Fähigkeiten zu glauben (z. B. durch einen Lernvertrag – s. Kap. 6).

BEISPIEL:

Wir helfen **Christopher** (11), sich das Ziel zu setzen, jede Woche ein Kapitel eines Buches zusammenzufassen, und ermutigen dann seine Bemühungen.

Die Motivation der Schüler steigt, wenn sie erleben, dass sie auf dem Weg zu einem Ziel, das sie mitbestimmt haben, Fortschritte machen.

Der wichtigste Aspekt dabei ist möglicherweise, dass individuelle Zielsetzungen den *Konkurrenzkampf unter den Schülern vermindern*. Konkurrenzkampf kann extrem entmutigend für einen Schüler sein. Es ist deshalb wichtig, vorsichtig zu sein, damit wir nicht unbeabsichtigt einen Konkurrenzkampf erzeugen oder verstärken.

BEISPIELE:

- **Sarah** (12) daran zu erinnern, dass ihre Schwester sehr gut in Mathematik ist, nährt lediglich ihr Gefühl der Unfähigkeit und liefert Treibstoff für eine Rivalität, die möglicherweise ein Leben lang bestehen bleibt.
- Die bissige Bemerkung: »Bisher hat jeder das Dezimalsystem verstanden. Also wirst du es auch lernen«, bedeutet für **Erik** (9), dass er sich nicht ernsthaft genug bemüht, dass er nichts wert ist, solange er nicht so weit ist.
- »Mal sehen, wer sein Heft zuerst abgibt!« stellt Schnelligkeit über Qualität und trägt nicht **Pauls** (13) Anspruch Rechnung, seine Arbeit vollständig, fehlerfrei und leserlich abgeben zu wollen.

Schüler gegeneinander auszuspielen führt dazu, dass es wichtiger ist, zu gewinnen als zu lernen. Die, die nicht mithalten können, rebellieren oder geben auf. Es kann sehr viel produktiver, entwicklungsförderlicher und motivierender sein, mit Schülern gemeinsam individuelle Ziele abzustecken und sie in ihrer eigenen Geschwindigkeit darauf hinarbeiten zu lassen (s. Kap. 6 – Logbuch in der Erich-Kästner-Gesamtschule, Hamburg).

Bei Schülern, die Lernschwierigkeiten haben, ist es hilfreich, sich in regelmäßigen Abständen, mehrmals im Jahr, Zeit für persönliche Gespräche zu nehmen, um gemeinsam mit ihnen ihre Arbeit zu besprechen, zu bewerten und neue Ziele zu setzen. Womöglich denken wir jetzt: »Leichter gesagt als getan!« Aber selbst wenn es nur kurze Gespräche sind, die sich auf nur einen oder zwei Bereiche beschränken, machen wir den Schülern so ganz individuell Mut und zeigen unser Interesse an ihnen.

BEISPIEL:

Nehmen wir an, wir haben der 5. Klasse die Aufgabe gestellt, einen Aufsatz über Haustiere zu schreiben. Bevor wir die Aufsätze einsammeln, lassen wir jeden Schüler einen Teil eines Feedbackbogens ausfüllen – so wie die Schülerin Angela Schrader es im folgenden Beispiel zeigt. Ein solches Formblatt fordert von den Schülern, ihre eigene Arbeit zu bewerten – eigene Stärken und Schwächen zu erkennen.

Nachdem wir den Aufsatz gelesen haben, füllen wir jeweils unseren Teil des Bogens aus – wie Frau Winkler im folgenden Beispiel – und bringen ihn dann zum gemeinsamen Gespräch mit. (Wenn wir der eigenen Rückmeldung des Schülers entnehmen, dass er ausgesprochen selbstkritisch ist, vermerken wir besonders detailliert alle Stärken, die wir finden können. Wir schreiben eine insgesamt möglichst positive Rückmeldung.) Wir bitten den Schüler, den von uns korrigierten Aufsatz zum Gespräch mitzubringen.

RÜCKMELDUNG

Fach:

Deutsch

Name und Klasse des Schülers/
der Schülerin:

Angela Schrader, 5 C

Thema

Aufsatz über Haustiere

Abzugeben am

20. Januar 20..

Kommentar des Schülers/der Schülerin:
Stärken

Wie ich von Charlies Träumen erzähle.

Kommentar des Lehrers/der Lehrerin:
Stärken

interessante Art und Weise über
die Träume eines Hundes zu berichten. Wörter wie "Ängstlichkeit" oder
"furchterregend" zu verwenden
hilft dem Leser, sich vorzustellen,
wie es wäre, Charlies Träume
zu träumen. Die lebhaften Details
erzeugen Spannung beim Lesen.

Bereiche, die verbessert werden können:

Rechtschreibung.

Bereiche, die verbessert werden können:

Rechtschreibung und Handschrift.
Gliederung und Übergänge.

Weitere Anmerkungen:

Es hat mir Spaß gemacht,
den Aufsatz zu schreiben.

Weitere Anmerkungen:

–

- **Unser Plan**
  1. Frau Winkler sucht einen Schüler (bevorzugt aus der 5 C), der Angela hilft,
     indem er mit ihr Rechtschreibung übt.
  2. Angela schreibt den Aufsatz ordentlich ab.
  3. Angela schreibt Absatz 2 neu und achtet dabei besonders auf die schlüssige
     Abfolge ihrer Ideen.
  4. Angela findet einen Übergang zu Absatz 3.

- **Sichtbarer Fortschritt: 3. Februar 20..**

Im Rechtschreibtest 8 von 10 Wörtern richtig geschrieben.

Unterschrift des Schülers/der Schülerin:

Angela Schrader

Unterschrift des Lehrers/der Lehrerin:

Anna Winkler

Gesprächsführung

Wir beginnen das Gespräch mit einer offenen Frage, wie z. B.: »Wie findest du deinen Aufsatz?« Der Schüler antwortet möglicherweise: »Ganz okay«, oder: »Ich denke, der ist in Ordnung«, oder: »Nicht sehr gut.« Dann nehmen wir das Formblatt zur Hand und bitten den Schüler, seine eigene Bewertung mit unserer zu vergleichen.

Wir beginnen mit den Stärken, denn wir wollen ermutigen. Zu Angela könnten wir z. B. sagen: »Du hast gesagt, du magst die Art und Weise, wie du die Träume deines Hundes Charlie beschrieben hast. Welche Sätze hältst du für besonders gut?« (Falls wir mehr Stärken als die Schülerin gefunden haben, benennen wir sie.) Danach sprechen wir *in respektvollem Ton* auch einige schwächere Bereiche an, die verbessert werden sollen: »Gibt es deiner Meinung nach Sätze, die besser formuliert werden können? Was meinst du – würde eine ordentlichere Schrift dazu beitragen, dass der Leser mehr Freude an deinem Aufsatz hätte?« Nachdem Angela die Schwächen des Aufsatzes analysiert hat, fahren wir fort: »Gut, es gibt also einige Punkte, von denen du sagst, sie können verbessert werden. Was willst *du* hinsichtlich deiner Rechtschreibung unternehmen? Lass uns überlegen, wie *ich* dir dabei helfen kann.«

Wir einigen uns mit Angela auf die Schritte, die unternommen werden sollen, damit sie die Ziele erreicht, die sie sich gesetzt hat. Wir stellen sicher, dass die Ziele und der Weg, sie zu erreichen, für diese Schülerin realistisch sind. Wir schreiben einen Plan oder lassen ihn von der Schülerin aufschreiben. Wir geben der Schülerin eine Kopie der Rückmeldung. Dann legen wir unser Exemplar ab und holen es später wieder hervor, um Notizen über nachfolgende Gespräche und spätere Berichte über Angelas Fortschritte hinzuzufügen.

Für Schüler in weiterführenden Schulen kann dieses System erweitert werden, indem wir jedem Schüler eine Karteikarte für Notizen bzgl. ihrer Verbesserungen geben. Die Schüler dokumentieren dann ihre individuellen Ziele und vermerken und bewerten ihre Fortschritte selbst.

Wir wollen Wettstreit verringern, indem wir die Selbstbewertung der Schüler einführen. Aber was ist mit den Noten? Da Noten eine Tatsache im Leben der meisten Schüler und Lehrer sind, müssen wir versuchen, Wege zu finden, die Benotung ermutigender zu gestalten.

Eine Möglichkeit besteht darin, die Schüler bei der Notenvergabe mit einzubeziehen. Wir lassen sie sich selbst bewerten und dann die Benotung erklären. Befürchtungen, dass unsere Schüler sich *zu* gute Noten geben, sind in der Regel nicht begründet. Sehr wahrscheinlich werden wir in die Situation kommen, unsere höhere Benotung »verteidigen« zu müssen.

Wir können Noten auch in Verbindung mit *Lernverträgen* vergeben. Nachdem wir die Anforderungen für eine bestimmte Note erklärt haben, kann sich jeder Schüler entscheiden, auf welche Note er hinarbeiten will, und mit uns einen entsprechenden *Notenvertrag* abschließen (s. Kap. 6). Möglicherweise entscheiden wir uns, den Lernvertrag nach einem bestimmten Zeitraum hinsichtlich des Fortschritts zu überprüfen, um den Schüler zu realistischen Zielen ermutigen zu können. Das bedeutet vielleicht eine neue Aufgabenstellung. Noten auf der Basis eines Notenvertrags zu vergeben verlangt von uns, die Fähigkeiten unserer Schüler realistisch einzuschätzen. Lernverträge sind Abmachungen, die wir gemeinsam mit den Schülern treffen.

Es folgen einige Sätze, die unsere Schüler dazu bewegen, ihre eigene Arbeit und Leistung zu bewerten:

- »Was denkst du darüber?«
- »Da du nicht zufrieden bist: Was glaubst du, könntest du tun, damit du mit deiner Arbeit zufrieden sein kannst?«
- »Es sieht so aus, als hättest du Freude daran gehabt.«

Viele Schulen haben traditionelle Wettbewerbsstrukturen: Noten, Auszeichnungen, Plus- und Minuspunkte. Auch dort können wir den Konkurrenzkampf verringern und Schule ermutigender gestalten, indem wir *individuelle Ziele* der Schüler und ihre *Selbstbewertung* fördern. Die Schüler werden motiviert, sich zu bemühen, ihre Leistung zu verbessern. Sie lernen, sich selbst einzuschätzen.

Bildungs- und Erziehungspartnerschaft mit den Eltern

Die o. g. Selbstbewertungsmethoden sind auch hilfreich für Gespräche zwischen Eltern und Lehrern. Auf diese Weise sind die Eltern besser informiert und sehen individuelle Fortschritte, ohne ihr Kind im Vergleich mit anderen Schülern zu betrachten.

Wir leiten unsere Schüler an, einander zu unterstützen.

Wir können das Selbstwertgefühl und das Gefühl der Dazugehörigkeit der Schüler – und damit eine kohäsive Klasse – fördern (s. Kap. 8), indem wir Wert auf Kooperation legen. Wir ermutigen die Schüler, einander zu helfen.

Wir alle haben Stärken und Schwächen, und wir alle ziehen es vor, unsere Stärken zu zeigen. Wettbewerb mögen wir nur, wenn wir sicher sind, dass wir auch eine Chance haben, gut abzuschneiden. Wenn wir nicht gut sind im Tanzen, Malen, Schreiben oder im Sport, dann meiden wir diese Aktivitäten und sagen, wir hätten kein Interesse daran. Bei Erwachsenen ist das eine »wohlüberlegte Entscheidung«. Aber wenn Schüler auf diese Weise versuchen, ihr Gesicht zu wahren, sehen wir sie als »Schüler mit schwachen Leistungen«.

Schüler können von den Stärken ihrer Mitschüler profitieren, wenn diese bereit sind, ihre Klassenkameraden bei der Entwicklung ihrer Fähigkeiten zu unterstützen. Wir bitten alle unsere Schüler, aufzuschreiben, worin sie *gut* sind und worin sie sich noch *verbessern* möchten. Dann bilden diejenigen Schüler Paare, deren Stärken und Schwächen sich ergänzen, und geben einander »Nachhilfe«. Gewöhnlich lernen die meisten Schüler sehr gut von- und miteinander. Der Schüler, dem geholfen wird, ist entspannter, hat weniger Angst, zu versagen oder Fehler zu machen. Ebenso wichtig: Der Schüler, der hilft, fühlt sich mehr akzeptiert und mehr als Teil einer gemeinsamen Bemühung der ganzen Klasse. Wenn die Rollen getauscht werden – und das sollte für jeden Schüler möglich sein –, lernen beide etwas über Empathie und Kooperation.

Altersübergreifende Unterstützung funktioniert ebenfalls gut. Wir lassen ältere Schüler jüngeren etwas beibringen. Jüngere Schüler schauen in der Regel zu den älteren auf und sind deshalb erpicht darauf, zu kooperieren. Wir bitten jedoch nicht nur die »guten« Schüler, »Nachhilfe« zu geben. Sie bieten auch nicht zwangsläufig die beste Unterstützung, denn möglicherweise sind sie ungeduldig mit Schülern, die langsam lernen. Gerade die Schüler, die nicht die besten sind, werden durch die Übernahme solcher Aufgaben besonders ermutigt und in der Folge bessere Schüler.

Eine Möglichkeit, Schülern beizubringen, einander zu ermutigen, bietet sich z. B. im Rahmen der wöchentlichen Klassenstunde mit dem Klassenlehrer oder im Klassenrat (s. Kap. 8). Durch folgende Fragen machen wir *Ermutigung* zum Thema:

- »Was kannst du gut?«
- »Was magst du an dir?«
- »Was magst du an einem deiner Mitschüler?«
- »Was gefällt dir an dieser Schule oder an dieser Klasse?«
- »Was hast du in letzter Zeit gelernt oder was konntest du verbessern?«
- »Wodurch ist unsere Klasse in letzter Zeit zusammengewachsen?«
- »Wie hat dir diese Woche jemand geholfen, dich gut zu fühlen?«
- »Was hast du in dieser Woche für jemand anderen getan?«
- »Was würdest du gerne in dieser Woche für jemanden tun?«

BEISPIELE: **Drei ermutigte Schüler**

1. Felix (10) ist der Jüngste von vier Geschwistern, allesamt erstklassige Schüler. Aber obwohl seine bisherige Entwicklung vermuten lässt, dass Felix über überdurchschnittliches Potenzial verfügt, bereitet er sich nur selten auf den Unterricht vor und auch seine Aufgaben hat er in der Regel nicht vollständig erledigt. Sein Lehrer, Herr Meyer, findet im Gespräch mit den Eltern heraus, dass Felix zu Hause viel Aufmerksamkeit dadurch bekommt, dass er seine Aufgaben nicht erledigt. Seine Eltern verbringen dann besonders viel Zeit mit ihm und manchmal machen sie sogar einen Teil seiner Hausaufgaben. Seine Geschwister erwarten nicht viel von ihm und übernehmen zu Hause oft seine Aufgaben für ihn, sodass er nicht zu helfen braucht. Felix steht demnach ein erfahrenes Team von Helfern zur Seite.

In einem Gespräch fragt Herr Meyer Felix, ob er raten darf, warum Felix so schlecht in der Schule ist. Felix stimmt zu. Der Lehrer fragt: »Kann es sein, dass du so schlecht bist, damit niemand etwas von dir erwartet – sodass jeder für dich einspringt?« Felix sagt: »Nein«, aber sein offensichtliches Unbehagen sowie sein verlegenes Grinsen (der sog. Erkennungsreflex – s. Kap. 5) lassen ahnen, dass Herr Meyer richtig liegt.

In einer Reihe von Gesprächen hilft Herr Meyer Felix, zu verstehen, dass er sein Selbstwertgefühl stärken kann, indem er Aufgaben selbstständig erledigt. Er ermutigt Felix für jedes noch so kleine Anzeichen eines Fortschritts.

2. Ahmed (14) hat panische Angst vor Prüfungen. Er kann am Tag vorher weder essen noch schlafen, und wenn die Aufgaben ausgehändigt werden, gerät er völlig in Panik, sodass er keine der Fragen beantworten kann.

Die Sozialkundelehrerin, Frau Kaminski, beobachtet, dass Ahmed bei Diskussionen sehr gut mitarbeitet. Er erfasst sehr schnell, worum es geht. Frau Kaminski setzt sich mit Ahmed zusammen: »Ahmed, ich möchte, dass du weißt, dass du deine Ideen sehr gut ausdrücken kannst. Du bist ein echter Gewinn für unsere Diskussionen, weil du deinen Standpunkt so klar vertreten kannst. Möchtest du unsere nächste Diskussion leiten?« Ahmed stimmt eifrig zu.

Die nächste Diskussion verläuft gut. Frau Kaminski ermutigt Ahmed, indem sie ihm sagt, wie gut es ihm gelungen ist, die anderen einzubeziehen.

Ermutigt durch ihr Interesse, bittet Ahmed um ein weiteres Gespräch. Er kann jetzt über seine Angst vor Prüfungen sprechen, da er weiß, dass Frau Kaminski ihn akzeptiert und respektiert. Sie hört aufmerksam zu und sagt dann: »Ich glaube, ich verstehe, weshalb Prüfungen für dich so furchtbar sind. Darf ich eine Vermutung äußern?« Ahmed stimmt zu. Sie fragt: »Kann es sein, dass du glaubst, du musst immer der Beste sein in allem, was du tust?« Ahmed lächelt verlegen (Erkennungsreflex) und lässt Frau Kaminski dadurch wissen, dass ihre Vermutung stimmt.

Sie erläutert weiter, dass durch schriftliche Prüfungen immer nur ein begrenzter Teil des Wissens gemessen werden kann. Sie sagen nichts aus über die Gesamtperson, mit all ihren Fähigkeiten und Fertigkeiten. Frau Kaminski schlägt vor, dass sich Ahmed bei der nächsten schriftlichen Prüfung daran erinnert, wie gut er mündlich formulieren kann. Ahmed wirkt erleichtert, denn mündlich fühlt er sich sicher. Bei der nächsten schriftlichen Prüfung ist er bereits merklich ruhiger.

Frau Kaminski hat Ahmed ermutigt, indem sie ihm eine gute Zuhörerin war und sich auf Ahmeds Stärken konzentriert hat. Sie hat seine entmutigenden Gedanken über sich selbst entdeckt und ihm geholfen, dagegen anzugehen.

3. Lena (16) ist verschlossen, sensibel und meist allein. In ihrem Gesicht spiegeln sich oft die Gefühle ihrer Mitschüler, aber sie sagt nie etwas. Ihr Klassenlehrer, Herr Baum, möchte Lena helfen, ihre Feinfühligkeit zu nutzen, um sie mehr in die Klasse zu integrieren.

Herr Baum verabredet ein Gespräch mit Lena. Er sagt ihr: »Mir ist aufgefallen, dass du sehr sensibel für unser aller Gefühle bist. Ich kann mir vorstellen, dass wir von deinem Einfühlungsvermögen profitieren können. Wärst du bereit, dich in der Klasse mehr in unsere Gespräche einzubringen?« Lena öffnet sich allmählich für diese Idee und lässt Herrn Baum wissen, dass sie seinen Vorschlag schätzt.

Am nächsten Tag wird eine Kurzgeschichte in Kleingruppen diskutiert. Später ermutigt Herr Baum Lena, sich an der Diskussion im Plenum zu beteiligen. Als Lena ihre Eindrücke zögerlich kundtut, ermutigt sie der Lehrer: »Danke, Lena, für deine Beobachtung. Ich bin froh, dass du uns auf diesen Aspekt hingewiesen hast. Hat das sonst noch jemand beim Protagonisten beobachtet?«

Herr Baum hat eine echte Stärke von Lena erkannt und sie ermutigt. Lena hat sich darauf eingelassen. Sie hat ihre Stärke zum Wohle der Mitschüler in die Klasse eingebracht und so einen echten Fortschritt erzielt: Sie ist auf dem Weg, besser in die Klasse integriert zu werden. Es war entscheidend, die Aufmerksamkeit der Klasse auf Lena zu lenken, um sie zu ermutigen.

Ermutigung hat diesen drei Schülern geholfen, sich wertvoll und als Teil der Klasse zu fühlen.

Der Mut, nicht perfekt zu sein

Schülern beizubringen, dass es in Ordnung ist, nicht perfekt zu sein, ist eine wichtige Aufgabe beim Aufbau ihres Selbstwertgefühls. Schüler, die den Mut haben, nicht perfekt zu sein, sind gewillt, ein gesundes Risiko einzugehen, dazuzulernen und so *Selbstwirksamkeit* zu erleben. Sie nehmen dann eher die Haltung ein: »Ich versuche es«, als zu sagen: »Warum soll ich es überhaupt versuchen?« Dasselbe gilt für Erwachsene. Wenn Sie an die Herausforderung denken, das Selbstwertgefühl Ihrer Schüler aufzubauen, zu lernen, sie zu ermutigen und ihnen grundlegende Fertigkeiten beizubringen, dann passiert schnell, dass Sie sich selbst überfordert und entmutigt fühlen. Ihr erster Gedanke ist vielleicht: »Wie soll ich das alles nur schaffen? Was ist, wenn ich einen Fehler mache?«

Es hilft Ihnen, wenn Sie sich ins Gedächtnis rufen, dass Sie nicht *immer* Respekt zeigen und auch nicht *immer* ein Vorbild an Ermutigung sein können. Auch Sie sind ein Mensch mit Stärken und Schwächen. Was Sie tun können, ist, eine grundsätzliche Haltung des gegenseitigen Respekts zu zeigen, sooft Sie können, die Schüler zu ermutigen, und den Mut zu haben, nicht perfekt zu sein.

Wenn Sie den Mut entwickeln, nicht perfekt zu sein, akzeptieren Sie sich selbst und andere so, wie Sie bzw. die anderen sind, ohne zu denken, Sie müssten sich auf Fehler oder Unzulänglichkeiten konzentrieren. Sie haben keine Angst vor Fehlern – im Gegenteil, Sie sind »fehlerfreundlich«. Wenn Sie den Mut haben, nicht perfekt zu sein, konzentrieren Sie sich auf die Gegenwart, anstatt sich mit der Vergangenheit oder der Zukunft zu beschäftigen.

Bisher hat sich die Diskussion hauptsächlich darum gedreht, wie Sie das Selbstbewusstsein von Schülern fördern können. Aber es ist für Sie als Lehrer genauso wichtig, dass Sie ein starkes Selbstwertgefühl haben. *Wer Schüler respektieren möchte, muss sich auch selbst respektieren.* Es gibt eine ganze Anzahl von Möglichkeiten, um Ihr Selbstwertgefühl und Ihren Selbstrespekt aufzubauen und den Glauben an Ihre Selbstwirksamkeit zu erhalten.

Es ist hilfreich, daran zu arbeiten,
- eigene Interessen und Ziele zu entwickeln bzw. sich ihrer bewusst zu werden,
- Bemühungen zu beachten, anstatt nur auf Ergebnisse fokussiert zu sein,
- sich selbst und anderen gegenüber positiv eingestellt zu sein,
- Situationen mit Humor zu betrachten, um sie zu relativieren,
- zu erkennen, dass Sie Fehler machen, aber dass die Schüler, die Sie begleiten, dennoch lernen und sich entwickeln werden,
- sich daran zu erinnern, dass Sie wertvoll sind, so, wie Sie sind, aus dem einfachen Grund, weil Sie ein Mensch sind. Ihr Wert ist nicht abhängig davon, ob Sie den Schülern, deren Eltern, den Kollegen oder den Vorgesetzten gefallen.

Mit Schülern zu arbeiten ist eine anspruchsvolle Aufgabe! Weder Sie noch die Schüler, die Sie unterrichten, werden immer dazu in der Lage sein, sich »richtig« zu verhalten und mit Emotionen »richtig« umzugehen. Deshalb ist es wichtig, sich selbst zu ermutigen und zu schätzen, was Sie gut machen. Legen Sie den Fokus auf das, was Ihnen hilft, sich selbst gut zu fühlen. Und vor allem arbeiten Sie daran, den Mut zu entwickeln, nicht perfekt zu sein.

Ein mutiger Lehrer
- sieht Herausforderungen statt Probleme,
- erlangt Zufriedenheit dadurch, dass er sein Bestes gibt, und nicht durch eine Bewertung von außen oder durch Ergebnisse,
- überlegt – lösungsorientiert –, was in einer schwierigen Situation zu tun ist, anstatt sie als hoffnungslos zu erachten,
- akzeptiert, dass er Fehler macht. Es gibt keinen perfekten Lehrer.
- glaubt daran, dass die Erfolgschancen steigen, wenn er bei schwierigen Situationen nicht aufgibt.

Ein Lehrer, der selbst ein starkes Selbstwertgefühl hat, hilft Schülern, sich in die gleiche Richtung zu entwickeln. Schüler, die sehen, dass sich der Lehrer in seiner Rolle als Vorbild den Herausforderungen des Lebens mutig stellt, sind besser vorbereitet, den Mut zu entwickeln, dasselbe zu tun.

Herausforderungen im Schulalltag

Jana (11) ist jüngstes Kind in einer Familie mit fünf Kindern. Ihre Geschwister waren alle gut in der Schule. In diesem Jahr sind Janas Klassenkameraden eifrige, konkurrierende Schüler, und Jana scheint Schwierigkeiten zu haben, mitzuhalten. Sie passt in der Schule nicht gut auf und erledigt ihre Hausaufgaben nur selten vollständig. Sie schreibt im wöchentlichen Rechtschreibtest nie mehr als fünf Wörter richtig. Wenn Herr Gross, ihr Klassenlehrer, mit ihr redet, sagt sie: »Ich lerne, aber ich bin einfach zu blöd.« Herr Gross kann ihre Entmutigung förmlich spüren.

Beantworten Sie bitte folgende Fragen
- alleine im Selbststudium,
- gemeinsam mit Ihren Kollegen, die dieses Kapitel auch gelesen haben, oder
- beim entsprechenden Modul der STEP Fortbildung für Lehrer:
  1. Inwiefern beeinflusst Janas Selbstbild – ihre Einstellung zu sich selbst – ihre Arbeit?
  2. Was ist das Ziel ihres Verhaltens?
  3. Welche Möglichkeiten hat Herr Gross, Jana zu ermutigen?

STEP in der Praxis

Wählen Sie einen Schüler aus, den Sie für entmutigt halten. Schreiben Sie auf, weshalb der Schüler Ihrer Ansicht nach entmutigt ist und was sein Ziel sein könnte, wenn er Fehlverhalten zeigt.

Machen Sie sich täglich Notizen darüber, wie Sie den entsprechenden Schüler ermutigt haben und wie er auf Ihre Ermutigung reagiert hat.

Bitte beachten Sie

Die Fertigkeiten, die wir in diesem Buch präsentieren, zeigen unserer Erfahrung nach in den meisten Fällen Wirkung. Wenn Sie STEP im Alltag umsetzen, stellen Sie folgende Überlegungen an:

- Inwiefern trägt die Umgebung des Kindes in der Schule – z. B. Aktivitäten, Fächerabfolge, Stundenplan, Tagesablauf, Lehrerwechsel, Räumlichkeiten, usw. – zum Fehlverhalten bei?
- Welche Ihrer persönlichen Ressourcen tragen zur Lösung von Problemen bei? Dazu gehören Eigenschaften oder Stärken wie ein Sinn für Humor, die Fähigkeit, Abstand zu nehmen und die Perspektive zu wechseln, Erfahrung oder Geschick in der Lösung von Problemen, Geduld, Achtsamkeit oder eine gute Wahrnehmung.
- Inwiefern tragen Sie selbst zu Konflikten bei, beispielsweise indem Sie sehr empfindlich oder leicht verletzbar sind, zu viel reden, zu viel fordern, ständig die Kontrolle oder recht haben müssen, perfekt sein oder gefallen wollen?

Tabelle 3   97

Tabelle 3: Unterschiede zwischen Lob und Ermutigung

LOB			ERMUTIGUNG		
Schwerpunkt liegt auf extrinsischer Motivation. Im Fokus:	Botschaft an den Schüler	Mögliches Ergebnis	Schwerpunkt liegt auf intrinsischer Motivation. Im Fokus:	Botschaft an den Schüler	Mögliches Ergebnis: Förderung resilienten Verhaltens
externe Kontrolle	»Du wirst nur geschätzt, wenn du tust, was ich will.« »Ich vertraue dir nicht.«	Der Schüler lernt, den Wert eines Menschen an der Fähigkeit zur Anpassung zu messen. Möglicherweise rebelliert er, denn er betrachtet jede mögliche Form der Kooperation als Nachgeben.	die Fähigkeit des Schülers, sein Leben effektiv zu gestalten.	»Ich traue dir zu, dass du dich zu einem verantwortungsbewussten und selbstständigen Menschen entwickelst.«	Der Schüler lernt, den Mut zu haben, nicht perfekt zu sein, und die Bereitschaft, etwas Neues auszuprobieren. Er gewinnt an Selbstvertrauen und übernimmt Verantwortung für das eigene Verhalten. Er erlebt Selbstwirksamkeit.
externe Bewertung	»Um geschätzt zu werden, musst du es mir recht machen.«	Der Schüler lernt, den Wert eines Menschen an der Fähigkeit zu messen, anderen zu gefallen. Er lernt, sich vor Kritik und Missbilligung durch andere zu fürchten.	die interne Bewertung	»Am wichtigsten ist, was du selbst über dich und deine Bemühungen empfindest.«	Der Schüler lernt, seinen eigenen Fortschritt zu bewerten und eigene Entscheidungen zu treffen. Sein Selbstwertgefühl wächst.
Anerkennung nur für richtige und vollständig gelöste Aufgaben	»Um geschätzt zu werden, musst du meinen Ansprüchen gerecht werden.«	Der Schüler entwickelt unrealistische Ansprüche und lernt, den Wert eines Menschen am Grad seiner Perfektion zu messen. Er lernt, Versagen zu fürchten.	Bemühungen und Verbesserungen	»Du brauchst nicht perfekt zu sein. Du kannst aus Fehlern lernen. Bemühung und Verbesserung sind wichtig.«	Der Schüler lernt, eigene Bemühungen und die anderer wertzuschätzen. Er entwickelt das Verlangen, an Aufgaben dranzubleiben (Durchhaltevermögen, Ausdauer, Beharrlichkeit). Seine Fähigkeit, Probleme zu lösen, wächst.
Selbsterhöhung und persönlicher Gewinn	»Du musst überlegen sein, um etwas wert zu sein.« »Du bist der Beste.«	Der Schüler lernt, dauernd im Konkurrenzkampf zu stehen und auf Kosten anderer erfolgreich zu sein. Er fühlt sich nur anerkannt, wenn er der Beste ist.	Stärken, Beiträge und Anerkennung	»Dein Beitrag zählt. Wir sind gemeinsam erfolgreicher. Wir wissen deinen Beitrag zu schätzen.«	Der Schüler lernt, seine Fähigkeiten, Talente und Bemühungen zum Nutzen aller – nicht nur für seinen eigenen – einzusetzen. Er lernt, sich über Erfolge anderer genauso zu freuen wie über eigene. Sein Einfühlungsvermögen wird gestärkt.

Zusammenfassung

1. Faktoren, die entmutigen, sind u. a.:
   - unrealistische oder negative Erwartungen,
   - unangemessen hohe Ansprüche,
   - Konkurrenzkampf,
   - überhöhter Ehrgeiz,
   - unterschiedliche Maßstäbe für Schüler und Lehrer (Doppelmoral).

2. Ermutigung hilft Schülern, an sich selbst und an ihre Fähigkeiten zu glauben.

3. Ermutigung ist eine grundlegende Haltung sich selbst und anderen Menschen gegenüber.

4. Ermutigung unterscheidet sich von Lob:
   - Lob gilt dem Besten und dem Ersten, z. B. am Ende eines Rennens.
   - Ermutigung kann für jede Verbesserung oder Bemühung gegeben werden – z. B. während eines Rennens.

5. Ermutigung muss nicht verdient werden. Sie ist ein Geschenk. Durch sie werden Schüler akzeptiert und respektiert.
   Lob will verdient sein. Lob ist die Belohnung für Erfolg.

6. Durch Ermutigung werden Schüler akzeptiert, wie sie sind, nicht wie sie sein könnten oder sollten.

7. Ermutigung hilft den Schülern, den Mut zu entwickeln, nicht immer perfekt sein zu müssen.

8. Fehler sind kein Versagen. Sie fördern den Lernprozess.

9. Der erste Schritt zur Ermutigung liegt darin, aufzuhören, negative Kommentare über Schüler abzugeben.

10. Es ist wichtig, Fähigkeiten, Talente, positive Ansätze und – gemeinsam mit den Schülern – individuelle Ziele der Schüler zu finden und zu formulieren. Jeder Schüler hat seine Stärken!

11. Wege der Ermutigung:
    - Akzeptieren Sie Ihre Schüler so, wie sie sind. Trennen Sie »Tat« und »Täter«.
    - Stärken Sie das Selbstvertrauen Ihrer Schüler. Helfen Sie ihnen, mutig Herausforderungen anzunehmen und aus Fehlern zu lernen.

- Ändern Sie die Perspektive: Betonen Sie das Positive, nicht die Fehler.
- Zeigen Sie Respekt für sich selbst und Ihre Schüler. Seien Sie Vorbild.
- Verringern Sie den Konkurrenzkampf: Helfen Sie Ihren Schülern, sich Ziele zu setzen und sich selbst zu bewerten.
- Leiten Sie Ihre Schüler an, einander zu helfen.

NUR FÜR SIE

Wir nähern Ideal und Realität im Schulalltag einander an.

Die meisten von uns schließen ihre Ausbildung mit hohen Idealen ab, haben aber wenig Erfahrung darin, wie diese zu erreichen sind. Es gibt deshalb möglicherweise einen großen Unterschied zwischen dem, was wir ursprünglich vorhatten, und dem Verhalten, das wir zeigen, sobald wir vor einer Klasse stehen.

Meine Idealvorstellung!

Ich erziehe verantwortungsbewusste, selbstständige Schüler und bereite jeden von ihnen darauf vor, seinen Weg im Leben zu gehen.

Ich ermutige Schüler, aus Erfahrungen zu lernen.

Ich ermögliche jedem Schüler, in seinem eigenen Tempo zu lernen.

Ich vertraue den Schülern, dass sie eigenständig arbeiten können.

Ich arbeite ressourcenorientiert und fördere die individuelle Entwicklung meiner Schüler.

Ich wecke das Interesse meiner Schüler, sodass sie Freude am Lernen haben.

Ich bringe Schülern bei, von- und miteinander zu lernen und miteinander zu kooperieren.

Meine Realität im Schulalltag?

Setze ich einheitliche Ziele für alle Schüler, oder unterstütze ich sie, sich eigene, individuelle Ziele zu setzen?

Gebe ich überflüssige Hilfestellung, und erledige ich für die Schüler, was sie selbst tun könnten?

Erwarte ich, dass alle Schüler in der gleichen Geschwindigkeit lernen?

Ermahne und erinnere ich Schüler ständig an die Erledigung ihrer Aufgaben?

Vergebe ich einheitliche Aufgaben und Arbeiten, oder beziehe ich die Stärken, Interessen und Bedürfnisse meiner Schüler mit ein?

Vertreibe ich die Neugier der Schüler, indem ich sie belehre, oder lasse ich sie aktiv werden und fördere ich so Eigeninitiative und Selbstmotivation?

Begrenze ich das Lernen auf eine Angelegenheit zwischen Schüler und Lehrer, oder fördere ich die Interaktion und Kooperation unter den Schülern?

Durch mein Vorbild rege ich Schüler dazu an, andere zu respektieren.	Spreche ich oft in herablassendem Ton und wenig respektvoll mit den Schülern (kritisiere, demütige, bestrafe und schreie sie an), oder gehe ich gleichwertig und respektvoll mit meinen Schülern um?
Ich fördere das Selbstvertrauen und den Mut meiner Schüler, Neues auszuprobieren, damit sie Selbstwirksamkeit erfahren.	Setze ich unerreichbare oder realistische Ziele? Stelle ich zu hohe oder angemessene Erwartungen?

Wenn Sie Ermutigung bewusst einsetzen, um Ihren Schülern zu helfen, an sich selbst und an ihre Fähigkeiten zu glauben, erleichtern Sie sich selbst und Ihren Schülern das Leben und lassen sie produktiver, kreativer und effektiver werden. Wenn Sie Ihren Schülern zeigen, wie sie sich gegenseitig ermutigen und dadurch unterstützen können, geben Sie ihnen eine unbezahlbare Erfahrung bzgl. ihrer Selbstwirksamkeit für das Leben mit.

Das STEP Konzept zielt darauf ab, Lehrer dabei zu unterstützen, ihre Ideale zu verwirklichen bzw. ihnen näher zu kommen. Ermutigung ist der Schlüssel, die Basis, für den Umgang mit unseren Schülern. Indem wir in der Klasse durch einen demokratischen Unterrichtsstil eine ermutigende Atmosphäre schaffen, gehen wir weitere Schritte in Richtung unserer Idealvorstellungen für den Lebensraum Schule.

Für Ihre Selbstermutigung ist die Beantwortung folgender Fragen möglicherweise hilfreich:
- Sind Ihre gegenwärtigen Ziele und Ansprüche an sich selbst realistisch?
- Inwiefern nehmen Sie Ihre persönliche Entwicklung wahr und erkennen Sie Ihren Erfolg an?

Ermutigung ist das Beste, was Sie als Lehrer
für Ihre Schüler tun können. *Selbstermutigung* ist
das Beste, was Sie für sich selbst tun können.

KAPITEL 4

Respektvolle Kommunikation

Zuhören, um zu verstehen

Einfühlsames Zuhören – die Basis für eine gute Beziehung.

Durch aktives Zuhören zeigen wir Schülern, dass wir ihre Gefühle verstehen und akzeptieren.

Gesprächsförderliche Reaktionen öffnen die Tür für weitere Gespräche.

Typische Situationen, in denen wir aktiv zuhören.

… und reden, um verstanden zu werden

Mit Ich-Aussagen sprechen wir auf respektvolle Art über unsere Gefühle und den Grund dafür.

Typische Situationen, in denen wir Ich-Aussagen benutzen.

Einfühlsames Zuhören – die Basis für eine gute Beziehung

Zuhören ist eine Kunst. Oft sind wir verzweifelt, weil »diese Kinder einem einfach nicht *zuhören* wollen«. Wir können bei uns selbst beginnen und herausfinden, auf welche Weise *wir* unseren *Schülern* zuhören. Die Erfahrung zeigt, dass wir auf unterschiedliche Weise zuhören, abhängig von unserer Gemütsverfassung, von unseren Gefühlen für die Person, die spricht, und von unserer Meinung über das, was derjenige sagt. In der Klasse beeinflusst uns auch unsere eigene Vorstellung von unserer Rolle als Lehrer.

Wenn wir der Überzeugung sind, dass es wichtig ist, unseren Schülern zu zeigen, dass wir uns für ihre Gedanken und Gefühle interessieren, dann macht es für uns auch Sinn, dafür geeignete Wege zu gehen. Viele von uns sind von Natur aus keine guten Zuhörer. Aber wir können besser darin werden, wenn wir die Komplexität dieser grundlegenden Kommunikationsform akzeptieren und anfangen, neue Ansätze *auszuprobieren*. Wir können das Verhalten unserer Schüler nicht verstehen und sie auch nicht individuell ermutigen, wenn wir nicht genau hinhören, *was sie sagen und wie sie fühlen*. Als erster Schritt ist achtsames, einfühlsames Zuhören dafür unerlässlich – und zwar sowohl was ihre verbalen als auch ihre nonverbalen Botschaften betrifft.

Wie wir oft zuhören …

Wir merken, ob uns jemand wirklich zuhört.

> BEISPIEL:
>
> Stellen wir uns vor, wir haben **Aydin** (14) gerade erwischt, wie er sich schon zum vierten Mal in dieser Woche prügelt. Gerade eben hat er noch nach dem Fußball getreten und jetzt tritt er **Petro** (13).
>
> Wir sind wütend, stürzen ins Lehrerzimmer und sind froh, dass wir unserer Kollegin Frau Robert, mit der wir im Lehrerzimmer verabredet sind, gleich berichten können. Frau Robert trinkt gerade einen Kaffee und blättert in einer Zeitung. Unsere Gefühle über Aydin brechen in einem Redeschwall aus uns heraus.
>
> Frau Robert rutscht unruhig auf ihrem Stuhl hin und her. Sie blättert weiter und schaut ständig zur Tür und auf die Uhr. Sie unterbricht uns mit »Mm-hmm« und »Wirklich?«. Irgendwann haben wir genug. Unser Redefluss verstummt langsam. Wir wissen, sie hört uns nicht zu.

Wie fühlen wir uns? Wahrscheinlich verärgert? Vielleicht ist es uns ein wenig peinlich, oder wir fühlen uns sogar verletzt. Es ist sehr unwahrscheinlich, dass wir unserer Kollegin noch einmal unser Herz ausschütten.

Reagieren wir zuweilen auf unsere Schüler so wie Frau Robert auf uns? Wenn sie aufgebracht oder mit ihren Sorgen zu uns kommen, fühlen wir uns dann unbehaglich oder schauen wir weg? Oder vielleicht haben wir sehr schnell Ratschläge parat, noch bevor sie alles erzählt haben. Bleiben wir hinter unserem Pult stehen? Sagt unsere Körpersprache vielleicht: »Ich kann das nicht nachvollziehen!«, obwohl wir sagen: »Okay, verstehe«?

Für viele von uns ist es schwer, mit den starken Gefühlen anderer Menschen umzugehen. Es ist uns beigebracht worden, unsere eigenen Gefühle wie Zorn, Angst und Verletztsein zu verbergen, und wir fühlen uns unwohl, wenn wir solche Gefühle bei anderen sehen. Sogar Freudenausbrüche können beunruhigend wirken, wenn sie zur »falschen« Zeit erfolgen.

Als Lehrer werden wir jedoch ständig mit den starken Gefühlen unserer Schüler konfrontiert. Junge Menschen sind sehr schnell dabei, ihre Gefühle sichtbar werden zu lassen. Ihre Schultage bieten unzählige Gelegenheiten für Trauer, Frustration, Aufregung, Zorn oder Triumph. Wenn wir die Gefühle der Schüler ignorieren oder versuchen, den affektiven vom kognitiven Aspekt des Lernens zu trennen, laufen wir Gefahr, die Kooperation und den Respekt unserer Schüler zu verlieren. Außerdem bauen wir damit eine enorme Barriere für die Entwicklung einer demokratisch geprägten, ermutigenden Atmosphäre in der Klasse auf. Wenn es uns nicht gelingt, Gefühle anzuerkennen, hindern wir uns selbst daran, unsere Aufgabe als Lehrer effektiv und ohne Dauerstress zu erfüllen.

Überlegen wir uns, wie wir uns fühlen würden, wenn ein anderer Kollege auf unseren Gefühlsausbruch auf die folgende, ebenso frustrierende Art – wie Frau Robert – in einer der folgenden Rollen als »Zuhörer« reagiert hätte:

- »Beruhigen Sie sich! Sonst bekommen Sie noch ein Magengeschwür. Das ist kein Schüler wert!« (Oberbefehlshaber)
- »Rufen Sie einfach die Eltern an und sagen Sie ihnen, dass sie ihn bestrafen sollen.« (Besserwisser und Ratgeber)
- »Zum Glück ist dieser Tag fast rum. Ich bin sicher, es geht dir besser, wenn du erst zu Hause bist und dich entspannst.« (Tröster)

Auch unseren Schülern gegenüber spielen wir diese Rollen nur zu gerne – als Reaktion auf ihre Emotionsausbrüche:

Oberbefehlshaber:
- »Setz dich und sei still!«
- »Hör auf rumzutrödeln und geh wieder an die Arbeit!«

Besserwisser und Ratgeber:
- »Wenn du mehr gearbeitet hättest, hättest du die Prüfung bestanden.«
- (ironisch) »Schlaues Kind! Du brauchst keine Schule mehr. Du weißt ja alles, was es zu wissen gibt!«

Tröster:
- »Mach dir keine Sorgen. Ich bin sicher, das kommt alles wieder in Ordnung.«
- »Du wirst sehen, dass es am Ende gar nicht so schlimm ist.«

Lehrer, die in diese weit verbreiteten Rollen als Zuhörer verfallen, sind keine unsensiblen Monster. Gewöhnlich handelt es sich um Menschen mit guten Absichten. Sie wollen ihre Schüler nicht verletzen oder entmutigen; sie wissen einfach nicht, wie sie sich als Zuhörer anders verhalten könnten.

Wir wollen bessere Zuhörer sein

Gutes Zuhören ist Teil einer vertrauensvollen Beziehung. Wir wollen unseren Schülern zeigen, dass wir ihre Gefühle akzeptieren und respektieren. Wie die meisten Menschen, fühlen sich auch unsere Schüler in einer von Akzeptanz und gegenseitigem Respekt getragenen Atmosphäre besser und erbringen auch bessere Leistungen. Eine entsprechende Atmosphäre können wir entwickeln, indem wir eine »Sprache der Akzeptanz« pflegen.[4]

Diese Sprache ist nur teilweise verbal. Indem wir während des Gesprächs entspannt und gelassen aussehen und uns auch so fühlen, zeigen wir unserem Schüler, dass wir zuhören. Wir geben ihm nicht das Gefühl, dass er uns die Zeit stiehlt. Stattdessen stehen oder sitzen wir ihm gegenüber, beugen uns nach vorne, halten Augenkontakt – ohne ihn anzustarren – und führen ein Gespräch ohne eine physische Barriere, wie z. B. ein Pult. Ein Schüler merkt sehr schnell, ob unsere Worte mit unserem Tonfall oder unserer Haltung im Einklang sind oder nicht.

Besonders wichtig ist es, den Schüler aussprechen zu lassen und vorläufig keine Bewertung vorzunehmen. *Wir sind einfühlsam*: Wir müssen nicht dieselben Gefühle haben oder die Situation genauso sehen wie der Schüler, aber wir können seine Gefühle und seinen Standpunkt nachvollziehen. Wir halten inne, lernen, zu schweigen und nicht bei jedem Gespräch mit unseren Schülern die Führung zu übernehmen. Lassen wir die Schüler reden! Wir geben ihnen die verbale Rückmeldung, dass sie uns wichtig sind. Wir unterbrechen sie nicht und legen ihnen keine Wörter in den Mund. Unsere Schüler brauchen und verdienen dieselbe Rücksichtnahme, die wir auch guten Freunden angedeihen lassen.

---

4 Gordon [23]

Sobald wir uns für solche Gespräche offen fühlen und das auch zeigen können, experimentieren wir mit *aktivem Zuhören*: einer Fertigkeit, durch die wir die Schüler wissen lassen, dass wir ihre Gefühle verstehen.

Aktives Zuhören

Aktives Zuhören bedeutet, die *Gefühle* unserer Schüler und die *Gründe* für ihre Gefühle widerzuspiegeln. Wir interpretieren und analysieren nicht. Wir zeigen einfach, dass wir zugehört und verstanden haben.

BEISPIEL:

Martin (10) kommt zu uns mit Tränen in den Augen. »Die Kinder lassen mich nicht mit ihnen Fußball spielen.« Wir antworten in fragendem Ton: »Du bist ganz aufgebracht, weil sie dich nicht mitspielen lassen?«

- Wir reflektieren Martins *Gefühl*: »Du bist ganz aufgebracht …

- Wir spiegeln auch die *Umstände bzw.*
  Gründe für Martins Gefühl wider: … weil sie dich nicht mitspielen lassen?«

Wir werden zum Spiegel, indem wir Martins Botschaft *paraphrasieren* – und nicht, indem wir seine Worte einfach wiederholen. *Wir umschreiben*, was er explizit und implizit kommuniziert hat. Würden wir einfach seine Worte wiederholen, hätte er keinen Hinweis darauf, dass wir verstanden haben oder er uns wichtig ist. Martin hat nicht gesagt, dass er aufgebracht ist. Aus seinen Worten sowie aus seinem Gesichtsausdruck, seiner Haltung, Tonlage und der Geschwindigkeit, mit der er gesprochen hat, haben wir auf dieses Gefühl geschlossen. Wir haben dem, was Martin gesagt hat, nichts hinzugefügt. Wir haben einfach mit Worten all das widergespiegelt, was er uns durch seine Aussage hat wissen lassen.

Wenn Schüler aufgebracht sind, tendieren sie dazu, die Realität aus den Augen zu verlieren. Ihre Probleme scheinen überwältigend, ihre Gefühle unerträglich und der Stress groß. Indem wir aktiv zuhören, können wir ihnen helfen, sich zu beruhigen, die Situation klarer, rationaler und damit sachlicher zu betrachten. Dadurch, dass wir den Schülern Worte geben für etwas, das für sie möglicherweise ein undefiniertes Gefühl ist, helfen wir ihnen, die Situation realistischer einzuschätzen. Wir bereiten auf diese Weise den Boden, auf dem Schüler eigene Lösungen für ihre Probleme finden können.

Wir als Lehrer reduzieren durch diese Vorgehensweise unseren eigenen Stress, indem wir uns nicht unter Druck setzen, selbst sofort eine Lösung für jedes Problem parat zu haben, das an uns herangetragen wird!

Manchmal benutzen Schüler selbst ein Wort, das ihre Gefühle beschreibt. Sie sagen: »Ich bin wütend«, oder: »Ich bin verletzt.« Wenn sie das tun, können wir dieses Wort wiederholen oder ein Synonym benutzen. Wichtig ist dabei außerdem, nonverbale Hinweise in Sprache zu übersetzen. *Übersetzen – nicht interpretieren!*

Aktives Zuhören kann nützlich sein im Umgang mit Schülern jeden Alters. Auch die Jüngsten profitieren davon, wenn ihre Lehrer ihre Gefühle erkennen und sie achtsam und empathisch widerspiegeln. Wenn wir bemüht sind, mit unseren Schülern eine vertrauensvolle Beziehung aufzubauen, müssen wir ihnen zuerst zeigen, dass wir ihre Gefühle verstehen. Aktives Zuhören braucht Übung – auch im einfachsten Fall!

Gefühl zuerst. Wir beginnen, indem wir uns darauf konzentrieren, die Gefühle unseres Schülers zu erkennen und widerzuspiegeln.

Beispiele:

- **Elif** (14) sagt: »Ich werde Mathe nie lernen. Es ist einfach zu schwer.« Wir reagieren nicht sofort, sondern denken ein paar Sekunden darüber nach, was wir gehört haben. Wir fragen uns, wie Elif sich fühlt, und sagen dann: »Du fühlst dich entmutigt …?«, oder: »Du bist ziemlich frustriert …?« Wir benutzen das Wort, das unserer Meinung nach die Befindlichkeit der Schülerin in dieser Situation am besten beschreibt – ein Wort, das sie akzeptieren kann.

- **Kevin** (16) mag es womöglich nicht, wenn wir ihm sagen, dass er »Angst« hat, aber vielleicht akzeptiert er »nervös« oder »besorgt«. Indem wir in einem vorsichtig fragenden Ton sprechen, wenn wir seine Gefühle widerspiegeln, helfen wir Kevin, sich über seine Gefühle klar zu werden. Auf diese Weise klingen wir nicht wie »Besserwisser«.

Das passende Wort wählen, um das Gefühl genau zu beschreiben. »Sauer« ist ein ungenaues Wort. Deshalb ist es besser, es nicht so häufig zu benutzen. Wir versuchen, das Wort zu finden, das das Gefühl am besten beschreibt. Dabei bleiben wir sensibel gegenüber der Art, in der manche Schüler auf bestimmte Wörter reagieren.

Beispiele für Wörter für unangenehme Gefühle	Beispiele für Wörter für angenehme Gefühle
ängstlich	begeistert
aufgebracht	entspannt
besorgt	erfreut
entmutigt	erleichtert
frustriert	ermutigt
fuchsteufelswild	erstaunt
niedergeschlagen	friedlich
überrascht	froh
ungeduldig	hoffnungsvoll
wütend	zufrieden

BEISPIELE:

- Wir stellen sicher, dass wir die Intensität der Gefühle unserer Schüler nicht unterschätzen. Wenn **Mia** (8) mit dem Fuß aufstampft und sagt: »Ich spiele nie wieder mit ihr. Ich hasse sie!«, antworten wir nicht mit: »Hört sich an, als wärst du sauer auf sie.« Mia ist mehr als sauer; sie ist fuchsteufelswild!

Gefühle zu unterschätzen kann Schüler beleidigen oder *bei ihnen den Eindruck entstehen lassen*, dass wir uns nicht wirklich bemüht haben, sie zu verstehen. Es ist besser, *über-* als *unter*zubewerten.

Wenn Schüler spüren, dass unser Interesse für ihre Gefühle echt ist, werden sie uns korrigieren, wenn wir mit unserer Vermutung danebenliegen und ihr Gefühl falsch interpretiert haben. Die Schüler lernen daraus, dass es in Ordnung ist, Gefühle zu empfinden und sie zu zeigen.

- **Achmed** (11) sagt: »Oh, nein, es regnet, und jetzt können wir in der Pause nicht rausgehen.« Wenn wir darauf antworten: »Mir scheint, du bist traurig, weil wir drinnen bleiben müssen«, korrigiert er uns möglicherweise mit: »Nein, ich bin nicht traurig, aber ein bisschen enttäuscht, denn ich habe mich sehr auf das Rausgehen gefreut, das ist alles.«

Sicher wollen wir das Gefühl möglichst genau widerspiegeln. Aber wenn wir überbewerten, wissen unsere Schüler immerhin, dass wir es versucht haben. Wenn es angebracht erscheint, benutzen wir Adverbien, um die Intensität des Gefühls deutlich werden zu lassen. »*Furchtbar* langweilig« ist viel stärker als einfach nur »langweilig«. Adverbien wie »wirklich«, »sehr« oder »schrecklich« mit Sorgfalt zu benutzen hilft uns, mit sehr starken Gefühlen umzugehen.

Den Grund für das Gefühl nennen. Neben dem Gefühl müssen wir auch die Umstände bzw. die Gründe dafür reflektieren. Was hat zu diesen Gefühlen geführt?

- **Elif** (13) hat in unserem Beispiel gesagt: »Ich werde Mathe nie lernen. Es ist einfach zu schwer für mich!« Wenn wir vermuten, dass sie sich entmutigt fühlt, können wir uns fragen: »Was hat zu ihrer Entmutigung geführt?« Wenn wir für uns eine Antwort gefunden haben, sagen wir z. B.: »Du fühlst dich *entmutigt, weil du Mathematik sehr kompliziert findest?*« Auf diese Weise paraphrasieren wir Elifs Aussage.

Auf unvollständige Aussagen antworten wir, indem wir dem Schüler Gelegenheit geben, die Lücke zu füllen.

- Wenn **Berit** (15) sagt: »Alina ist fies!«, dann verstehen wir zwar ihr Gefühl, kennen aber nicht den Grund dafür. Deshalb sagen wir einfach: »Du klingst, als wärst du richtig wütend auf Alina« – und *lassen die Lücke*! Wir geben Berit die Chance, uns zu sagen, weshalb.

  Wenn notwendig, fragen wir sie: »Möchtest du mir mehr darüber erzählen?«

  Wir vermeiden zu sagen: »Alina macht dich wütend!«, denn das würde implizieren, dass Alina Berits Wut verursacht, und Berit den Eindruck vermitteln, dass sie keine Kontrolle über ihre Gefühle hat.

Bei *gemischten Gefühlen* können wir sagen:
»Einerseits fühlst du dich _____, weil _____. Andererseits, fühlst du dich _____, weil _____.«

Kann die Formulierung variieren?
Die Formulierung
»Du fühlst dich/Du bist _____, weil _____.«
hilft uns, das aktive Zuhören zu üben und uns daran zu gewöhnen. Sobald wir uns diese respektvolle Haltung und diese Art, zu sprechen, angeeignet haben, wird es uns leichter fallen, auch frei zu formulieren.

BEISPIELE:

- »Du bist wütend über die Art, wie sie dich behandelt?«
- »Mir scheint, die Aufgabe ist langweilig für dich, kann das sein?«
- »Du scheinst enttäuscht darüber, dass du nicht hingehen kannst.«
- »Ich spüre, dass du durcheinander bist.«
- »Kann es sein, dass du neidisch bist, weil Tina immer Einsen schreibt?«
- »Ich frage mich, ob du dich von diesem Lehrer benachteiligt fühlst?«
- »Korrigiere mich, wenn ich falsch liege, aber du klingst frustriert, weil du gerne die Rolle gehabt hättest?«
- »Ich habe den Eindruck/das Gefühl, dass der Geschichtsunterricht dir heute Spaß gemacht hat.«
- »Schauen wir mal, ob ich das richtig verstanden habe: Du bist zufrieden mit deiner Leistung in Bio?«
- »So wie ich es verstehe, fühlst du dich von deiner Arbeitsgruppe nicht ernst genommen?«

- »Du fühlst dich alleine gelassen mit deinem Problem. Ist das so?«
- »Du fürchtest, dass du die Klasse bei der Präsentation nicht genug mit einbeziehen kannst, richtig?«

Mögliche Einwände ...

»Was ist, wenn ich ein Gefühl eines Schülers nicht verstehe?« Wir sind vorsichtig. Wir äußern eine Vermutung, benutzen Einleitungen, die dem Schüler zeigen, dass wir uns nicht sicher sind, z. B.: »Ich frage mich, ob ...«, »Könnte es sein, dass ...« oder »Ist es möglich, dass ...«. Wir können unser Interesse durch *Körpersprache* (Gestik und Mimik) ausdrücken, nichts sagen und dem Schüler so erlauben, seine Gedanken zu sortieren. Oder wir geben unsere Verunsicherung einfach zu und bitten den Schüler um Unterstützung: »Es tut mir leid, Isabel, ich verstehe nicht, was du mir sagen willst, aber ich *möchte* gerne verstehen. Möchtest du mir sagen, wie du dich fühlst?«

»Ich mag es nicht, erst innezuhalten und nachzudenken, bevor ich reagiere.« Vielleicht müssen wir das gar nicht. Vielleicht machen wir schon intuitiv alles richtig. Für viele Menschen führen impulsive Reaktionen allerdings zu Missverständnissen. Zu sprechen, ohne zuvor darüber nachgedacht zu haben, kann Gespräche verhindern oder vorzeitig beenden und das Fehlverhalten der Schüler verstärken.

»Ich fühle mich komisch, wenn ich so spreche.« Jedes neue Verhalten ist gewöhnungsbedürftig und braucht deshalb Übung. Die Rückhand beim Tennisspielen fühlt sich am Anfang vielleicht ebenso unnatürlich und ungewohnt an wie die ersten Formulierungen beim Erlernen von aktivem Zuhören. Gewohnheit erzeugt Vertrautheit. Die schrittweise Verbesserung der Beziehung zu unseren Schülern wird das merkwürdige Gefühl verschwinden lassen.

»Ich bin Lehrer, kein Berater. Ich habe keine Zeit, Schülern bei ihren persönlichen Problemen zu helfen. Ich bin hier, um zu unterrichten.« Der Schulsozialarbeiter, Schulpsychologe oder Beratungslehrer kann nicht überall sein. Als Lehrer haben wir die beste Position, um Schüler positiv zu beeinflussen. Und wir wissen, dass solche »persönlichen Probleme« – kleine Zusammenstöße, Schwierigkeiten mit Einstellung und Motivation etc. – unsere Arbeit oft unmöglich machen. Wenn wir unsere Rolle als Lehrer überdenken, werden wir wahrscheinlich auch die Bedeutung einer verbesserten Atmosphäre in der Klasse und einer vertrauensvolleren Beziehung zu unseren Schülern erkennen und beachten wollen. Eine ermutigende, partizipative, demokratische Atmosphäre in der Klasse entsteht nicht von alleine, sondern indem wir sie selbst fördern – auch durch aktives Zuhören.

Wichtige Hinweise für das aktive Zuhören

- *Reaktionen unserer Schüler.*

Am Anfang überraschen wir unsere Schüler womöglich, sodass sie vielleicht auf unser aktives Zuhören mit einem »Ja, das stimmt« reagieren und dann vor einem weiteren Gespräch zurückschrecken. Aber keine Sorge: Sowohl wir als auch unsere Schüler werden uns an das aktive Zuhören gewöhnen.

Wir zwingen die Schüler auf keinen Fall, ihre Gefühle mit uns zu teilen. Womöglich ist es ihnen peinlich, oder sie haben das Gefühl, dass wir in ihre Privatsphäre eindringen. Wir haben Geduld. Wenn sie so weit sind, ein Gespräch mit uns zu führen, lassen sie es uns wissen.

Manche Schüler ergreifen die Chance sofort. Unser aktives Zuhören löst möglicherweise eine dramatische Reaktion aus.

BEISPIEL:

Max (14) wirft uns vielleicht vor: »Nicht schon wieder diese Sch …!« Wir antworten darauf: »Du bist ganz schön wütend!« Max erwidert: »Ja, jetzt verlangen Sie schon wieder diese dämlichen Übungen von mir, die ich *einfach nicht kann!*« Wie reagieren wir darauf? Wir hören weiter aktiv zu: »Du findest es unfair, dass ich von dir Dinge verlange, von denen du glaubst, dass du sie nicht kannst?« »Ja, und dabei strenge ich mich doch so an.« »Du bist wirklich frustriert deswegen, sehe ich das richtig?«

An diesem Punkt besteht unsere Aufgabe lediglich darin, widerzuspiegeln, und zwar so lange, bis uns das Verhalten von Max und sein Ton zeigen, dass er sich beruhigt hat und er das Gespräch beenden möchte. (Später können wir ihm vielleicht helfen, das Ziel seines Verhaltens zu verstehen [s. Kap. 5]; vielleicht will er sich rächen, weil er glaubt, dass er perfekt sein muss.)

Wir können aber nicht immer von unseren Schülern erwarten, dass sie mit uns ihre Probleme durcharbeiten wollen. Deshalb ermöglichen wir ihnen auch mithilfe unserer geduldigen Bemühungen ihre eigenen Gefühle zu erkennen und zu verstehen – letztlich mit dem Ziel, dass sie ihre Schwierigkeiten selbst lösen.

Wir machen uns keine Sorgen, wenn Schüler schweigen, anstatt uns zu antworten. Möglicherweise widersetzen sie sich unseren Bemühungen, *aber* vielleicht denken sie auch über das nach, was wir gesagt haben. Aus diesem Grund widerstehen wir der Versuchung, das Schweigen zu durchbrechen. Als Lehrer neigen wir dazu, viel zu reden.

Stattdessen warten wir ab – und beobachten, was passiert. Wenn der Schüler weiterhin schweigt, stellen wir eine Vermutung darüber an, was das Schweigen bedeutet und überprüfen, ob wir recht haben: »Du scheinst beunruhigt über das, was ich gesagt habe.« Sollten wir mit unserer Vermutung falsch liegen, wird uns der Schüler das wissen lassen. Dann versuchen wir es noch einmal mit anderen Worten.

Wenn ein Schüler mit uns sprechen möchte und wir im Moment keine Zeit haben, spiegeln wir die Gefühle des Schülers, erklären die Situation und vereinbaren ein Treffen zu einem späteren Zeitpunkt. Z. B.: »Mir scheint, du bist verunsichert, Manon. Ich muss jetzt unterrichten. Wie wäre es, wenn wir unser Gespräch um 14 Uhr fortsetzen würden?«

Wir geben nicht auf, wenn das aktive Zuhören nicht sofort zu Ergebnissen führt. Den Schülern widerstrebt es vielleicht, ihr Verhalten zu ändern, nur weil wir anders reagieren als bisher. Wir alle brauchen Zeit, um uns daran zu gewöhnen. Diese Zeit ist gut investiert.

▪ **Nicht zu viele Fragen stellen.**
Wir wollen keine Ratespiele veranstalten. Wir gehen vorsichtig um mit: »Wie hast du dich denn gefühlt?«, »Was passierte dann?« und »Willst du mir davon erzählen?«.

Manchmal antworten die Schüler mit »Gut« oder »Okay« auf die Frage »Wie geht es dir?«. In diesem Fall könnten wir jedoch mit einer weiteren Frage reagieren: »Was meinst du mit ›gut‹?« oder »Was ist daran okay?« (s. Kap. 5).

Während wir die Beziehung zu unseren Schülern entwickeln, ist es oft hilfreich, uns alleine auf aktives Zuhören zu konzentrieren und Fragen in den Hintergrund zu stellen.

▪ **Zwischen gesprächsförderlichen und -hinderlichen Reaktionen unterscheiden.**
Mit aktivem Zuhören möchten wir unseren Schülern zeigen, dass wir sie verstehen und dass uns ihre Gefühle wichtig sind. Außerdem möchten wir, dass sie uns weiterhin ihre Gefühle mitteilen, damit wir ihnen helfen können, mit ihren starken Emotionen umzugehen. Unsere Reaktion fördert oder behindert die weitere Kommunikation.

Aktives Zuhören ist eine *gesprächsförderliche* Reaktion: Wir nennen Gefühl und Grund, fügen nichts hinzu und lassen nichts weg. *Gesprächshinderliche* Reaktionen beinhalten dagegen Interpretationen, Beurteilungen, Beschuldigungen und Bewertungen, durch die die Gefahr besteht, dass die Kommunikation vorzeitig beendet wird. Dabei unterschätzen wir möglicherweise die Gefühle des Schülers oder verstehen sie gar nicht. (Siehe dazu Tab. 4A.)

BEISPIEL:

Raschid (11): »Ich finde es blöd, dass wir am Donnerstag in die Schule kommen müssen! In Bayern haben sie frei!«

Herr Fischer: »Ich hätte auch gerne einen Tag frei. Aber es ist, wie es ist.«

Frau Berger: »Du würdest am liebsten immer zu Hause bleiben.«

Frau Kosinsky: »Dann zieh mal nach Bayern um.«

Herr Behr: »Du glaubst, es ist unfair, dass sie in Bayern frei haben, während du in die Schule gehen musst.«

- Herr Fischer hat Raschid gesagt, dass seine Gefühle nicht zählen.
- Die Unterstellung (Interpretation) von Frau Berger wird Raschid wahrscheinlich als Beschuldigung verstehen.
- Frau Kosinsky hat nicht verstanden, was Raschid sagen wollte, und gibt einen unerwünschten Ratschlag.
- Herr Behr dagegen hat Raschids Gefühle erkannt und akzeptiert und ihm die Möglichkeit *offen* gelassen, mehr dazu zu sagen.

- ***Vorsicht bei der Interpretation nonverbalen Verhaltens (Körpersprache).***
Ein Schüler zeigt möglicherweise eine Abwehrhaltung, indem er die Arme vor der Brust verschränkt. Ein anderer dagegen entspannt sich bei dieser Körperhaltung.

- ***Wir wollen aktives Zuhören nicht überstrapazieren.***
Nicht jede Frage oder jede Aussage braucht aktives Zuhören. »Wo ist der Kleber?« beantworten wir besser mit: »Im Schrank.« »Es sieht nach Regen aus« benötigt normalerweise keine Antwort wie: »Du machst dir Sorgen wegen der Wolken?« Wir nutzen unser Einfühlungsvermögen und unseren gesunden Menschenverstand.

- ***In bestimmten Situationen kann aktives Zuhören Fehlverhalten verstärken!***

BEISPIEL:

Joschka (17) beschwert sich jeden Tag bei uns über seinen Labor-Partner, weil unsere Bereitschaft, seine Gefühle widerzuspiegeln, ihm eine gute Chance bietet, unsere Aufmerksamkeit und unser Mitgefühl zu bekommen. Wenn wir sein Verhalten nicht umlenken, wird er möglicherweise Konflikte »nutzen«, um im Mittelpunkt zu stehen, anstatt Probleme zu lösen. Wenn er das nächste Mal kommt, um sich zu beschweren, sagen wir: »Das Problem haben wir schon mehrfach besprochen. Ich kann dir nicht weiterhelfen. Ich bin aber sicher, du wirst einen Weg finden.« Oder: »Sieht so aus, als müsstest du dafür selbst eine Lösung finden. Ich bin sicher, dass du das schaffst.«

Wenn er nicht locker lässt, sagen wir nichts und beschäftigen uns mit etwas anderem oder wechseln das Thema. Das wird Joschka nicht gefallen, aber am Ende wird er begreifen, dass wir ihm dann gerne helfen, wenn er das Problem tatsächlich lösen will. Wir ermutigen ihn, indem wir ihm unsere Aufmerksamkeit schenken, wenn er es nicht erwartet. Wir helfen ihm, sich auf eine Weise dazugehörig zu fühlen, die nicht unserer Aufmerksamkeit bedarf.

Schüler müssen lernen, ihre Probleme selbstständig zu lösen, besonders dann, wenn es um Probleme mit Klassenkameraden geht. Sie lernen Selbstständigkeit, wenn sie wissen, dass wir auf ihren Streit miteinander reagieren, indem wir sie dazu auffordern, selbst eine Lösung zu finden.

Wenn wir das Gefühl haben, dass Schüler ihre Gefühle ausdrücken, um Macht über uns zu gewinnen oder um es uns heimzuzahlen, können wir uns dafür entscheiden, aktiv zuzuhören und uns nicht provozieren zu lassen. Wieder einmal sind Sensibilität und gesunder Menschenverstand gefragt!

Typische Situationen, in denen wir aktiv zuhören

Individuelle Gespräche (Zweiergespräche, s. Kap. 5) sind von unschätzbarem Wert, um unsere Schüler kennenzulernen. Unsere veränderte Art, auf Schüler zu reagieren, hilft uns, Gespräche über die verschiedensten Themen angenehm und konstruktiv zu gestalten.

Wir achten darauf, respektvolle Zuhörer beim *Umgang mit Eltern, Kollegen, der Schulleitung und Schulräten* zu sein. Dadurch verbessern wir die Kommunikation – auch mit Kollegen wie Frau Robert! (Siehe Anfang Kap. 4.)

BEISPIELE MIT SCHÜLERN:

- »Du scheinst verunsichert durch die Aufgabenstellung?«

  Wir helfen unseren *Schülern* im Schulalltag, über *ihre Probleme* zu sprechen.

- »Marco, du siehst sehr mitgenommen aus. Ist etwas passiert? Möchtest du darüber reden?«

  Wenn wir sehen, dass unsere Schüler in einer Angelegenheit *starke Gefühle* entwickeln, laden wir sie auf empathische Art ein, darüber zu reden. Wir reagieren auf Stirnrunzeln, Tränen oder Ausrufe.

- »Tim, du scheinst anderer Meinung zu sein als Anna.«

  »Tanja, du denkst, die Südstaaten hatten nicht das Recht, sich abzulösen. Wie denken die anderen darüber?«

  Das aktive Zuhören hilft uns, das Klassengespräch zu *moderieren* (zusammenfassen, verallgemeinern, weiterleiten etc. – s. Kap. 9). Wenn keine Gefühle involviert sind, können wir Wertvorstellungen, Überzeugungen und Meinungen widerspiegeln.

- »Du bist enttäuscht über das Thema, du würdest lieber über etwas anderes schreiben.«

  Wenn wir »*Nein*« *sagen* müssen, zeigen wir anschließend durch das Widerspiegeln, dass wir den Wunsch des Schülers anerkennen, aber ihm nicht nachkommen können.

- »Das hört sich an, als wärst du ganz stolz auf deine Arbeit.«

  »Du bist sehr aufgeregt, weil du das Spiel gewonnen hast?«

  »Heute Morgen seht ihr alle sehr fröhlich aus.«

  Auch ein Lächeln ignorieren wir nicht. Wir bemerken, reflektieren und ermutigen auch *positive, angenehme Gefühle*.

Unsere Schüler werden unsere Einfühlsamkeit und unser Interesse bald bemerken und darauf reagieren. Jetzt sind wir bereit, auch neue Wege zu gehen und unsere *eigenen* Gefühle unseren *Schülern* gegenüber auszudrücken.

Durch aktives Zuhören das Gespräch fördern

Gesprächshinderliche Reaktionen verweigern den Schülern das Recht auf ihre Gefühle, indem sie signalisieren, dass der Lehrer nicht bereit ist, diese Gefühle zu akzeptieren und zu verstehen.

Durch **gesprächsförderliche Reaktionen** dagegen erkennen Sie das Recht der Schüler auf ihre Gefühle an: Sie zeigen, dass Sie als Lehrer akzeptieren, wie die Schüler sich fühlen, was sie sagen und dass Sie die Schüler verstehen. Diese Reaktionen sind keine Interpretationen, sondern mit den Aussagen der Schüler austauschbar.

Die Tabelle 4A auf der folgenden Seite gibt Beispiele für gesprächshinderliche bzw. -förderliche Reaktionen.

Tabelle 4A: Gesprächshinderliche bzw. -förderliche Reaktionen

Aussage des Schülers	Gesprächshinderliche Reaktion	Gesprächsförderliche Reaktion
(weint):»Meine Eltern lassen sich scheiden.«	»Das ist ja furchtbar!«	»Du bist sehr traurig deswegen.«
»Frau Lorenzo, Tom hat von mir abgeschrieben!«	»Okay, ich kümmere mich darum!«	»Das klingt, als wärst du wirklich wütend darüber, dass Tom geschummelt hat.«
»Gymnasium – das wird toll! Ich weiß, da gibt es Fußball und viele andere AGs. Ich bin gespannt, welche Lehrer ich bekommen werde! Ich habe gehört, einige können ganz schön streng sein.«	»Ja, manche sind streng. Aber wenn du tust, was sie dir sagen, hast du kein Problem.«	»Einerseits bist du aufgeregt, weil dich viel Schönes auf dem Gymnasium erwartet, und andererseits bist du besorgt, weil du denkst, du könntest es möglicherweise mit einigen strengen Lehrern zu tun bekommen.«
»Ich werde dieses Jahr ins Sommercamp fahren.«	»Schön für dich. Und jetzt setz dich bitte, damit wir anfangen können.«	»Das klingt aufregend!«
»Sie sind der fieseste Lehrer, den ich mir vorstellen kann!«	»Sprich nicht in diesem Ton mit mir!«	»Du bist sehr wütend auf mich!«
»Ich bin in die engere Wahl für das Volleyballteam gekommen. Aber die Konkurrenz ist ziemlich hart.«	»Mach dir keine Sorgen. Du schaffst das bestimmt.«	»Du bist nicht sicher, ob du genommen wirst?«

Reden, um verstanden zu werden

Was ist mit unseren eigenen Gefühlen, wenn es Probleme gibt? Was ist, wenn wir uns verletzt fühlen, verärgert, entmutigt oder wütend sind? Gibt es eine Möglichkeit, unseren Schülern unsere Gefühle mitzuteilen, ohne ihnen Vorwürfe zu machen oder sie respektlos zu behandeln? In einer demokratisch geführten Klasse sind Lehrer und Schüler gleichwertig. Alle haben *das Recht und die Pflicht*, sich respektvoll, wohlüberlegt und konstruktiv zu äußern.

Du-Aussagen und Ich-Aussagen

BEISPIEL:

Die Klasse ist zu laut. Wir sagen: »Ihr seid zu laut! Beruhigt euch und seid still!« Die Schüler sind still, aber nur kurzzeitig. Dann sagen wir: »Schluss jetzt!« Etwas später: »Okay, hört jetzt auf damit!« Am Ende sind wir wirklich wütend: »Das reicht jetzt. Ich hab's satt. Ab sofort wird nicht mehr gesprochen!« Jetzt wissen die Schüler, dass wir es ernst meinen, und sind ruhig. Aber später ertappen wir uns, wie wir wieder zu ihnen sagen: »Das reicht jetzt aber wirklich!«

Wenn Schüler nur auf unser *Ultimatum*, auf *unsere lauten, mit Nachdruck verkündeten* Ansagen reagieren, dann hören sie nicht auf die vielen *leisen* Töne. Wir verschwenden viel Zeit, unnötig viel Energie und fühlen uns gestresst.

Wenn Schüler nicht zuhören, liegt das möglicherweise daran, dass wir »Du-Aussagen« statt »Ich-Aussagen« verwenden[5].

- *Mit Du-Aussagen machen wir Vorwürfe, beschuldigen und kritisieren.* Sie enthalten oder implizieren das Wort »Du« – verbunden mit einem respektlosen oder anklagenden Tonfall.
- *Ich-Aussagen geben die Befindlichkeit des Sprechers* und den *Grund für seine Gefühle* auf eine *ruhige und respektvolle Art* wieder.

Es sind nicht immer nur Lehrer, die – beim Umgang mit Schülern – Du-Aussagen verwenden.

> BEISPIEL – DU-AUSSAGE:
>
> Nehmen wir an, unser **Rektor** folgt uns ins Lehrerzimmer und legt mit lauter Stimme los: »Herr Fröhlich! Sie haben Ihre Noten immer noch nicht abgegeben. Ich werde immer mit Ihren Verzögerungstaktiken hingehalten. Jetzt will ich Ihre Noten bis heute Mittag auf dem Tisch haben!«

Wahrscheinlich werden wir die Noten bis zum Mittag abgeben. Aber wie fühlen wir uns gegenüber dem Rektor? Wütend? Auf Rache sinnend? Wie wahrscheinlich ist es, dass wir in Zukunft kooperativ mit ihm zusammenarbeiten? Oder werden wir eher Widerstand leisten?

> BEISPIEL – ICH-AUSSAGE:
>
> Wie wäre es gewesen, wenn der **Rektor** nur für uns hörbar gesagt hätte: »Herr Fröhlich, wenn ich Ihre Noten erst in der letzten Minute erhalte, komme ich sehr in Bedrängnis, weil ich noch alle Noten als Tabelle zusammenfassen und bis sechs Uhr wegschicken muss.«

Wie würden wir uns fühlen? Vielleicht würden wir uns eingestehen, dass wir oft spät dran sind. Vielleicht denken wir: »Der Rektor macht nur seine Arbeit. Ich kann seine Gefühle nachvollziehen. Ich muss die Noten in Zukunft wirklich rechtzeitig abgeben!«

Wenn wir unseren Schülern gegenüber Du-Aussagen verwenden, fühlen sie sich ebenfalls beschämt, wütend, verletzt, herabgesetzt, gedemütigt oder wertlos. Auf

---

5   Gordon [23]

jeden Fall ist ihnen nicht nach Kooperation zumute! Manche verinnerlichen solche Du-Aussagen möglicherweise sogar als ein Werturteil vonseiten der Erwachsenen. Wenn wir sagen:

- »Jetzt mach endlich deine Aufgabe!«
- »Du bist faul – mach dich jetzt an die Arbeit.«
- »Wenn du die Arbeit nicht abgibst, fällst du durch.«

möchten wir die Schüler sicherlich motivieren, ihre Arbeit zu tun, aber stattdessen leisten wir vielleicht feindlichem, defensivem Verhalten Vorschub.

Mit Du-Aussagen bewirken wir aus folgenden Gründen keine positive Veränderung:

- Wenn wir das Schlimmste erwarten, tritt es auch häufig ein. Schüler, die ständig hören: »Da liegst du aber falsch«, »Du bist faul«, »Du machst nie etwas richtig«, fangen möglicherweise an, daran zu glauben. Sie verhalten sich dann vielleicht so, wie wir es von ihnen erwarten.
- Wenn wir unseren Schülern die Schuld für unsere negativen Gefühle geben, riskieren wir, dass sie sich weigern, diese Schuld anzuerkennen, und stattdessen in den Widerstand gehen.
- Schüler erwarten oft kritisiert, an ihre Aufgabe erinnert, ermahnt und beschuldigt zu werden, denn als Lehrer neigen wir dazu, mit unseren Schülern so zu sprechen. Die Ziele des Fehlverhaltens der Schüler können durch die gewohnten Du-Aussagen verstärkt werden.

Wenn wir unsere Gefühle und den Grund für unsere Betroffenheit in Ich-Aussagen ausdrücken, appellieren wir an den guten Willen unserer Schüler und an ihre Bereitschaft, zu kooperieren. Wir bitten um ihre Unterstützung. Wir sagen:

- »Ich bin besorgt …«
- »Ich bin entmutigt …«
- »Ich bin betroffen …«
- »Ich fürchte …«
- »Ich habe Angst …«

– und wir lassen sie wissen, warum.

Wir übernehmen die Verantwortung für unsere eigenen Gefühle und überlassen es den Schülern, wie sie sich daraufhin verhalten:

- »Wenn du den Unterricht unterbrichst, fürchte ich, dass uns die Zeit davonläuft – und wir müssen heute fertig werden.«

Ich-Aussagen liefern keine Lösungen. Indem wir sie verwenden, vertrauen wir darauf, dass die Schüler auf angemessene Art reagieren:

- »Es stört mich, wenn du zu spät vom Sport kommst, weil es die Klasse ablenkt.«

Wir zeigen den Schülern, dass wir *Kooperation erwarten und darauf vertrauen, dass sie sich angemessen verhalten werden.*

Ich-Aussagen sind unerwartet. Sie verstärken nicht die Ziele des Fehlverhaltens. Schüler sind nicht darauf vorbereitet, dass Lehrer ihre Gefühle offenlegen, ohne jemand anderen dafür zu beschuldigen.

Vielleicht fragen wir uns, weshalb wir unsere Schüler nicht einfach um Kooperation bitten können? Das können wir tun. Aber wenn Bitten nicht funktionieren, verwenden wir Ich-Aussagen – *bevor wir wütend werden.*

Der Aufbau einer Ich-Aussage

Ich-Aussagen folgen einem bestimmten Aufbau. Unser Augenmerk liegt dabei auf unseren *Gefühlen* und dem *Verhalten, das der Schüler gerade zeigt* – nicht auf unserer Person oder der des Schülers.

Ich-Aussagen bestehen aus drei Teilen:

1. Zuerst beschreiben Sie das **Verhalten** – Sie beschuldigen nicht, Sie beschreiben nur:
   »Wenn ich sehe, dass die Bücher in der Bücherei nicht an ihrem Platz stehen, …«

2. Dann beschreiben Sie Ihre **Gefühle** über die möglichen Folgen dieses Verhaltens:
   »… bin ich frustriert / fühle ich mich frustriert …«

3. Schließlich beschreiben Sie, was die **Folgen** sind oder sein könnten:
   »… weil es dann lange dauert, die Bücher zu finden, wenn wir sie brauchen.«

Wir beginnen Ich-Aussagen mit »wenn« – denn dadurch fällt es uns leichter, »Tat« und »Täter« zu trennen.

Beispiele:

- »Wenn ich sehe, dass die Farbe über den Boden verteilt ist, …«
- »Wenn bei der Diskussion einfach dazwischengerufen wird, …«

Damit beschreiben wir das Verhalten. Wir greifen nicht die Person an.

Zuweilen, vor allem wenn wir mit einzelnen Schülern sprechen, wird unsere Aussage ein »du« enthalten. Es bleibt aber eine Ich-Aussage, wenn das »du« rein beschreibend ist und weder Kritik noch Vorwürfe beinhaltet.

BEISPIELE:

- »Sophie, wenn du dazwischensprichst, ohne dich zu melden, stört mich das, weil ich gerade versuche, jemand anderem zuzuhören.«
- »Jannik, wenn du im Flur rennst, mache ich mir Sorgen, weil du dich oder andere verletzen könntest.«

Das Verhalten, das wir beschreiben, ist normalerweise nicht der eigentliche Grund für unsere Besorgnis. Es sind die *Konsequenzen*, die dieses Verhalten nach sich zieht, die unser Gefühl verursachen. Wir sind verärgert oder besorgt über die Beeinträchtigung unserer Arbeit, die Missachtung unserer Rechte oder die anderer Lehrer oder Schüler.

BEISPIEL:

Wenn wir sehen, wie **Jannik** (11) im Flur rennt, ärgern wir uns über das Rennen an sich oder weil Jannik vielleicht hinfällt, etwas umwirft, sich oder jemand anderen verletzen könnte? Wahrscheinlich stören wir uns an den Folgen, die das Rennen nach sich ziehen kann, denn wir sind für die Sicherheit der Schüler verantwortlich. Deshalb benutzen wir »*weil*« in Ich-Aussagen, um die Verbindung zwischen unseren Gefühlen und den Folgen des Verhaltens des Schülers herzustellen.

Sie ärgern sich über ein bestimmtes Verhalten, nicht über den Schüler als Person. Sie sind nicht unversöhnlich wütend, sondern nur vorübergehend.

Kann die Formulierung variieren?

Genau wie beim aktiven Zuhören können wir auch bei Ich-Aussagen verschiedene Formulierungen wählen:

- Die drei Teile der Ich-Aussage müssen nicht stets die genannte Reihenfolge haben.
- Manchmal braucht eine Ich-Aussage keine Beschreibung unserer Gefühle zu beinhalten:

BEISPIELE:

- »Ich kann nicht hören, was über den Lautsprecher kommt, wenn es hier so laut ist.«
- »Ich kann mein Pult nicht benutzen, wenn es mit Papier übersät ist.«

Die Wortwahl und die respektvolle Haltung sind natürlich entscheidend. Wenn es angebracht ist, benutzen wir *Adverbien*, um starke Gefühle auszudrücken:

- »Ich mache mir wirklich Sorgen …«,
- »Ich bin sehr betroffen …«,
- »Ich bin ziemlich durcheinander …«

Wir vermeiden Wörter, durch die wir beurteilen, denn solche Wörter verwandeln eine Ich- in eine Du-Aussage.

Du-Aussagen	Ich-Aussagen
»Wenn du Ärger machst, …«	»Wenn du mit Radiergummis wirfst, …«
»Wenn ihr rumbrüllt, …«	»Wenn es so laut ist, …«

Der emotionsgeladene Ausdruck »Ärger machen« ist ungenau und beschuldigend, weil wir dem Schüler vorwerfen, dass er unseren Ärger verursacht. Die Beschreibung »mit Radiergummis wirfst«, ist dagegen genau und nicht bedrohlich. Ähnlich verhält es sich, wenn wir die Schüler durch respektlose Ausdrucksweise herabsetzen, indem wir ihnen sagen, dass sie »rumbrüllen«. Wenn wir aber davon sprechen, dass »es so laut ist«, beschreiben wir lediglich, was gerade passiert.

Durch unsere respektvolle Körpersprache und konstruktive Haltung gegenüber dem Verhalten der Schüler werden Ich-Aussagen zu wertvollen Werkzeugen der Kommunikation in der Klasse.

Mit Ich-Aussagen

- liegt der Fokus bei Ihnen – nicht beim Schüler,
- plakatieren und beschuldigen Sie nicht,
- teilen Sie mit, wie Sie sich fühlen – aufgrund des Verhaltens des Schülers und aufgrund der Folgen, die sich möglicherweise daraus ergeben.

Wichtige Hinweise für die Benutzung von Ich-Aussagen

Wütende oder zornige Ich-Aussagen vermeiden

Wut ist ein ganz normales Gefühl. Wut auszudrücken kann manchmal helfen, sich selbst Erleichterung zu verschaffen oder Spannung aufzulösen. Wütende Ich-Aussagen werden jedoch zu Du-Aussagen. Denn in der Regel wird Wut dazu benutzt, um zu kontrollieren, zu gewinnen, heimzuzahlen oder um andere Gefühle wie Angst oder Scham zu verbergen. Schüler anzugreifen trägt selten zu einer ermutigenden, motivierenden Atmosphäre bei.

Wenn wir unserem Ärger spontan Ausdruck verleihen, erreichen wir eventuell unser momentanes Ziel – Dennis *setzt* sich tatsächlich –, aber wir behindern möglicherweise unsere zukünftige Beziehung zu diesem Schüler. Wenn uns jemand wütend anspricht, fühlen wir uns bedroht. Wir ziehen uns zurück oder holen zum Gegenangriff aus.

Emotionen sind eine komplexe Angelegenheit (s. Kap. 2, »Nur für Sie«). Wut und Zorn sind gewöhnlich vermengt mit anderen Gefühlen wie Besorgnis, Betroffenheit und Angst. Wir lernen, diese unterschwelligen Gefühle zu äußern – insbesondere diejenigen, die den Schülern sagen, dass sie uns wichtig sind. Feindselige Gefühle werden gewöhnlich durch Beschuldigungen zum Ausdruck gebracht. Schüler werden sich Beschuldigungen eher widersetzen – *den Ausdruck ehrlicher Betroffenheit dagegen respektieren*.

BEISPIEL:

Lea (12) läuft während eines Ausflugs weg. Wir sind wütend, aber wir halten inne und analysieren unsere Gefühle in dieser Situation. Spüren wir neben unserer Wut nicht auch Angst? Nachdem wir Lea wiedergefunden haben, sagen wir zu ihr: »Wenn du dich von der Gruppe entfernst, habe ich Angst, weil du verloren gehen könntest. Du bist mir wichtig, wie jeder andere Schüler.« Lea wird überrascht sein! Vielleicht denkt sie: »Ich bin nicht angeschrien worden. Vielleicht bin ich ihr wirklich wichtig.«

Ich-Aussagen, die wir äußern, wenn wir wütend sind (oder bei ähnlich negativen Gefühlen, wie Verärgerung, Verletztsein oder Verachtung), haben die gleiche Wirkung wie Du-Aussagen. Wir trennen deshalb unsere negativen Gefühle (Wut, Zorn) von den Gefühlen der *Betroffenheit* und der *Besorgnis*. In unseren Ich-Aussagen sprechen wir über unsere *beziehungsförderlichen, fürsorglichen* Gefühle, durch die unser Interesse am Schüler und unsere Verantwortung für ihn spürbar werden.

Wenn wir zu wütend sind, um unserer fürsorglichen Gefühle gewahr zu werden, verzögern wir unsere Reaktion so lange, wie wir brauchen, um uns zu beruhigen.

Wir achten darauf, dass unsere Ausdrucksweise sowohl verbal als auch nonverbal (Körperhaltung, Gesichtsausdruck, Mimik, Gestik und Tonlage) die urteilsfreie Haltung unserer Ich-Aussage widerspiegelt.

Wir erinnern uns, dass wir über unseren *inneren Dialog* Emotionen hervorrufen können, durch die wir die Energie aufbringen, sowohl unsere positiven als auch die negativen Ziele zu erreichen. Wenn wir die Perspektive ändern und nicht glauben, dass wir kontrollieren, gewinnen oder heimzahlen müssen, rufen wir auch keine negativen Gefühle hervor (s. Kap. 2, »Nur für Sie«).

Die Reaktion der Schüler

Ich-Aussagen sind für unsere Schüler wahrscheinlich genauso neu wie aktives Zuhören. Geben wir ihnen und uns also Zeit. Einige Schüler werden schnell auf unseren nicht beschuldigenden Ansatz reagieren – sie werden eher kooperieren. Andere werden vielleicht mit Ich-Aussagen »zurückfeuern«. Wenn das passiert, halten wir inne und hören aktiv zu. Wir fördern die Kooperation durch unsere Worte, unsere Stimmlage und unsere ganze Haltung.

Ich-Aussagen bei positivem Verhalten

Ich-Aussagen sind besonders wichtig, wenn wir es mit Fehlverhalten zu tun haben. Aber als ermutigende Lehrer teilen wir auch gerne unsere Zufriedenheit, unser Vertrauen in die Schüler und unsere Freude über die Schüler mit. Wir gewöhnen uns an, das Positive zu erkennen und anzusprechen.

BEISPIELE:

- »Wenn ihr euch an der Diskussion so rege beteiligt, freue ich mich, weil es mir zeigt, dass euch das Thema interessiert.«,

- »Danke, dass du die Tafel sauber gemacht hast, Anne Marie. Ich weiß es zu schätzen, wenn du hilfst, weil es mir die Arbeit erleichtert.«

Wir teilen unsere positiven Gefühle mit, denn sowohl wir als auch unsere Schüler brauchen sie.

Respekt zeigen

Unsere Schüler wollen sich wertgeschätzt, wichtig und respektiert fühlen. Aktives Zuhören und Ich-Aussagen helfen uns, miteinander über Gefühle zu sprechen. Wie wir auf unsere Schüler reagieren, ist abhängig von der *Situation*, den *beteiligten Personen* und unserem *Temperament*.

Manchmal funktioniert Reden nicht: Wenn wir merken, dass wir in einen Konflikt hineingezogen werden, lassen wir das nicht zu. Z. B., wenn Marvin einen Wutanfall hat, wird er wahrscheinlich nicht auf aktives Zuhören oder Ich-Aussagen reagieren. Vielleicht müssen wir ihn aus der Klasse entfernen, bis er sich wieder beruhigt hat. Wenn er zurückkommt, nehmen wir seine Rückkehr kurz durch ein Nicken wohlwollend zur Kenntnis. Wir sind nicht nachtragend. Wenn notwendig, sprechen wir *später* mit ihm.

Es ist vor allem wichtig, dass wir ein Klima erzeugen, in dem sich sowohl die Schüler als auch wir selbst uns frei fühlen, unsere Gefühle respektvoll zu äußern.

Herausforderungen im Schulalltag

Beantworten Sie bitte die jeweiligen Fragen in den Situationen **a** und **b**
- alleine im Selbststudium,
- gemeinsam mit Ihren Kollegen, die dieses Kapitel auch gelesen haben, oder
- beim entsprechenden Modul der STEP Fortbildung für Lehrer:

a. Aktiv zuhören
Im Sozialkundeunterricht wurde gerade eine lebhafte Diskussion über zwischenmenschliche Beziehungen zwischen verschiedenen Nationalitäten beendet. Danach hat Frau Klein eine korrigierte Arbeit zurückgegeben. **Yaya** (16), der in Ghana geboren wurde, kommt an das Pult von Frau Klein und sagt: »Wie können Sie Sozialkunde unterrichten und solche Vorurteile haben? Sie haben mich während der Diskussion nicht ein einziges Mal drangenommen und meine Arbeit haben Sie total unfair bewertet.«

1. Wie würden Sie sich an der Stelle von Frau Klein fühlen?
2. Ausgehend von diesem Gefühl, welches Ziel könnte Yaya mit seinem Verhalten verfolgen?
3. Wie könnte – Ihrer Meinung nach – Frau Klein am besten reagieren?

b. Ich-Aussagen
Herr Mohr, der Englischlehrer, schreibt gerade eine Aufgabe an die Tafel, als er Kichern und Gelächter hinter seinem Rücken hört. Er dreht sich um und sieht

Louis (12), einen bei allen beliebten Schüler, wie er Grimassen schneidet und ihn nachahmt. Herr Mohr ist wütend und verletzt.

1. Welches Ziel verfolgt Louis mit seinem Verhalten?
2. Wie könnte Herr Mohr in dieser Situation aktiv zuhören? Wäre es angebracht?
3. Was wäre eine für diese Situation typische Du-Aussage?
   Wie könnte Herr Mohr vermeiden, eine solche zu benutzen?
4. Formulieren Sie eine Ich-Aussage für Herrn Mohr.

STEP in der Praxis

a. Aktiv zuhören
Üben Sie in dieser Woche aktives Zuhören bei Diskussionen in der Klasse. Setzen Sie ein oder zwei individuelle Gespräche mit Schülern, Kollegen oder Eltern an und benutzen Sie aktives Zuhören.

Schreiben Sie Ihre Erfahrungen und die Reaktionen Ihrer Gesprächspartner auf.

b. Ich-Aussagen
Schreiben Sie jedes Mal auf, wenn Sie sich dabei ertappen, dass Sie eine Du-Aussage formulieren möchten. Formulieren Sie sie zu einer Ich-Aussage um, und schreiben Sie diese Aussage ebenfalls auf – als Vorbereitung auf eine ähnliche Situation.

Bitte beachten Sie

Die Fertigkeiten, die wir in diesem Buch präsentieren, zeigen unserer Erfahrung nach in den meisten Fällen Wirkung. Wenn Sie STEP im Alltag umsetzen, stellen Sie folgende Überlegungen an:

- Inwiefern trägt die Umgebung des Kindes in der Schule – z. B. Aktivitäten, Fächerabfolge, Stundenplan, Tagesablauf, Lehrerwechsel, Räumlichkeiten, usw. – zum Fehlverhalten bei?
- Welche Ihrer persönlichen Ressourcen tragen zur Lösung von Problemen bei? Dazu gehören Eigenschaften oder Stärken wie ein Sinn für Humor, die Fähigkeit, Abstand zu nehmen und die Perspektive zu wechseln, Erfahrung oder Geschick in der Lösung von Problemen, Geduld, Achtsamkeit oder eine gute Wahrnehmung.
- Inwiefern tragen Sie selbst zu Konflikten bei, beispielsweise indem Sie sehr empfindlich oder leicht verletzbar sind, zu viel reden, zu viel fordern, ständig die Kontrolle und recht haben müssen, perfekt sein oder gefallen wollen?

Tabelle 4B: Respektvolle Kommunikation – Aktives Zuhören und Ich-Aussagen

Aktives Zuhören und Ich-Aussagen können alleine oder in Kombination eingesetzt werden.

Situation	Aktives Zuhören	Ich-Aussage
Carla (11) weint wegen schlechter Benotung.	»Du bist sehr traurig, weil du nicht die Noten bekommen hast, die du wolltest.«	
Herr Becker kehrt ins Klassenzimmer zurück und sieht, wie mehrere Schüler einander mit Papierkugeln bewerfen.		»Wenn es bei meiner Rückkehr so zugeht, bin ich enttäuscht, weil wir eine Abmachung darüber haben, wie ihr euch während meiner Abwesenheit benehmt.«
Auf ihre Anfrage hin erzählt Gülçan (7) schluchzend der Lehrerin, dass es ihr so leidtut, dass sie sich mit ihrer Freundin gestritten und sie sie beschimpft hat.	»Du fühlst dich schuldig, weil du glaubst, dass du deiner Freundin wehgetan hast?«	
Ali (12) kippelt mit seinem Stuhl so sehr, dass Frau Gerhardt befürchtet, dass er gleich nach hinten umkippen wird.		»Ali, wenn du kippelst, fürchte ich, du wirst umkippen und dich verletzen.«
Isabel (16) erzählt Ihnen, dass ihre Mutter wegen einer Operation im Krankenhaus liegt.	»Du machst dir große Sorgen um deine Mutter, nicht wahr?«	
Patrick (17) arbeitet an seinem Projekt in der Werkstatt, ohne Schürze und Schutzbrille zu tragen.	»Du findest die Schutzkleidung lästig, wenn du in der Werkstatt arbeitest.«	»Ich mache mir aber Sorgen, dass du dich verletzen könntest, wenn diese Vorschrift nicht eingehalten wird.«

Zusammenfassung

a. **Aktiv zuhören**

1. Nur wenige Menschen sind von Natur aus gute Zuhörer. Viele Lehrer übernehmen »traditionelle« Rollen (z. B. Ratgeber, Tröster etc.) als Zuhörer, wenn Schüler Emotionen zeigen. Möglicherweise ermahnen sie, kritisieren die

Schüler, drohen ihnen, belehren sie, machen sich lustig, stellen bohrende Fragen oder trösten sie.

2. Um Ihren Schülern beim Gespräch zu zeigen, dass Sie sie akzeptieren, sehen Sie entspannt aus und fühlen Sie sich auch so! Lassen Sie die Schüler aussprechen, bewerten Sie sie nicht und benutzen Sie aktives Zuhören.

3. Aktives Zuhören bedeutet, den Schülern ihre Gefühle und die Umstände bzw. die Gründe für diese Gefühle widerzuspiegeln.

4. Suchen Sie das am besten passende Wort, um das Gefühl zu beschreiben. Bleiben Sie sensibel gegenüber der individuellen Art, in der manche Schüler auf bestimmte Wörter reagieren.

5. Vergewissern Sie sich, dass Sie die Intensität der Gefühle Ihrer Schüler nicht unterschätzen. Es ist besser, die Gefühle über- als unterzubewerten.

6. Durch *gesprächsförderliche Reaktionen* reflektieren Sie die Gefühle Ihrer Schüler und die jeweiligen Umstände genau. Sie öffnen damit die Tür zu einem weiteren Gespräch.

7. Durch *gesprächshinderliche Reaktionen* fügen Sie Interpretationen, Bewertungen oder Beurteilungen hinzu. Gespräche werden dadurch möglicherweise frühzeitig beendet.

8. Achten Sie auf Situationen, in denen Ihr aktives Zuhören möglicherweise die Ziele des Fehlverhaltens der Schüler verstärkt.

b. Ich-Aussagen

1. Mit Du-Aussagen werden schnell Vorwürfe gemacht, wird beschuldigt und kritisiert. Die Ziele des Fehlverhaltens der Schüler können durch Du-Aussagen verstärkt werden.

2. Mit Ich-Aussagen sprechen Sie auf ruhige und respektvolle Art über Ihre *Gefühle* und den *Grund* dafür.

3. Mit Ich-Aussagen zeigen Sie den Schülern, dass Sie Kooperation erwarten und darauf vertrauen, dass die Schüler das Richtige tun werden.

4. Ich-Aussagen sind meist unerwartet und verstärken so in der Regel nicht die Ziele des Fehlverhaltens.

5. Wütende Ich-Aussagen haben dieselbe Wirkung wie Du-Aussagen.

6. Bei Ich-Aussagen liegt Ihr Augenmerk auf Ihren *eigenen Gefühlen* und dem *Verhalten des Schülers in der jeweiligen Situation* – nicht auf Ihrer Person oder der Person des Schülers.

7. Ich-Aussagen zeigen die Verbindung auf zwischen Ihren Gefühlen und den Folgen, die sich aus dem Verhalten des Schülers ergeben können.

8. Mit Ich-Aussagen können Sie auch über angenehme Gefühle sprechen. Positive Ich-Aussagen können ein wertvolles Mittel der Ermutigung sein.

NUR FÜR SIE

Wertschätzender Unterrichtsstil durch respektvolle Kommunikation in der Klasse

Folgende Anregungen sind sowohl für Klassen– als auch für Fachlehrer hilfreich. Sie ermöglichen es, eine partizipative, ermutigende Atmosphäre auch im »normalen« Fachunterricht zu schaffen. Der zusätzliche Zeitaufwand, der dazu notwendig ist, ist sinnvoll in eine gute Beziehung zu Ihren Schülern investiert – als Voraussetzung für einen gelungenen Erziehungs- und Bildungsprozess!

- In positiven Situationen lassen Sie Ihre Schüler wissen, dass Sie ihr Verhalten schätzen.

- Zeigen Sie, dass Sie sich für die Gefühle Ihrer Schüler interessieren, indem Sie ihnen aktiv zuhören.

- Wenn Sie ein Verhalten stört, benutzen Sie Ich-Aussagen, durch die Sie nicht beschuldigen.

- Zeigen Sie Respekt, indem Sie Ihre Schüler nicht abstempeln, sich über sie lustig machen oder sarkastisch sind.

- Nehmen Sie günstige Gelegenheiten wahr, um Interesse an Ihren Schülern zu zeigen. Greifen Sie in Ihren Gesprächen mit Schülern positive, konstruktive Themen auf – bemühen Sie sich um freundlichen, wertschätzenden Austausch.

- Zeigen Sie Ihren Schülern, dass Sie an sie glauben und ihnen vertrauen.

- Ermutigen Sie sie!

Genießen Sie die positiven Rückmeldungen Ihrer Schüler und anderer Menschen in Ihrem Umfeld zu Ihrer neuen Art der Kommunikation: *Ermutigung tut auch Lehrern gut!*

KAPITEL 5

**Kooperation bei der
Lösung von Problemen**

Wir klären Verantwortlichkeiten: Wessen Problem ist es?

Wir lösen Probleme gemeinsam: Alternativen erforschen in sechs Schritten.

Beispiele für Probleme der Schüler.

Beispiele für Probleme der Lehrer.

Verantwortlichkeiten klären und Probleme lösen

Wir Lehrer reden gerne und sind schnell bereit, die Verantwortung zu übernehmen. Deshalb fühlen wir uns oft veranlasst, uns in alles, was in unserer Klasse passiert, einzumischen und alles in Ordnung zu bringen. Aber bei einigen Vorkommnissen handelt es sich um Probleme unserer Schüler. Wenn wir versuchen, alle Probleme selbst zu lösen, entgeht den Schülern die Chance, zu lernen, Verantwortung für sich selbst zu übernehmen.

Da es uns jedoch ein Anliegen ist, dass unsere Schüler Verantwortungsbewusstsein entwickeln und die Fähigkeit erwerben, Probleme zu lösen, empfiehlt es sich, in zwei Schritten vorzugehen:

Der erste Schritt: Herausfinden, wessen Problem es ist

Wie entscheiden Sie als Lehrer, ob Sie selbst oder der jeweilige Schüler für ein Problem verantwortlich ist?

Stellen Sie sich folgende vier Fragen:

1. Werden meine *Rechte* als Lehrer bzw. die der Kollegen und/oder die Rechte der Schüler missachtet (z. B. das Recht, zu lernen)?

2. Ist der Schüler vom Alter bzw. von seiner Entwicklung, seiner Reife her *nicht fähig,* für das Problem verantwortlich zu sein?

3. Ist die *Sicherheit* von jemandem (des betroffenen Schülers, anderer Schüler, der Kollegen oder meine Sicherheit) gefährdet?

4. Kann das *Eigentum* von jemandem beschädigt werden?

Beantworten Sie *irgendeine* dieser vier Fragen mit »Ja«, dann handelt es sich um Ihr Problem als Lehrer. Hauptsächlich *Sie* tragen die Verantwortung für die Lösung.

Beantworten Sie *alle* vier Fragen mit »Nein«, dann handelt es sich um das Problem des Schülers – also liegt die Verantwortung für die Lösung hauptsächlich beim *Schüler.* Abhängig vom Alter bzw. von der Reife des Schülers und vom Problem selbst ist es möglicherweise ein *gemeinsames Problem des Schülers und des Lehrers.*

Beispiele:

- **Aygül** (9) ist aufgebracht, weil Laura sie nicht mehr mag. Wir fühlen mit ihr, wir versuchen möglicherweise durch aktives Zuhören zu helfen, aber es ist Aygüls Problem, weil wir alle vier o. g. Fragen mit »Nein« beantworten können. Ihr Konflikt mit Laura stört weder direkt unseren Unterricht noch die anderen Schüler beim Lernen. Aygüls aufgebrachte Gefühle haben möglicherweise einen negativen Einfluss auf *ihre* Leistungen in der Schule. Auch aus diesem Grund könnten wir uns dafür entscheiden, ihr zu helfen. Aber sie muss lernen, die Verantwortung für die Schwierigkeiten in Beziehungen oder mit Freundschaften selbst zu tragen.

- Im Kunstunterricht hat **Rohan** (12) vergessen, seinen Schreibtisch mit Zeitungspapier abzudecken, bevor er mit dem Kleben begonnen hat. Rohans Verhalten kann zur Beschädigung des Tisches führen, deshalb ist es unser Problem als Lehrer (Frage 4 wird mit »Ja« beantwortet).

- Häufig haben wir ein Problem, das die ganze Klasse betrifft. Die Klasse diskutiert über die Landtagswahlen. **Tanya** (16) und **Luna** (15) haben währenddessen eine private Unterhaltung und stören damit die Klasse. Diese Störung ist das Problem von allen, da die Rechte von uns als Lehrer und die der anderen Schüler missachtet werden (Frage 1 wird mit »Ja« beantwortet). Wir als Lehrer müssen die Initiative ergreifen, um das Problem zu lösen.

- Bei anderen Situationen geht es um ein Problem, das unsere Schüler als **Gruppe** verursachen – wie z. B. wenn die ganze Klasse es nicht schafft, sich nach der Pause zu beruhigen. Unsere Rechte als Lehrer, zu lehren, und die Rechte der Schüler, zu lernen, werden tangiert (Frage 1 wird mit »Ja« beantwortet). In diesem Fall bietet es sich an, dass alle Schüler die Konsequenzen ihres Verhaltens erfahren: Sie müssen mit einer verkürzten Pause leben! (S. Kap. 6.) Das gilt zwar auch für uns selbst, aber indem wir die Schüler wissen lassen, was in ihrer Verantwortung liegt, nehmen wir einen kurzfristigen Nachteil in Kauf, um einen langfristigen Gewinn zu erzielen.

- Wenn die Schüler so laut sind, dass sie den **Unterricht eines anderen Lehrers** stören, ist es unser Problem als Lehrer. Wir haben den Kollegen und den Schülern der anderen Klasse gegenüber eine Verpflichtung: Wenn unsere Klasse deren Rechte verletzt, sind wir dafür verantwortlich (Frage 1 wird mit »Ja« beantwortet).

- Wir beobachten eine Rangelei auf dem Pausenhof. Als **Raoul** (15) zu Boden geht, tritt **Jens** (17) heftig zu und **Leonie** (16) nimmt die Szene mit ihrem Handy auf. Da es um die Sicherheit von Raoul geht und Leonie sich gesetzeswidrig[1] verhält, handelt es sich um unser Problem als Lehrer (die Fragen 1 und 3 werden mit »Ja« beantwortet). Möglicherweise möchten wir auch einen Kollegen bitten, uns zu begleiten, um Raoul aus der Gefahr zu befreien.

---

1 Nach § 131 StGB ist das Fotografieren von Gewaltszenen ein Straftatbestand.

- **Hanna** (8) beklagt sich bei uns immer wieder, dass sie bei der Einteilung der Teams für Völkerball niemand in seiner Gruppe haben will. Da wir bemerkt haben, dass Hannas motorische Fähigkeiten nicht denen ihrer Altersgruppe entsprechen, handelt es sich auch um unser Problem (Frage 2 wird mit »Ja« beantwortet). Wir finden gemeinsam mit Hanna eine Lösung (siehe dazu: Alternativen erforschen).

Fazit:
Weshalb ist es so wichtig, zu wissen, wessen Problem es ist?

Weil ein demokratischer, partizipativer Umgang voraussetzt, dass alle an der Situation Beteiligten die Verantwortung für ihr eigenes Verhalten übernehmen. Probleme, die den Unterricht bzw. den Lernprozess stören, müssen gelöst werden. Schüler können sich daran beteiligen, Probleme zu lösen, genauso wie sie sich daran beteiligen können, eigene Ziele für ihren *individuellen Lernprozess* (s. Kap. 6) zu formulieren.

Sehr wahrscheinlich interessieren wir uns für alle Probleme, die unsere Schüler betreffen. Aber bevor wir handeln, ist es wichtig, uns selbst zu fragen: »Um wessen Problem geht es hier eigentlich?«, um mithilfe der vier erläuterten Fragen zu entscheiden, wer die Verantwortung für die Lösung des Problems trägt.

Der zweite Schritt: Das Problem lösen

1. Wenn ein *Schüler* ein Problem hat, können Sie als Lehrer einen (oder mehrere) der folgenden Wege beschreiten:
- Lassen Sie *natürliche Konsequenzen* eintreten (s. Kap. 6), und erlauben Sie dem *Schüler, selbst eine Lösung* zu finden, *ohne dass Sie eingreifen.*
- *Hören Sie aktiv zu* (s. Kap. 4).
- *Erforschen* Sie mit dem Schüler Alternativen für die Lösung des Problems (Zweiergespräch) – wenn es notwendig ist, dem Schüler bei der Lösung seines Problems zu helfen.

2. Wenn *Sie als Lehrer* ein Problem haben, können Sie einen (oder mehrere) der folgenden Wege beschreiten:
- Benutzen Sie *Ich-Aussagen* und *hören Sie aktiv zu* (s. Kap. 4).
- Geben Sie *Wahlmöglichkeiten* (s. Kap. 1).
- *Erforschen* Sie mit dem Schüler (Zweiergespräch) bzw. mit der ganzen Klasse (Klassengespräch) *Alternativen* für die Lösung des Problems.

Alternativen erforschen

Probleme, die das Lernen beeinträchtigen, können von Lehrern und Schülern gemeinsam gelöst werden.

Alternativen erforschen in sechs Schritten

1. Lehrer und Schüler verstehen das Problem.
2. Lehrer legt das Ziel des Fehlverhaltens offen – wenn das Problem durch Fehlverhalten verursacht wird!
3. Lehrer und Schüler suchen gemeinsam nach Lösungen (Reflexion und Brainstorming).
4. Lehrer und Schüler bewerten gemeinsam die vorgeschlagenen Lösungen.
5. Lehrer bzw. Schüler entscheidet sich für eine Lösung – je nachdem, bei wem die Verantwortung für die Lösung liegt.
6. Lehrer und Schüler treffen eine Vereinbarung und legen eine Zeitspanne bis zur Auswertung des Ergebnisses fest.

Wenn es um ein Problem geht, das einen Schüler (nicht die ganze Klasse) betrifft, setzen wir einen Termin fest, sodass der betreffende Schüler und wir die Situation in einem Zweiergespräch besprechen können. Diese Gespräche zwischen Lehrer und Schüler, um gemeinsam eine Lösung zu finden, haben einen doppelten Nutzen: Wir behandeln das entsprechende Problem, und wir bringen dem Schüler bei, Entscheidungen zu treffen, indem wir zu kreativem, lösungsorientiertem Denken ermutigen.

Beispiele für Probleme der Schüler

Alternativen zu erforschen bedeutet nicht dasselbe wie einen Rat zu geben. Die meisten Erwachsenen sind vor allem bemüht, Jüngeren Rat zu geben. Dieser Schuss kann jedoch nach hinten losgehen! Schüler werden möglicherweise abhängig davon, dass andere ihre Probleme lösen. Vielleicht widersetzen sie sich jedem Ratschlag, weil sie ihn als Form der Kontrolle sehen, und machen den Lehrer dafür verantwortlich, wenn es nicht klappt.

Anstatt Schülern bei den Gesprächen einen Rat zu geben, durchlaufen wir die o. g. sechs Schritte gemeinsam.

1. Lehrer und Schüler verstehen das Problem

Beim Gespräch achten wir auf guten Rapport, d. h., wir zeigen – durch unsere Worte *und* unsere Körpersprache – *immer wieder* Interesse für das Problem und Verständnis für die Gefühle des Schülers[2].

BEISPIEL:

Stellen wir uns ein Zweiergespräch des Klassenlehrers, Herrn Zehnter, mit **Philip** (13) vor, der mit seinem Deutschlehrer, Herrn Roger, nicht auskommt.

Herr Zehnter sagt:

»Du bist entmutigt, weil du und Herr Roger nicht gut miteinander auskommt.

- Worin, glaubst du, besteht das Problem?« oder

- »Wo, glaubst du, liegt das Problem?«

Herr Zehnter *hört aktiv zu* und stellt *offene Fragen*.

Offene Fragen stellen

Geschlossene Fragen verlangen häufig nach einer Ja- oder Nein-Antwort. Sie beginnen in der Regel mit einem *Verb* oder *Warum* und verhindern womöglich einen weiteren Austausch.

BEISPIELE:

- »Willst du weiter einfach nur aus dem Fenster starren oder jetzt mal anfangen zu arbeiten?« (Die Frage ist rhetorisch – eine Antwort ist weder nötig noch erwünscht.)

- »Glaubst du wirklich, dass das der richtige Weg ist?« (Erwartete Antwort: »Nein.«)

- »Warum hast du *das* denn gemacht?« (Vorwurf)

- »Warum magst du Manuel nicht?« (Mit anderen Worten: Du solltest Manuel mögen.)

- »Du weißt, dass das falsch ist, oder?« (als Frage verkleidete Aussage)

Offene Fragen erlauben viele mögliche Reaktionen, sie beginnen häufig mit *Was?, Wo?, Wann?, Wer?, Welche?* oder *Wie?* – nicht mit *Warum?/Weshalb?* – und sie beinhalten keine Vorwürfe oder Beschuldigungen.

---

2 Bauer [3], S. 12: »Oft übernehmen sitzende Gesprächspartner, vor allem wenn sie in gutem Einvernehmen sind, unwillkürlich dieselbe Körperhaltung, die kurz zuvor der andere eingenommen hat.« (Resonanz und Spiegelphänomene, bei denen die von den Neurobiologen entdeckten Spiegelneurone im Spiel sind.)

Die nachfolgenden Beispiele zeigen, wie wir als Lehrer durch einfaches Umformulieren *geschlossene* Fragen in *offene* verwandeln können:

BEISPIELE:

- *Geschlossen*: »Hast du immer noch Schwierigkeiten mit deinem Projekt?«
- *Offen*: »Wie läuft es mit deinem Projekt?«

- *Geschlossen*: »Bist du noch nicht mit den Übungen fertig?«
- *Offen*: »Wie läuft es mit den Übungen?«

- *Geschlossen*: »Weshalb kommst du mit Felix nicht aus?«
- *Offen*: »Wie sieht es aus mit euch beiden, mit dir und Felix?« oder »Was macht deine Beziehung zu Felix?«

- *Geschlossen*: »Die Aufgabe macht dir Schwierigkeiten, oder?«
- *Offen*: »Was an dieser Aufgabe bereitet dir Schwierigkeiten?«

- *Geschlossen*: »Glaubst du nicht, du solltest aufhören, dich mit Mona zu streiten?«
- *Offen*: »Wie geht es mit den Auseinandersetzungen, die du in letzter Zeit mit Mona hattest?«

- *Geschlossen*: »Weshalb magst du Kathrin nicht?«
- *Offen*: »Was macht Kathrin, das dir nicht gefällt?«

Wir machen uns bewusst, dass offene Fragen – so wertvoll sie auch sein mögen – möglicherweise nicht sofort zu einem Gespräch führen. Die Schüler könnten auf einige der Fragen auch mit »Okay«, »Nichts« oder »Gut« antworten. (Wir sagen meist automatisch »Gut«, wenn uns jemand fragt: »Wie geht es dir?«)

Wenn ein Gespräch an dieser Stelle stecken bleibt, versuchen wir über die eigentliche Geschichte mehr zu erfahren:
- »Was meinst du mit ›Gut‹?«
- »Was ist daran okay?«
- »Willst du mir mehr darüber erzählen?«

Vielleicht müssen wir weitere Fragen stellen – wie z. B.: »Könnte es sein …?« oder »Ist es möglich …?«, – und zudem aktives Zuhören und Ich-Aussagen benutzen (s. Kap. 4).

In der Regel beenden geschlossene Fragen eine Diskussion. Sie sind jedoch angebracht, wenn wir eine Ja- oder Nein-Antwort brauchen – z. B. »Verstehst du Aufgabe 6?« – oder wenn wir eine Entscheidung wollen – z. B. »Sollen wir nächsten Montag noch einmal darüber reden, um zu sehen, wie es vorangeht?«.

Es gibt keine unverbrüchlichen Regeln. Folgende Hinweise sind hilfreich:

- *Weshalb- und Warum*-Fragen können abgemildert und wertfrei formuliert werden: »Hast du eine Idee, weshalb du Ärger mit ihm hast?« Eine solche Frage bringt Schüler dazu, über das Ziel ihres Handelns nachzudenken, und es wird ihnen *kein Vorwurf gemacht*. (Die Formulierung »Weshalb, glaubst du, tust du das?« *könnte* als Vorwurf verstanden werden.)

- *Wann?, Wo?, Was?, Wer?, Welche?* oder *Wie?* können auch geschlossene Fragen einleiten, *wenn diese Fragen* dazu benutzt werden, um Schüler herabzusetzen oder zu attackieren: »Was fällt dir ein, den Basketball mitzunehmen?«

Wir vergewissern uns, dass wir bei Zweiergesprächen die *notwendigen* (nicht zu wenige und nicht zu viele) Fragen stellen, um die Informationen zu bekommen, mit denen wir dem Schüler helfen können, das Problem zu lösen oder um eine Einigung zu erzielen. Durch offene Fragen regen wir den Schüler auch an, über den Verlauf des Konflikts nachzudenken.

> BEISPIELE:
> - »Was ist passiert?«
> - »Wie fing das Problem an?«
> - »Wann geschah es?«
> - »Was hast du getan?«
> - »Was haben die anderen getan?«
> - »Wie ist es ausgegangen?«

Solche Fragen können uns helfen, die Dynamik des Konflikts zu verstehen.

Entscheidend ist es, Fragen *bedacht, respektvoll* und *sensibel* einzusetzen. Wir wollen nicht, dass Zweiergespräche zu »Ratespielen« werden, und wir wollen unsere Schüler nicht befremden.

Wir stellen keine Fragen, wenn wir genug Informationen haben, um zu reagieren.

Beispiel:

Wenn **Moritz** (13) nach dem Basketballspiel strahlend ins Klassenzimmer kommt, brauchen wir nicht zu fragen, wer gewonnen hat. Stattdessen sagen wir voller Freude: »Du hattest ein gutes Spiel!«

2. Lehrer legt das Ziel des Fehlverhaltens offen (wenn das Problem durch Fehlverhalten verursacht wird!)

Manchmal, insbesondere wenn der Schüler in einem Konflikt mit einer anderen Person steckt, hilft es, das Ziel des Verhaltens zu enthüllen. Oft kann ein Mensch sein Verhalten ändern und damit die Verantwortung für sein Verhalten übernehmen, wenn er das Ziel seines Handelns verstanden hat.

Wir gehen langsam und behutsam vor.

Beispiel:

Zuerst bittet Herr Zehnter um **Philips** *Erlaubnis*, das Ziel zu erraten: »Hast du schon darüber nachgedacht, weshalb es dir schwerfällt, mit Herrn Roger zurechtzukommen? Darf ich eine Vermutung äußern?«

Wenn Philip zustimmt, formuliert Herr Zehnter seine *Vermutung vorsichtig* als *Frage*: »Könnte es sein, dass du möchtest, dass Herr Roger sich sehr viel mit dir beschäftigt?«

Wir achten darauf, dass wir das Wort »*Aufmerksamkeit*« an dieser Stelle nicht benutzen, denn wir wollen weder Vorwürfe machen noch beschuldigen.

Andere Möglichkeiten, dieses Ziel offenzulegen, sind Andeutungen wie z. B.: »Ist es möglich, dass du glaubst, das sei der einzige Weg, um Herrn Roger dazu zu bringen, dich zu beachten, und du *möchtest* beachtet werden?«

Auch für die anderen Ziele des Fehlverhaltens sind solche Formulierungen hilfreich.

Beispiele:

um das Ziel *Macht* offenzulegen:

- »Könnte es sein, dass du ihm beweisen willst, wer hier das Sagen hat?«
- »Ist es möglich, dass du ihm zeigen willst, dass er dich nicht zwingen kann, zu arbeiten (ruhig zu sein / im Unterricht aufzupassen etc.).«
- »Kann es sein, dass du ihm zeigen willst, dass du machst, was du willst, und er dich nicht daran hindern kann?«

um das Ziel *Rache* offenzulegen:

- »Könnte es sein, dass du es ihm heimzahlen willst, weil du findest, dass er auf dir herumhackt?«
- »Ist es möglich, dass du willst, dass er sich genauso verletzt fühlt wie du?«

um das Ziel *Beweis der Unfähigkeit* zu enthüllen:

- »Kann es sein, dass du glaubst, du kannst einfach keine Aufsätze schreiben, und dass du deshalb in Ruhe gelassen werden willst?«
- »Ist es möglich, dass du dich für unfähig hältst und nicht möchtest, dass es jemand weiß?«
- »Könnte es sein, dass du Deutsch für zu schwierig hältst und deshalb nicht mehr zum Mitmachen aufgefordert werden möchtest, damit du nicht versagen kannst?«

Nachdem wir das Ziel des Fehlverhaltens offengelegt haben, achten wir sehr genau auf den sog. *Erkennungsreflex,* einen unfreiwilligen Hinweis darauf, dass unsere Deutung richtig war. Erkennungsreflexe sind oft ein verlegenes, »schelmisches Lächeln und ein eigenartiges Zwinkern mit den Augen«[3]. Es kann sich dabei um eine Körperbewegung handeln, um eine Veränderung im Gesichtsausdruck oder Augenkontakt.

Erinnern wir uns daran, dass sich Schüler normalerweise ihrer Ziele nicht bewusst sind. Ein Erkennungsreflex bedeutet, dass wir das Ziel des Fehlverhaltens erfolgreich in das Bewusstsein unseres Schülers gehoben haben.

Wenn der Schüler unsere Vermutung weiterhin verneint, sagen wir: »Deine Worte sagen mir ›Nein‹, aber ich habe das Gefühl, dass ich nicht ganz falschliege.« Der Reflex sagt uns, dass wir das Ziel richtig erkannt haben.

Schüler mit einem »Pokergesicht« oder einem verlegenen Dauerlächeln zeigen meist keine Erkennungsreflexe (so verbergen sie, was in ihnen vorgeht). Bei solchen Schülern folgen wir unserer Intuition.

Wir sind sensibel und »stürzen uns nicht« auf zögerliche Schüler. Wir sind bereit, eine Vermutung bzgl. des Ziels anzustellen und, falls sie sich als falsch erweist, es noch einmal zu probieren. Wir lassen unsere Schüler wissen, dass wir nach dem Ziel suchen, um die schwierige Situation zu klären. Dreikurs betont, dass wir keine Psychotherapeuten sein müssen, um Ziele offenzulegen. Das Ziel zu enthüllen hilft den Schülern, sich selbst zu verstehen, und gibt ihnen den Freiraum, eine wohlüberlegte Wahl zwischen Alternativen zu treffen.

---

3 Dreikurs [15]

3. Lehrer und Schüler suchen gemeinsam nach Lösungen (Reflexion und Brainstorming)

Wir möchten, dass unsere Schüler lernen, ihre Probleme selbst zu lösen.

Bei diesem Schritt achten Sie auf folgende Phasen:

Reflexion: Der Schüler erkennt, was den Konflikt aufrechterhält.
Brainstorming: Der Schüler sucht gemeinsam mit dem Lehrer nach (neuen) Lösungen.

Reflexion

Wir helfen dem Schüler, zu erkennen, was den Konflikt aufrechterhält und wie das, was er tut, ihn daran hindert, sich auf den Unterricht zu konzentrieren.

Beispiele für respektvolle, einfühlsame Formulierungen:

Aufmerksamkeit erlangen

- »Hast du eine Idee, warum es für dich so wichtig ist, Herrn Rogers Aufmerksamkeit zu bekommen?« (Wenn der Schüler unsere Vermutung bestätigt hat, können wir das Wort »Aufmerksamkeit« jetzt benutzen.)
- »Was brauchst du, um dich akzeptiert zu fühlen und nicht ständig die Aufmerksamkeit von Herrn Roger suchen zu müssen?«
- »Was glaubst du, wird passieren, wenn du weiterhin den Unterricht störst, um Herrn Rogers Aufmerksamkeit zu gewinnen?«

Macht ausüben

- »Wer wird deiner Meinung nach diesen Kampf gewinnen?«
- »Was brauchst du, um dich wichtig zu fühlen und nicht mehr kämpfen zu müssen?«

Rache nehmen

- »Wenn du weiterhin versuchst, es ihm heimzuzahlen, was glaubst du, wie das ausgehen wird?«
- »Was brauchst du, um dich fair behandelt zu fühlen?«

Unfähigkeit unter Beweis stellen

- »Kann es sein, dass du glaubst, du kannst eben keine Aufsätze schreiben, weil du es entweder besser machen möchtest als jeder andere oder gar nicht?«
- »Was wäre so schlimm daran, wenn du in Deutsch nicht besser wärst als alle anderen?« (Auf diese Weise helfen wir dem Schüler, die Situation mit Humor zu betrachten.)

- »Was sagst du zu dir, wenn du einen Aufsatz schreiben sollst?« (Die Antwort auf diese Frage zeigt uns, wie sich der Schüler auf einen möglichen Misserfolg vorbereitet.)

Möglicherweise antworten unsere Schüler auf jede dieser Fragen mit »Ich weiß es nicht«. Diese häufig benutzte Antwort bedeutet vielleicht, dass sie es sehr *wohl* wissen, aber nicht *sagen* wollen – sie sind sehr stark entmutigt und sehen keinen Sinn darin, zu versuchen, eine Antwort zu finden. Oder sie *wissen es* wirklich *nicht*.

Wir finden heraus, was »Ich weiß es nicht« bedeutet, indem wir fortfahren.

BEISPIELE FÜR DIE WEITERE GESPRÄCHSFÜHRUNG:

- »Wenn jemand sagt, ›Ich weiß es nicht‹ bedeutet das manchmal ›Ich weiß es, aber ich sage es nicht‹. Könnte das bei dir so sein?« (Wir achten auf den Erkennungsreflex und folgen ihm, indem wir sagen: »Es ist in Ordnung. Du musst mir das nicht erzählen. Ich vertraue auf dein Urteil.«)

- »Könnte es sein, dass du sagst ›Ich weiß es nicht‹, weil du dich entmutigt fühlst und denkst, dass nichts mehr hilft?« (Darauf können wir sagen: »Wenn wir gemeinsam herausfinden, was du tun kannst, wärst du dann bereit, es auszuprobieren?«)

- »Ich sehe, dass du es nicht weißt, aber was glaubst du, könnte passieren?« »Wenn du Lehrer wärst, was würdest du mit einem Schüler machen, der sich so verhält?« Wenn der Schüler immer noch keine Antwort weiß, helfen wir, indem wir einen Vorschlag machen: »Könnte es sein, dass …«

Wir behalten im Hinterkopf, dass Schüler häufig die Wahrheit sagen, wenn sie mit »Ich weiß es nicht« antworten. Ihr Ziel ist ihnen nicht bewusst.

Brainstorming

Wir helfen dem Schüler, nach neuen Wegen zu suchen, mit seinen Problemen umzugehen.

Wir fragen den Schüler, ob er bereit wäre, über (neue) Lösungen nachzudenken. Wenn er sich weigert, können wir *aktiv zuhören* oder das *Gespräch beenden* – mit einer Einladung, es zu einem *späteren* Zeitpunkt wieder aufzunehmen.

Wenn der Schüler bereit scheint, Brainstorming zu machen, um mit dem Problem anders als bisher umzugehen, fragen wir beispielsweise:
- »Auf welche Weise kannst du die Aufmerksamkeit von Herrn Roger bekommen, sodass es für ihn akzeptabel ist?«
- »Was könntest du tun, um mit Herrn Roger besser auszukommen?«

- »Du bist eine sehr starke Person. Wie könntest du all deine Kraft und Energie einsetzen, um Herrn Roger im Unterricht zu unterstützen?«
- »Wie könntest du es angehen, zu lernen, wie man Aufsätze schreibt?«
- »Was würde dir helfen, wenn du wieder einen Aufsatz schreiben musst?«

Wir ermutigen den Schüler, so viele Ideen wie möglich zu formulieren, gleichgültig wie töricht oder ungewöhnlich sie klingen mögen. Wir bewerten die Ideen nicht, sondern sammeln sie einfach.

Wenn wir den Eindruck haben, dass unser Schüler keine Idee hat bzw. äußert, probieren wir weitere Techniken aus, um den kreativen Fluss in Gang zu setzen.

BEISPIELE:

- Wir schaffen für den Schüler einen Abstand von seinem Problem, indem wir ihn bitten, so zu tun, als handle es sich um das Problem eines Freundes oder einer Freundin. Auf diese Weise wird der Schüler zu einem »Berater«, der Lösungen anbietet. Dann fragen wir ihn, ob eine dieser Lösungen auch für ihn funktionieren würde. Diese Vorgehensweise ist besonders wertvoll, weil dadurch Schüler daran gewöhnt werden, Alternativen zu erforschen.

- Wir machen einen *Rollentausch*. Der Schüler spielt die Rolle der Person, mit der er Ärger hat, und wir übernehmen die Rolle des Schülers. Dann werten wir die unterschiedlichen Reaktionen aus: »Was ist hier anders gelaufen als sonst?« Bei einem jüngeren Schüler können wir für die Darstellung der Situation auch Puppen benutzen.

- Wir bieten vorsichtig *Anregungen und Vorschläge* an und formulieren sie als Fragen, damit wir dabei keinen Ratschlag geben: »Hast du schon mal darüber nachgedacht/in Betracht gezogen, _____?«, »Ich finde es hilfreich, wenn _____«.

Wir bieten einen Rollentausch sowie Anregungen und Vorschläge nur als letzte Möglichkeit an. Wir arbeiten vor allem daran, dass unsere Schüler eigene Ideen entwickeln, um ihre Probleme kreativ lösen zu lernen.

4. Lehrer und Schüler bewerten gemeinsam die vorgeschlagenen Lösungen

Wenn beim Brainstorming mehrere Ideen gesammelt wurden, fassen wir alle Vorschläge zusammen und prüfen sie gemeinsam. Wir vergewissern uns, dass der Schüler die *Folgen der jeweiligen Lösungsvorschläge* kennt.

Folgende Art der Fragestellung – in wohlwollendem Ton – ist dabei hilfreich:
- »Was glaubst du, wird passieren, wenn …?«

5. Schüler entscheidet sich für eine Lösung

An dieser Stelle fragen wir den Schüler, welche Lösung seiner Meinung nach am besten funktionieren wird: Wir bringen ihm dadurch eine *Strategie* bei, seine Probleme zu lösen, nicht nur die Bewältigung eines gegenwärtigen Konflikts. Es ist wichtig, dass der Schüler die Dynamik einer Situation versteht, damit er das Gelernte später auch auf andere Probleme übertragen kann.

> BEISPIEL (PROBLEM SCHÜLER – SCHÜLER):
>
> Wenn **Raissa** (12) sich darüber beschwert, dass andere Schüler sie hänseln, ist es hilfreich für sie, sowohl das Ziel ihrer Mitschüler als auch ihr eigenes zu verstehen. Die anderen möchten vielleicht ihre Macht unter Beweis stellen. Sie selbst möchte möglicherweise im Mittelpunkt stehen, auch wenn sie dabei nicht gut behandelt wird.
>
> Wenn Raissa die Dynamik des Problems in der Schule versteht, sieht sie vielleicht auch, wie sehr der Ärger mit den Freunden dem Ärger mit dem Bruder zu Hause ähnelt. (Reflexion)

Was tun wir, wenn Raissa eine Lösung wählt, von der wir glauben, dass sie nicht funktionieren wird? Wir fragen sie: »Was glaubst du, wird passieren, wenn du das tust?«

Wenn nötig, sagen wir unsere Meinung, z. B.: »Mir scheint, wenn du sie anschreist, anstatt zu weinen wie bisher, lässt du noch immer zu, dass du wütend wirst. Was meinst du?«
   Wir fragen Raissa, ob sie auch eine andere Möglichkeit in Betracht ziehen möchte, und lassen auf jeden Fall *sie selbst* die endgültige Entscheidung treffen. (Bewertung)

Solange Raissas Plan nicht gefährlich ist, lassen wir sie ihn *ausprobieren* und daraus lernen. Sollte der Plan nicht funktionieren, sagen wir auf keinen Fall: »Das habe ich dir doch gleich gesagt!«

6. Lehrer und Schüler treffen eine Vereinbarung und legen eine Zeitspanne bis zur Auswertung des Ergebnisses fest

Es ist nur zu leicht, zu sagen: »Ich werde es versuchen.« Wir weisen Raissa darauf hin, dass »Ich werde es versuchen« oft bedeutet: »Ich gehe davon aus, dass es nicht funktioniert.« Wir bringen sie dazu, eine verpflichtende Zusage zu machen, es auszuprobieren.

Wir geben Raissa das Beispiel, dass Wissenschaftler eine Untersuchung zunächst mehrfach wiederholen und die Ergebnisse erst dann bewerten, wenn das gesamte Experiment beendet wurde. Wir fragen sie, ob sie bereit ist, ihrem Plan eine faire Chance zu geben. Wenn sie sich nicht sicher ist, versuchen wir, von ihr die Zusage zu bekommen, dass sie darüber nachdenkt. Wir vereinbaren mit ihr einen Zeitpunkt für das nächste Gespräch.

Wenn sie gleich zustimmt, fassen wir den Plan, für den sie sich entschieden hat, noch einmal zusammen, z. B.: »Okay, du hast dich also dafür entschieden, jedes Mal, wenn die anderen Kinder dich ärgern, einfach wortlos wegzugehen. Richtig?«

Jetzt helfen wir Raissa eine realistische Zeitspanne festzulegen. Sie möchte vielleicht »von jetzt an« einfach »immer nur weggehen«. Aber »für immer« ist eine lange Zeit. Wir bitten sie, ihren Plan z. B. drei Tage, eine oder zwei Wochen zu testen. Die Zeitspanne variiert abhängig vom Alter des Schülers und von der Art des Problems. Zum Schluss fassen wir zusammen, z. B.: »Lass uns also heute in einer Woche in der Mittagspause noch einmal darüber sprechen.«

Wenn Raissa sich am nächsten Tag darüber beklagt, dass der Plan nicht funktioniert, sagen wir einfach z. B.: »Ich dachte, du hättest zugestimmt, dem Plan eine faire Chance zu geben und das Ergebnis die ganze Woche nicht zu bewerten.«

Beim nächsten Gespräch werten wir das Ergebnis aus. Dann entscheiden wir gemeinsam, ob der Plan weiterverfolgt, modifiziert oder nach weiteren Alternativen gesucht werden soll.

Sollte Raissa sich nicht an den Plan gehalten haben, fragen wir sie nicht »Warum?«. Stattdessen fragen wir, ob sie sich an die jetzt getroffene Vereinbarung halten möchte, und wenn ja, dann bis wann. Wenn Raissa das Folgetreffen vergisst, erinnern wir sie nicht daran. Zu einem späteren Zeitpunkt, fragen wir sie, wie ihr Plan funktioniert, und sagen, dass wir sie an dem vereinbarten Gesprächstermin vermisst haben. Dann können wir zusammen entscheiden, ob ein weiterer Gesprächstermin vonnöten ist.

Wichtige Hinweise für die Lösung von Problemen der Schüler

- *Wir nehmen uns Zeit und gehen langsam vor.* Wir beschränken unsere Reaktion auf aktives Zuhören, bis wir einen Rapport mit dem Schüler haben. Wenn wir zu schnell dazu übergehen, Alternativen zu erforschen, denken unsere Schüler möglicherweise, wir wollen sie manipulieren. Wenn sie defensiv werden, kehren wir zum aktiven Zuhören zurück.

- *Wir lassen uns nicht ausnutzen,* wenn wir spüren, dass unsere Schüler ein Gespräch *nur* dazu nutzen, *um unsere Aufmerksamkeit* zu bekommen. Wir lassen den Schüler wissen, dass wir nur dann bereit sind, ein Thema zu besprechen, wenn er ernsthaft daran interessiert ist, das Problem zu lösen. Vielleicht möchten wir das Ziel enthüllen, das ihn dazu verleitet, in seinem Muster zu verharren: »Könnte es sein, dass du ein Problem nach dem anderen hast, damit wir immer im Gespräch bleiben?« Im Anschluss daran können wir mit dem Schüler besprechen, wie er Aufmerksamkeit auf konstruktive Art bekommen kann.

- *Wir nutzen das Erforschen von Alternativen in Zweiergesprächen bzw. Klassengesprächen* nicht nur bei Problemen, die durch Fehlverhalten verursacht werden, sondern auch wenn *Lösungen* in Bezug auf den Fachunterricht[4] gefunden werden müssen – wie z. B.,
  - wenn ein Schüler nicht weiß, wie er sein Schulprojekt angehen soll,
  - wenn eine Frage in einem Unterrichtsfach durch den Austausch mit der ganzen Klasse beantwortet werden soll – statt durch Frontalunterricht.

- *Wir bringen den Schülern bei, diese Vorgehensweise selbst zu nutzen.* Wir erklären ihnen alle Schritte bis auf den zweiten: »Ziel offenlegen«. Auf diese Weise können wir ihnen helfen, die Dynamik eines Problems zu erkennen und zu verstehen.

Wir ermutigen Schüler dazu, Probleme mit Freunden zu besprechen, bevor sie damit zu uns kommen. Auch bei der Arbeit in Kleingruppen im Fachunterricht können Schüler eigenständig diese Methode nutzen, um gemeinsam Aufgaben zu lösen.

Das *Erforschen von Alternativen* wird auch im Klassenrat benutzt (s. Kap. 8), damit die Gruppe Entscheidungen über Themen trifft, die für alle in der Klasse relevant sind.

Durch all diese o. g. Anwendungsmöglichkeiten des Erforschens von Alternativen sparen wir Zeit. Außerdem ermöglichen wir Schülern, diese wertvolle Methode zu üben und zu nutzen.

---

4 Selbstverständlich entfällt in diesem Fall die Offenlegung des Ziels des Fehlverhaltens.

Beispiele für Probleme der Lehrer

Die sechs Schritte zum Erforschen von Alternativen können genauso hilfreich sein, wenn es sich um Herausforderungen für den Lehrer handelt:

Beispiel

Omar (15) hat sich auf dem Pausenhof rücksichtslos verhalten, und wir haben ihn von seinem Kontrahenten getrennt.

1. Lehrer und Schüler verstehen das Problem

Das spätere, vereinbarte Zweiergespräch eröffnen wir mit einer *Ich-Aussage:*
»Omar, ich mache mir Sorgen wegen dieser brutalen Rauferei auf dem Schulhof, weil ich Angst habe, dass jemand verletzt werden könnte.«

Wenn Omar antwortet: »Ich bin nicht brutal gewesen!«, *hören wir aktiv zu:*
»Du bist sauer und findest, dass ich dich zu Unrecht beschuldige?«

Wir sind ernsthaft bereit, innezuhalten und zuzuhören. Wir ermöglichen es Omar, sich respektiert zu fühlen, indem wir einfühlsam mit seinen Gefühlen umgehen. Er wird dann eher offen für das Gespräch.

2. Lehrer legt das Ziel des Fehlverhaltens offen

Wir helfen Omar, sein Ziel zu verstehen: »Omar, ich frage mich, ob du eine Idee hast, weshalb wir beide jetzt diese Auseinandersetzung haben. Darf ich dir sagen, was ich darüber denke?«
Nachdem Omar genickt hat: »Könnte es sein, dass du mir zeigen willst, wer hier das Sagen hat?« (Ziel: *Macht*)

Wenn Omar sich uns gegenüber feindselig verhält, warten wir ab und versuchen weiterhin, eine Einigung zu erzielen. Wir stehen zu unserem Anteil am Konflikt, indem wir zugeben, dass wir das Ziel *Macht* durch unsere Reaktion verstärkt haben: »Ich weiß, dass ich im Unterricht oft Druck auf dich ausgeübt habe.« Wir versichern Omar, dass es uns wichtig ist, keinen Machtkampf mehr mit ihm zu führen.

3. Lehrer und Schüler suchen gemeinsam nach Lösungen

Wir beteiligen uns am Brainstorming und lassen Omar wissen, dass wir daran interessiert sind, eine Entscheidung zu treffen, die auch er akzeptiert. Wir können ihn z. B. fragen: »Wie können wir dieses Problem lösen? Vielleicht hättest du Lust dazu, in der Pause jüngeren Schülern ein Spiel beizubringen?« Wenn Omar sich *tatsächlich* am Brainstorming beteiligen möchte, ermutigen wir ihn, all seine Ideen einzubringen. Wir selbst machen nur Vorschläge, wenn es notwendig ist.

Wenn Omar sich nicht auf ein Brainstorming einlässt, müssen wir auf einer vorübergehenden Lösung bestehen: »Wenn du dich entschließt, weiterhin so heftig und ungestüm zu raufen, muss ich dich bitten, eine Zeit lang nicht mehr mit den anderen zusammen zu spielen, einfach weil die Verletzungsgefahr zu groß ist. Du kannst wieder auf den Pausenhof, wenn du bereit bist, beim Raufen rücksichtsvoller vorzugehen und die Regeln einzuhalten.« Wir erinnern Omar an die Regeln, die wir im Klassenrat aufgestellt haben. Wir lassen die Tür offen für weitere Gespräche.

4. Lehrer und Schüler bewerten gemeinsam die vorgeschlagenen Lösungen

Wir drängen Omar nicht und stellen sicher, dass wir beide die Gefühle des anderen verstehen. Wir sagen: »Diese Idee gefällt mir, weil _____«, oder: »Damit fühle ich mich nicht wohl, weil _____.«

5. Lehrer entscheidet über die Lösung

Wenn Omar eine akzeptable Lösung vorschlägt, übernehmen wir sie.

Sollte Omar allerdings eine Lösung aussuchen, der wir z. B. aus Sicherheitsgründen nicht zustimmen können, vereinbaren wir gleich einen neuen Termin und setzen das Brainstorming bei einem weiteren Gespräch fort.

Falls das Verhalten *sofort* eingestellt werden muss, treffen wir selbst eine vorübergehende Entscheidung. Auch in diesem Fall lassen wir die Tür für zukünftige Gespräche offen.

6. Lehrer und Schüler treffen eine Vereinbarung und legen eine Zeitspanne bis zur Auswertung des Ergebnisses fest

Wir sagen: »Also Omar, ich fasse zusammen: Du hast dich entschieden, Basketball zu spielen, anstatt zu raufen, und ich habe diesem Plan zugestimmt.«

Wenn notwendig, verbinden wir die Vereinbarung mit einer Konsequenz und lassen Omar dabei mitdenken: »Omar, falls du aus irgendeinem Grund unsere

Vereinbarung nicht einhältst und wieder anfängst, so brutal zu raufen, was sollte ich dann – deiner Meinung nach – tun?«

Daraufhin sammeln wir Ideen für mögliche Konsequenzen und vermeiden Schlupflöcher in unserer Vereinbarung. Wir legen eine geeignete Zeitspanne für eine faire Testphase fest und planen ein Folgetreffen, um zu bewerten, ob der Plan funktioniert. Um Missverständnisse zu vermeiden, ist es hilfreich für beide Seiten, die Vereinbarung schriftlich festzuhalten und zu unterschreiben. Wenn wir es aufschreiben, *unterschreiben wir beide.*

Schüler halten sich in der Regel an Vereinbarungen, wenn wir *Vertrauen haben* und *Kooperation von ihnen erwarten* – und wenn wir uns an unseren Teil der Abmachung halten.

Wichtige Hinweise für die Lösung von Problemen der Lehrer

- *Wir bewahren gegenseitigen Respekt.* Wir kämpfen nicht und wir geben nicht nach. Stattdessen streben wir eine Einigung an, indem wir den Standpunkt des anderen verstehen und offen über unsere unterschiedlichen Sichtweisen sprechen. Anstatt die Schüler andauernd zu kontrollieren oder kein Rückgrat zu zeigen, nutzen wir unsere Fähigkeiten, respektvoll zuzuhören und *offene Fragen* zu stellen. Wir *hören* den Ausführungen unserer Schüler *achtsam* zu und sind bereit, gemeinsam mit ihnen eine Lösung zu finden.

- *Wir sprechen über das eigentliche Problem.* Oberflächlich betrachtet mag es so aussehen, als entstünde der Konflikt, weil die Schüler ihre Hausaufgaben nicht machen, nicht kooperieren, den Unterricht stören oder Ähnliches. Aber wir erinnern uns: Konflikte entstehen aufgrund der Ziele der beteiligten Personen – das sind die eigentlichen Themen, die Konflikte verursachen.

  BEISPIEL:

  Franziska (12) kommt immer zu spät zum Unterricht, und wir führen deshalb ein Gespräch mit ihr. Wir haben die Vermutung, dass die eigentliche Herausforderung für uns als Lehrer in Franziskas Streben nach Macht liegt. Denn wenn sie zu spät kommt, empfinden wir Wut. Die respektvolle Atmosphäre des Gesprächs ermöglicht es uns, zu fragen: »Könnte es sein, dass du zu spät kommst, um mir zu zeigen, dass du tun kannst, was du möchtest, und ich dich nicht daran hindern kann?«

- *Wir ändern die »Vereinbarung«.* Alle, die an einem Konflikt beteiligt sind, haben eine unausgesprochene Vereinbarung getroffen: Sie wollen sich streiten. Wir beschließen also, *unser Verhalten* zu ändern und nicht zu schimpfen, d. h., wir weigern uns zu streiten. Wir lassen Franziska wissen, dass wir den

Unterricht nicht unterbrechen werden, wenn sie zu spät kommt, um für sie Anweisungen zu wiederholen (s. Kap. 6 – Konsequenzen).

- *Wir laden Schüler ein, Entscheidungen gemeinsam mit uns zu treffen.* In einer partizipativ geführten Klasse ist es notwendig, dass jeder an der Entscheidungsfindung beteiligt ist. Um einen Konflikt zu beheben, müssen wir und der entsprechende Schüler in irgendeiner Form zu einer Einigung gelangen. Wir sprechen deshalb ruhig und sachlich miteinander. Sofern die Situation nicht sofortiges Eingreifen erfordert, warten wir, bis wir uns beruhigt haben. Dann ist eine konstruktive Diskussion möglich.

- *Wir planen Zweiergespräche sorgfältig.* Als Lehrer sind wir sehr beschäftigt. Wir haben viele Schüler und wenig Zeit – aber ein zehnminütiges Gespräch reicht meist aus.

Wenn wir zuerst daran arbeiten wollen, dass unsere Schüler uns als akzeptierend und verständnisvoll wahrnehmen, achten wir besonders auf *Ermutigung* und *respektvolle Kommunikation*. Sobald wir das Gefühl haben, dass wir eine gute Beziehung mit unseren Schülern haben, können wir die Idee von längeren Zweiergesprächen einbringen.

Die Gespräche, die mehr Zeit brauchen, planen wir im Voraus ein. Vielleicht haben wir nur alle zwei oder drei Wochen Zeit dafür, aber wir wollen *Zeit dafür aufwenden*, weil wir sie an anderer Stelle einsparen.

Bei der Planung von Zweiergesprächen *berücksichtigen wir den Stundenplan unserer Schüler*. Wir treffen uns in einem *ruhigen, angenehmen Raum*. Wir bemühen uns ernsthaft, *regelmäßige* Gespräche im Laufe des Schuljahres einzubauen.

Wann beginnen wir mit Zweiergesprächen in einer neuen[5] Klasse?
Zuerst lassen wir den Schülern Zeit, sich in der Gruppe zu orientieren und uns kennenzulernen. Längere Zweiergespräche führen wir erst nach Abschluss der »Forming«-Phase ein[6].

Fazit: Mit Schülern nach Alternativen zu suchen ist eine konstruktive Art, Probleme zu lösen. Zweiergespräche bzw. Klassengespräche, die in einer Atmosphäre des gegenseitigen Respekts und Vertrauens stattfinden, können helfen, eine Schüler-Lehrer-Beziehung aufzubauen, die wir uns für eine demokratisch geführte Klasse wünschen.

---

5   d. h., die Klasse ist neu zusammengestellt oder wir übernehmen die Klasse neu

6   Stahl, Eberhardt [40]

Herausforderungen im Schulalltag

Fred (14) führt wiederholt abschweifende Gespräche mit einigen Schülern in seiner Arbeitsgruppe, wenn die Gruppe die Projekte nicht so angehen will, wie er es möchte. Herr Günther, der Lehrer, vereinbart ein Gespräch mit ihm, um eine Lösung zu finden, der beide Parteien zustimmen können.

Beantworten Sie bitte folgende Fragen
- alleine im Selbststudium,
- gemeinsam mit Ihren Kollegen, die dieses Kapitel auch gelesen haben, oder
- beim entsprechenden Modul der STEP Fortbildung für Lehrer:

1. Wessen Problem ist es?
2. Welches Ziel verfolgt Fred möglicherweise mit seinem Verhalten? Wie kann Herr Günther Fred dazu bringen, sein Ziel zu verstehen?
3. Inwieweit beeinflussen Ihrer Meinung nach Freds Vorstellungen von sich selbst sein Verhalten?
4. Wie kann Herr Günther ihm helfen, andere Verhaltensweisen zu entwickeln?
5. Welche Probleme können bei Zweiergesprächen mit Schülern wie Fred auftreten? Wie würden Sie mit solchen Herausforderungen umgehen?

STEP in der Praxis

Vereinbaren Sie mindestens ein Zweiergespräch, in dem Sie mit einem Schüler Alternativen erforschen. Schreiben Sie Ihre Eindrücke über die mehr bzw. weniger erfolgreichen Phasen des Gesprächs auf.

Bitte beachten Sie

Die Fertigkeiten, die wir in diesem Buch präsentieren, zeigen unserer Erfahrung nach in den meisten Fällen Wirkung. Wenn Sie STEP im Alltag umsetzen, stellen Sie folgende Überlegungen an:

- Inwiefern trägt die Umgebung des Kindes in der Schule – z. B. Aktivitäten, Fächerabfolge, Stundenplan, Tagesablauf, Lehrerwechsel, Räumlichkeiten usw. – zum Fehlverhalten bei?
- Welche Ihrer persönlichen Ressourcen tragen zur Lösung von Problemen bei? Dazu gehören Eigenschaften oder Stärken wie ein Sinn für Humor, die Fähigkeit, Abstand zu nehmen und die Perspektive zu wechseln, Erfahrung oder

Geschick in der Lösung von Problemen, Geduld, Achtsamkeit oder eine gute Wahrnehmung.

- Inwiefern tragen Sie selbst zu Konflikten bei, beispielsweise indem Sie sehr empfindlich oder leicht verletzbar sind, zu viel reden, zu viel fordern, ständig die Kontrolle oder recht haben müssen, perfekt sein oder gefallen wollen?

Tabelle 5   151

Tabelle 5: Erforschen von Alternativen in sechs Schritten

Schritt	Wenn es um ein Problem des Schülers geht Beispiel: Katja (9) beklagt sich, dass ihre Mitschülerin Sarah sie beschimpft. Sie haben beobachtet, dass Katja häufig hinter Sarah herläuft.	Wenn es um ein Problem des Lehrers geht Beispiel: Timo (14) spielt den Klassenclown.
1. Das Problem verstehen.	»Du fühlst dich sehr verletzt, wenn Sarah dich beschimpft. Was hast du gemacht, als sie dich beschimpft hat?«	»Wenn du während der Klassendiskussionen dauernd Witze machst, bin ich frustriert, weil die anderen Schüler nicht dazu zu bewegen sind, das Thema an diesem Tag zu Ende zu diskutieren.« Oder: »Okay, Timo, ich sehe, dir wird während der Diskussion langweilig und du versuchst mehr Schwung reinzubringen. Ist das so?«
2. Das Ziel des Fehlverhaltens offenlegen.	»Ist es möglich, dass du Sarah gerne zur Freundin hättest? Könnte es sein, dass du möchtest, dass Sarah dich beachtet?« (Aufmerksamkeit) »Kann es sein, dass Sarah es dir heimzahlen will, weil du sie nicht mit anderen spielen lässt?« (Achten Sie auf den Erkennungsreflex.)	»Darf ich dir sagen, was ich denke?« (Nach zustimmendem Nicken von Timo) »Könnte es sein, dass du gerne im Mittelpunkt stehen möchtest?« (Achten Sie auf den Erkennungsreflex. – Ziel Aufmerksamkeit)
3. Reflektieren und mittels Brainstorming nach Lösungen suchen.	»Was meinst du, weshalb ist es für dich so wichtig, Sarahs Aufmerksamkeit zu bekommen?« »Wärst du bereit, dir ein paar andere Möglichkeiten zu überlegen, wie du Sarahs Aufmerksamkeit erlangen kannst? Was könntest du zum Beispiel tun?«	»Lass uns überlegen, ob wir einen Weg finden können, damit du zeitweise die Aufmerksamkeit von allen bekommst, ohne dass der Unterricht dadurch beeinträchtigt wird. Lass uns Brainstorming machen – wir tauschen alle Ideen aus, die uns einfallen und bewerten sie nicht, bis wir zu Ende gesammelt haben. Welche Ideen hast du, um das Problem zu lösen?«
4. Alle vorgeschlagenen Lösungen gemeinsam bewerten.	»Was hältst du von der Idee, Sarah zu sagen, dass ihre Beleidigungen verletzend sind?« »Und von dem Vorschlag, ihr jeden Tag etwas Nettes zu sagen?«	»Was hältst du von einer Zeitspanne von fünf Minuten jeden Tag, in denen du die Klasse unterhalten kannst? Ich könnte dir ein Zeichen geben, wenn die Zeit gekommen ist. Was meinst du dazu?«

Schritt	Wenn es um ein Problem des Schülers geht Beispiel: Katja (9) beklagt sich, dass ihre Mitschülerin Sarah sie beschimpft. Sie haben beobachtet, dass Katja häufig hinter Sarah herläuft.	Wenn es um ein Problem des Lehrers geht Beispiel: Timo (14) spielt den Klassenclown.
5. Sich für eine Lösung entscheiden.	»Welche Idee, glaubst du, wird für dich am besten funktionieren?« »Aus welchem Grund entscheidest du dich für diese Lösung?« »Was, glaubst du, wird passieren, wenn du das tust?«	»Haben wir uns entschieden?« »Ist das die Lösung, die wir beide akzeptieren?«
6. Eine feste Vereinbarung treffen und die Zeitspanne bis zur Auswertung festlegen.	»Du bist also bereit, jeden Tag etwas Nettes zu Sarah zu sagen?« (So konkret wie möglich formulieren.) »Okay, du hast beschlossen, Sarah jeden Tag etwas zu sagen, das du an ihr magst.« »Wenn sie dich beschimpft, gehst du wortlos weg. Ist das richtig?« »Sollen wir in einer Woche wieder darüber reden, um zu sehen, wie es läuft? Du hast dir vorgenommen, es eine Woche lang auszuprobieren, egal, was passiert. Richtig?«	»Okay, unsere Vereinbarung lautet wie folgt: Du hast zugestimmt, damit aufzuhören, vom Thema unserer Diskussion durch Grimassen abzulenken. Dafür bekommst du jeden Tag fünf Minuten Zeit, die Klasse zu unterhalten. Ich bin damit einverstanden. Du auch?« »Was, glaubst du, wäre eine faire Konsequenz, wenn du dich entscheiden solltest, trotzdem zu einem anderen Zeitpunkt Witze zu machen?« »Und was soll deiner Meinung nach passieren, falls ich mich nicht an unsere Abmachung halte?« »Sollen wir eine Woche lang so verfahren und dann am nächsten Donnerstag zur selben Zeit darüber sprechen, wie es gelaufen ist?«

Zusammenfassung

1. Um zu entscheiden, ob die Verantwortung für die Lösung eines Problems bei Ihnen selbst oder beim Schüler liegt, stellen Sie sich folgende vier Fragen:
   1. Werden meine Rechte als Lehrer bzw. die der Kollegen und/oder die Rechte der Schüler missachtet (z. B. das Recht, zu lernen)?
   2. Ist der Schüler vom Alter bzw. von seiner Entwicklung, seiner Reife, her nicht fähig, für das Problem verantwortlich zu sein?
   3. Ist die Sicherheit von jemandem (des betroffenen Schülers, anderer Schüler, der Kollegen oder meine Sicherheit) gefährdet?
   4. Kann das Eigentum von jemandem beschädigt werden?

2. *Offene Fragen* erlauben viele mögliche Reaktionen, sie beginnen häufig mit *Was?*, *Wo?*, *Wann?*, *Wer?*, *Welche?* oder *Wie?* – nicht mit *Warum?* / *Weshalb?* – und sie beinhalten keine Vorwürfe oder Beschuldigungen.
   Geschlossene Fragen verlangen in der Regel nach einer *Ja-* oder *Nein*-Antwort. Sie beinhalten oft Vorwürfe oder Beschuldigungen und verhindern möglicherweise einen weiteren Austausch.

3. Nutzen Sie folgende sechs Schritte zum Erforschen von Alternativen:
   1. Das Problem verstehen.
   2. Das Ziel des Fehlverhaltens offenlegen.
   3. Reflektieren und mittels Brainstorming nach Lösungen suchen.
   4. Alle vorgeschlagenen Lösungen gemeinsam bewerten.
   5. Sich für eine Lösung entscheiden.
   6. Eine feste Vereinbarung treffen und eine Zeitspanne bis zur Auswertung festlegen.

4. Halten Sie sich an folgende Prinzipien, wenn Sie daran arbeiten, Konflikte in der Klasse zu lösen:
   - Sie bewahren gegenseitigen Respekt.
   - Sie sprechen über das eigentliche Problem.
   - Sie ändern die »Vereinbarung«: Sie weigern sich zu streiten!
   - Sie laden Ihre Schüler ein, sich an der Entscheidungsfindung zu beteiligen.
   - Sie planen Zweiergespräche sorgfältig.

5. Suchen Sie nach Alternativen sowohl für Probleme von Lehrern als auch für Probleme von Schülern.
   Setzen Sie diese Methode zur Problemlösung sowohl in Zweiergesprächen als auch bei Gesprächen in der Klasse – im Fachunterricht und im Klassenrat – ein.

NUR FÜR SIE

Der Umgang mit Konflikten in Erwachsenenbeziehungen

Das Erforschen von Alternativen kann genutzt werden, um Probleme mit Schülern zu lösen, aber auch dann, wenn ein Konflikt mit Kolleg/innen, Ehepartner/innen, Freund/innen oder Verwandten ansteht. Sie können die Schritte dieser Strategie einsetzen, um zu verhandeln:[7]

1. Sie verstehen das Problem.

2. Sie sammeln Ideen, ohne zu bewerten (Brainstorming).

3. Sie wägen die vorgeschlagenen Lösungen ab.

4. Sie entscheiden sich gemeinsam für eine Lösung.

5. Sie bekommen eine verbindliche Zusage für die Lösung und setzen einen Zeitpunkt fest, um das Ergebnis gemeinsam zu bewerten.

6. Sie – bzw. der betroffene Erwachsene – setzen die Lösung in die Tat um und Sie überprüfen das Ergebnis gemeinsam nach Ablauf der festgesetzten Frist.

Rudolf Dreikurs, Psychiater und Autor, hat vier wichtige Prinzipien beim Umgang mit Konflikten identifiziert, die hilfreich sind – unabhängig davon, ob es um Kinder oder Erwachsene geht:[8]

1. **Bewahren Sie gegenseitigen Respekt.** Vermeiden Sie, zu kämpfen *oder* nachzugeben.
   - Hören Sie aktiv zu und verwenden Sie Ich-Aussagen. Zeigen Sie der Person, mit der Sie einen Konflikt haben, deutlich, dass Sie sie verstanden haben: »Mir scheint, du fühlst dich …«
   - Sprechen Sie ihn oder sie direkt an, stellen Sie sicher, dass Ihr Gegenüber Sie versteht: »Ich möchte, dass du verstehst, wie ich mich fühle, wenn das passiert. Wenn _____, bin ich / fühle ich mich _____, weil _____.«

---

7 Dinkmeyer et al. [8]

8 Dreikurs, Grey [17]

2. **Finden Sie heraus, worum es wirklich geht.** Angenommen, Sie diskutieren darüber, Verantwortung für eine Angelegenheit aufzuteilen, oder über einen passenden Umgang mit einem Erziehungsproblem der gemeinsamen Kinder. Das, worüber gesprochen wird, ist nur selten das tatsächliche Thema. In einem Konflikt geht es häufig darum, wer recht hat, wer das Sagen hat oder ob es fair ist (s. Kap. 2, Tab. 2). Deshalb könnten Sie so etwas sagen wie z. B.: »Anscheinend möchten wir beide recht haben. Ich frage mich, wie uns das helfen soll, das Problem zu lösen?«

3. **Ändern Sie die »Vereinbarung«.** In einer Konfliktsituation haben die involvierten Personen unausgesprochen »vereinbart«, sich zu streiten. Diese Vereinbarung können Sie ändern, indem Sie Ihr Verhalten ändern. Seien Sie, falls nötig, zu einem Kompromiss bereit: »Mir ist bewusst, dass wir uns die ganze Zeit streiten. Ich bin jetzt bereit, zuzuhören und zu versuchen, eine Einigung zu erreichen.«

4. **Laden Sie Ihr Gegenüber ein, an der Entscheidungsfindung mitzuwirken.** Eine Einigung wird erreicht, wenn beide Parteien Lösungen vorschlagen und sich für eine Lösung entscheiden, die beide gewillt sind zu akzeptieren. Das schließt das Sammeln von Ideen ein (Brainstorming). Beginnen Sie den Prozess, indem Sie Ihr Gegenüber nach Ideen oder Vorschlägen fragen: »Was glaubst du, wie wir das Problem lösen können?« Machen Sie danach, falls nötig, selbst Vorschläge.
   Als Nächstes denken Sie beide über die Vorschläge nach und versuchen, eine für beide Seiten akzeptable Lösung auszuwählen. Achten Sie darauf, eine verbindliche Zusage für die Durchführung der Lösung zu bekommen und überprüfen Sie nach einer festgesetzten Frist gemeinsam, ob der Vorschlag funktioniert hat.
   Wenn keine Einigung erreicht wird, können Sie nur über Ihre Absicht sprechen:
   »Da es uns nicht gelingt, eine Lösung zu finden, die für uns beide akzeptabel ist, werde ich … (sagen Sie, was Sie tun werden).« Ihre Absichtserklärung beinhaltet nur das, was Sie tun werden – nicht, was die andere Person zu tun hat.

Wenn Sie einen Konflikt in Ihrer Beziehung zu einem Erwachsenen haben, den Sie gerne beilegen möchten, entscheiden Sie, wie Sie die Strategie »Alternativen erforschen« und die »Prinzipien der Konfliktlösung« einsetzen möchten. Wie werden Sie das Gespräch eröffnen?

KAPITEL 6

Sinnvolle, kooperative Disziplin als pädagogischer Prozess – zur Prävention und als Intervention

Pravention: Durch die Einbeziehung der Schüler in den Bildungs- und Erziehungsprozess beugen wir Disziplinproblemen vor.

Intervention durch sinnvolle, kooperative Disziplin: Wir lassen natürliche und logische Konsequenzen auf die Entscheidungen der Schüler folgen.

Der Unterschied zwischen Konsequenz und Strafe.

Sinnvolle, kooperative Disziplin zur Förderung von Selbstdisziplin.

Prinzipien für die Anwendung von Konsequenzen.

Indem wir uns den Prinzipien einer *demokratisch geführten* Klasse verschreiben, zeigen wir, dass wir von der Notwendigkeit überzeugt sind, unsere Schüler in den Entscheidungsprozess einzubeziehen, damit sie sich dazugehörig fühlen. Unsere Schüler spüren unser Vertrauen, wenn wir ihnen ein Mitspracherecht bei bestimmten Belangen einräumen, die das Zusammenwirken in der Klasse, aber auch ihren individuellen Lernprozess betreffen.

Ähnlich werden Schüler wahrscheinlich mehr von einer Disziplin profitieren, die sie selbst mitgestalten dürfen. Wenn wir außerdem beim Ausüben von Disziplin genauso respektvoll mit unseren Schülern umgehen wie zu den Zeiten, in denen es keine Probleme gibt, dann spielt Disziplin eine wertvolle, konstruktive Rolle im *Bildungs- und Erziehungsprozess*.

Sinnvolle, kooperative Disziplin ist *präventiv* – genau wie die beste Gesundheitsversorgung! Indem wir Schüler bei Entscheidungen, die ihre Bildung betreffen, miteinbeziehen, reduzieren wir Fehlverhalten. Auch im Fachunterricht ist von grundlegender Bedeutung, das Interesse und die Kooperation der Schüler zu stärken, indem wir sie wissen lassen, dass wir ihre Meinung respektieren und auf vernünftige Vorschläge und Entscheidungen eingehen.

Prävention durch Einbeziehung der Schüler in den Bildungs- und Erziehungsprozess

Als Lehrer haben wir unsere eigenen Ideen und Erfahrungen, wie wir unsere Schüler im Unterricht in ihrem Bildungs- und Erziehungsprozess mit einbeziehen können. Da Schüler sich sowieso ständig in ihrer Fähigkeit üben, Entscheidungen zu treffen – indem sie z. B. entscheiden, ob sie tun, was wir ihnen sagen oder nicht –, macht es Sinn, ihnen möglichst viele Chancen für eigene Entscheidungen zuzugestehen.

Eine lernförderliche, zum Mitmachen motivierende Atmosphäre können wir in unserer Klasse schaffen, indem wir die Routine durchbrechen, unterschiedliche Medien und Materialien einsetzen und zwischen Frontalunterricht, Unterrichtsgespräch, Präsentationen, Kleingruppen-, Einzel- und Projektarbeit abwechseln. Wir lassen unsere Schüler Wochenpläne[1] aufstellen, ihre Arbeit in bestimmten Phasen selbst bewerten und *individualisieren die Bildung* der Schüler so weit wie möglich. Indem wir unsere Schüler wie einzigartige Individuen mit unterschiedlichen Ressourcen behandeln, die Vertrauen und Respekt verdienen, erzeugen

---

1   Siehe dazu z. B. das sog. Logbuch der Erich-Kästner-Schule in Hamburg in Anhang A

wir eine ermutigende, partizipative Atmosphäre und beugen dadurch Disziplinproblemen vor.

Manche Schüler, vor allem junge, brauchen mehr Anleitung als andere. Wir müssen ihnen vielleicht einige Vorschläge machen oder die Alternativen auf zwei oder drei beschränken. Schüler brauchen zu Anfang vielleicht auch Hilfe, um zu lernen, wie sie methodisch sinnvoll miteinander arbeiten können. Für solche Schüler beginnen wir mit Zweier-, dann Dreiergruppen und so weiter.

Aber ungeachtet des Alters und der Erfahrung unserer Schüler ist ihre Beteiligung an Entscheidungsprozessen vielleicht der bestmögliche Weg, präventiv zu agieren und Disziplinprobleme zu vermeiden, die durch ständige Bevormundung und Langeweile gefördert würden. Gerade für unmotivierte Schüler kann es besonders anregend sein, im Unterricht mitgestalten und eigene Entscheidungen treffen zu dürfen. Die Chancen stehen gut, dass sie ein neues Interesse am Lernen entdecken, wenn sie bei ihrem Bildungsprozess mitwirken.

Es folgen einige Anregungen[2] für die Einbeziehung unserer Schüler bei Entscheidungen, die den Bildungs- und Erziehungsprozess betreffen und ihre *Selbstverantwortlichkeit durch Mitgestaltung* im Fachunterricht fördern. Die Anwendung dieser Ideen ist von den Rahmenrichtlinien und -bedingungen jeder Schulform bzw. jeder Schule in den einzelnen Bundesländern abhängig.

Mitverantwortung für verschiedene Aufgaben im Klassenzimmer:

- *Die Gestaltung und Nutzung des Schwarzen Bretts*
Anstatt den ersten Aushang am Schwarzen Brett selbst zu gestalten, widmen wir eines unserer ersten Gespräche mit unserer neuen Klasse diesem Thema. Wir könnten sagen: »Ich habe mir gedacht, dass ihr mitentscheiden möchtet, wozu wir unser Schwarzes Brett nutzen. Was wollen wir aushängen, und wie oft wollen wir es ändern?« Wir öffnen die Tür für die Vorstellungskraft, die Kooperation und die Beteiligung unserer Schüler, z. B. bilden wir Arbeitsgruppen, die sich jeweils wöchentlich um das Schwarze Brett kümmern.

- *Die Gestaltung des Klassenzimmers als angenehme Lernumgebung*
Wir können uns mit unseren Schülern die Verantwortung dafür teilen. Wir besprechen mit ihnen, welche Aufgaben erledigt werden müssen: Die Tafel muss gereinigt, Material ausgegeben und eingesammelt, Regale aufgeräumt, Bücher- oder Milchgeld eingesammelt, das Klassenbuch zum Schulsekretariat gebracht,

---

2 Die Bandbreite solcher Methoden ist enorm – von Ideen, die in jeder Schule leicht anwendbar sind, bis zu den grundlegend innovativen Prinzipien der Reformschule (s. Literaturliste). Die Auswahl der in diesem Buch genannten Anregungen hat keinen Anspruch auf Vollständigkeit.

Tiere versorgt, Pflanzen gegossen werden, usw. Wir stellen die Liste gemeinsam auf und entscheiden dann, wie und für wie lange die Aufgaben fair verteilt rotieren sollen.

- *Variable Sitzordnung*

Schüler können an einzelnen Tischen sitzen, sie können Tische und Stühle im Kreis (Doppelt- oder Halbkreis) aufstellen oder auch die Tische für kleine oder große Lerngruppen passend zusammenstellen. Wir lassen unsere Schüler mitentscheiden, wie die Sitzordnung aussieht und neben wem sie sitzen wollen. Gelegentlich verändern wir die Sitzordnung, u. a. um neue Beziehungen zwischen den Schülern zu fördern oder Fehlverhalten vorzubeugen (s. Anhang B Soziogramm).

- *Vereinbarung von Regeln und Ritualen in der Schule*

Wir überlegen uns, welche Regeln und Rituale für uns als Lehrer wichtig sind, und besprechen im Kollegium und mit der Schulleitung, welche davon wir für den Umgang im Klassenzimmer, auf dem Flur, im Treppenhaus und auf dem Pausenhof generell einführen möchten.

BEISPIEL FÜR KLASSEN 1–4 DER GRUNDSCHULE:

Je zwei Kinder nehmen einander an der Hand und gehen gemeinsam hintereinander in Zweiergruppen über den Flur die Treppe hinunter in den Pausenhof und ebenso wieder zurück.

Möglicherweise gibt es Regeln und Rituale, die wir nur in unserem eigenen Unterricht übernehmen wollen.

BEISPIEL:

Die Schüler stehen auf, wenn der Lehrer ins Klassenzimmer kommt. Durch die geänderte Körperhaltung wird die Aufmerksamkeit der Schüler auf den Beginn des Unterrichts fokussiert.

Zu Beginn des Schuljahres werden Regeln und Rituale in der Klasse besprochen und durch hilfreiche Vorschläge der Schüler ergänzt. Alternativ: Wir vereinbaren alle Regeln gemeinsam mit der Klasse.

- *Anweisungen schriftlich an der Tafel*

Indem wir wortlos auf die Tafel verweisen, statt die mündlichen Anweisungen ständig zu wiederholen, verhindern wir, dass nach Aufmerksamkeit strebende Schüler ihr Ziel erreichen. Auf diese Weise zeigen wir unseren Schülern, dass »nicht zuhören« zukünftig unsere Aufmerksamkeit nicht mehr bindet. Wir unterstützen dadurch ihre Selbstverantwortlichkeit.

- *Mitbestimmungsrecht bei der Zusammensetzung von Arbeits- und Kleingruppen*

Schüler können mitentscheiden, mit wem sie im Rahmen bestimmter Projekte zusammenarbeiten möchten. Die meisten von uns arbeiten besser mit Menschen, die sie mögen, als mit solchen, die sie gerade eben tolerieren können. Wir lassen die Schüler daher – unter unserer Anleitung – so oft wie möglich ihre eigenen Gruppen bilden. Schüler, die Fehlverhalten zeigen, wenn sie zusammen sind, lassen wir wählen: konzentriert *zusammenzuarbeiten* oder sich Gruppen anzuschließen, die *wir für sie ausgewählt* haben. Zurückhaltende, stillere Schüler ermutigen wir, sich lebhaften, redseligen Schülern anzuschließen.

- *Vielfältige Methoden, sich Themen anzueignen*

Wir beteiligen unsere Schüler daran, neue kreative Arten des Lernens zu finden. Die Klasse entscheidet sich möglicherweise, in kleinen Gruppen zu arbeiten, Filme zu sehen, im Internet zu recherchieren, Gastredner einzuladen, eine Ausstellung zu besuchen, Rollenspiele durchzuführen, Präsentationen gemeinsam oder alleine zu erarbeiten und durchzuführen, eine Schautafel zu erstellen, eine Reihe von Zeichnungen anzufertigen, ein Buch zu gestalten, eine Studienfahrt zu unternehmen, usw.: Wir erlauben den Schülern, kreativ zu sein, wenn es darum geht, wie sie sich mit Themen auseinandersetzen und wie sie sich Inhalte aneignen.

- *Flexible Zeiteinteilung, Mitbestimmung der Unterrichtsinhalte, Reihenfolge bestimmter Themen*

Wir beziehen die Interessen der Schüler in die Auswahl der Themen im Unterricht mit ein und lassen sie entscheiden, für welche Aspekte eines Themas sie mehr Zeit aufwenden möchten, um sie zu vertiefen.

Beispiel:

Wenn wir nur sechs Unterrichtsstunden für die Behandlung der Französischen Revolution (9. Klasse) vorgesehen haben, können wir unsere Schüler entscheiden lassen, ob sie sich vertiefend mit den Ursachen, dem Verlauf oder den Auswirkungen der Revolution beschäftigen möchten – dementsprechend passen wir die Zeitplanung an.

Da Schüler nicht alle in derselben Geschwindigkeit lernen, beteiligen wir sie an dem Prozess, ihr individuelles Lerntempo herauszufinden.

Beispiel:

Während Finn möglicherweise sechs Unterrichtsstunden braucht, um durch Üben die Multiplikation zweistelliger Zahlen zu lernen, braucht Mehmet vielleicht nur zwei Stunden. In der verbleibenden Zeit kann Mehmet z. B. anspruchsvollere Matheaufgaben lösen oder an seinem Wochenplan (»Logbuch«) arbeiten.

Indem unsere Schüler herausfinden, wie viel Zeit sie für bestimmte Aufgaben brauchen, lernen sie, sich selbst und ihre Fähigkeiten besser einzuschätzen.

Wenn Themen nicht gerade einer bestimmten Reihenfolge bedürfen, lassen wir unsere Schüler mitentscheiden, was sie als Erstes, als Zweites, etc. angehen möchten. Wenn es für uns nicht wichtig ist, ob sie im ersten Schritt einen Zeitungsartikel bearbeiten oder ein Gedicht schreiben, beziehen wir sie in die Entscheidung mit ein. In einer Grundschule können Schüler auch mitentscheiden, in welcher Reihenfolge sie an einem Schultag bestimmte Fächer durchnehmen.

- *Tägliche Freiräume (z. B. in der Ganztagsschule, bei offenem Unterricht, in Reformschulen)*

Da Schüler in den meisten Schulen während ihres Schultages gewöhnlich sehr viel vom Lehrer angeleitet arbeiten, können wir ihre Kooperationsbereitschaft verbessern, indem wir ihnen täglich einen Freiraum einräumen, den sie selbst gestalten können. Während dieses »Freiraums in Grenzen« können Schüler – je nach Stufe – lesen, leise spielen, bei Kunstprojekten mitmachen, am Wochenplan weiterarbeiten, Hausaufgaben erledigen, usw. Manche möchten vielleicht an Schulprojekten oder ihren Lernverträgen (s. u.) arbeiten. Andere wiederum brauchen die Zeit vielleicht dazu, Aufgaben zu erledigen, die sie im Rahmen des bisherigen Schultages nicht beenden konnten. Aufgaben während dieser Zeit zu Ende zu bringen kann auch eine mögliche Konsequenz sein, die sich logisch aus Fehlverhalten im Unterricht ergibt (s. u.).

Solche Freiräume werden am besten gegen Ende des Schultages (am Nachmittag) eingerichtet, um uns selbst und unseren Schülern die Chance zu geben, den Tag ruhig ausklingen zu lassen.

- *Kreative Bewertungsmethoden*

Klassenarbeiten, Tests, Buchbesprechungen, Referate und Präsentationen, all das sind bewährte Methoden, um Ergebnisse und Fortschritte zu bewerten. Wir ziehen jedoch zusammen mit unseren Schülern auch andere, ungewöhnlichere Bewertungsmethoden in Betracht. So bieten wir z. B. an, dass sie Podiumsdiskussionen oder Debatten führen, Mindmaps, Collagen oder Plakate erstellen, Modelle bauen oder Ereignisse und Ideen dramaturgisch umsetzen oder – bei älteren Schülern – Unterricht selbst gestalten und übernehmen und dafür unter Einbeziehung der jeweiligen Schüler bewertet werden.

Wir beteiligen unsere Schüler an der *Entwicklung verschiedener Arten von Tests:*
- Wir probieren Gruppentests aus, bei denen die Gruppe jede Testfrage zuerst bespricht, aber jeder Schüler individuell antwortet.
- Wir lassen die Schüler die Tests zu Hause oder in der Schule mit offenem Buch durchführen.

- Wir lassen unsere Schüler Fragen abgeben und benutzen für den Test eine Frage eines jeden Schülers.

Unsere Schüler haben möglicherweise weniger Angst vor Tests an sich, wenn sie geholfen haben, Tests zu erstellen. Wenn wir und unsere Schüler kreativer in den Bewertungsmethoden werden, bewerten wir eine Vielfalt von Fähigkeiten. Schließlich ist es wichtiger, dass Schüler das *Lernen lernen*[3] als einfach »nur« korrekt wiederzugeben.

- **_Individualisierter Unterricht und Beteiligung bei der Notenvergabe_**
Im Studium oder bei Lehrerfortbildungen haben wir sicher oft gehört, dass die Individualisierung des Unterrichts von besonderem Wert ist.

Wie gelingt uns die Umsetzung?

Folgende Vorgehensweisen erleichtern beispielsweise die Durchführung:
- Wir legen für jeden Schüler eine Mappe mit *individuellen Aufgabenstellungen* an. Abhängig vom Alter des jeweiligen Schülers und vom Thema kann die Mappe Arbeit für eine Schulstunde, einen Tag, eine Woche oder eine ganze Unterrichtseinheit enthalten. Die Schüler können ihre Aufgaben selber aus der Mappe holen, sobald sie ins Klassenzimmer kommen, wenn sie mit anderen Aufgaben früher fertig sind oder wenn der Unterricht ausfällt. Aufgaben, die vom Lehrer bereits überprüft wurden, werden wieder in der Mappe abgelegt, um später durchgesehen zu werden. Auf diese Weise wird die Arbeit individueller, und unsere Schüler werden selbstständiger.

- Wir beteiligen unsere Schüler bei der *Vergabe ihrer Noten* als Teil ihres Bildungsprozesses. Z. B. treffen wir uns mit jedem unserer Schüler, bevor wir die Noten für das Zeugnis vergeben. Wir besprechen ihren individuellen Fortschritt[4] und bitten sie, sich selbst zu bewerten (s. Kap. 5). Die Schüler müssen wissen, dass die letztendliche Entscheidung bei uns Lehrern liegt, aber wir lassen sie ihre eigene Benotung begründen. Sehr wahrscheinlich finden wir heraus, dass unsere Schüler sich eher zu schlecht als zu gut benoten. Zusätzlich zu Benotungen für Leistung geben wir Anerkennung für Bemühungen durch einen entsprechenden, schriftlichen Kommentar, der ermutigend wirkt. Eine Möglichkeit besteht auch darin, den Schüler zu fragen, welche Note er in der nächsten Arbeit anstreben möchte und was er tun will, um das zu erreichen. (Für weitere Schritte s. u. »Individuelle Lernverträge«.)

---

3 Endres [20]

4 In der Erich-Kästner-Schule in Hamburg gibt es dafür z. B. regelmäßig, zweimal im Jahr, sog. Bilanz- und Zielgespräche. Der jeweilige Schüler bereitet das Gespräch vor, z. B. anhand folgender Fragen: »Was ist mein Ziel?«, »Welche Schritte möchte ich gehen?«, »Was hilft mir dabei?«.

Individuelle Lernverträge

Es wird unterschieden zwischen Notenverträgen für motivierte Schüler und Motivationsverträgen für entmutigte Schüler.

Notenverträge für motivierte Schüler

Einen Lernvertrag aufzusetzen ist eine sehr gute Möglichkeit, Schüler in das Formulieren ihrer Bildungsziele mit einzubeziehen. Der Schüler und der Lehrer besprechen miteinander – anhand einer Liste von Aufgaben und eines Kriterienkatalogs – welche Anforderungen für die Note erfüllt werden müssen, die der Schüler bekommen möchte. Verträge können sich auf einen Themenbereich oder auf ein Schulhalbjahr beziehen (s. folgenden Mustervertrag).

In einer Schulform ohne Notengebung können Verträge detailliert die Voraussetzung für ein »Bestanden« beschreiben – basierend auf dem individuellen Niveau eines jeden Schülers.

BEISPIEL FÜR DAS GESPRÄCH MIT EINEM SCHÜLER:

»Du kannst entscheiden, auf welche Note du in diesem Themenbereich hinarbeiten möchtest. Die Aufgaben, durch die du die jeweiligen Noten erreichen kannst, findest du auf dem Blatt.

Deine Note hängt natürlich auch von der *Qualität* ab. Die Qualitätskriterien für deine angestrebte Note sind im Kriterienkatalog aufgelistet. Z. B. für Note 2 musst du 80 % der Kriterien erfüllen. Solltest du mehr als 80 % erzielen, kannst du sogar eine 2+ bekommen. Wenn der Prozentsatz niedriger ausfällt, wird die Note entsprechend schlechter ausfallen. Du bekommst Gelegenheit, deine Arbeit nachzubessern oder die schlechtere Note zu akzeptieren. Du und ich werden die Qualität der Arbeit anhand des Kriterienkatalogs gemeinsam bewerten.«

Vielleicht waren wir bislang gegen Lernverträge, weil wir besorgt waren, dass bessere Schüler versuchen würden, zu niedrige Anforderungen an sich selbst zu stellen und weniger gute Schüler ihre Ziele unerreichbar stecken. Aber wir können die Verträge steuern und unrealistisch hohe oder zu niedrige Ziele verhindern. Schülern, die nur arbeiten, wenn sie unter Druck gesetzt werden, wollen wir beibringen, Verantwortung für ihr eigenes Lernen zu übernehmen. Wenn wir sie unter Druck setzen, nehmen wir ihnen diese Verantwortung ab.

Da die Verträge »nachverhandelt« werden können, können Schüler die Ziele ändern, ohne ihr Gesicht zu verlieren. Weniger motivierte Schüler strengen sich vielleicht mehr an, wenn ihnen bewusst wird, dass sie weder unsere Aufmerksamkeit bekommen noch den Machtkampf gegen uns gewinnen können, indem sie nicht arbeiten. Nur indem sie die Verantwortung übernehmen und ihr Verhalten ändern, können sie gewinnen.

Lernverträge benötigen Zeit, vor allem am Anfang, bis wir eine sorgfältig ausgearbeitete Vorlage (Mustervertrag) haben. Aber die Erfahrung hat gezeigt, dass Lernverträge – langfristig gesehen – Zeit und Energie sparen. Wir befreien uns von der Notwendigkeit, an eine Aufgabe zu erinnern, zu ermahnen. Wir ermöglichen unseren Schülern, *Verantwortung für ihre eigenen Leistungen und den eigenen Lernprozess* zu übernehmen.

NOTENVERTRAG (Muster)

Fach:	Geschichte	Schüler/in:	
Themenbereich:	Die Französische Revolution	Lehrer/in:	
Klasse:	9b		

Note 1: Erarbeite in einer Kleingruppe die Auswirkungen der Französischen Revolution auf Europa (Preußen, Österreich, England).
Stelle die Ergebnisse in einer 15-minütigen Präsentation vor und beantworte Fragen aus der Klasse (15 Minuten).

Note 2: Erstelle ein Wandbild zur sozialen Schichtung im absolutistischen Frankreich vor der Französischen Revolution, erläutere das Wandbild (10 Minuten) und beantworte Fragen der Schüler dazu (10 Minuten).

Note 3: Halte einen 10-minütigen mündlichen Vortrag über Ziele und Ergebnisse der Französischen Revolution für das Großbürgertum / Bauern / Arbeiter / Kleinbürger.

Note 4: Erstelle einen Zeitplan zum Verlauf der Französischen Revolution und stelle ihn der Klasse vor (5 Minuten).

Ich habe den obigen Text vollständig gelesen und verstanden.
Mein Ziel ist, Note _____ zu bekommen. Dafür erfülle ich folgende Aufgabe:

_____

_____

_____

_____

Datum:		Unterschrift Schüler/in:	
Abgabetermin:		Unterschrift Lehrer/in:	

Individuelle Lernverträge sind kein Ersatz für andere Aktivitäten, die die gesamte Klasse betreffen, wie z. B. Gespräche in der Klasse, Kleingruppenarbeit, Filme, Gastredner usw. Verträge haben jedoch den Vorteil, dass sie an individuelle Bedürfnisse angepasst werden können. Sie können die Teilnahme des Schülers an Klassengesprächen und Aufgaben zum Wohl der Klassengemeinschaft einschließen. Durch Lernverträge können wir unsere Schüler an Erfahrungen heranführen, von denen wir glauben, dass sie sie brauchen, wie z. B. die Arbeit in Kleingruppen oder Mitschülern »Nachhilfe« zu geben.

Um die *Auswertung* von größeren vertraglich geregelten Projekten für uns selbst zu vereinfachen, teilen wir die Abgabetermine so ein, dass nicht alle auf einmal abgegeben werden. Wir sammeln die Projektarbeiten nach einem verabredeten Zeitraum ein, sodass wir unsere Schüler – wenn notwendig – auch in neue Richtungen lenken können. Älteren Schülern können wir auch Projektpartner zuteilen, sodass sie ihre Arbeiten gegenseitig überprüfen können.

Motivationsverträge für entmutigte Schüler

Wir können Verträge auch für entmutigte, unmotivierte und unwillige Schüler förderlich einsetzen.

Beispiel:

Herr Krüger, Lehrer an einer Hauptschule, war bislang nicht in der Lage, **Stella** (13) zum Arbeiten zu bewegen. Er hat herumgenörgelt, sie ermahnt und bestraft, aber ohne jeglichen Erfolg. Stella demonstriert ihre Macht, indem sie sich weigert, Interesse für ihre Noten zu zeigen oder dafür, was ihre Eltern über ihre Apathie denken. Schließlich entscheidet sich Herr Krüger, Stellas Kooperation zu gewinnen, indem er sie in Entscheidungen, die sie betreffen, mit einbezieht. Er handelt einen Motivationsvertrag mit ihr aus.

Gespräch mit Stella:

Herr Krüger: »Stella, seit die Schule angefangen hat, haben wir Probleme damit, dass du deine Arbeit nicht machst. Ich habe aufgehört, dich zu ermahnen und an deine Aufgaben zu erinnern, weil ich weiß, dass das nicht funktioniert.«

Damit hat er seine Niederlage zugegeben – der erste Schritt im Umgang mit einer nach Macht strebenden Schülerin. Jetzt wird Herr Krüger versuchen, Stellas Kooperation zu gewinnen.

Herr Krüger: »Stella, ich frage mich, ob du grundsätzlich bereit bist, für die Schule zu arbeiten?«

Stella: »Also, ja, ich denke schon.«

Herr Krüger: »Okay, schauen wir uns den Stundenplan an. Zuerst haben wir Deutsch.«

Stella:	»Ich hasse Deutsch! Ich lese langsam, und die anderen sind viel weiter. Und die Geschichten sind langweilig.«
Herr Krüger:	»Wärst du bereit, das Buch durchzusehen, eine Geschichte auszuwählen, die dir interessant erscheint, und die ersten drei Seiten davon zu lesen? Und würdest du dann ein paar Fragen beantworten, die ich dir über diese Seiten stelle?«
Stella:	»Egal, welche Geschichte?«
Herr Krüger:	»Ja. Die ersten drei Seiten einer Geschichte, die du auswählst. Okay?«
Stella:	»Na gut, aber was passiert, wenn ich es nicht mache?«
Herr Krüger:	»Was, denkst du, wäre fair?«
Stella:	»Ich müsste es dann am Dienstag in der Freistunde nachholen?«
Herr Krüger:	»Einverstanden. Du liest die ersten drei Seiten irgendeiner Geschichte aus dem Buch und beantwortest Fragen zu diesen Seiten. Wenn du das nicht im Deutschunterricht machst, erledigst du die Aufgabe am gleichen Tag, am Dienstag, in der Freistunde. Können wir uns auf diese Vereinbarung einigen?«
Stella:	»Okay.«
Herr Krüger:	»Dann lass uns diese Vereinbarung aufschreiben und wir beide unterschreiben, sodass wir wissen, worauf wir uns geeinigt haben. Morgen sprechen wir wieder miteinander und sehen, mit welcher Geschichte du dich während der Deutschstunde beschäftigen möchtest.«

MOTIVATIONSVERTRAG (Muster)

Fach:	Deutsch	Schüler/in:	Stella Martin
Klasse:	8a	Lehrer/in:	Tobias Krüger

Stella stimmt zu, die folgende Aufgabe während des Deutschunterrichts am Dienstag vollständig zu erledigen: Sie liest die ersten drei Seiten irgendeiner Geschichte und beantwortet Fragen zu diesen Seiten.

Wenn Stella sich dazu entschließt, diese Aufgabe nicht in der Deutschstunde zu erledigen, wird sie die Arbeit am gleichen Tag, am Dienstag, in der Freistunde beenden.

Datum:	Unterschrift
5.11.20..	Schüler/in: _____
Abgabetermin:	Unterschrift
7.11.20..	Lehrer/in: _____

Wenn Stella die Aufgabe in der Deutschstunde nicht erledigt, sagt Herr Krüger nichts. In der Freistunde allerdings erinnert er sie höflich an den Vertrag und bittet sie, ihren Teil der Vereinbarung zu erfüllen. Wenn sie sich weigert, zu arbeiten, und sogar die Bedingungen eines neu verhandelten, reduzierten Vertrags (z. B. zwei Seiten einer Geschichte) nicht erfüllt, legt Herr Krüger Stella einen Plan vor. Dieser Plan beinhaltet eine *logische Konsequenz*: Sie tritt ein als Folge der Entscheidung Stellas, sich als Schülerin nicht in den Unterricht einzubringen.

Plan für Schüler, die sich weigern am Unterricht teilzunehmen

Nehmen wir an, Stella weigert sich, jeglicher vertraglichen Vereinbarung nachzukommen. Herr Krüger kann ihr bewusst machen, dass sie eine Entscheidung getroffen hat: Sie hat sich dazu entschieden, keine Schülerin zu sein. Also beschließt er, sie als »Nicht-Schülerin« zu behandeln.[5]

Herr Krüger präsentiert Stella diesen Plan in einem Gespräch, in dem er ihr auch die Möglichkeit anbietet, stattdessen einen neuen Motivationsvertrag abzuschließen. Wenn sie einen neuen Vertrag ablehnt oder den Bedingungen nicht nachkommt und auch keine Antwort auf die Frage gibt: »Was sollen wir tun?«, erklärt Herr Krüger seinen Plan mit Bedauern, respektvoll und bestimmt.

Fortsetzung des Gesprächs mit Stella:
»Stella, ich verstehe, du bist nicht bereit, einen Vertrag abzuschließen, um deine Aufgaben zu erfüllen. Ich weiß, dass ich dich nicht dazu zwingen kann, dich an einen Vertrag zu halten. Mir scheint, du möchtest nicht tun, was von Schülern in deinem Alter erwartet wird. Dennoch sagt das Gesetz, dass du zur Schule kommen musst.

Ich kann das Gesetz nicht ändern, aber ich kann den Schultag in den nächsten drei Tagen für dich so organisieren, dass du an keinerlei Aktivitäten, die die anderen Schüler unternehmen, teilnehmen musst. Du musst keine Aufgaben oder Aufsätze mehr abgeben oder an Gesprächen oder Projekten teilnehmen. Mit anderen Worten, du musst keine der Verpflichtungen mehr wahrnehmen, die zum Schülersein dazugehören. Du hörst einfach auf, am Schulunterricht teilzuhaben.

Das Einzige, was ich von dir verlange, ist, die anderen nicht zu stören. Wenn du dich entscheidest, das dennoch zu tun, werde ich dich bitten müssen, alleine zu sitzen oder den Raum zu verlassen und dich in den dafür vorgesehenen Raum zu begeben, bis du bereit bist, nicht mehr zu stören.

Nach Ablauf der drei Tage, wirst du wieder eine Schülerin sein wie alle anderen.«

---

5 Der nachfolgende Plan wurde von Sally Laufketter entwickelt, einer Beraterin im Ritenour School District, St. Louis County, Missouri.

Wenn Stella sich feindselig verhält und Widerstand leistet, entscheidet Herr Krüger sich wahrscheinlich dafür, ihr keine weiteren Fragen zu stellen. Er erinnert sie nicht daran, dass sie Sport verpasst, die Pausen alleine verbringt usw., denn das würde ihren Widerstand verstärken. Er setzt den Plan einfach ab dem nächsten Schultag um.

Gespräch mit der Klasse 8a:
Herr Krüger erklärt der Klasse, dass Stella an den Aktivitäten der Schüler in den kommenden drei Tagen nicht mehr teilnehmen wird. Sie bekommt keine Aufgaben mehr gestellt, sagt nichts während der Klassengespräche und bleibt den ganzen Tag entweder im Klassenraum oder im Raum neben dem Sekretariat, etc. Sie kann bei den Aktivitäten zuschauen, darf aber nicht teilnehmen. Herr Krüger wird mit Stella nur dann sprechen, wenn es notwendig ist, denn seine Arbeit besteht darin, Schüler zu unterrichten, und Stella hat entschieden, drei Tage lang keine Schülerin mehr zu sein. Er will sie nicht bestrafen, er akzeptiert lediglich ihre Entscheidung, eine »Nicht-Schülerin« zu sein. Wenn Stella vergisst und anfängt, an einer Klassenaktivität teilzuhaben, nimmt Herr Krüger sie zur Seite und erinnert sie an ihre Vereinbarung: »Stella, erinnere dich, du hast entschieden, bis Freitag nicht mehr Teil dieser Klasse zu sein.«

Beispiel für ein Gespräch mit Stella nach drei Tagen:
Nach drei Tagen trifft Herr Krüger Stella wieder. Er bietet ihr die Wahl an, einen neuen Motivationsvertrag abzuschließen oder ihren Status als »Nicht-Schülerin« weiterzuführen. Wenn ihr Verhalten darauf schließen lässt, dass sie immer noch nicht bereit ist, sich der Klasse anzuschließen, behandelt der Lehrer sie für weitere ein bis zwei Tage als »Nicht-Schülerin«.

Dieser Plan verlangt die Kooperation mit anderen Lehrern, dem Schulleiter und den Eltern. Wenn jemand Unverständnis zeigt, erinnern wir ihn daran, dass wir auf diesem Weg versuchen möchten, Stella zu motivieren, weil alles andere nicht funktioniert hat.

Die meisten Schüler möchten nicht sehr lange »Nicht-Schüler« sein. Wenn Stella sich entschließt, wieder Schülerin sein zu wollen, bestärkt ihr Lehrer sie in ihrer Entscheidung, indem er sie ermutigt, Aufgaben in der Klasse zu übernehmen, in einer Lerngruppe mitzuwirken etc., und sie insgesamt *wieder willkommen heißt*. Der Lehrer kann mit der Ermutigung durch die Mitschüler rechnen, sodass Stella sich akzeptiert fühlt. Stella wird schließlich verstehen, dass die soziale Ordnung in der Schule zum Wohle aller erhalten bleiben muss. Sie ist ein verantwortliches Mitglied dieser sozialen Ordnung.

Keine Präventionsmaßnahme der Welt kann Fehlverhalten ausschließen. Aber unabhängig davon, wie störend ein Fehlverhalten ist, wollen wir in einer demokratisch geführten Klasse damit aufhören, *Strafe* als unser ultimatives Mittel zu sehen. Strafe basiert auf Macht, auf der autokratischen Kontrolle durch Lehrer, Verwaltungsbeamte und Eltern. Eine demokratisch geführte Klasse dagegen verlangt nach sinnvoller, kooperativer Disziplin, die präventiv wirkt. Herr Krügers Umgang mit Stella beruht auf dieser Art Disziplin.

Intervention durch sinnvolle, kooperative Disziplin: Natürliche und logische Konsequenzen statt Belohnung und Strafe

»Mann, bin ich froh, dass ich eine Freistunde habe! Ich kann es kaum erwarten, dass der Tag rum ist!«
»Was ist los, Mirjam? Du siehst ganz fertig aus.«
»Ich bin so müde.«
»Was ist passiert?«
»Nun, gestern war Jens' Geburtstag und wir haben eine Party gefeiert. Die letzten sind erst um eins gegangen, und dann haben wir noch bis um zwei sauber gemacht. Und als ob das noch nicht genug gewesen wäre, habe ich eine halbe Stunde verschlafen und meinen Bus verpasst! Stell dir vor, ich bin zum Bus gerannt – und der Fahrer ist losgefahren! Also bin ich zwanzig Minuten zu spät zur Schule gekommen, alle Schüler waren schon im Klassenzimmer … Mann! Was für ein Tag.«

Mirjam Schröder, Lehrerin einer 7. Klasse, hat sowohl die *natürliche* als auch die *logische Konsequenz* der Geburtstagsparty erfahren. Sie ist lange aufgeblieben und war deshalb müde – eine *natürliche Konsequenz* als Resultat eines Verstoßes gegen die *natürliche Ordnung*. Sie hat verschlafen und ihren Bus verpasst – eine *logische Konsequenz* als Folge eines Verstoßes gegen die *soziale Ordnung*, gegen die Regeln, die Menschen aufgestellt haben, um ein kooperatives Leben zu ermöglichen. Die Realität des Lebens lässt uns immer wieder natürliche und logische Konsequenzen erfahren. Dennoch benutzen wir Konsequenzen nur selten in unserer Klasse, um Fehlverhalten zu korrigieren. Stattdessen strafen wir oft.

Da *Strafe* auf Macht basiert, führt sie häufig zu Machtkämpfen oder zu Rache. Strafe vergrößert den Konflikt zwischen Lehrern und Schülern, entbindet Schüler ihrer Verantwortung und verhindert die Entwicklung von Selbstdisziplin. Mit Ausnahme »braver« Kinder, die nur gelegentlich über die Stränge schlagen, reagieren die meisten Schüler auf Strafe nur, solange der Lehrer anwesend ist und wenn sie die Strafe immer wieder erfahren.

Belohnungen führen zu Abhängigkeit, Entmutigung und Rebellion, weil sie ebenfalls auf Macht und Kontrolle basieren. Belohnungen müssen gesteigert werden – die vorherige muss immer von der folgenden übertroffen werden.

Wenn Strafe lehrt, dass Macht erstrebenswert ist, dann lehrt Belohnung die Notwendigkeit extrinsischer Motivation (s. Kap. 3) und die Einstellung »Gib nie etwas, ohne etwas dafür zu bekommen«. Belohnungen lehren außerdem, dass das Lernen selbst nur Mittel zum Zweck ist, also ohne einen eigenen intrinsischen Wert.

Unser Ziel ist, unsere Schüler zu *Selbstdisziplin, Verantwortungsbewusstsein* sowie *Entscheidungsfähigkeit, Selbstständigkeit* und *Unabhängigkeit* anzuregen. Dennoch gibt es Fehlverhalten – harmloses und schwerwiegendes –, und wir müssen damit umgehen.

Wie können wir Disziplin im Sinne einer demokratisch geführten Klasse erreichen?

Konsequenzen haben folgende konkrete Vorteile gegenüber Belohnung und Strafe:

- Schüler sind für ihr eigenes Verhalten verantwortlich.
- Schüler treffen Entscheidungen innerhalb bestimmter Grenzen und tragen die Folgen ihrer Entscheidungen.
- Lehrer lassen ihre Schüler die Realität der natürlichen und der sozialen Ordnung erleben und dadurch eine Lernerfahrung machen.

Rudolf Dreikurs[6] hat ein System der *kooperativen Disziplin* entwickelt, bei dem *natürliche* und *logische Konsequenzen* zum Einsatz kommen.

Beispiele für natürliche Konsequenzen:

- Wenn Corinna (10) sich beispielsweise weigert, zu essen, wird sie Hunger bekommen.
- Wenn sich Daniel (14) die Zeit nicht gut einteilt, um seinen Biologietest zu Ende zu bringen, wird er schlecht dabei abschneiden.

Wenn wir uns entschließen, Corinna und Daniel nicht zu ermahnen, haben sie die Chance, aus den natürlichen Konsequenzen ihres Verhaltens zu lernen.

---

6 Dreikurs, Grey [17]

Unsere Möglichkeiten, *natürliche* Konsequenzen folgen zu lassen, damit die Schüler aus Erfahrungen lernen können, sind begrenzt, vor allem weil wir auch für ihre Sicherheit verantwortlich sind. Wir können Schülern nicht gestatten, sich zu prügeln und einander zu verletzen oder auf der Straße zu spielen. Bei vielen alltäglichen Situationen in der Schule gibt es keine natürliche Konsequenz.

Aber wir können eine *logische* Konsequenz als Folge des Verstoßes gegen die *soziale Ordnung* einsetzen.

Wir etablieren *Richtlinien, Regeln, Rituale* und eine *Routine* in unserer Klasse, die es den Schülern erleichtern, auf kooperative Weise miteinander zu leben und zu arbeiten. Wenn sie Regeln missachten, bieten wir ihnen *nachvollziehbare Entscheidungsmöglichkeiten* an:

> BEISPIEL:
>
> »Ihr könnt ruhig sein, sodass wir das Ratespiel spielen können, oder wir spielen es ein anderes Mal, wenn ihr bereit seid, zuzuhören.«

Wir achten auf das Verhalten der Schüler, um zu sehen, welche Wahl sie getroffen haben. Entsprechend der Entscheidung der Schüler, ziehen wir die *logische Konsequenz* durch:

> BEISPIEL:
>
> »Euer Verhalten zeigt mir, dass ihr heute nicht dazu bereit seid, das Ratespiel zu spielen. Wir werden es morgen noch einmal versuchen.«

Logische Konsequenzen müssen von den Schülern, die Fehlverhalten zeigen, als logisch *erachtet* werden.

> BEISPIELE FÜR LOGISCHE KONSEQUENZEN:
>
> - Schüler, die Büchereibücher verlieren, *bezahlen* dafür.
> - Schüler, die mit Essen werfen, *wischen den Boden* und *verlieren* vielleicht sogar vorübergehend das *Privileg, mit anderen gemeinsam zu essen.*
> - Schüler, die in der Pause einander schlagen, *spielen vorübergehend alleine* oder *bleiben unter Aufsicht im Schulgebäude.*

Ressentiments des Lehrers gegenüber dem betroffenen Schüler haben bei der Anwendung von natürlichen und logischen Konsequenzen keinen Platz! (Der Wecker, der Mirjam nicht zu wecken vermochte, war nicht sauer auf sie. Ebenso wenig der Busfahrer, dessen Bus sie verpasst hat.)

Bei *natürlichen* Konsequenzen kommt es darauf an, dass wir Lehrer »gelassen danebenstehen« und den Ereignissen ihren Lauf lassen – vorausgesetzt, das Ergebnis ist nicht gefährlich.

Logische Konsequenzen treten ein, wenn Schüler die Regeln missachten, die in unserer Schule bzw. Klasse gelten und ihnen bekannt sind. Konsequenzen sind nur dann effektiv, wenn sie von Lehrern eingesetzt werden, die sowohl *freundlich* als auch *bestimmt* sind. Unsere Körpersprache, Tonlage, Gestik und Mimik sind außerordentlich wichtig.

Unsere *Bestimmtheit* zeigt, dass wir uns selbst respektieren.
Unsere *Freundlichkeit* zeigt, dass wir unsere Schüler respektieren.

Sechs wichtige Unterschiede zwischen Strafe und logischen Konsequenzen[7]

1. *Strafe drückt die Macht der strafenden Person aus.*
   »Ich habe euch *gesagt*, ihr sollt ruhig sein! Jetzt setze ich euch aber auseinander!«

   Durch logische Konsequenzen wird die Realität sozialer Ordnung aufgezeigt. Die Rechte aller Beteiligten werden anerkannt.
   »Ich verstehe, dass ihr wegen des Projekts aufgeregt seid. Aber der Lärm stört die anderen. Bitte arbeitet leise, oder ihr setzt euch auseinander, bis ihr bereit seid, leise zu arbeiten. Ihr entscheidet.« Wenn die Schüler weiterhin laut sind, bleiben wir respektvoll und setzen sie kommentarlos auseinander.

---

7 Dreikurs, Grey [16]; Dinkmeyer et al. [11]

2. *Strafe ist willkürlich und hat kaum Bezug zur jeweiligen Situation.*
»Okay, du wirst nach der Schule hierbleiben und hundertmal schreiben ›Ich werde nicht mehr auf mein Pult kritzeln‹!«

Logische Konsequenzen haben einen direkten Bezug zum Fehlverhalten.
»Du hast dich entschieden, auf dein Pult zu kritzeln. Wie willst du das wieder in Ordnung bringen?« Wir stellen sicher, dass der Schüler die Beschädigung wiedergutmacht.

3. *Strafe betrifft die Person und beinhaltet ein moralisches Urteil. »Tat« und »Täter« sind eins.*
»Du hast das Buch aus der Bücherei mitgenommen, ohne es auszutragen! Wie oft hast du das schon gemacht? Weißt du nicht, dass das Diebstahl ist? Du bringst das Buch sofort zurück! Du darfst keine Bücher mehr ausleihen.«

Logische Konsequenzen beinhalten kein moralisches Urteil. »Tat« und »Täter« werden getrennt.
»Du hast dich nicht an die Regeln für das Ausleihen der Bücher gehalten. Bring das Buch bitte zurück und trage es aus. Du weißt, dass du eine Woche lang kein anderes Buch ausleihen darfst. Ich bin sicher, du wirst das nächste Mal an das Austragen denken.« Wir stellen sicher, dass der Schüler eine Woche lang keine Bücher mehr ausleiht.

4. *Strafe wird in der Gegenwart ausgesprochen, bezieht sich aber auf Fehlverhalten in der Vergangenheit.*
»Nein! Du kannst nicht helfen, das Experiment aufzubauen. Das letzte Mal hast du dich geweigert, eine Schutzbrille zu tragen, und wir konnten nicht anfangen!«

Bei logischen Konsequenzen geht es ausschließlich um gegenwärtiges und zukünftiges Verhalten.
»Du kannst mir bei dem Experiment helfen, wenn du bereit bist, eine Schutzbrille zu tragen.«

5. *Strafe bedroht und demütigt. Durch sie wird der »Täter« respektlos behandelt.*
»Ihr habt mich vor unserem Gastredner blamiert! Ich schäme mich wirklich für euch. Wir werden keinen Experten mehr einladen!«

Logische Konsequenzen werden auf freundliche, respektvolle Art vorgebracht, nachdem der Lehrer sich beruhigt hat. Durch sie zeigt der Lehrer, dass er Vertrauen in die Schüler hat und an ihre Kooperationsbereitschaft glaubt.

Die Lehrerin sagt nichts, nachdem der Gastredner gegangen ist, weil sie weiß, dass ihre Schüler jetzt erwarten, dass sie ihnen Vorwürfe machen wird. Zu einem späteren Zeitpunkt, nachdem sie sich beruhigt hat, sagt sie:

BEISPIEL:

»Ich habe den Eindruck, ihr seid noch nicht bereit für einen Gastredner. Den Zeitpunkt für die nächste Einladung werden wir deshalb verschieben müssen, bis wir – ihr und ich – finden, dass ihr so weit seid.«

6. **Strafe verlangt Gehorsam.**
»Geh sofort, setz dich alleine an einen Tisch und mach die Aufgabe zu Ende!«

Logische Konsequenzen erlauben eine Wahl.
»Du kannst an deinem Platz bleiben und hier konzentriert arbeiten oder dich alleine an den anderen Tisch setzen und dort weiterarbeiten. Du entscheidest.«
Wir respektieren die Entscheidung des Schülers und handeln entsprechend.

Die logischste aller Konsequenzen wird zur Strafe, wenn wir Wut, Warnung, Ermahnung, Drohung oder Nörgeln hineinlegen – *zu viel Gerede jeglicher Art*. Feindselige Körpersprache, Gestik und Mimik, die unsere freundlichen Worte Lügen strafen, können unsere Bemühungen ebenfalls zerstören. Das kann auch bei versteckten Absichten wie Macht oder Rache passieren, wenn wir eine »Das wird sie lehren!«-Haltung annehmen.

**Fehlverhalten ist ein Signal, dass eine
Lernerfahrung für den Schüler notwendig ist.**

Logische Konsequenzen verlangen, dass wir uns kurz fassen und es auf den Punkt bringen, dass wir konsequent sind und eine *respektvolle, ermutigende Haltung* beibehalten. Logische Konsequenzen setzen unsere Bereitschaft als Lehrer voraus, die Schüler durch unser Handeln die Folgen ihres Verhaltens erfahren und sie so daraus lernen zu lassen.

Schlüssel zu sinnvoller, kooperativer Disziplin

✓ Sie zeigen *Respekt*.
✓ Sie erwarten *Kooperation*.
✓ Sie geben *Entscheidungsmöglichkeiten*.
✓ Sie lassen *Konsequenzen* folgen.

Schritte für die Anwendung sinnvoller Disziplin, um Selbstdisziplin zu fördern

1. Wir entscheiden, wessen Problem es ist

Wenn es sich um ein Problem unseres Schülers handelt, begegnen wir diesem oft am besten mit *natürlichen* Konsequenzen:

BEISPIEL:

Wenn **Corinna** (10) das Mittagessen in der Ganztagsschule ausfallen lässt und dann den Rest des Tages Hunger leidet, lernt sie, was passiert, wenn sie eine Mahlzeit verpasst. Ihr Lehrer muss dabei nicht involviert sein. Corinna kann selbst eine Lösung finden (s. Kap. 5).

Wenn es dagegen um ein Problem des Lehrers oder der Klasse geht, ist es notwendig, *logische* Konsequenzen folgen zu lassen:

BEISPIEL:

Moritz (15), der öfter zu spät in den Unterricht kommt, wartet vor der offenen Tür des Klassenzimmers, bis der Lehrer ihn hereinbittet (s. Kap. 7, Tab. 7 A).

Einige Schülerprobleme können ebenfalls mit logischen Konsequenzen gelöst werden:

BEISPIEL:

Wenn **Marlon** (13) seine Aufgaben nicht erledigen will, kann sein Lehrer mit ihm einen Vertrag aushandeln, in dem sie gemeinsam festlegen, welche Aufgaben Marlon bereit ist zu tun und welche Konsequenzen es haben wird, wenn er diese Aufgaben nicht erledigt.

2. Wir identifizieren das Ziel des Fehlverhaltens

Natürliche Konsequenzen sind für jedes Ziel des Fehlverhaltens geeignet, da sie keinen Einsatz vonseiten des Lehrers erfordern.

Logische Konsequenzen dagegen müssen wir so einsetzen, dass das Ziel des Fehlverhaltens nicht verstärkt wird.

- Konsequenzen sind meist sehr effektiv, wenn es um Schüler geht, die *Aufmerksamkeit suchen*. Wir geben Aufmerksamkeit, wenn sie nicht erwartet wird, und vermeiden dadurch, das Ziel der Schüler zu verstärken.
- Schüler, die nach *Macht* und *Rache* streben, interpretieren logische Konsequenzen möglicherweise als Strafe. Sie können in der Regel nichts »Logisches« an unseren Handlungen ihnen gegenüber sehen. Wir können uns logische Konsequenzen für solche Schüler ausdenken, müssen dabei aber besonders vorsichtig und achtsam sein, dass wir ihre Ziele nicht verstärken.

- Schüler, die ihre *Unfähigkeit unter Beweis stellen,* benötigen eine extra große Dosis Ermutigung von unserer Seite, der Seite des Lehrers, der sie nicht aufgibt und an sie glaubt. Logische Konsequenzen sind bei solchen Schülern in der Regel nicht angebracht. Nichtsdestotrotz: Sobald diese Schüler anfangen, auf unsere Ermutigung zu reagieren, können wir Lernverträge mit ihnen abschließen, die auf logischen Konsequenzen basieren.

Wir behalten im Hinterkopf, dass sich die Logik kooperativer Disziplin aus dem engen Zusammenhang mit dem Ziel des Fehlverhaltens ergibt.

Logische Konsequenzen sind auf den individuellen Schüler und die individuelle Situation zugeschnitten.

BEISPIEL:

Ein Schüler, der den Clown spielt, um Aufmerksamkeit zu bekommen, kann als Konsequenz seines Fehlverhaltens um eine »Vorstellung« gebeten werden, da er diese Art Aufmerksamkeit nicht erwartet. Dagegen bekommt ein Schüler, der den Clown spielt, um Macht auszuüben, vielleicht genau das, was er will, wenn wir ihn bitten, etwas vorzuführen. Ein solcher Schüler will tatsächlich gerne die Führung der Klasse übernehmen. Das Unerwartete würde in diesem Fall in einer Wahlmöglichkeit bestehen (s. Kap. 5, Tab. 5).

Es lohnt sich, die *Prinzipien für den Umgang mit den jeweiligen Zielen des Fehlverhaltens* wieder ins Gedächtnis zu rufen, wenn wir kooperative Disziplin anwenden (s. Kap. 1 und Kap. 6 »Nur für Sie«). Denn sie helfen, die passenden logischen Konsequenzen zu finden.

3. Wir bieten Entscheidungsmöglichkeiten innerhalb von Grenzen an

Wenn wir entschieden haben, dass wir am besten reagieren, indem wir Konsequenzen folgen lassen, stellen wir zunächst Alternativen auf, die für die Situation passend sind, und lassen unsere Schüler entscheiden. Wir bieten die Entscheidungsmöglichkeiten bestimmt und respektvoll an:

BEISPIELE:

- »**Tobias** (7), mit den Holzfiguren zu werfen ist nicht erlaubt. Du kannst die Geschichte nachspielen, die wir gerade gelesen haben, oder du kannst die Figuren nachzeichnen. Du entscheidest.«
- »**Markus** (16), du kannst diese Gruppe konstruktiv bei der Aufgabe unterstützen oder dich einem anderen Team anschließen.«

Wenn die *Alternative offensichtlich* ist, formulieren wir nur die für uns akzeptable Variante:

BEISPIELE:

- »Wenn ihr die Bücher weggeräumt habt, können wir in die Mittagspause gehen.«

- »Wenn du in die Schulbibliothek gehst, gehst du dorthin, um still an deinem Bericht zu arbeiten.«

Manchmal möchten wir auch nur unsere *Absicht* formulieren:

BEISPIEL:

»**Sophie** (17), ich bin bereit, dir bei dem Projekt zu helfen, aber nur, nachdem du selbst einen konkreten Plan aufgestellt hast.«

4. *Wir lassen Konsequenzen folgen. Wir haben das Vertrauen, dass die Schüler aus den Folgen ihrer Entscheidung lernen und sich danach für angemessenes Verhalten entscheiden.*

BEISPIEL:

Gamal (14) behindert wiederholt die Zusammenarbeit in seiner Gruppe. Der Lehrer, Herr Schwarz, gibt Gamal die STOP-Karte und sagt: »Dein Verhalten zeigt mir, dass du dich entschieden hast, uns jetzt beim Projekt nicht zu unterstützen.« Entsprechend der Vereinbarung geht der Schüler in den Raum neben dem Sekretariat und kommt 15 Minuten später zurück, um mit der Gruppe am Projekt weiterzuarbeiten (s. Kap. 7).

Prinzipien für die Anwendung von Konsequenzen

- **Wir konzentrieren uns auf positives Verhalten**

BEISPIEL:

Wir mussten **Malte** (12) aus der Cafeteria entfernen, weil er mit Essen geworfen hat. Nach dem Essen sehen wir ihn eifrig an seinen Mathematikaufgaben arbeiten. Wir klopfen ihm auf die Schulter oder lächeln ihn an und machen eine ermutigende Bemerkung.

Es ist wichtig, dass Schüler sich als Person akzeptiert fühlen, auch wenn das eine oder andere Verhalten manchmal inakzeptabel ist.

Wir müssen uns im Klaren sein, welche *positiven Haltungen und individuellen Eigenschaften der Schüler wir ermutigen* wollen – wie z. B. Respekt, Toleranz und Kooperation.

Einige Beispiele[8]:

Haltungen von Schülern, die wir ermutigen wollen	Verhaltensweisen von Schülern, die wir ermutigen wollen
respektiert die Rechte anderer	wechselt sich mit anderen ab; lässt andere (aus)reden/mitreden; hilft sauber zu machen/aufzuräumen; teilt mit anderen; verhält sich ruhig, während andere arbeiten.
ist tolerant	hört anderen zu; lässt andere ihre Stärken einsetzen; ist geduldig mit weniger begabten, leistungsschwächeren Schülern.
ist an anderen interessiert	lässt andere mitspielen; kümmert sich um abwesende Mitschüler; hilft anderen freiwillig; zeigt sich gesellig.
ist kooperativ	arbeitet gut in Gruppen; erledigt seinen Anteil an gemeinsamen Aufgaben.
ist ermutigend	bemerkt die Bemühungen anderer und erkennt sie an; gibt anderen eine Chance, mitzumachen.
ist mutig	geht angemessene Risiken ein; macht gerne neue Erfahrungen; ist auch unter Druck ruhig; akzeptiert Herausforderungen.

- **Wir achten auf unsere Wortwahl**

Wenn wir kooperative Disziplin sinnvoll ausüben, wählen wir unsere Worte sorgsam aus und zeigen – auch dadurch – Respekt. Unsere Schüler erwarten von uns, dass wir viel reden. Wenn wir das tun, werden sie möglicherweise in ihrem Fehlverhalten bestärkt. Wenn wir sparsam mit unseren Worten umgehen, sind wir sehr viel erfolgreicher im Umgang mit Fehlverhalten.

Außerdem wollen wir ermutigend sein. Wir überlegen uns, wie folgende Formulierungen bei unseren Schülern ankommen:

- »Wann genau wird dieser Bericht *endlich* abgegeben?«
- »Was ist hier los? Gibt es *schon wieder Ärger*?«
- »Wenn ich dir das *noch einmal* sagen muss …«
- »Lass dich *nicht noch mal* von mir dabei erwischen, sonst gibt es *Ärger*!«
- »Ich kann diese Klasse einfach *nie* alleine lassen.«

---

8 Carlson, Dinkmeyer [6]

Bestimmte Wörter klingen fast immer negativ. Für jedes gibt es jedoch eine passende Alternative:

Negative Formulierung	⟶	Positive Alternative[9]
nie	⟶	diesmal
immer	⟶	wenn … dann
Du musst …	⟶	Du kannst …
Du solltest …	⟶	Es wäre besser, wenn …
Du müsstest …	⟶	Du entscheidest.

Wir wollen unsere Schüler so oft wie möglich ermutigen – auch dann, wenn es nicht so gut läuft. Wir möchten, dass sie wissen, dass wir an sie glauben und das Beste von ihnen erwarten.

- **Wir sind konsequent**

Disziplin wird nachvollziehbarer, wenn wir so konsequent wie möglich reagieren. Wenn Schüler wissen, was sie erwartet, fangen sie an, uns zu vertrauen. Unser konsequentes Verhalten wirkt dem Fehlverhalten entgegen – sofern unsere Reaktionen die Ziele des Fehlverhaltens nicht verstärken.

- **Wir ziehen die ganze Klasse für Fehlverhalten zur Verantwortung, wenn der »Übeltäter« unbekannt ist**

Wir *fördern Selbstdisziplin*, indem wir alle Schüler gemeinsam die Verantwortung übernehmen lassen, wenn der »Übeltäter« unbekannt ist[10]. Zu versuchen, den Schuldigen zu finden, führt nur zu gegenseitigem Anschwärzen, schlechten Gefühlen zwischen »guten« und »schlechten« Klassenmitgliedern und peinlichen Situationen.

BEISPIEL:

Wenn wir aus dem Lehrerzimmer zurückkommen und Papierkugeln über den ganzen Boden verteilt finden, bitten wir die gesamte Klasse, sie aufzuheben. Auf diese Weise ist es eher unwahrscheinlich, dass einzelne Schüler der Klasse in Zukunft solche Unannehmlichkeiten bescheren werden. So setzen wir Gruppenzwang konstruktiv ein, und die Schüler disziplinieren sich gegenseitig. Die »guten« Schüler werden ihren »Heiligenschein« nicht mehr auf Kosten der »schlechten« Schüler tragen. Wichtig ist dabei, Schüler und Eltern zu Beginn des Schuljahres über die Regeln in Kenntnis zu setzen.

---

9   Weitere Beispiele zu diesem Thema: Prior, Winkler [39]

10 Siehe auch Hoegg [24], S. 116–117

- **Wir üben mit den Schülern Selbstdisziplin**

Wir planen Zeit zum Üben ein. Den Schülern Selbstdisziplin beizubringen ist erfolgreicher, wenn wir alle – Lehrer und Schüler – entspannt sind. Wir machen den Schülern die Vorteile von Selbstdisziplin im Leben bewusst, indem wir ihnen positive Erfahrungen in verschiedenen Bereichen ermöglichen.

BEISPIELE:

- Wir bringen Schülern bei, die Schritte für die Durchführung eines Projekts vorher zu erkennen, zu beschreiben und entsprechend die Zeit einzuteilen, bevor sie mit der Projektarbeit beginnen. Das positive Erlebnis tritt ein, sobald die Schüler die Erleichterung verspüren, die eintritt, wenn sie sich an ihren eigenen Plan gehalten haben.
- Vor dem Ausflug nehmen wir uns genügend Zeit, um in Ruhe über bestehende Regeln zu sprechen und möglicherweise zusätzliche Vereinbarungen zu treffen.

Wir machen das regelmäßige Einüben solcher Vorgehensweisen – und damit von Selbstdisziplin – zu einem Teil der Erziehung und Bildung unserer Schüler.

- **Wir beteiligen unsere Schüler an der Festlegung von Konsequenzen**

In einer demokratisch geführten Klasse ist Disziplin eine gemeinsame Bemühung von Lehrern und Schülern. Wir nehmen uns Zeit, mit unseren Schülern über angemessenes Verhalten zu sprechen. Wir beziehen sie in die Entscheidung mit ein, welche Konsequenzen für bestimmte Verhaltensweisen fair wären.

Die Regeln in der Klasse und unsere Erwartungen an die Schüler sollen kein Geheimnis für sie sein!

Wir besprechen Fehlverhalten der Schüler – solange wir die Klasse noch nicht gut kennen – in Zweiergesprächen und – nachdem die Schüler einander genügend kennengelernt haben – auch in kleinen Gruppen oder im Klassenrat (s. Kap. 8). Die meisten Probleme in der Klasse können wir gemeinsam mit unseren Schülern lösen.

Natürlich müssen wir, wenn es die Umstände erfordern, auch Entscheidungen treffen, ohne unsere Schüler mit einzubeziehen. Wenn etwas sofort erledigt werden muss, tun wir das. Wenn das Problem eher klein ist, besteht kein Anlass, es z. B. durch eine Diskussion in der Klasse zu vergrößern.

BEISPIEL:

Wir lassen **Moritz** (12) und **Leon** (13) entscheiden: Sie können ihre private Unterhaltung gleich beenden, oder sie werden für den restlichen Unterricht getrennt. Sie haben die Wahl. Dann fahren wir unbeirrt mit dem Unterricht fort.

Manchmal wissen unsere Schüler nicht, wie eine logische Konsequenz aussehen soll. Dann entscheiden wir selbst. Ein anderes Mal ist das Fehlverhalten so schwerwiegend, dass die Entscheidungsmöglichkeiten begrenzt sind: Der Schüler muss dann einfach das Klassenzimmer oder sogar das Gebäude verlassen (s. Kap. 7).

Bei der Festlegung der Konsequenzen können wir in der Regel mit der Unterstützung unserer Schüler rechnen, vorausgesetzt wir *erwarten Kooperation* von ihnen. Das kann für alle Beteiligten überaus ermutigend sein, und es bedeutet eine Stärkung des Selbstwirksamkeitsgefühls[11].

- **Wir verlängern die Zeitspanne bei wiederholtem Fehlverhalten**

  Beispiel:

  Tobias (7) hat sich entschieden, die Holzfiguren auch weiterhin über den Tisch zu werfen: »Ich sehe, du bist noch nicht bereit, mit den Holzfiguren angemessen umzugehen. Bitte räume sie jetzt ins Regal. Du kannst es morgen noch einmal probieren.«

Von diesem Zeitpunkt an beschränken wir unsere Bemerkungen darauf, dem Schüler immer wieder zu versichern, dass er zu einem festgesetzten Zeitpunkt eine weitere Chance bekommen wird. Sollte sich das Fehlverhalten wiederholen, verlängern wir die Zeitspanne (diesmal auf zwei Tage).

- **Wir überprüfen unsere Haltung, wenn Konsequenzen nicht greifen**
  Um sicherzustellen, dass unsere Vorgehensweise eine logische Konsequenz – keine Strafe – beinhaltete, machen wir den *Umkehrschluss* bzgl. der Merkmale der logischen Konsequenzen (s. Kap. 6, Tab. 6).

Wir fragen uns z. B.:
  - »War meine Absicht, zu strafen oder den Schüler eine Lernerfahrung machen zu lassen?«
  - »Habe ich dem Schüler Wahlmöglichkeiten gegeben und seine Entscheidung akzeptiert?«
  - »Habe ich in einem bestimmten *und* freundlichen, respektvollen Ton gesprochen?«
  - »Hat mein nonverbales Verhalten – meine Mimik und Gestik – zu meinem Ton gepasst?«
  - »Habe ich den Schüler bei der Festlegung der Konsequenzen – sofern möglich – mit einbezogen?«
  - »Stehen die Konsequenzen, die wir festgelegt haben, in einem logischen Zusammenhang zum Fehlverhalten?«
  - »Wäre eine andere Reaktion – z. B. Humor – besser gewesen?«

---

11 Wustmann [46]

Jede Klasse ist einzigartig. Die Lösungen, die hier[12] für häufig auftretende Disziplinprobleme vorgeschlagen werden, funktionieren vielleicht nicht unter allen Umständen. Aber wenn wir das Prinzip verstehen, das hinter logischen Konsequenzen steht, werden wir selbst und unsere Schüler in der Lage sein – mit Kreativität und Geduld –, passende Konsequenzen für das jeweilige Fehlverhalten in der Klasse zu finden.

In einer Klasse, in der ein demokratischer, partizipativer Geist herrscht, *gelingt es uns,* sinnvolle, kooperative Disziplin auszuüben. Wir können unseren Schülern Selbstdisziplin beibringen, indem sie Schritt für Schritt lernen, für ihr eigenes Verhalten verantwortlich zu sein.

**Natürliche und logische Konsequenzen machen
Disziplin sinnvoll, denn sie führen zu Selbstdisziplin.**

Herausforderungen im Schulalltag

Josi (15) wirkt unkonzentriert und lässt Frau Naumann, Lehrerin der 9a, Anweisungen wiederholen. Wenig später ertappt Frau Naumann sie beim SMS-Schreiben.

Beantworten Sie bitte folgende Fragen
  – alleine im Selbststudium,
  – gemeinsam mit Ihren Kollegen, die dieses Kapitel auch gelesen haben, oder
  – beim entsprechenden Modul der STEP Fortbildung für Lehrer:

1. Wessen Problem ist es?
2. Was ist das mögliche Ziel von Josis Fehlverhalten?
3. Welche falschen Wertvorstellungen und Überzeugungen hegt sie?
4. Wie könnte Frau Naumann Josi aktiv zuhören?
5. Welche Ich-Aussage könnte Frau Naumann formulieren?
6. Was wäre eine logische Konsequenz dafür, dass Josi während des Unterrichts eine SMS schreibt und nicht mitarbeitet? Wie könnte Frau Naumann mit ihr darüber sprechen?

---

12 Weitere Beispiele für Reaktionsmöglichkeiten mit natürlichen und logischen Konsequenzen auf typisches Fehlverhalten im Schulalltag werden in Kapitel 7 vorgestellt.

STEP in der Praxis

Üben Sie die Anwendung von natürlichen und logischen Konsequenzen, wenn es sich um Ihr Problem handelt. Notieren Sie sich ein Beispiel, bei dem Sie eine logische Konsequenz erfolgreich angewandt haben, und ein Beispiel für eine Situation, in der Sie keine logische Konsequenz finden konnten.

Bitte beachten Sie

Die Fertigkeiten, die wir in diesem Buch präsentieren, zeigen unserer Erfahrung nach in den meisten Fällen Wirkung. Wenn Sie STEP im Alltag umsetzen, stellen Sie folgende Überlegungen an:

- Inwiefern trägt die Umgebung des Kindes in der Schule – z. B. Aktivitäten, Fächerabfolge, Stundenplan, Tagesablauf, Lehrerwechsel, Räumlichkeiten, usw. – zum Fehlverhalten bei?
- Welche Ihrer persönlichen Ressourcen tragen zur Lösung von Problemen bei? Dazu gehören Eigenschaften oder Stärken wie ein Sinn für Humor, die Fähigkeit, Abstand zu nehmen und die Perspektive zu wechseln, Erfahrung oder Geschick in der Lösung von Problemen, Geduld, Achtsamkeit oder eine gute Wahrnehmung.
- Inwiefern tragen Sie selbst zu Konflikten bei, beispielsweise indem Sie sehr empfindlich oder leicht verletzbar sind, zu viel reden, zu viel fordern, ständig die Kontrolle oder recht haben müssen, perfekt sein oder gefallen wollen?

Tabelle 6

185

Tabelle 6: Hauptunterschiede: Strafe vs. logische Konsequenz

Strafe			Logische Konsequenz		
Merkmal	zugrunde liegende Botschaft des Lehrers	wahrscheinliches Ergebnis beim Schüler	Merkmal	zugrunde liegende Botschaft des Lehrers	wahrscheinliches Ergebnis beim Schüler
1. ist Ausdruck der Macht der strafenden Person.	»Tu, was ich sage, weil ich hier bestimme!« »Ich bin hier der Boss!«	Rebellion; Rache; fehlende Selbstdisziplin; Lügen; wenig Verantwortungsbewusstsein.	1. ist Ausdruck der Realität sozialer Ordnung	»Ich vertraue darauf, dass du lernst, dich selbst und die Rechte anderer zu respektieren.«	Selbstdisziplin; Kooperation; Respekt vor sich selbst und anderen; Zuverlässigkeit.
2. steht selten in Bezug zur Tat; Willkür.	»Dir werde ich es zeigen.« »Du verdienst, was du bekommst.«	Unmut; Rache; Angst; Verunsicherung; Rebellion.	2. steht in logischem Bezug zum Fehlverhalten; Nachvollziehbarkeit.	»Ich vertraue darauf, dass du eine verantwortungsvolle Entscheidung triffst.«	lernt aus der Erfahrung.
3. impliziert ein moralisches Urteil; keine Trennung von »Tat« und »Täter«; Lehrer gibt Schüler auf.	»Das wird dich lehren!« »Du bist ein schlechter Mensch.«	Verletztsein; Unmut; Schuld; Rache; Entmutigung; Aufgeben.	3. impliziert kein moralisches Urteil; behandelt Schüler gleichwertig, mit Würde und Respekt; ermutigt, nicht aufzugeben.	»Du bist eine gleichwertige, wertvolle Person.«	lernt, dass zwar sein Verhalten inakzeptabel ist, aber nicht er selbst als Person (Trennung von »Tat« und »Täter«); Selbstwertgefühl.
4. betont vergangenes Verhalten.	»Das hast du davon – ich habe es nicht vergessen!« »Du lernst nie etwas dazu!«	fühlt sich unfähig, gute Entscheidungen zu treffen; fühlt sich als Person vom Lehrer nicht akzeptiert.	4. beschäftigt sich mit gegenwärtigem und zukünftigem Verhalten.	»Du kannst deine eigene Entscheidung treffen und für dich selbst Sorge tragen. Du bist lernfähig.«	trifft eigene Entscheidungen und lernt daraus (Selbstdisziplin); lernt sich selbst einzuschätzen; Mut, nicht perfekt zu sein.

Strafe			Logische Konsequenz		
Merkmal	zugrunde liegende Botschaft des Lehrers	wahrscheinliches Ergebnis beim Schüler	Merkmal	zugrunde liegende Botschaft des Lehrers	wahrscheinliches Ergebnis beim Schüler
5. droht mit Verachtung – offen oder implizit.	»Reiß dich zusammen! Keiner in meiner Klasse benimmt sich so.«	hegt den Wunsch es heimzuzahlen; Angst; Rebellion; Schuldgefühle.	5. Tonfall, Gestik und Mimik kommunizieren Respekt und Wertschätzung.	»Es ist dein Verhalten, das ich nicht mag, aber dich als Person mag ich!«	ist sich des Respekts und der Unterstützung des Lehrers sicher (Trennung von »Tat« und »Täter«).
6. verlangt Gehorsam.	»Was du magst, zählt hier nicht!« »Ich traue dir nicht zu, dass du vernünftige Entscheidungen triffst!«	zeigt trotzige Fügsamkeit; Pläne, es dem Lehrer bei Gelegenheit heimzuzahlen; zerstört Vertrauen und das Gefühl der Gleichwertigkeit.	6. beinhaltet eine Entscheidungsmöglichkeit.	»Du hast die Wahl. Du entscheidest.«	verantwortungsbewusste Entscheidungen; verstärkter Rückgriff auf eigene Ressourcen; Selbstwirksamkeit.

Zusammenfassung

1. Disziplin ist ein pädagogischer Prozess, der Selbstdisziplin, Verantwortungs-bewusstsein und -bereitschaft lehrt.

2. Sinnvolle, kooperative Disziplin ist präventiv. Indem Sie die Schüler in ihren eigenen Bildungs- und Erziehungsprozess involvieren, reduzieren Sie Fehl-verhalten.

3. Schüler können z. B. bei folgenden Themen mitentscheiden bzw. selbstver-antwortlich handeln:
    - Aufgaben im Klassenzimmer (Schwarzes Brett, Raumgestaltung)
    - Sitzordnung
    - Regeln und Rituale
    - Anweisungen
    - Zusammensetzung von Arbeits- und Kleingruppen
    - mit welchen Methoden sie sich bestimmte Themen aneignen
    - wie viel Zeit für bestimmte Aspekte des Lehrstoffs verwendet werden soll
    - die Reihenfolge bestimmter Unterrichtsthemen
    - Bewertungsmethoden

4. Individuelle Lernverträge beziehen Schüler in das Formulieren ihrer eigenen Ziele mit ein:
    - Notenverträge ermöglichen motivierten Schülern auf selbstgesteckte Ziele hinzuarbeiten.
    - Motivationsverträge können bei unmotivierten, unwilligen Schülern för-derlich wirken.

5. Disziplin, die auf Belohnung und Strafe setzt, stützt sich auf Macht und Kon-trolle.

6. *Belohnungen* können zu Abhängigkeit, Entmutigung und Rebellion führen. *Strafe* verstärkt den Konflikt zwischen Lehrern und Schülern, entbindet Schüler ihrer Verantwortung und verhindert die Entwicklung von Selbstdis-ziplin (siehe Tab. 6)

7. *Natürliche* Konsequenzen sind das Ergebnis eines Verstoßes gegen die natür-liche Ordnung.
    Logische Konsequenzen sind das Ergebnis eines Verstoßes gegen die Regeln der sozialen Ordnung.

8. Um Konsequenzen sinnvoll einzusetzen, gehen Sie folgende Schritte:
    - Sie entscheiden, wessen Problem es ist.

- Sie identifizieren das Ziel des Fehlverhaltens.
- Sie bieten Entscheidungsmöglichkeiten innerhalb von Grenzen an und überlassen dem Schüler die Verantwortung für seine Entscheidung.
- Sie lassen den Schüler die Konsequenzen erfahren, die sich aus der eigenen Entscheidung ergeben – Sie lassen ihn eine Lernerfahrung machen.

9. Sie halten sich an folgende Prinzipien, wenn Sie Konsequenzen folgen lassen:
   - Sie konzentrieren sich auf positives Verhalten.
   - Sie sind sowohl respektvoll als auch bestimmt – Sie wählen Ihre Worte sorgsam.
   - Sie reden weniger und handeln mehr.
   - Sie erwarten Kooperation von Ihren Schülern.
   - Sie sind konsequent, um Disziplin nachvollziehbar zu machen.
   - Sie lassen alle Schüler die Verantwortung für Fehlverhalten der Klasse teilen, wenn der »Übeltäter« unbekannt ist oder wenn die Mehrzahl der Schüler beteiligt ist.
   - Sie planen Zeit ein zum Einüben von Selbstdisziplin.
   - Sie beziehen Ihre Schüler in die Entscheidung mit ein, welche Konsequenz für ein bestimmtes Fehlverhalten fair wäre.
   - Sie verlängern die Zeitspanne, die vergehen muss, bevor der Schüler noch einmal probieren darf, eine positive Entscheidung zu treffen und Ihr Vertrauen wiederzugewinnen.
   - Sie überprüfen Ihre Haltung, wenn Konsequenzen nicht greifen.

NUR FÜR SIE

Mit den eigenen Gefühlen zurechtkommen, wenn Schüler Fehlverhalten zeigen

Sinnvolle Disziplin zeigt die größte Wirkung, wenn sie auf ruhige, wohlüberlegte Weise ausgeübt wird. Negative Gefühle Ihrerseits, die auch durch die Körpersprache zum Ausdruck kommen, bestärken den Schüler in den Zielen seines Fehlverhaltens. Wenn Schüler Fehlverhalten zeigen, *erwarten* sie – unbewusst – von Ihnen, dass Sie sich ärgern, wütend sind, sich verletzt oder verzweifelt fühlen.

Gefühle sind eine Form von Energie. Menschen benutzen sie als »Antrieb« für ihr Verhalten. Wenn Sie einem Menschen persönlich nahekommen möchten, erzeugen Sie – durch Ihren inneren Dialog – dieser Person gegenüber angenehme Gefühle. Wenn Sie sich von anderen distanzieren wollen, erzeugen Sie z. B. Wut und schaffen dadurch Distanz. Emotionen dienen einem Zweck – sie treiben zu Handlungen an. Negative Emotionen können in Beziehungen zu Distanz und Problemen führen und so zum Stressfaktor werden.

1. **Erkennen Sie den Zweck Ihrer emotionalen Reaktion auf das Fehlverhalten der Schüler.**
Um Disziplin sinnvoll ausüben zu können, ist es wichtig, hinderliche Emotionen herauszuhalten. Dazu ist es im ersten Schritt erforderlich, den Zweck Ihrer eigenen negativen emotionalen Reaktion auf das jeweilige Fehlverhalten des Schülers zu erkennen.

Aufmerksamkeit. Wenn ein Schüler unangemessene Aufmerksamkeit einfordert, fühlen Sie sich möglicherweise *verärgert*. Der Zweck Ihrer Verärgerung liegt darin, den Schüler dazu zu bewegen, aufzuhören, unangemessene Aufmerksamkeit zu fordern. Ihr Ärger gibt Ihnen die notwendige Energie, den Schüler an etwas zu erinnern und zu ermahnen.

Macht. Durch nach Macht strebende Schüler lassen Sie sich möglicherweise dazu verführen, *Wut* zu empfinden. Der Zweck dieser Wut liegt darin, die Fügsamkeit der Schüler zu erzwingen. Indem Sie wütend werden, versuchen Sie, den Schüler dazu zu zwingen, zu tun, was Sie wollen, anstatt nur zu ermahnen – was Sie tun, wenn Sie nur verärgert sind. Wut ist eine viel intensivere Emotion als Ärger.

Rache. Wenn Schüler nach Rache streben, fühlen Sie sich *verletzt und wütend*. Sie erzeugen das Gefühl des Verletztseins in sich, um sich selbst die Erlaubnis geben zu können, es dem Schüler heimzuzahlen. Dann erzeugen Sie Wut, um zurückzuschlagen. In diesem Fall wird Wut eingesetzt, um zu verletzen.

Unfähigkeit unter Beweis stellen. Durch Schüler, die ihre Unfähigkeit unter Beweis stellen, lassen Sie in sich ein Gefühl der *Verzweiflung* aufkommen – Sie haben das Gefühl, dass Sie aufgeben möchten. Wenn Sie in tiefe Entmutigung oder Verzweiflung verfallen, glauben Sie, dass nichts mehr getan werden könne, um die Situation positiv zu beeinflussen. Die Verzweiflung, die Sie in sich erzeugen, erlaubt es Ihnen, den Schüler aufzugeben.

Wenn Sie aufgrund Ihrer negativen Emotionen – *Verärgerung, Wut, Verletztsein* oder *Verzweiflung* – reagieren, dann helfen Sie den Schülern *nicht*. Es ist wichtig, dass Ihr Fokus als Lehrer darauf gerichtet bleibt, das zu tun, was für den Schüler gut ist.

Sie fragen sich: Was braucht der Schüler? Welche Ziele verfolgt er? Wie kann ich dem Schüler in dieser Situation am meisten helfen, aus dieser Erfahrung zu lernen? Wie kann ich als Erwachsener dem Schüler in seiner Not Halt und Orientierung geben? Diese Sichtweise beizubehalten ist nicht immer leicht. Aber indem Sie sich diese o. g. Fragen beantworten, helfen Sie auch sich selbst, denn Sie reduzieren Ihren Stress.

Was können Sie dafür tun?

2. Führen Sie positive Selbstgespräche.
Wie alle Menschen, erzeugen Sie Ihre Gefühle durch das, was Sie sich selbst sagen. Kategorische Aussagen wie: »Das ist furchtbar«, »Ich kann das nicht aushalten!«, »Wie kannst du es wagen?«, »Du sollst (musst) das tun«, »Du bist ein schlechter Mensch«, »Ich bin ein furchtbarer Lehrer!« – all diese Selbstgespräche erzeugen starke, aufwühlende Emotionen. Um im Umgang mit Schülern wirkungsvoll zu sein, ist es wichtig, Ihre Selbstgespräche zu überprüfen und sich für neue Wege zu entscheiden. Gestalten Sie Ihren inneren Dialog positiv, wenn Sie auf die Ziele des Fehlverhaltens Ihrer Schüler reagieren:

Aufmerksamkeit. Wenn Schüler auf unangemessene Weise Aufmerksamkeit suchen, sagen Sie möglicherweise zu sich selbst: »Der Schüler ist unmöglich«, oder: »Oh je, die schon wieder, die nervt vielleicht!« Solche Sätze führen zu innerer Verärgerung, gleichgültig, wie ruhig Sie nach außen hin zu reagieren scheinen.

Sagen Sie sich stattdessen: »Er will um jeden Preis meine Aufmerksamkeit erzwingen und so dazugehören – dieses Verhalten werde ich ignorieren.« Ein solcher Satz führt Sie direkt zu einer Handlung, die hilfreich ist, und er macht es Ihnen emotional leichter, sie auszuführen.

Macht. Wenn Sie auf einen nach Macht strebenden Schüler treffen, denken Sie vielleicht: »Damit wird er nicht durchkommen! Er muss und er wird tun, was ich sage! Ich zeige ihm, wer hier das Sagen hat!« Ein solches Selbstgespräch wird zu Wut führen.

Stattdessen überdenken Sie die Situation: »Er will sich mit mir streiten. Ich verstehe, er möchte selbst bestimmen, er möchte selbstständig sein. Ich bleibe ruhig und weigere mich, zu streiten.«

Rache. Schüler, die auf Rache aus sind, wecken in Ihnen starke, negative Gedanken. Das ist das Ziel dieses Fehlverhaltens. Vielleicht sagen Sie sich: »Wie kann er es wagen, so etwas zu mir zu sagen! Das ist schrecklich! Ich kann es nicht aushalten, dass jemand so mit mir spricht! Das zahle ich ihm heim.« Dieses Selbstgespräch führt zu Wut und Verletztsein.

Stattdessen können Sie sich sagen: »Dieser Schüler ist selbst sehr verletzt und will deswegen jemand anderen verletzen. Ich sehe seine Not und zeige ihm Mitgefühl, anstatt mich von ihm verletzen zu lassen und zurückzuschlagen.«

Unfähigkeit unter Beweis stellen. Ein Schüler, der seine Unfähigkeit unter Beweis stellt, weckt in Ihnen den Wunsch, aufzugeben. In Ihrem Selbstgespräch sagen Sie sich vielleicht: »Bei diesem Schüler habe ich versagt, es gibt nichts, was ich noch tun könnte. Wie schrecklich! Ich bin unfähig, dem Schüler kann nicht mehr geholfen werden.« Verzweiflung wird sicherlich das Ergebnis eines solchen Selbstgesprächs sein!

Stattdessen realisieren Sie, dass der Schüler glaubt, er sei unfähig, weil er sehr entmutigt ist. Was der Schüler glaubt, ist weder ein Zeugnis für seine noch für Ihre Unfähigkeit. Sagen Sie sich selbst: »Dieser Schüler ist äußerst entmutigt. Ich werde mich nicht selbst unfähig fühlen und den Schüler aufgeben! Stattdessen werde ich auf den kleinsten Erfolg achten und mich darauf konzentrieren.«

Fazit:
Achten Sie auf Ihre Gefühle und ändern Sie Ihr Selbstgespräch, wenn ein Schüler Fehlverhalten zeigt.

Wenn Sie über eine Situation reflektieren, stellen Sie sich folgende drei Fragen und schreiben Sie Ihre Antworten auf:

- »Welchen Zweck erfüllt mein Gefühl? Was möchte ich mit meinem Gefühl erreichen?«
- »Was sage ich mir selbst? Worin besteht mein Selbstgespräch?«
- »Was könnte ich mir stattdessen sagen?«
- Üben Sie diese neuen Selbstgespräche, damit sie das nächste Mal, wenn ein Schüler Fehlverhalten zeigt, abrufbar sind.

Diese Vorgehensweise ist auch in Ihren Erwachsenenbeziehungen hilfreich. Probieren Sie es aus!

- Überlegen Sie, in welchen Situationen Sie verärgert, wütend, verletzt waren oder aufgeben wollten.
- Welchen Zweck hat Ihr Gefühl erfüllt? Was wollten Sie mit Ihrem Gefühl erreichen?
- Was haben Sie sich selbst gesagt? Worin bestand Ihr Selbstgespräch?
- Was könnten Sie sich stattdessen beim nächsten Mal – in einer ähnlichen Situation – sagen?

KAPITEL 7

Sinnvolle kooperative Disziplin: Was können wir tun, wenn …?

Die STEP Strategie ermöglicht uns, den individuellen, effektiven und wertschätzenden Umgang mit den Schülern in herausfordernden Situationen zu finden.

Sinnvolle Disziplin als Intervention kann durch eine Vielfalt von Vorgehensweisen umgesetzt werden.

Das Dreistufen-Modell regelt das Entfernen eines Schülers von seinem Platz, aus dem Raum oder aus dem Schulgebäude.

Reaktionsmöglichkeiten bei typischen Herausforderungen im Schulalltag.

Wir entscheiden uns für die jeweils passende Strategie

Die kooperative, sinnvolle Disziplin ist Teil der Strategie, mit der wir als Lehrer den *individuellen Bildungs- und Erziehungsprozess* eines jeden Schülers gestalten. Die wichtigsten bislang besprochenen Vorgehensweisen der STEP Strategie haben sich für den effektiven und wertschätzenden Umgang mit dem einzelnen Schüler bzw. der Klasse und für die Reduzierung des Stresslevels im Schulalltag als sehr nützlich erwiesen, denn:

- sich zu fragen, *um wessen Problem es sich handelt*, hilft uns, uns nicht für jedes Problem (alleine) verantwortlich zu fühlen (s. Kap. 5).
- festzustellen, ob es überhaupt *um Fehlverhalten geht*, hilft uns, zu vermeiden, dass wir jede angespannte, für uns stressige Situation mit einem Schüler oder der Klasse als Fehlverhalten betrachten. Dadurch gewinnen wir Abstand und schaffen Raum für mehr Gelassenheit (s. Kap. 1).
- das *Ziel des Fehlverhaltens* zu identifizieren erleichtert uns die Entscheidung, wie wir am sinnvollsten reagieren (das Unerwartete tun, die Perspektive ändern, positives Verhalten verstärken – s. Kap. 1).
- Kommunikationsfertigkeiten wie *aktiv zuhören* und *Ich-Aussagen* (s. Kap. 4) sind ebenfalls von großem Nutzen – auch im Umgang mit Fehlverhalten:
  - *aktiv zuhören* hilft unseren Schülern, sich verstanden zu fühlen, und ebnet oft den Weg zum Erforschen von Alternativen;
  - mit *Ich-Aussagen* beschreiben wir unsere Gefühle, ohne Vorwürfe zu machen oder Forderungen an die Schüler zu stellen.
- durch *Alternativen erforschen* (s. Kap. 5) können wir Schüler unterstützen, alle möglichen Wege zur Lösung eines Problems zu prüfen. Durch den Schritt »Ziel des Fehlverhaltens offenlegen« fördern wir den Reflexionsprozess im Zweiergespräch bzw. im Klassenrat (s. Kap. 8).
- freundlich *und* bestimmt *natürliche und logische Konsequenzen* einzusetzen ermöglicht uns, Selbstdisziplin und Eigenverantwortlichkeit der Schüler zu fördern (s. Kap. 6).
- *in der Ermutigung liegt der Schlüssel zu jeder Vorgehensweise.* Indem wir unsere Schüler wissen lassen, dass wir an sie glauben, jede Verbesserung wahrnehmen und anerkennen, Stärken betonen, zwischen »Tat« und »Täter« unterscheiden und den Mut, nicht perfekt zu sein, in den Vordergrund stellen

(s. Kap. 3), leisten wir durch Ermutigung den wichtigsten Beitrag – sowohl für die Prävention von Fehlverhalten als auch bei der Intervention.

- *Selbstermutigung* unterstützt uns im Prozess – sodass wir mit Geduld, Ausdauer und Beharrlichkeit dranbleiben!

Sinnvolle Disziplin als Intervention – weitere Vorgehensweisen

Um Disziplin in schwierigen Situationen sinnvoll auszuüben, erweitern wir unser Repertoire als Lehrer, indem wir auch folgende Methoden ausprobieren:

Wir geben dem Schüler die Erlaubnis, Fehlverhalten zu zeigen

Unabhängig davon, um welches Ziel des Fehlverhaltens es sich handelt, kann *Humor* ein wirksames Gegenmittel sein. Bei Fehlverhalten eines Schülers Humor zu zeigen – ohne Sarkasmus oder die Absicht, sich über ihn lustig zu machen – ist sicherlich unerwartet. Da Schüler, die Fehlverhalten zeigen, von uns erwarten, dass wir sie bestrafen, können wir sie so überraschen und damit vermeiden, ihre Ziele des Fehlverhaltens zu verstärken. Indem wir Fehlverhalten tatsächlich »zulassen«, reduzieren wir oft die Attraktivität dieses Verhaltens.

BEISPIELE:

- **Ali** (11) sucht ständig unsere *Aufmerksamkeit*. Im Unterricht ruft er unentwegt Kommentare dazwischen. In einem Zweiergespräch fragen wir ihn: »Kann es sein, dass du möchtest, dass ich mich immer wieder mit dir beschäftige?« Alis Erkennungsreflex zeigt uns, dass wir richtig liegen. Wir fragen ihn, wie oft am Tag er seiner Meinung nach unsere Aufmerksamkeit braucht. Er antwortet: »Fünfmal.« Wir vereinbaren, ihm jeden Tag fünfmal unsere Aufmerksamkeit zu schenken, d. h., wir sagen nach jeder Antwort, die er dazwischenruft: »*Ali 1*«, »*Ali 2*« *usw.*, bis wir bei fünf sind. Nach dem fünften Mal *ignorieren* wir Alis Versuche, unsere Aufmerksamkeit zu bekommen. Wir werden sehen, wie schnell Ali das Dazwischenrufen einstellt, wenn er bemerkt, dass wir nicht so reagieren, wie er es gerne hätte.[1]

- **Felix** (13) lässt mitten im Unterricht Papierflieger fliegen. Unsere Reaktion: Während der Freistunde lassen wir ihn 20 Flugzeuge bauen und erlauben ihm, sie zu werfen. Danach hebt er sie alle wieder auf. Diese Art *Aufmerksamkeit* zu bekommen wird er wahrscheinlich sehr bald satthaben.

---

1 Dreikurs et al. [18]

Wenn Felix die Flugzeuge aber fliegen lässt, um *Macht* – nicht Aufmerksamkeit – zu bekommen, dann würden wir ihn mit der o. g. Reaktion eventuell zu einem Machtkampf herausfordern. Stattdessen erlauben wir ihm auf *respektvolle* und *humorvolle* Art, das zu tun, was er sowieso schon macht: »Felix, sobald ich den Raum verlasse, wirf bitte unbedingt mindestens 30 Flugzeuge!« Felix' Machtkampf wird wahrscheinlich mit dieser unerwarteten Bemerkung enden. Hätten wir von ihm verlangt, aufzuhören, wäre er unserer Aufforderung wahrscheinlich nicht gefolgt.

- Zu dem nach *Macht* strebenden Schüler **Max** (14), der sich weigert, zu arbeiten, können wir beispielsweise sagen: »Max, ich werde jetzt die Arbeitsblätter austeilen, aber ich erwarte nicht, dass du sie ausfüllst.«

Oder wir reagieren auf andere Weise unerwartet:

Max: »Ich werde nichts machen und Sie können mich nicht dazu zwingen!«

Lehrer: (sachlich) »Okay.« (und geht weiter)

Da wir uns weigern, mit ihm zu kämpfen, entscheidet er sich vielleicht dazu, die Arbeitsblätter auszufüllen! Wichtig ist, dass wir nicht sarkastisch sind – weder im Ton noch in Gestik und Mimik.

Wir erkennen die Macht des Schülers an

Nach Macht strebende Schüler sind darauf aus, zu beweisen, dass wir sie zu nichts zwingen können. Sie möchten, dass wir schlecht dastehen. Um dieses Ziel zu vereiteln, geben wir unsere Niederlage zu:

Beispiele:

- »**Marco**, du bist groß und stark. Ich kann dich zu nichts zwingen.«

- (zur Klasse gewandt) »**Charlotte** ist fest entschlossen, zu schweigen – wir können sie jetzt nicht dazu bewegen, an unserem Klassengespräch teilzunehmen.«[2]

- Wenn **Roman** (17) uns vor der Klasse gerne verbessert und es uns heimzahlt, indem er uns bloßstellt, geben wir zu, dass er sein Ziel (*Rache*) erreicht hat: »Diesmal hast du mich wirklich erwischt.« »Ich schätze, du hast recht. Manchmal bin ich ziemlich vergesslich.« Diese Worte lassen sich leichter ohne Sarkasmus sagen, wenn wir gleichzeitig die *Not des Schülers erkennen*: Roman möchte, dass wir uns genauso verletzt fühlen wie er. Unsere Gefühle werden nicht verletzt, wenn wir einfach »zustimmen«.

Mit der Zeit – wenn ihre Rache nicht funktioniert – werden Schüler, die es uns heimzahlen möchten, vielleicht empfänglicher für unsere Art, respektvoll

---

2 Dreikurs et al.[18]

mit ihnen umzugehen, sodass sich eine vertrauensvolle Beziehung entwickeln kann.

- Wir erkennen die Macht von Schülern an, die versuchen, den Unterricht zu torpedieren, indem sie **hartnäckig »dagegen«** argumentieren. Wir reflektieren einfach ihre Meinungen und ihre Gefühle: »Dieser Gesichtspunkt ist dir sehr wichtig.« Dann sagen wir unsere eigene Meinung oder bitten um Reaktionen aus der Klasse. Wir erkennen an, dass jeder ein Recht auf seine eigene Meinung hat, und setzen den Unterricht unbeirrt fort. Oder wir sagen dem Schüler in aller Ruhe: »Du könntest recht haben. Aber ich denke anders darüber.« Dann setzen wir das Gespräch in der Klasse fort.

Wir lenken negatives oder destruktives Verhalten in positive, konstruktive Bahnen

Wir schaffen Möglichkeiten für den auffälligen Schüler, seine Ressourcen, seine Stärken auf vielfältige, positive Weise – im Unterricht und außerhalb – einzusetzen.

BEISPIELE:

- Von **Juri** (16), der die Mauer im Pausenhof mit Graffiti bemalt hat, um unsere Aufmerksamkeit zu bekommen, können wir verlangen, die Malerei zu entfernen. Wenn Juri jedoch auf Macht aus ist oder auf Rache sinnt, würde er sich wahrscheinlich unserer Aufforderung widersetzen. In diesem Fall funktioniert es vielleicht am besten, Juri zu ermöglichen, seine Kreativität bei der Gestaltung der Bühne für das Theaterstück walten zu lassen.

- **Robert** (14) bekommt immer Aufmerksamkeit, wenn er im Unterricht nicht (mit)arbeitet. Wir ändern unsere Reaktion: Wir beachten ihn dann, *wenn* er (mit)arbeitet. Wenn er nicht (mit)arbeitet, ignorieren wir sein Fehlverhalten, indem wir auf Kommentare verzichten.

- **Lorraine** (15) ist im Unterricht so schlecht organisiert und unordentlich, dass sie immer wieder dadurch auffällt, dass sie etwas nicht findet. Wir übertragen ihr die Aufgabe, dafür zu sorgen, dass der Verleih der Bücher in der Klasse funktioniert.

- **Bastian** (13) verursacht die meisten Störungen im Unterricht. Wir ernennen ihn zum Organisator der Klassenfahrt oder bitten ihn, an der Ausbildung zum Streitschlichter teilzunehmen.

- **Moritz** (16) verhält sich oft wie ein Rabauke. Wir lassen ihn seine Kraft einsetzen, indem er hilft, bei der Vorbereitung auf den Expertenvortrag die Podeste auf die Bühne hinauf- und wieder herunterzuheben.

- **Sonja** (17) verhält sich häufig gemein und rachsüchtig. Wir lassen sie in der Theateraufführung eine sanftmütige Heldin verkörpern.

- **Valerie** (10) ist oft geistesabwesend und beteiligt sich nicht am Deutschunterricht, weil sie sehr schlecht liest. Wir wissen, dass sie Tiere liebt. Dieses Interesse nutzen wir, um sie zum Lesen zu motivieren: Wir bitten sie, die Geschichte des örtlichen Zoos zu recherchieren, und geben ihr dazu Bücher, die einfach zu lesen sind.

Wir achten auf Möglichkeiten, Schüler zu ermutigen, die Fehlverhalten zeigen oder frustriert sind. Wir bieten ihnen individuell angemessene Gelegenheiten, Erfolge zu erleben und dadurch Selbstwirksamkeit zu erfahren.

Wir entfernen einen Schüler von seinem Platz, aus dem Unterricht bzw. aus dem Schulgebäude

Manche Verhaltensweisen sind so störend, dass es notwendig ist, den Schüler aus seiner Umgebung, d. h. von seinem Platz, aus der Klasse oder sogar dem Gebäude zu entfernen. Zu dieser Intervention brauchen wir nicht erst aus Verzweiflung zu greifen. Selbst einem Schüler, der massiv stört, können wir zunächst eine Entscheidungsmöglichkeit geben: »Es tut mir leid, Lisa, aber dein Verhalten stört uns sehr, wir können nicht arbeiten. Du kannst dich jetzt beruhigen und bei uns im Unterricht bleiben oder du verlässt die Klasse. Du entscheidest.«

Während er sich außerhalb des Klassenzimmers befindet, lernt ein Schüler nicht den Unterrichtsstoff, den wir vermitteln. Aber was lernt er, während er den Unterricht stört? Was lernen die anderen Schüler? Einen Schüler aus dem Unterricht oder der Schule zu entfernen ist *der letzte Ausweg*, aber Lehrer brauchen diese Option, die in der Schulordnung verankert, mit Schülern und Eltern (zu Beginn des Schuljahres) abgesprochen und schriftlich vereinbart ist. Wir müssen Schüler nicht immer aus dem *Raum* entfernen. Manchmal hilft es schon, sie eine Weile alleine an einem Tisch sitzen zu lassen.

Es gibt drei verschiedene Stufen, einen Schüler aus der gewohnten Umgebung zu entfernen.[3] Welche Stufe wir anwenden, ist abhängig vom *Ziel des Fehlverhaltens* des Schülers und von *seiner Reaktion*. Die Reihenfolge der Anwendung der Stufen ist nicht notwendigerweise zwingend.

Das Drei-Stufen-Modell

Stufe 1. Der Schüler bleibt im Unterricht, entfernt sich aber von den Schülern, die er stört, und begibt sich in einen anderen Teil des Klassenzimmers.

---

3   angelehnt an das Stufensystem von Thompson und Poppen [41]

BEISPIEL:

Niklas (14) stört seine Tischnachbarn, indem er fortwährend mit seinen Füßen auf den Boden klopft. Wir geben ihm Wahlmöglichkeiten: »Niklas, du hörst auf, mit den Füßen zu klopfen, oder du setzt dich alleine in die erste Reihe. Du entscheidest.« Wenn er mit dem Klopfen fortfährt, akzeptieren wir seine Entscheidung: »Wie ich sehe, hast du dich entschieden, alleine zu sitzen. Du kannst zu deinem Platz zurückkehren, wenn du bereit bist, mitzuarbeiten, ohne zu klopfen.«

Wenn Niklas nach einer Weile (ca. 10 Minuten, in denen er sich unauffällig verhalten hat) zu seinem Platz zurückkehrt und wieder zu klopfen beginnt, bitten wir ihn, sich in einen Teil des Raums zu setzen, in dem wir ihn sehen können, von dem aus er seine Mitschüler jedoch nicht sehen kann. Dies könnte hinter einer Abtrennung sein, wie z. B. einer Pinnwand, denn Augenkontakt zu den Mitschülern könnte dazu führen, dass das Fehlverhalten verstärkt wird. Wir entscheiden, wie lange Niklas hinter der Abtrennung verbringt (z. B. 10 Minuten). Die Zeit muss lange genug sein, um eine Auswirkung auf sein Verhalten zu haben.

Stufe 2. Diese Stufe ist dafür da, einen Schüler ganz aus dem eigenen Klassenzimmer zu entfernen, wenn sein Fehlverhalten mit Stufe 1 nicht zu stoppen ist.

Der Schüler begibt sich an einen Ort außerhalb des Klassenzimmers:
- zu einem Lehrer in ein anderes Klassenzimmer
- in einen Raum, der leicht mitbeaufsichtigt werden kann (z. B. neben dem Schulsekretariat) oder
- in den Trainingsraum, wenn diese Methode in der Schule eingeführt wurde. Bei der *Trainingsraummethode* sind dafür ausgebildete Lehrer im Trainingsraum als Ansprechpartner für die Schüler da. (Die genaue Vorgehensweise ist im dazugehörigen u. g. Buch nachzulesen.[4])

Auf Stufe 2 sind wir offensichtlich auf die *Kooperation mit anderen Lehrern* angewiesen, d. h., dass ein Kollege Niklas erlaubt, hinten in seinem Klassenzimmer zu sitzen und dort die mitgebrachten Aufgaben zu erledigen. In Schulen, in denen der Unterricht in den Parallelklassen koordiniert abläuft, kann der Schüler sich womöglich sogar ohne Probleme am Unterricht beteiligen. Manchmal hilft es, einen Schüler in einer anderen sozialen Gruppe (Klasse) unterzubringen, weil sein Fehlverhalten dort möglicherweise nicht verstärkt wird.

Wenn sich das Verhalten gebessert hat, verhandeln wir – falls notwendig – einen *Lernvertrag* (s. Kap. 6).

---

4 Bründel, Simon [4]

Beispiel für ein Zweiergespräch mit Niklas – in Vorbereitung auf Stufe 2:
Niklas war mit Stufe 1 nicht zu stoppen. Bei einem Zweiergespräch, das wir in einer konfliktfreien Zeit in angenehmer Umgebung führen, erklären wir ihm unser Vorhaben. Zum Gespräch bringen wir eine von uns zusammengetragene Liste seiner störenden Verhaltensweisen mit. Zur Vorbereitung auf das Treffen mit dem Schüler stimmen wir uns positiv ein (s. z. B. Kap. 7 – »Nur für Sie«).

Wir eröffnen das Gespräch: »Niklas, du und ich sind in letzter Zeit nicht besonders gut miteinander ausgekommen. Wir sind immer wieder miteinander in Konflikt geraten. Mir ist klar: Ich kann dich nicht zwingen, zu arbeiten oder dich respektvoll zu verhalten, wenn du das nicht willst. Du möchtest gerne selbst bestimmen. Von jetzt an kannst du tun, was du möchtest, solange du uns – deine Mitschüler und mich – damit nicht störst. Wenn du z. B. im Unterricht fluchst, mit Gegenständen wirfst, … (an dieser Stelle lesen wir unsere Liste vor), störst du uns. Du sagst uns damit, dass du dich entschieden hast, diesmal den Raum zu verlassen. Beim nächsten Mal kannst du dich auch anders entscheiden und in unserer Klasse bleiben.

Ich habe mit dem Direktor, den Kollegen und der Sekretärin, Frau Röder, vereinbart, dass du in den Raum neben dem Schulsekretariat gehen kannst. Wenn dein Verhalten zeigt, dass du dich entschieden hast, unsere Klasse zu verlassen, gebe ich dir wortlos eine STOP-Karte in die Hand, und du gehst damit in den vereinbarten Raum. Auf der Karte werde ich vermerken:
- die Zeit, zu der du das Klassenzimmer verlässt,
- worin dein störendes Verhalten bestanden hat und
- wie lange du wegbleiben wirst.
Du gibst die Karte dann Frau Röder, die darauf die Zeit notieren wird, zu der du ins Sekretariat gekommen bist.

Du kannst Papier, ein Buch oder deine Arbeitsblätter mitnehmen, wenn du möchtest, aber du musst nicht. Du bleibst in dem Raum, bis die auf der Karte genannte Zeit um ist oder bis ich komme und nachsehe, ob du bereit bist, zu uns in den Unterricht zurückzukehren. Spätestens aber, wenn die Stunde um ist, aus der du weggegangen bist, gehst du in die nächste Unterrichtsstunde. Wenn du keine Fragen mehr hast, zeige ich dir jetzt, wohin du gehst.«

Wenn Niklas anfängt, zu streiten, fahren wir unbeirrt fort, ohne auf seinen Widerspruch einzugehen.

Wir bereiten mehrere STOP-Karten vor, damit wir nicht zu sprechen brauchen, wenn Niklas Fehlverhalten zeigt. In einem solchen Moment mit ihm zu sprechen würde den Konflikt möglicherweise nur verschlimmern.

Wenn Niklas das *erste* Mal eine der Verhaltensweisen von der Liste zeigt, geben wir ihm kommentarlos die STOP-Karte. (Je nach Alter des Schülers passen wir die Zeit an – 10 oder 20 Minuten.) Jedes Mal, wenn Niklas Fehlverhalten zeigt, verlängern wir die Zeit um 10 Minuten. Wir setzen ein Maximum von 90 Minuten für ältere Schüler fest (120 Minuten bei Block- oder Projektunterricht) und von 45 Minuten für Schüler bis 10 Jahre.

Wenn Niklas dreimal im Schulhalbjahr die STOP-Karte bekommen hat, laden wir seine Eltern zu einem Gespräch (zusammen mit Niklas) ein, damit sie verstehen, weshalb wir es für notwendig gehalten haben, Niklas auf diese Art aus dem Unterricht seiner Klasse zu entfernen. Wir erklären ihnen, dass wir Niklas erlauben, Arbeitsblätter oder andere Unterlagen mitzunehmen, sodass ihm das Entfernen aus der Klasse nicht wie eine Strafe erscheint.

Wenn die Eltern unsere Vorgehensweise ablehnen, erklären wir ihnen die Maßnahmen, die wir zuvor ohne Erfolg ergriffen haben. Sollten sie auch weiterhin ablehnend reagieren, können wir und der Direktor der Schule entscheiden, ob wir den Eltern die Option zwischen dieser Vorgehensweise und Niklas' zeitweiligem Ausschluss (Suspendierung) aus der Schule geben wollen.

Wenn wir Schüler auf diese respektvolle Weise konsequent aus dem Unterricht entfernen, stoppen wir Konflikte, bevor sie beginnen. Wir streiten nicht und wir kämpfen nicht. Unsere Schüler lernen nach und nach, ihr eigenes Verhalten zu meistern. Sie wissen genau, an welchem Verhalten wir ihre Entscheidung, zu gehen oder zu bleiben, erkennen.

Parallel dazu achten wir darauf, *jedes positive Verhalten von Niklas zu bemerken und zu benennen* und ihn so zu ermutigen. Wir sind freundlich und wertschätzend. Wir lassen Niklas wissen, dass wir sein *Fehlverhalten* im Unterricht inakzeptabel finden, nicht seine Person.

Stufe 3. Der Schüler verlässt das Schulgebäude, weil er massiv den Unterricht stört.

Diese Schüler sind bereits zuvor häufig zeitweilig aus dem Unterricht ausgeschlossen (Stufe 2) oder, aus purer Verzweiflung, der Schule verwiesen worden. Aus dem Unterricht ausgeschlossene oder der Schule verwiesene Schüler sind nur selten motiviert, in die Schule zurückzukehren. Wenn sie doch zurückkehren, verfolgen sie häufig das Ziel *Rache*.
  Anstelle von Suspendierung und Schulverweis probieren wir es mit Stufe 3 des folgenden systematisch angewandten Plans für eine »Zeit zu Hause während der Schulzeit«[5]. Für diesen Plan gelten dieselbe Begründung und dieselbe Vorgehens-

---

5 Keirsey [28]

weise wie für Stufe 2, mit dem Unterschied, dass der Schüler nach Hause geht, wenn er massiv Fehlverhalten zeigt.

Unser Plan muss den Schulleiter und die Eltern einbeziehen, sich innerhalb der Richtlinien der Bezirksregierung bewegen und sollte den Eltern möglichst vom *Tag der Anmeldung* an bekannt sein. Bevor der Plan in Kraft tritt, führen der Schulleiter und wir als Lehrer zunächst *Gespräche* mit dem Schüler, den anderen betroffenen Fachlehrern und den Eltern und erklären ihnen die Gründe für den Einsatz von Stufe 3.

Dieser Plan funktioniert als Lernerfahrung für den Schüler am besten, wenn alle betroffenen Lehrer am gleichen Strang ziehen! D. h., Stufe 3 wird von allen Fachlehrern des betroffenen Schülers eingesetzt, wenn er ein auf einer Liste (s. u.) beschriebenes Fehlverhalten in der Schule zeigt.

Beispiel für ein Zweiergespräch mit Niklas – in Vorbereitung auf Stufe 3:
Wir halten uns an die folgenden Richtlinien:
1. Wir lassen Niklas wissen, dass wir seine Gefühle der Schule gegenüber verstehen: »Ich kann mir denken, dass es ziemlich schlimm ist, immer ermahnt zu werden und sich bevormundet zu fühlen.«
2. Wir sagen ihm, dass er nicht mehr ermahnt und bevormundet werden wird, sondern von nun an sein eigener Herr sein kann – solange er niemanden stört.
3. Niklas hat die Wahl: Er kann aufhören, andere zu stören, und in der Klasse bleiben oder er kann nach Hause gehen. Er entscheidet.
4. Wir lesen ihm die Liste vor, die wir bzgl. seines Fehlverhaltens erstellt haben: z. B. Lehrer beschimpfen, mit Sachen werfen, Eigentum anderer oder der Schule beschädigen, usw.
5. Wir informieren Niklas, dass eine Informationsrunde mit ihm, seinen Eltern, den betroffenen Fachlehrern, dem Schulsozialarbeiter und dem Direktor stattfinden wird. Wir versichern ihm, dass ihm bei diesem Gespräch keine Vorwürfe gemacht werden und dass nur er und der Schulleiter sprechen werden. Die anderen nehmen teil, um zu erfahren, was zu tun ist, um ihren Teil der Vereinbarung einzuhalten. Wir sagen ihm, dass niemand daran interessiert ist, ihn zu bestrafen. Alle möchten ihm helfen, in der Schule besser zurechtzukommen.
6. Wir lassen Niklas wissen, dass er bei Fehlverhalten die STOP-Karte für Stufe 3 erhält. Nachdem seine Eltern informiert wurden, wird er nach Hause gehen, sich ausruhen und am nächsten Tag zurückkehren, um in der Schule wieder eine neue Chance zu bekommen.

Beispiel für die Ausführungen des Direktors bei der Informationsrunde:
»Wir haben dieses Treffen einberufen, weil Niklas viele Schwierigkeiten in der Schule hat und wir bisher keinen Weg gefunden haben, ihm zu helfen. Wir sind uns einig, dass Niklas der Einzige ist, der sich für eine Verhaltensänderung ent-

scheiden kann. Und wir haben erkannt, Niklas, dass du dich manchmal ziemlich schlecht fühlst, wenn in der Schule jeder versucht, dir zu helfen, indem er dir sagt, was du tun sollst.

Wir haben uns alle darauf geeinigt, dir gegenüber respektvoll und freundlich zu sein und dir nur dann zu helfen, wenn du es möchtest. Du kannst tun, was immer du möchtest, solange dein Verhalten niemanden stört bzw. weder dir noch anderen schadet.

Wenn du beschließt, irgendjemanden zu stören oder zu gefährden, wird dir dein Lehrer wortlos eine dieser STOP-Karten geben. Auf der Karte steht *Stufe 3* und es ist vermerkt

- die Zeit, zu der du das Klassenzimmer verlässt, und
- dein störendes Verhalten, weshalb du dann nach Hause gehst.

Nachdem du die STOP-Karte im Sekretariat abgegeben hast und deine Eltern informiert wurden, gehst du nach Hause. Hast du Fragen dazu?«

Wenn Niklas keine Fragen hat, sagt ihm der Direktor, dass die Schule davon ausgeht, dass er verstanden hat. Der Direktor fährt fort:

»Niklas, hier ist die Liste mit den Verhaltensweisen, die uns sagen, dass du entschieden hast, nicht in der Schule sein zu wollen. Wir gehen die Liste zusammen durch, ich lese vor und du fragst, wenn etwas unklar ist.«

»Wenn du dir Sorgen machst, dass deine Eltern dich bestrafen, wenn du nach Hause kommst, dann kannst du beruhigt sein, denn sie haben zugestimmt, dich nicht zu bestrafen. Nicht wahr, Herr und Frau Bechtle? Wenn du zu Hause bist, hast du an diesem Tag schulfrei. Deine Eltern sind außerdem einverstanden, nicht mit dir über deine Entscheidung, die Schule an diesem Tag zu verlassen, zu sprechen – es sei denn, du sprichst sie darauf an.«

»Wir möchten, dass du alleine und von selbst gehst. Wenn du dich weigerst, werden wir dafür sorgen, dass du aus dem Schulgebäude getragen wirst. Allerdings, wenn wir das tun müssen, musst du *drei Tage lang zu Hause bleiben* statt nur einen, weil dein Widerstand den Unterricht und den Schulablauf noch mehr stört. Niklas, du weißt, es ist deine Entscheidung, ob Stufe 3 eintritt.«

Niklas wird nicht »bestraft«; er erfährt die Konsequenz seiner Entscheidung, massiv Fehlverhalten zu zeigen (s. Kap. 6).

Fazit: Folgende sechs Prinzipien gelten für alle drei Stufen:

1. Der Schüler hat die *Wahl*, sich angemessen zu verhalten oder seinen Platz, seine Klasse bzw. das Schulgebäude zu verlassen.

2. Dem Schüler wird die Wahl nur *einmal* verbal angeboten. Nur zu leicht können wir uns in zu viel Gerede verfangen.
    Bei Stufe 1 – wenn ein Schüler wiederholt Fehlverhalten zeigt, sagen wir: »Ich sehe, du hast dich entschieden, deinen Platz zu verlassen.«
    Bei Stufe 2 und 3 wurden die Entscheidungsmöglichkeiten bereits im Vorfeld geklärt, sodass Worte überflüssig sind. Die STOP-Karte wird kommentarlos ausgehändigt.

3. Wir agieren beim ersten Anzeichen eines Fehlverhaltens. Wenn wir entschieden haben, dass das Entfernen die einzig vernünftige Option ist (und es sollte die letzte Lösung sein!), lassen wir keine zweite Chance mehr zu. Wir lassen unsere Schüler die Konsequenzen ihres selbst gewählten Verhaltens tragen.

4. Wir besprechen, wenn möglich, die Konsequenzen im Vorfeld (s. Kap. 8 – Klassenrat). Wir fragen z. B.:
    »Was glaubt ihr? Welche Reaktion wäre fair, wenn jemand den Unterricht stört?« »Was würdet ihr an meiner Stelle tun?«

5. Wenn das Verhalten eines Schülers zeigt, dass er entschieden hat, nach Hause zu gehen (Stufe 3), steht seine Entscheidung. Er hat nur noch die Wahl, freiwillig zu gehen oder beim Verlassen »begleitet« zu werden.

6. Das Wichtigste: Wir sind *respektvoll* **und** bestimmt.

Diese Art der Intervention kann integraler Bestandteil einer demokratisch geführten Klasse sein. Durch sinnvolle Disziplin *fördern wir bei den Schülern Eigenverantwortlichkeit und Selbstdisziplin.*

Abschließende Hinweise für den Einsatz der STEP Strategie

■ *Wir erkennen, dass – je nach Schüler und Situation – eine oder mehrere Vorgehensweisen Wirkung zeigen.*

   Beispiel:

   Wir haben mit **Mesud** (15) eine *Vereinbarung* bzgl. seines Verhaltens in der Schulbibliothek ausgehandelt: Wir haben *mit ihm nach einer Lösung gesucht* und dabei *aktiv zugehört* und *Ich-Aussagen* benutzt. Danach haben wir Mesud gefragt: »Was würdest du an meiner Stelle tun, wenn die Vereinbarung nicht eingehalten wird?« Gemeinsam haben wir uns für angemessene *Konsequenzen* entschieden.

- *Für welche Vorgehensweise wir uns entscheiden, hängt auch von unserer Erfahrung mit dem jeweiligen Schüler ab.*

Es ist immer am besten, Methoden zu wählen, mit denen *wir uns wohl fühlen* und die wir effektiv finden. Manche Schüler reagieren am besten auf aktives Zuhören, andere auf Ich-Aussagen. Wir benutzen die *Vorgehensweise, die uns für den jeweiligen Schüler in der jeweiligen Situation am sinnvollsten* erscheint.

Manche Situationen verlangen eher nach logischen Konsequenzen als nach Ich-Aussagen. Mit einer zunehmend besseren *Beziehung* zu unseren Schülern stellen wir möglicherweise fest, dass wir Konsequenzen nur noch selten einsetzen müssen und dass unsere Schüler gut auf Ich-Aussagen ansprechen.

Tabelle 7 A: Was können Sie tun, wenn …?

Bei folgenden typischen Herausforderungen benutzen Sie die STEP Strategie und zusätzliche Methoden (z. B. Drei-Stufen-Modell) zur Anwendung sinnvoller, kooperativer Disziplin. Die meisten dieser Probleme können Sie auch in individuellen Zweiergesprächen, Treffen in Kleingruppen und im Klassenrat (s. Kap. 8) lösen. Die aufgeführten Reaktionsmöglichkeiten sind als Beispiele zu sehen, die Sie durch Ihre Erfahrungswerte ergänzen können.

Herausforderung	Wessen Problem ist es?	Fehlverhalten? Welches Ziel?	Reaktionsmöglichkeiten (Beispiele)
Zuspätkommen zum Unterricht	Schüler, wenn niemand gestört wird	Kein Fehlverhalten	• Reagieren Sie nicht auf das Eintreten des Schülers. Der Schüler holt das Versäumte nach (Klassenregeln).
	Lehrer und Klasse, wenn der Unterricht behindert und die Klasse gestört ist	Aufmerksamkeit/ Macht	• In Schulen, in denen die Klassentüren während des Unterrichts offen bleiben, wartet der Schüler im Flur, bis Sie ihm erlauben, einzutreten, ohne zu stören (Klassenregeln). • Bitten Sie die Klasse um Kooperation beim Ignorieren des Schülers, der zu spät kommt, und setzen Sie den Unterricht unbeirrt fort. • Planen Sie eine interessante Aktivität für die ganze Klasse, die gleich zu Anfang der Stunde beginnt, um die Motivation zu steigern, pünktlich zu kommen. • Lassen Sie den Schüler die versäumte Zeit am Ende des Schultages nachholen (Klassenregeln).
Respektloses Gerede, Beleidigungen, Beschimpfungen, Fluchen, obszöne Gesten	Lehrer und Klasse	Aufmerksamkeit	• Geben Sie die Erlaubnis, Fehlverhalten zu zeigen: Geben Sie dem fluchenden Schüler die Möglichkeit, Ihnen in einem Zweiergespräch alle Schimpfwörter zu sagen, die er kennt. • Bitten Sie jüngere Schüler, die Wörter, die sie benutzt haben, zu erklären, da vermeintliche Bedeutungen oft nicht zutreffen.

Herausforderung	Wessen Problem ist es?	Fehlverhalten? Welches Ziel?	Reaktionsmöglichkeiten (Beispiele)
Dazwischenrufen, flüstern, mit Gegenständen werfen, ständig den Platz verlassen und im Klassenzimmer herumlaufen	Lehrer und Klasse	Aufmerksamkeit/Macht/Rache	▪ Ignorieren Sie das Fehlverhalten und setzen Sie den Unterricht unbeirrt fort. ▪ Zeigen Sie sich unbeeindruckt, als hätten Sie den Kommentar nicht gehört oder die Geste nicht gesehen. ▪ Hören Sie aktiv zu, um dem Schüler zu helfen, sich zu beruhigen und um eine Vereinbarung für die Zukunft zu treffen. ▪ Wenn das Fehlverhalten fortgesetzt wird, geben Sie dem Schüler wortlos die STOP-Karte, mit der er das Klassenzimmer für einen vorgegebenen Zeitraum verlässt (s. Drei-Stufen-Modell, S. 198–204).
		Aufmerksamkeit	▪ Ignorieren Sie das Fehlverhalten und setzen Sie den Unterricht unbeirrt fort. ▪ Formulieren Sie eine Ich-Aussage. ▪ Geben Sie dem Schüler die Erlaubnis, pro Tag eine begrenzte Anzahl von Malen Ihre Aufmerksamkeit auf vereinbarte Weise in Anspruch zu nehmen (s. Kap. 7, S. 195). ▪ Lenken Sie negatives Verhalten in positive Bahnen, indem Sie bemerken, wenn der Schüler sich angemessen verhält, oder indem Sie z. B. sagen: »Ich nehme nur die dran, die sich melden.«
		Macht	▪ Wenn Sie und die Klasse einander gut kennen, erkennen Sie die Macht des Schülers an und bitten Sie die Klasse um Hilfe: »Ich kann nicht unterrichten, wenn … (beschreiben Sie die Situation). Was sollen wir tun?« ▪ Lenken Sie negatives Verhalten in positive Bahnen, indem Sie dem Schüler eine verantwortungsvolle Aufgabe übertragen.
		Rache	▪ Bauen Sie ein vertrauensvolles Verhältnis auf, indem Sie den Schüler freundlich und respektvoll behandeln. ▪ Führen Sie zu diesem Thema ein Klassengespräch durch (s. Kap. 8 – Klassenrat) und nehmen Sie die Hilfe anderer Schüler in Anspruch. ▪ Bitten Sie freiwillige »Helfer« (s. Kap. 8), den Schüler abwechselnd in die Gruppe zu integrieren.

Herausforderung	Wessen Problem ist es?	Fehlverhalten? Welches Ziel?	Reaktionsmöglichkeiten (Beispiele)
Lärm im Klassen-zimmer	Lehrer und Klasse	Aufmerksamkeit/ Macht/ Rache	• Wenn das Fehlverhalten fortgesetzt wird, entfernen Sie den Schüler aus der Klasse (Drei-Stufen-Modell). Benutzen Sie die Stufe, die – gestützt auf Ihre Erfahrung – am besten für die Situation bzw. den Schüler geeignet ist.
		Aufmerksamkeit (ein oder mehrere Schüler beteiligt)	• Setzen Sie den Unterricht unbeeindruckt fort, sprechen Sie aber leiser (das Unerwartete).
		Macht (viele Schüler beteiligt)	• Erkennen Sie die Macht der Schüler an, den Unterricht als Gruppe zu behindern. Danach lassen Sie sie entscheiden, jetzt zur Ruhe zu kommen und mitzuarbeiten oder in Eigenarbeit später nachzuholen, was sie jetzt versäumen. • Gehen Sie mit den Schülern ins Freie, um ihre überschüssige Energie abzuarbeiten. Erinnern Sie sie freundlich und bestimmt daran, dass sie die Aufgaben in einer Freistunde nachholen müssen, da sie während der Unterrichtszeit eine Pause hatten.
Rennen auf dem Flur / im Treppen-haus (jüngere Schüler)	Lehrer	Macht	• Geben Sie dem Schüler die Wahl: »In den nächsten beiden Tagen kannst du gemeinsam mit mir oder mit einem Mitschüler Hand in Hand langsam in den Pausenhof und wieder zurück gehen. Du entscheidest, mit wem du gehst.« Am dritten Tag kann der Schüler es wieder alleine probieren. • Sollte der Schüler am dritten Tag wieder über den Flur rennen, wird die Zeit verlängert, in der der Schüler nur zusammen mit jemandem in den Pausenhof und wieder zurück gehen darf.

Herausforderung	Wessen Problem ist es?	Fehlverhalten? Welches Ziel?	Reaktionsmöglichkeiten (Beispiele)
Gegenseitiges Verpetzen oder Anschwärzen	Beteiligte Schüler	**Aufmerksamkeit** dem Lehrer gegenüber (»Sieh nur, wie gut ich bin und wie schlecht er ist.«)/ **Macht** dem Lehrer gegenüber (»Ich bringe dich dazu, dich meines Problems anzunehmen«) **Rache** dem Schüler gegenüber, der verpetzt wird. Der Lehrer wird dabei als »Waffe« benutzt.	▪ Besprechen Sie mit der Klasse den Unterschied zwischen Verpetzen und »Gefahren melden«. Sagen Sie den Schülern, dass Sie das Petzen ignorieren, da es sich um ein Problem zwischen den beteiligten Schülern handelt. ▪ (bei jungen Schülern) Lenken Sie negatives Verhalten in positive Bahnen, indem Sie sie dazu anhalten, Gutes übereinander zu erzählen. Wenn ein Schüler etwas Gutes berichtet, zeichnen Sie ein ☺ und schreiben die Namen der beiden Schüler darunter.
Schummeln	Beteiligte Schüler und Lehrer	Aufmerksamkeit/ Macht/ Rache	▪ Wenn beide Schüler beteiligt sind, geben Sie den Schülern eine Wahlmöglichkeit: Sie können beide eine schlechte Note akzeptieren oder aber zur Wiedergutmachung einen Test schreiben. Jeder Schüler kann sich für eine der beiden Alternativen entscheiden. ▪ Achtung: Auch wenn ein Schüler möglicherweise alles oder den größten Teil der Arbeit geleistet hat, behandeln Sie beide gleich. Wenn einer oder gar beide sich dafür entscheiden, die Arbeit nachzuholen, kann das für Sie etwas unbequem werden. Aber für die Schüler ist es auch unbequem, und das Ziel des Lehrers ist es, Betrug zu unterbinden.
		Beweis der Unfähigkeit	▪ Der Schüler, der abschreibt, steht möglicherweise unter starkem Druck. Besprechen Sie das Problem mit dem Schüler und möglicherweise auch mit den Eltern. Suchen Sie nach Alternativen. ▪ Planen Sie Erfolgserlebnisse für den Schüler ein, indem Sie mit ihm gemeinsam erreichbare Ziele stecken (z. B. Lernverträge, s. Kap. 6).

Herausforderung	Wessen Problem ist es?	Fehlverhalten? Welches Ziel?	Reaktionsmöglichkeiten (Beispiele)
Lügen	Lehrer und Klasse, wenn die Lüge störend wirkt oder mit den Rechten anderer kollidiert. Schüler, wenn die Lüge niemandem schadet, z. B. bei Angeberei.	**Aufmerksamkeit** (um Lehrer zu beeindrucken) **Macht oder Rache** (um Strafe zu umgehen, um Lehrer zum Narren zu halten) **Beweis der Unfähigkeit** (um Aufgaben zu vermeiden, von denen der Schüler glaubt, dass er sie nicht erfüllen kann).	Allgemeine Prinzipien für alle Ziele: ▪ Fordern Sie nicht zum Lügen heraus. Der Schüler wird nur selten zugeben, dass er lügt, und sich möglicherweise rächen. ▪ Vermeiden Sie es, Bedingungen zu schaffen, die zum Lügen einladen, z. B. »Hast du den Papierflieger geworfen?« ▪ Seien Sie sich darüber im Klaren, dass Schüler das Lügen möglicherweise von Erwachsenen lernen, z. B. durch sog. Verlegenheitslügen.
		Aufmerksamkeit	▪ Agieren Sie aufgrund der Realität des entsprechenden Vorfalls, statt eine Lüge herauszufordern bzw. Gelegenheit zum Lügen zu geben. Z. B.: Wenn Sie Noah mit Farbe auf den Händen sehen, fragen Sie ihn nicht, ob er Farbe verschüttet hat. Bitten Sie ihn einfach, sauber zu machen. ▪ Zeigen Sie sich unbeeindruckt von Übertreibungen. Später besprechen Sie mit der Klasse, weshalb Menschen übertreiben. ▪ Lenken Sie negatives Verhalten in positive Bahnen, indem Sie Aufmerksamkeit für konstruktives Verhalten geben.
		Macht/ Rache	▪ Erkennen Sie die Macht des Schülers an: Geben Sie eine unerwartete Antwort, indem Sie zugeben, wie leichtgläubig Sie manchmal sein können. ▪ Auch wenn Sie wissen oder die starke Vermutung hegen, dass der Schüler Fehlverhalten gezeigt hat, gehen Sie nur aufgrund vorliegender Beweise vor, z. B.: Wenn Farbe verschüttet wurde, bitten Sie einen Freiwilligen, sauber zu machen. Dadurch bekommt der Schüler, der Fehlverhalten gezeigt hat, keine Gelegenheit, zu lügen.
		Beweis der Unfähigkeit	▪ Besprechen Sie das Problem mit dem Schüler und möglicherweise auch mit den Eltern. Suchen Sie nach Alternativen. Schaffen Sie Erfolgserlebnisse für den Schüler.

Herausforderung	Wessen Problem ist es?	Fehlverhalten? Welches Ziel?	Reaktionsmöglichkeiten (Beispiele)
Stehlen	Lehrer und Schüler, die bestohlen wurden	Achtung: Von Armut betroffene Schüler stehlen möglicherweise, um zu »überleben« (zumindest sehen sie das so). Teenager stehlen vielleicht, weil es aufregend ist, um Aufmerksamkeit vonseiten der Lehrer und Mitschüler zu bekommen, um Macht auszuüben oder um sich zu rächen. Besprechen Sie auf jeden Fall mit der betroffenen Klasse, aber auch präventiv, wie die Schüler ihr Eigentum vor Diebstahl schützen können.	
		Aufmerksamkeit	▪ Wenn der Schüler erwischt werden möchte, um im Mittelpunkt zu stehen: Nehmen Sie dem Schüler den Gegenstand ohne Worte weg und geben Sie ihn seinem Besitzer kommentarlos zurück. ▪ Lenken Sie negatives Verhalten in positive Bahnen: Bemerken Sie das konstruktive Verhalten des Schülers und beziehen Sie die Klasse in die Anerkennung mit ein: »Seht euch das Bild an, das Leon gezeichnet hat!«
		Macht	▪ Wenn der Schüler erwischt werden will, um Ihnen zu zeigen, dass Sie ihn nicht abhalten können: Geben Sie den Gegenstand einfach ohne Kommentar dem Besitzer zurück. ▪ Lenken Sie negatives Verhalten in positive Bahnen, indem Sie dem Schüler sinnvolle Möglichkeiten geben, seine Macht einzusetzen. Beispiele: – Dem Schüler, der Geld stiehlt, übertragen Sie die Verantwortung für die Klassenkasse oder lassen ihn das Essensgeld einsammeln. – Einem Schüler, der Bücher stiehlt, übertragen Sie die Verantwortung dafür, dass Bücher an die Bücherei zurückgegeben werden. ▪ Wenn der Schüler Macht demonstrieren möchte, indem er ein »unbekannter Dieb« ist: Erkennen Sie der Klasse gegenüber an, dass er wirklich Macht hat und damit gewonnen hat. Betonen Sie, dass Sie nicht Detektiv spielen werden, sondern nur daran interessiert sind, das gestohlene Gut zurückzubekommen. Ermöglichen Sie es dem mysteriösen Dieb, die Gegenstände oder das Geld anonym zurückzugeben.

Herausforderung	Wessen Problem ist es?	Fehlverhalten? Welches Ziel?	Reaktionsmöglichkeiten (Beispiele)
		Rache	• Wenn der Schüler – unbewusst – erwischt und bestraft werden möchte, damit der Rachekreislauf weitergehen kann: Geben Sie den Gegenstand ohne Kommentar an den Eigentümer zurück. Bauen Sie ein vertrauensvolles Verhältnis mit dem Schüler auf, bitten Sie hilfsbereite Schüler (z. B. Buddys) um Unterstützung und nehmen Sie die Kooperation der Klasse in Anspruch, um dem Schüler zu helfen, sich mehr dazugehörig zu fühlen (s. Kap. 9). • Wenn der Schüler auf private Rache aus ist, sagen Sie der Klasse, dass der unerkannte Dieb die Fähigkeit besitzt, die Gefühle anderer zu verletzen, und dass niemand ihn zwingen kann, mit dem Stehlen aufzuhören. Schaffen Sie eine Möglichkeit für ihn, die Gegenstände oder das Geld anonym zurückzugeben.
Unangebrachtes Verhalten im Schulbus: stoßen, streiten, vom Sitz aufstehen etc.	Lehrer, wenn von ihm erwartet wird, die Situation zu beheben, und wenn es um Sicherheit geht	Aufmerksamkeit / Macht / Rache	• Bitten Sie den Busfahrer, die beteiligten Schüler zu benennen. Lassen Sie die Schüler die Verantwortung teilen, um Ressentiments zu vermeiden. Nach Rücksprache mit den Eltern verweigern Sie den Schülern für ein paar Tage das Privileg, im Bus mitzufahren (wenn organisatorisch machbar). • Bei wiederholtem Fehlverhalten verlängern Sie die Zeitspanne, in der sie nicht mitfahren dürfen.
Verbale Auseinandersetzungen zwischen Schülern	Beteiligte Schüler	Aufmerksamkeit	• Lassen Sie Schüler, die sich übereinander beschweren, ihren Streit selbst lösen. Sagen Sie ihnen das nur einmal; danach ignorieren Sie weitere Beschwerden. Damit überlassen Sie ihnen die Verantwortung, ihre Probleme selbst zu lösen.

Herausforderung	Wessen Problem ist es?	Fehlverhalten? Welches Ziel?	Reaktionsmöglichkeiten (Beispiele)
Ungefährliche bzw. gefährliche verbale oder körperliche Auseinandersetzungen zwischen Schülern	Lehrer und beteiligte Schüler bzw. Klasse	Aufmerksamkeit / Macht / Rache	**Auf dem Spielplatz / Pausenhof:** ■ Wenn die Streitenden nicht die Aufmerksamkeit der anderen auf sich ziehen, ignorieren Sie sie und versagen Sie ihnen somit das Publikum – solange es nicht gefährlich ist! Wenn der Streit eskaliert, trennen Sie die Kontrahenten, möglicherweise mithilfe eines Kollegen. ■ Stellen Sie eine »Keine-Kämpfe«-Regel auf: Schüler, die miteinander kämpfen, sich prügeln und einander dadurch verletzen, zeigen damit ihre Entscheidung, die Konsequenz für ihr Verhalten zu tragen: Sie setzen sich auf die Bank am Rand des Pausenhofs oder gehen in die Streitschlichterecke / den Streitschlichterwagen, bis sie bereit sind, nicht mehr zu kämpfen. Statt zu kämpfen, können sie – wenn sie möchten – ihre Zeit damit verbringen, zu besprechen, wie sie jetzt und fortan ihre Konflikte lösen und miteinander auskommen können. Erwarten Sie Kooperation! **Im Schulgebäude:** ■ Legen Sie einen Ort fest, an dem die Schüler über ihre Konflikte sprechen können (z. B. im Streitschlichterraum). Bei jungen Schülern richten Sie eine sogenannte *Gesprächsecke* im Klassenzimmer ein, mit dem Ziel, die Schüler ihre Probleme selbstständig lösen zu lassen. Bleiben Sie unbeteiligt. Ihr Anliegen ist es, dass die Schüler über ihren Konflikt sprechen und eine Entscheidung finden, bevor sie in die Klasse zurückkehren. Akzeptieren Sie jedes Verhalten in der Gesprächsecke (außer Kampf), einschließlich völliger Stille, Kichern oder Lachen. Wenn der Konflikt fortgesetzt wird, sobald die Schüler in die Klasse zurückkommen, sagen Sie ihnen, dass sie offensichtlich mehr Zeit in der Gesprächsecke benötigen, um eine effektive Lösung zu finden. ■ Trennen Sie Schüler voneinander, die zu wütend sind, um miteinander zu verhandeln. Sagen Sie z. B.: »Ich kann sehen, dass ihr euch noch nicht beruhigt habt. Lara, du gehst _____, und Nadine, du gehst _____. Ich werde nach einer Weile nach euch schauen, um zu sehen ob ihr bereit seid, über euren Konflikt zu sprechen, oder ob ihr zu den anderen zurückkehren wollt.«

Herausforderung	Wessen Problem ist es?	Fehlverhalten? Welches Ziel?	Reaktionsmöglichkeiten (Beispiele)
Mobbing, Bullying, Cyber-Mobbing (Cyber-Bullying)	Schüler und Lehrer	Macht/ Rache	• Wenden Sie die Anti-Mobbing-Strategie an, für die sich Ihre Schule entschieden hat. • Erfolgreiche Anti-Mobbing-Arbeit beinhaltet: **Prävention:** — Maßnahmen zur Verbesserung des Schulklimas – z. B. Regeln für den respektvollen Umgang miteinander, Umgestaltung des Gebäudes und der Außenanlagen etc. — Maßnahmen zur Entwicklung der sozialen Kompetenz der Schüler – z. B. Förderung von Empathie, respektvoller Kommunikation und Gemeinschaftsgefühl (s. Kap. 9) **Intervention:** — Soforthilfen für den gemobbten Schüler – z. B. unmittelbar eingreifen, aktiv zuhören — Spätere Hilfen für den gemobbten Schüler – z. B. Übungen/Rollenspiele zur Stärkung des Selbstwertgefühls u. a. durch Ermutigung (s. Kap. 9) — Hilfen für den Schüler, der mobbt – z. B. logische Konsequenzen für negative Verhaltensweisen, Förderung positiven Verhaltens — Hilfen für Mitläufer – z. B. Gespräch über das Thema Mobbing im Klassenrat (s. Kap. 8) (Detaillierte Informationen über Anti-Mobbing-Strategien: Jannan [27]; Krowatschek, Wingert [30] S. 130 ff., S. 147 ff.)
Weinen	Schüler, wenn Weinen eine echte Emotion widerspiegelt	Kein Fehlverhalten	• Hören Sie aktiv zu und suchen Sie nach Alternativen, um dem Schüler zu helfen, mit dem Problem umzugehen.

Herausforderung	Wessen Problem ist es?	Fehlverhalten? Welches Ziel?	Reaktionsmöglichkeiten (Beispiele)
	Lehrer und Klasse, wenn Weinen manipulativ eingesetzt wird	Aufmerksamkeit	▪ Reflektieren Sie die Gefühle oder ignorieren Sie sie, wenn der Schüler dieses Fehlverhalten häufig zeigt. ▪ Drücken Sie Ihr Vertrauen in die Fähigkeit des Schülers aus, das Problem selbst zu lösen. ▪ Lenken Sie negatives Verhalten in positive Bahnen, indem Sie den Schüler in eine Gruppenarbeit oder in ein Projekt mit einbeziehen.
		Macht/ Rache	▪ Wenn Sie das Gefühl haben, dass der Schüler zu einem Gespräch in der Lage ist, hören Sie ihm aktiv zu und suchen Sie gemeinsam nach Alternativen. ▪ Sagen Sie z. B.: »Ich spreche gerne mit dir, wenn du in der Lage bist, ruhig darüber zu sprechen.« Dann gehen Sie weg oder beschäftigen sich mit anderen Aufgaben. ▪ Wenn das Unterrichten durch das Weinen unmöglich wird, nehmen Sie den Schüler aus der Klasse heraus, damit er sich z. B. im Krankenzimmer beruhigen kann. Oder aber lenken Sie die Klasse ab, indem Sie für alle Schüler gezielt eine Aktivität einplanen. Lassen Sie dem Schüler dabei die Wahl, ob er mitmachen möchte oder nicht.
	Beweis der Unfähigkeit (Bei einem solchen Verhalten kann es auch um Aufmerksamkeit gehen. Beziehen Sie Ihre Erfahrung mit dem jeweiligen Schüler in Ihre Überlegungen mit ein.)		Ein solcher Schüler kommt gewöhnlich nicht von selbst zu Ihnen. Wenn Sie sehen, dass er weint, gehen Sie zu ihm. ▪ Hören Sie aktiv zu und suchen Sie gemeinsam nach Alternativen. ▪ Lenken Sie negatives Verhalten in positive Bahnen, indem Sie jedes – auch das kleinste – Anzeichen von Fortschritt ermutigen.

Herausforderung	Wessen Problem ist es?	Fehlverhalten? Welches Ziel?	Reaktionsmöglichkeiten (Beispiele)
Krach in den Toilettenräumen	Lehrer und Schüler, die sich darüber beschweren	Aufmerksamkeit	• Formulieren Sie eine Ich-Aussage. • Entfernen Sie lärmende Schüler aus den Toilettenräumen, bis die anderen Schüler die Räume genutzt haben. • Wenn nötig, lassen Sie die lärmenden Schüler die Toilettenräume nur noch einzeln benutzen. • Wenn das Problem weiterhin besteht, lassen Sie diese Schüler die Toilettenräume an einem oder an zwei Tagen als Letzte benutzen – oder auch über einen längeren Zeitraum, wenn das Verhalten fortgesetzt wird.
		Macht	• Begleiten Sie diese Schüler oder – wenn es Ihnen nicht möglich ist – bitten Sie Kollegen, diese Schüler zu begleiten. • Erlauben Sie den Schülern, die Toilettenräume alleine zu benutzen, wenn sie so weit sind, sich ordentlich zu verhalten.
Toilettenräume beschmutzen	Lehrer und Schüler, die sich darüber beschweren	Aufmerksamkeit	• Lassen Sie die beteiligten Schüler sauber machen. Wenn Sie nicht wissen, wer die Verschmutzung verursacht hat, übernimmt die gesamte Klasse die Verantwortung für das Saubermachen.
		Macht/ Rache	• Begleiten Sie die Schüler oder – wenn es Ihnen nicht möglich ist – bitten Sie Kollegen bzw. Schüler, die sich beschwert haben, die Schüler zu begleiten. • Erlauben Sie den Schülern, die Toilettenräume alleine zu benutzen, wenn sie so weit sind, sich ordentlich zu verhalten. (Die Aufforderung, sauber zu machen, würde den Konflikt möglicherweise verstärken.)
Toilettenräume beschädigen	Lehrer und Schüler, die sich darüber beschweren	Aufmerksamkeit/ Macht/ Rache	• Lassen Sie die Schüler den Schaden wiedergutmachen. • Wenn das Problem auf Dauer bestehen bleibt und nichts zu helfen scheint, setzen Sie Begleitlehrer bzw. -schüler ein, wenn diese Schüler die Toilettenräume benutzen. Bilden Sie wechselnde Putzgruppen, sodass die Schüler sich gegenseitig positiv beeinflussen.

Herausforderungen im Schulalltag

Noah (14) ist ein Schüler, der nur dann arbeitet, wenn er will, ungeachtet der Erwartungen vonseiten der Lehrer oder der Schule. Die Klasse arbeitet seit einem Monat an einem Projekt mit individuellen Themen. Der Lehrer, Herr Herzog, hat Noah mehrfach daran erinnert, dass der Abgabetermin naht. Als Herr Herzog die Projekte schließlich einsammelt, grinst Noah ihn herausfordernd an. Er hat nichts abzugeben.

Beantworten Sie bitte folgende Fragen
- alleine im Selbststudium,
- gemeinsam mit Ihren Kollegen, die dieses Kapitel auch gelesen haben, oder
- beim entsprechenden Modul der STEP Fortbildung für Lehrer:

1. Wessen Problem ist es?
2. Was ist das Ziel von Noahs Fehlverhalten?
3. Was könnte die Ursache für seine Entmutigung sein?
4. Wie könnte Herr Herzog seine Perspektive ändern?
5. Wie könnte Herr Herzog seine Kommunikationsfähigkeit bei Noah am besten einsetzen?
6. Was wäre eine logische Konsequenz für die nicht erledigte Aufgabe?
7. Wie könnte Herr Herzog den entmutigten Schüler für die Schule motivieren?

STEP in der Praxis

Überlegen Sie, mit welchen Herausforderungen Sie in Ihrem Schulalltag öfter konfrontiert werden. Wählen Sie jeweils die passende STEP Strategie aus. Machen Sie einen Plan, wie Sie reagieren möchten, und setzen Sie ihn in die Tat um.

Bitte beachten Sie

Die Fertigkeiten, die wir in diesem Buch präsentieren, zeigen unserer Erfahrung nach in den meisten Fällen Wirkung. Wenn Sie STEP im Alltag umsetzen, stellen Sie folgende Überlegungen an:

- Inwiefern trägt die Umgebung des Kindes in der Schule – z. B. Aktivitäten, Fächerabfolge, Stundenplan, Tagesablauf, Lehrerwechsel, Räumlichkeiten, usw. – zum Fehlverhalten bei?

- Welche Ihrer persönlichen Ressourcen tragen zur Lösung von Problemen bei? Dazu gehören Eigenschaften oder Stärken wie ein Sinn für Humor, die Fähigkeit, Abstand zu nehmen und die Perspektive zu wechseln, Erfahrung oder Geschick in der Lösung von Problemen, Geduld, Achtsamkeit oder eine gute Wahrnehmung.

- Inwiefern tragen Sie selbst zu Konflikten bei, beispielsweise indem Sie sehr empfindlich oder leicht verletzbar sind, zu viel reden, zu viel fordern, ständig die Kontrolle oder recht haben müssen, perfekt sein oder gefallen wollen?

Tabelle 7 B: STEP Strategie bei Herausforderungen im Schulalltag

STEP Strategie – »Schritt für Schritt«	Sinn und Zweck der Vorgehensweise	Beispiele
Wessen Problem ist es?	Sie entscheiden, ob es sich um Ihr Problem, das des Schülers oder um ein gemeinsames Problem handelt, damit die Verantwortlichkeit für die Lösung des Problems geklärt wird.	- Wenn zwei Schüler sich streiten (ohne Gefahr für Personen oder Eigentum), handelt es sich um ein Problem der Schüler. - Wenn ein Schüler den Unterricht durch wiederholtes Dazwischenrufen stört, handelt es sich um Ihr Problem (und das der Klasse).
Ziel des Fehlverhaltens erkennen und Reaktion ändern (Das Unerwartete tun, Perspektive ändern und positives Verhalten verstärken)	Sie bestimmen, ob es um Fehlverhalten geht, und wenn ja, dann, welches Ziel der Schüler mit seinem Fehlverhalten verfolgt. Danach entscheiden Sie, wie Sie reagieren wollen.	Eine Schülerin kommt regelmäßig zu spät. - Die Rechte des Lehrers und der Klasse werden missachtet – es geht um Fehlverhalten. - Sie als Lehrer sind wütend. Ziel: Macht. - Sie tun das Unerwartete (Wahlmöglichkeiten): z. B.: »Du kannst pünktlich zum Unterricht kommen oder einmal anklopfen und warten, bis ich dich hereinhole. Du entscheidest.« - Sie ändern die Perspektive: Sie sehen, dass die Schülerin selbstständig Entscheidungen treffen möchte. - Sie verstärken positives Verhalten: z. B.: »Danke, dass du die Genehmigung der Eltern für den Ausflug rechtzeitig gebracht hast.«
Aktiv zuhören	Sie lassen den Schüler wissen, dass Sie die Gefühle des Schülers und den Grund dafür verstehen.	»Du bist sehr traurig, weil dein Freund gesagt hat, dass er nichts mehr mit dir zu tun haben will?«
Ich-Aussagen	Sie teilen den Schülern mit, welche Gefühle Sie aufgrund des Verhaltens der Klasse und der möglichen Folgen empfinden.	An die Klasse gerichtet: »Wenn ich diesen Lärm höre, fürchte ich, dass wir mit dem Stoff heute nicht durchkommen.«

STEP Strategie – »Schritt für Schritt«	Sinn und Zweck der Vorgehensweise	Beispiele
Ermutigung	Sie nehmen jede Bemühung und Verbesserung des Schülers wahr und lassen ihn wissen, dass Sie an ihn glauben, damit sein Selbstwertgefühl und sein Selbstvertrauen gestärkt werden. Der Schüler erfährt Selbstwirksamkeit.	»Du hast hart gearbeitet in Biologie und dich verbessert. Du kannst stolz auf dich sein.«
Selbstermutigung	Sie erkennen Ihre eigenen Ressourcen, Stärken und Fortschritte. Durch einen positiven inneren Dialog stärken Sie Ihr Selbstwertgefühl.	Sie sagen sich z. B.: »Ich habe den Mut, nicht perfekt zu sein.«
Alternativen erforschen	Sie helfen dem Schüler, zu entscheiden, wie er sein Problem lösen kann, bzw. Sie handeln mit ihm Vereinbarungen aus, wenn es um Ihr Problem als Lehrer geht. Durch die Offenlegung des Ziels unterstützen Sie den Reflexionsprozess des Schülers.	»Welche Möglichkeiten hast du, dein Problem zu lösen?« oder »Wie können wir unsere Auseinandersetzung beilegen?« »Kann es sein, dass du mir zeigen willst, dass du machen kannst, was du willst?«
Natürliche und logische Konsequenzen	Sie erlauben dem Schüler, innerhalb von Grenzen zu entscheiden, wie er sich verhalten möchte, und lassen zu, dass er die Konsequenzen seiner Entscheidung erfährt. Sie bringen ihm Selbstdisziplin bei.	Natürliche Konsequenz: Schüler, die miteinander kämpfen, können einander verletzen. Logische Konsequenz: Schüler, die miteinander kämpfen, begeben sich in den Streitschlichterraum, um ihren Konflikt friedlich beizulegen.
Erlaubnis, Fehlverhalten zu zeigen	Sie tun das Unerwartete, indem Sie das Fehlverhalten des Schülers unter bestimmten Bedingungen zulassen.	Ein Schüler, der flucht, wird aufgefordert, z. B. in eine Ecke des Raums zu gehen, um dort zu fluchen, ohne andere damit zu behelligen.
Anerkennung der Macht des Schülers	Sie geben Ihre Niederlage oder Ihre Verletzbarkeit zu, um den Versuch des Schülers zu entschärfen, die Macht zu übernehmen, es Ihnen heimzuzahlen oder seine Überlegenheit zu zeigen.	»Du hast den Beweis erbracht. Ich kann dich nicht zum Arbeiten zwingen.«
Negatives Verhalten in positive Bahnen lenken	Sie schaffen Möglichkeiten für den Schüler, seine Ressourcen, seine Stärken auf positive Weise einzusetzen.	Ein Schüler, der Humor einsetzt (Klassenclown), um zu stören, kann die Verantwortung für eine Komödie in der Schüler-AG übernehmen.

Zusammenfassung

1. Die STEP Strategie ermöglicht Ihnen durch folgende Schritte, den effektivsten Ansatz für das jeweilige Disziplinproblem zu finden:
   - Sie entscheiden, um wessen Problem es sich handelt.
   - Sie identifizieren das Ziel des Fehlverhaltens und ändern Ihre Reaktion (Sie tun das Unerwartete, ändern Ihre Perspektive und verstärken positives Verhalten).
   - Sie kommunizieren respektvoll durch aktives Zuhören und durch Ich-Aussagen.
   - Sie nutzen Ermutigung als Schlüssel zu jeder Vorgehensweise.
   - Sie stärken durch das Erforschen von Alternativen die Fähigkeit der Schüler, Probleme zu lösen.
   - Durch die Offenlegung des Ziels des Fehlverhaltens unterstützen Sie den Reflexionsprozess des Schülers.
   - Sie lassen die Schüler aus den Konsequenzen (natürliche und logische) ihrer Entscheidungen lernen.

2. Weitere mögliche Vorgehensweisen beim Ausüben sinnvoller Disziplin:
   - Sie lassen Fehlverhalten zu – das macht Humor zu einer unerwarteten Reaktion auf Fehlverhalten.
   - Sie erkennen die Macht eines Schülers an – das entschärft den Machtkampf.
   - Sie lenken negatives Verhalten in positive Bahnen – das gibt dem Schüler die Möglichkeit, seine Ressourcen, seine Stärken auf positive Weise einzusetzen.
   - Manchmal müssen Sie einen Schüler von seinem Platz, aus dem Raum oder dem Schulgebäude entfernen.

   Das Drei-Stufen-Modell regelt das Entfernen des Schülers (logische Folge seiner Entscheidung):

   Stufe 1: Der Schüler geht auf einen anderen Platz, in einen anderen Teil des Klassenzimmers, von dem aus er die anderen Schüler nicht sehen kann.

   Stufe 2: Der Schüler begibt sich an einen Ort außerhalb seiner Klasse, z. B. in den Unterricht eines anderen Lehrers bzw. in einen mitbeaufsichtigten Raum oder in den sog. Trainingsraum.

   Stufe 3: Der Schüler geht für den Rest des Tages bzw. mehrere Tage nach Hause.

3. Wenn Sie einen Schüler von seinem Platz, aus der Klasse bzw. der Schule entfernen, gelten für alle drei Stufen folgende Prinzipien:
   - Sie vereinbaren Klassenregeln und legen die Konsequenzen möglichst gemeinsam und im Voraus fest (s. Kap. 8).

- Sie informieren die Eltern über Ihre Vorgehensweise – möglichst zu Beginn des Schuljahres bzw. bereits bei der Anmeldung des Schülers an der Schule.
- Sie geben dem betroffenen Schüler die Wahlmöglichkeit, sich angemessen zu verhalten oder sich zu entfernen.
- Sie verbalisieren die Entscheidungsmöglichkeit für den Schüler nur einmal.
- Sie handeln beim ersten Anzeichen einer Störung.
- Sie bleiben bei Ihrer Entscheidung.
- Sie trennen »Tat« und »Täter«.
- Sie sind respektvoll *und* bestimmt.

4. Abschließende Hinweise für den Einsatz der STEP Strategie:
- Sie erkennen, dass – je nach Schüler und Situation – eine oder mehrere Vorgehensweisen Wirkung zeigen.
- Sie wählen eine Vorgehensweise unter Berücksichtigung der Erfahrungen, die Sie mit dem jeweiligen Schüler gemacht haben.

NUR FÜR SIE

Der positive innere Dialog

Um Ihre Sichtweise auf Ihre persönlichen und beruflichen Beziehungen zu ändern, ist es entscheidend, Ihre Fähigkeiten dahingehend zu entwickeln, dass Sie den Herausforderungen des Alltags positiver und effektiver begegnen.

Nehmen Sie sich jeden Tag Zeit für Selbstbestätigung.

Der positive innere Dialog hilft Ihnen dabei[6]:
- »Ich treffe meine eigenen Entscheidungen.«
- »Ich bin verantwortungsbewusst.«
- »Ich kann jeder Situation etwas Positives abgewinnen.«
- »Ich ermutige andere.«
- »Ich mag mich so, wie ich bin.«
- »Ich sehe Möglichkeiten und Alternativen.«
- »Ich habe Sinn für Humor.«
- »Ich bin ein fähiger und effektiver Lehrer.«

---

6 Dinkmeyer [7]

Auf diese Weise werden Sie zu »einem mutigen Menschen, der in allen Lebenslagen mögliche Lösungen sieht anstelle von Gefahren und Bedrohungen.«[7]

Je mehr Sie die Verantwortung für Ihre Wertvorstellungen, Gefühle und Ihr Selbstwertgefühl bzw. Ihre Selbstachtung übernehmen, umso zufriedener, enthusiastischer und energievoller werden Sie sein. Sie empfinden weniger Stress, besitzen häufiger kreative Energie und erleben öfter Freude in Ihrem Leben – auch bei all Ihren Beziehungen im Schulalltag.

---

7 Dinkmeyer, Dreikurs [9]

KAPITEL 8

Die Klasse als Gruppe: Die Kräfte der Gruppe in ihrer Dynamik verstehen und – zum Wohle des Einzelnen und der Gruppe – nutzen

Die Prinzipien, die das Verhalten des Einzelnen bestimmen, als wertvolle Hilfen, um die Kräfte der Gruppe in ihrer Dynamik zu verstehen

Die Kräfte der Gruppe in ihrer Dynamik nutzen, um Kooperation und konstruktives Verhalten zu erreichen

Methoden zur Entwicklung einer kohäsiven Klasse

Der Klassenrat: Grundfunktionen, Richtlinien, Einführung, Durchführung

Den einzelnen Schüler zu verstehen ist wichtig. Die Ziele unserer Schüler werden jedoch klarer, wenn wir die *Wechselwirkung* des Verhaltens der Schüler auf ihre Klasse – und umgekehrt – berücksichtigen.

Obwohl wir die meiste Zeit mit der Klasse als Gruppe zu tun haben, werden wir kaum in der Leitung von Gruppen ausgebildet. *Mit* der Gruppe eher als *gegen* sie zu arbeiten kann uns helfen, den Einzelnen leichter ins Boot zu holen. Unsere Schüler sind Teil einer Gruppe, sie wollen sich dieser Gruppe zugehörig fühlen, und wir müssen verstehen, wie Gruppen funktionieren. Schwerpunkt dieses Kapitels ist es, die Kräfte der Gruppe in ihrer Dynamik zu verstehen, um sie im Schulalltag zum Wohle des Einzelnen und der Klasse zu nutzen.[1]

Schüler als Teil einer Gruppe betrachten

Einige der Prinzipien, die das Verhalten von Individuen bestimmen, helfen uns, das Verhalten einzelner Personen in Gruppen zu verstehen:

1. Schüler sind soziale Wesen. Wie Menschen jeden Alters wollen auch unsere Schüler zu einer Gruppe dazugehören. Die Familie, die Klasse, die Gleichaltrigen, das Team, der Verein: Schüler fühlen sich nur sicher, wenn sie Teil einer Gruppe sind oder sich mit einer Gruppe identifizieren.

2. Jedes Verhalten ist zielgerichtet und von sozialer Bedeutung. Wenn Sarah entscheidet: »Ich tue nur, was ich will«, schafft sie sich damit ihren Platz in der Gruppe genauso wie Tom, wenn er sich entscheidet: »Ich tue nur, was der Lehrer will.«

Positives Verhalten, ebenso wie Fehlverhalten, reflektiert die Bemühungen unserer Schüler, sich innerhalb der Gruppe eine einzigartige Identität zu schaffen.

Die Ziele, die Schüler anstreben, unabhängig davon, ob sie sich dessen bewusst sind oder nicht, drücken ihre Wertvorstellungen und Überzeugungen davon aus, auf welche Weise sie zur Klassengemeinschaft dazugehören.

---

1   Bzgl. Gruppendynamik, insbesondere der Entwicklungsphase einer Gruppe, steht eine Bandbreite von Fachbüchern zur Verfügung, z. B. Stahl [40] (Erweiterung des Tuckman-Modells von 1965: Forming, Storming, usw.)

3. Verhalten reflektiert den Lebensstil. Die Ziele eines Schülers zeigen, wie er sich selbst im Verhältnis zu den Menschen in seiner Umgebung sieht. Sarah *sagt* vielleicht, dass sie kooperieren möchte, aber ihr passiver Widerstand gegen alle Anweisungen spricht lauter als ihre Worte. Das zielgerichtete Verhalten unserer Schüler und die Art, wie sie mit Gleichaltrigen auskommen, enthüllen ihre Absicht, ihre Glaubenssätze (s. Kap. 2).

Was Menschen tun, ist von größerer Bedeutung, als was sie sagen.

4. Schüler können eher lernen, sich akzeptiert zu fühlen, wenn sie mit anderen kooperieren, als wenn sie gegen andere kämpfen. Die Förderung und Stärkung des Gemeinschaftsgefühls unserer Schüler[2], ihre Bereitschaft, mit anderen zum allgemeinen Wohl zu kooperieren, sind überaus wichtig für ihr Wachstum und ihre Entwicklung. Wenn unsere Schüler lernen, sich akzeptiert zu fühlen, indem sie sich für das Wohl der Klasse einsetzen, helfen sie uns, in der Klasse eine Atmosphäre des Zusammenhalts zu schaffen.

Es ist leicht nachvollziehbar, weshalb wir zu besseren Lehrern werden, wenn wir unsere Fertigkeiten entwickeln, mit der Klasse als Gruppe umzugehen: Ohne diese Kenntnisse laufen wir Gefahr, zum Opfer des Erwartungsdrucks der Gruppe, von Gruppenzwängen und Kräften in der Gruppe zu werden. Wenn wir dagegen die Kräfte der Gruppe in ihrer Dynamik verstehen, können wir sie auf demokratische, partizipative und ermutigende Weise nutzen.

---

2   Adler, Brett [1]

Die Kräfte der Gruppe in ihrer Dynamik nutzen, um Kooperation und konstruktives Verhalten zu erreichen

Als Lehrer wollen wir die Kräfte in unserer Klasse *verstehen* und *nutzen,* um unsere Schüler zu kooperationsbereiten Kindern und Jugendlichen zu erziehen, die einander etwas bedeuten, umeinander bemüht sind und sich kümmern. Wir können unseren Schülern beibringen, dass *Kooperation* sie ihren eigenen Zielen näher bringt als *Konkurrenz* und *Wettstreit.* Sie können lernen, von der Unterstützung und der *Ermutigung der Gruppe* zu profitieren. Sie können gemeinsam Entscheidungen treffen, die ihnen selbst als Individuen *und* der Klasse als Gruppe zugutekommen – z. B. im Rahmen des Klassenrats (s. Kap. 8).

Es ist sehr wichtig, dass wir als Lehrer Gruppenstrukturen in der Klasse erkennen und, wenn notwendig, Einfluss darauf nehmen. Viele von uns denken, dass wir die Beziehungen der Schüler untereinander »erfühlen« können. Die Auswertung eines sog. *Soziogramms* (s. Anhang B) ermöglicht es uns jedoch, genauere Informationen über die Beziehungen innerhalb der Gruppe, über die Position der Kinder in ihrem jeweiligen Verhältnis zu den Mitschülern, über Führungs- bzw. Außenseiterrollen zu bekommen. Oft werden dadurch Wertvorstellungen und Beziehungen deutlich, die unserer Beobachtung ansonsten entgehen würden. Wir erhalten Daten für das Soziogramm, indem wir jeden einzelnen Schüler durch das Ausfüllen eines Fragebogens wählen lassen, mit welchem Mitschüler er für bestimmte Tätigkeiten zusammenarbeiten möchte bzw. nicht und/oder neben wem er sitzen möchte bzw. nicht. Ziel dieser Aktion ist, die Beziehungen zwischen den Schülern zu verbessern und die Kooperationsbereitschaft isolierter, unmotivierter bzw. störender Schüler zu fördern.

Das Verständnis für die Kräfte der Gruppe in ihrer Dynamik kann uns als Lehrer helfen, zu begreifen, wozu Schüler nach Aufmerksamkeit, Macht oder Rache streben oder wozu sie ihre Unfähigkeit unter Beweis stellen. Wenn wir davon ausgehen, dass jedes Verhalten auf das Ziel ausgerichtet ist, dazuzugehören, können wir lernen, die Energie unserer Schüler auf Kooperation und konstruktives Verhalten umzulenken, um so eine kohäsive Klasse zu schaffen. Dies kommt dem jeweiligen Schüler und der ganzen Klasse zugute.

Beispiel:

Timo (15) ist ein kräftiger Junge, der zu Gewalttätigkeit neigt. Sein Lehrer, Herr Ballin, erkennt Timos Macht und Einfluss in der Klasse an, indem er ihm die Aufgabe gibt, im Pausenhof Übergriffe von Schülern aufeinander zu verhindern.

Auf diese Weise können wir vermeiden, die Ziele des Fehlverhaltens einzelner Schüler zu verstärken. Häufig zeigen Schüler Fehlverhalten, um eine Reaktion von uns zu bekommen und sich so ihren Platz in der Gruppe zu sichern.

Wenn die Schüler einander gut kennen und wir als Lehrer den Respekt und die Kooperation unserer Klasse gewonnen haben, können wir unsere Schüler ermutigen, den Mitschülern, die Fehlverhalten zeigen, zu helfen, auf eine Weise dazuzugehören, von der die ganze Klasse profitiert.

Schüler können lernen, dass sie kein Fehlverhalten zu zeigen brauchen, um ihren Platz in der Klasse zu finden.

Um unser Ziel als Lehrer zu erreichen, eine *kohäsive Klasse* zu schaffen, rufen wir uns die Prinzipien einer demokratischen Klasse in Erinnerung:

- Die Klasse entwickelt ihr Gemeinschaftsgefühl auf der Basis gemeinsam erstellter Richtlinien, die sowohl individuelle Freiräume (Rechte) als auch individuelle Verantwortlichkeiten (Pflichten) regeln.
- Alle Schüler der Klasse helfen, gemeinsam Ziele zu setzen, Entscheidungen zu treffen und Veränderungen herbeizuführen.
- Im Rahmen der Möglichkeiten lassen wir Schüler sich individuell – entsprechend ihren eigenen Interessen und Ressourcen – entwickeln. Wir reduzieren den Konkurrenzkampf und betonen individuelle Verbesserungen und Fortschritte.
- Sinnvolle Disziplin ist ein pädagogischer Prozess mit dem Ziel Selbstdisziplin. Es geht dabei nicht um eine Vorgehensweise, mit der Kontrolle ausgeübt wird.
- Schüler und Lehrer kommunizieren offen und ehrlich als gleichwertige Menschen in respektvollem Umgang miteinander.
- Schüler und Lehrer arbeiten daran, eine Atmosphäre gegenseitigen Vertrauens und Respekts zu schaffen.
- Ermutigung ist der wichtigste intrinsische Motivationsfaktor.

Eine kohäsive Klasse entwickeln

Vielleicht schwebt uns das Ideal vor, eine Klasse zu unterrichten, in der sich alle umeinander kümmern und alle miteinander arbeiten. Da unsere Schüler aber manchmal Fehlverhalten zeigen und wir sie darin durch unsere Reaktion unbewusst bestärken, ist möglicherweise unsere Klasse auch ein Ort des Konflikts und übertriebenen Wettstreits.

In Verbindung mit der unverzichtbaren Ermutigung können die Fertigkeiten, die wir bisher behandelt haben – aktiv zuhören, Ich-Aussagen, Alternativen erforschen, sinnvolle Disziplin – dazu beitragen, dass eine bereichernde, konstruktive Atmosphäre entsteht und sich ein *Gemeinschaftsgefühl* in der Klasse entwickelt.[3]

> **Schüler, die sich dazugehörig fühlen, arbeiten zusammen und lernen von- und miteinander; sie brauchen sich nicht über Fehlverhalten zu definieren.**

Eine Klasse ohne Gemeinschaftsgefühl ist stark geprägt von Konkurrenz untereinander, Egoismus und Beziehungen zwischen Schülern bzw. zwischen Schülern und Lehrern, die auf hierarchischen Strukturen beruhen.

Die Schüler einer Klasse, die Gemeinschaftsgefühl entwickelt haben, kooperieren besser, ermutigen sich gegenseitig, arbeiten eher zum Wohl der Gruppe und legen Wert auf gegenseitigen Respekt. Respekt ist notwendig für Beziehungen, die auf Gleichwertigkeit beruhen. Wir als Lehrer können unseren Beitrag leisten, eine solche kohäsive Klasse aufzubauen.

Wir brauchen keine Psychologen zu sein, um uns mit den Gefühlen, Werten und Haltungen unserer Schüler zu befassen. Genauso, wie eine partizipativ funktionierende Klasse nicht einfach von sich aus entsteht, verlangt auch die Entwicklung einer kohäsiven Gruppe gezieltes Engagement und Geduld von uns als Lehrer.

> **Die Zeit, die wir damit verbringen, die soziale und psychologische Entwicklung (Persönlichkeitsentwicklung) unserer Schüler durch die Nutzung der Kräfte der Gruppe zu fördern, kann einen dramatischen Einfluss auf die Lernbereitschaft der Schüler haben.**

Vorgehensweisen zur Entwicklung einer kohäsiven Klasse

1. Ermutigung der Schüler untereinander und durch den Lehrer

Die Gruppe kann zu einer Kraft werden, die positives Verhalten anerkennt und ermutigt.

---

3 Dinkmeyer, Dreikurs [9], S. 158: Die Entwicklung der Gruppenbindung verläuft anfangs nie reibungslos. Umso wichtiger ist es, sich darauf zu konzentrieren, dass *alle* Kinder in eine kohäsive Klassengemeinschaft integriert werden.

Gegenseite Ermutigung der Schüler fördern

Beispiele:

- *Klassenvertretung – bestehend aus fünf Schülern.* Die Klassenvertreter treffen sich regelmäßig und tauschen sich darüber aus, wie es in der Klasse läuft und welche Änderungsvorschläge sie haben. (Wir als Lehrer geben klare Richtlinien vor, bei welchen Themen die Schüler ein Mitspracherecht haben und bei welchen nicht.) Wir treffen uns regelmäßig mit den Mitgliedern der Klassenvertretung und besprechen ihre Pläne und Belange. Alle Vorschläge, die sie vorbringen und denen wir zustimmen, müssen umgesetzt werden. Mitglieder der Klassenvertretung haben eine vorher festgelegte Amtszeit von z. B. vier Wochen, damit alle Schüler die Möglichkeit haben, als Klassenvertreter gewählt zu werden. Auf diese Weise können wir das Verantwortungsbewusstsein des Einzelnen und den Gruppenzusammenhalt, das Gemeinschaftsgefühl der Gruppe, fördern.

- *Tag der Ermutigung – monatlich.* Beim ersten Tag der Ermutigung nutzen wir z. B. die Klassenstunde, um über das folgende Thema zu sprechen: »Mein Erlebnis mit Ermutigung (Wie wurde ich ermutigt? Wie habe ich jemanden ermutigt?)«. Wir machen selbst den Anfang, z. B.: »Eine gute Freundin hat mir gesagt, dass sie mein Lächeln mag. Ich habe mich deshalb richtig gut gefühlt! Wer möchte von seinem eigenen Erlebnis erzählen? Wofür wurdet ihr ermutigt und wie hat es sich angefühlt, ermutigt zu werden bzw. jemanden zu ermutigen?« An den kommenden Tagen der Ermutigung nutzen alle Klassen in allen Fächern die Chance, an diesem Tag besonders achtsam und ermutigend miteinander umzugehen.

Wenn einige Schüler sagen, dass sie es peinlich finden, wenn sie ermutigt werden, besprechen wir, weshalb positive Bemerkungen uns manchmal in Verlegenheit bringen. Wir betonen, dass alle Menschen Ermutigung verdienen, dass es uns allen guttut, ein gutes Gefühl über uns selbst zu haben – und dass dadurch unser Selbstwertgefühl gestärkt wird.

- *Ermutigungsgeschenke – wöchentlich.* Wir fragen unsere Schüler, ob sie gerne Möglichkeiten ausprobieren möchten, wie alle Klassenmitglieder – der Lehrer eingeschlossen – sich gegenseitig ermutigen und ermutigt werden. Wir schreiben alle Namen auf Zettel und werfen sie in die *Ermutigungskiste*. Am Tag der Ermutigung zieht jeder, auch der Lehrer, einen Namen. Jeder schreibt einen ermutigenden Satz über die genannte Person auf die Rückseite des Papiers und wirft es wieder in die Kiste. Da wir dadurch quasi Geschenke austauschen, nennen wir unsere Zettel *Ermutigungsgeschenke*. Danach verteilen wir die Zettel an die jeweiligen Personen. Wir bitten jeden Schüler, seine Ermutigung still zu lesen. Denen, die über ihre Ermutigung sprechen möchten, geben wir Gelegenheit, sich in Kleingruppen auszutauschen – Schüler fühlen sich in der Regel wohler, in kleinen Gruppen zu sprechen.

- *Schüler der Woche.* Wir küren den *Schüler der Woche.* Jede Woche wird ein anderer Name gezogen, und das Foto der entsprechenden Person zusammen mit einer kurzen Vorstellung ihrer Interessen, Talente und Ambitionen wird am Schwarzen Brett ausgehängt. Die Vorstellung wird von jeweils einem anderen Schüler übernommen, den der *Schüler der Woche* ausgewählt hat. Der *Schüler der Woche* kann sich auch entscheiden, seine Projektergebnisse, selbst gemalte Bilder, eigene Fotos, seine Interessen oder Hobbys vorzustellen. Die Ausstellung bleibt die ganze Woche lang am Schwarzen Brett. Wir stellen sicher, dass jeder wenigstens einmal *Schüler der Woche* sein und von dieser Ermutigung profitieren kann.

- *Schülernachhilfe – individuell.* **Gabrielle** (11) hat Probleme damit, ihre Vokabeln zu lernen. Als Lehrer schlagen wir ihr vor, zum Üben einen MP3-Player einzusetzen, und wir helfen ihr, indem wir die neuen Vokabeln in der Woche für sie aufnehmen, sodass Gabrielle sich abfragen kann, so oft sie möchte. Wir finden einen Schüler aus der Klasse, der Gabrielle Nachhilfe gibt. Da alle Schüler gelernt haben, sich gegenseitig zu ermutigen, vor allem dann, wenn sie einander auf diese Weise helfen, ist das kein Problem! Bestärkt durch diese Ermutigung, fühlt sich Gabrielle angespornt, sich zu verbessern. Eine ermutigende Atmosphäre, in der Schüler sich auf das Positive und die Suche nach Möglichkeiten konzentrieren, Herausforderungen gerecht zu werden, kann die beste entwicklungsförderliche Lernumgebung für sie sein.

- *Disziplinprobleme mit der Klasse lösen – (z. B. im Klassenrat).* Wenn **Marlon** (14) im Unterricht häufig den Clown spielt, können wir die Klasse – nachdem wir sie gut kennen – in ruhigem, respektvollem, wohlwollendem Ton fragen: »Was glaubt ihr, wozu Marlon das tut?« Die Wahrnehmung der Klasse wird wahrscheinlich zutreffend sein: »Er will, dass wir ihn beachten«, oder: »Er will uns zum Lachen bringen.« Dann können wir fragen: »Wie könnte Marlon unsere Aufmerksamkeit auf andere Weise bekommen oder uns zum Lachen bringen, ohne uns zu stören?« Marlon kann in das Gespräch eingebunden werden, wenn die Klasse nach Lösungen sucht, seine Energie in konstruktive Bahnen zu lenken.

Wenn wir die Hilfe der Klasse in Anspruch nehmen, erkennen wir den starken Einfluss der *Anerkennung durch die Gruppe* auf das Verhalten eines Schülers.

Bestimmt fallen uns noch andere Möglichkeiten ein, Kooperation und Zusammenhalt unter unseren Schüler durch Ermutigung zu stärken. Solche Maßnahmen können die Atmosphäre in der Klasse enorm verbessern sowie das Selbstwirksamkeitsgefühl des einzelnen Schülers und damit seine Resilienz stärken.

2. Verständnis der Schüler füreinander

Vielleicht haben wir Verständnis für alle unsere Schüler, aber sie möglicherweise nicht untereinander. Unsere Schüler sind eher an die typische Schulklasse gewöhnt, in der von ihnen erwartet wird, nur dem Lehrer Aufmerksamkeit zu schenken und seine Fragen zu beantworten. Sie müssen lernen, wie sie auch ihren Klassenkameraden zuhören und wie sie achtsam miteinander umgehen können. Nur dann können sie gegenseitigen Respekt und Empathie entwickeln.

Verständnis der Schüler füreinander fördern

Beispiele:

- *Aktiv zuhören beibringen.* Wir nehmen *unausgesprochene Gefühle* wahr und *spiegeln* sie wider: »Anna, du scheinst zufrieden zu sein mit der Landkarte, die du angefertigt hast.« Als Lehrer sind wir dadurch Vorbild.

  Wenn wir der Meinung sind, dass unsere Klasse davon profitiert, können wir unseren Schülern *aktives Zuhören* beibringen (s. Kap. 4). Dann lassen wir einen Schüler in einem Rollenspiel eine emotionsgeladene Situation nachspielen, wie z. B. den Tod des Haustiers eines Schülers. Die anderen Schüler leiten wir dazu an, die Gefühle des Mitschülers zu reflektieren, den Grund dafür zu »erraten« und das uns bekannte Format zu benutzen: »Du fühlst / bist _____, weil _____?«

  Schüler jeden Alters können sich dadurch ihrer eigenen Gefühle und derer ihrer Mitmenschen bewusster werden als bisher. Auf die Gefühle anderer zu achten fördert Verständnis, Toleranz und Gemeinschaftsgefühl. Wir benutzen die Liste der Ausdrücke für Gefühle in Kapitel 4 und fügen unsere eigenen Wörter hinzu. Für junge Schüler empfiehlt es sich, jede Woche ein neues Wort einzuführen. Wir bitten Freiwillige, Gefühle pantomimisch darzustellen, lassen die anderen Schüler das Gefühl in Worte fassen und Synonyme vorschlagen. Indem wir das Vokabular unserer Schüler um Wörter für Gefühle erweitern, helfen wir ihnen, zu erkennen, was sie selbst und andere fühlen.

  Während unsere Schüler immer vertrauter damit werden, über Gefühle zu sprechen, nehmen wir wahrscheinlich eine wohlwollendere, von gegenseitigem Respekt geprägte Atmosphäre in unserer Klasse wahr.

- *Einander besser kennenlernen.* Wir lassen jeden Schüler einen *Klassenkameraden* auswählen, den er besser *kennenlernen* möchte. Die beiden können sich über ihre Interessen, Ideen und Hobbys unterhalten; dann stellt jeder Schüler den anderen der Klasse vor.

- *Über persönliche Stärken sprechen.* Wir leiten Gespräche an, in denen jeder in der Klasse von seinen *persönlichen Stärken* berichtet. Dann beschreiben die Schüler eine Stärke, die ihnen an einem Mitschüler aufgefallen ist.

- *Empathie fördern.* Wir fördern Empathie zwischen unseren Schülern, d. h., wir bemerken, wenn sie sich *mitfühlend gegenüber anderen* verhalten: »Johannes, ich sehe, du kannst Elins Gefühle sehr gut nachvollziehen.«

  Wenn wir als Lehrer *gemeinsame Interessen und Fähigkeiten* unter Schülern feststellen, sagen wir z. B.: »Nicole interessiert sich für naturwissenschaftliche Experimente genau wie du, Barbara.«

3. Offen über eigene Gefühle sprechen

In einer demokratisch geführten Klasse fühlen Schüler sich frei, ihren Gefühlen, Gedanken und Wertvorstellungen Ausdruck zu verleihen. Schmerzliche Emotionen werden möglicherweise durch Aufregung, Freude oder Enthusiasmus ersetzt, wenn Schüler wissen, dass es in Ordnung ist, zu sagen, was sie fühlen. Manchmal werden Wut oder Traurigkeit vermindert, wenn wir mit Menschen, die sich um uns sorgen, denen wir wichtig sind, über unsere Gefühle sprechen.

Gefühlsäußerungen fördern

Beispiele:

- *Vokabular für Gefühle erweitern.* Wir helfen unseren Schülern, ihr *Vokabular* zu *erweitern*, mit dem sie Gefühle beschreiben können.

- *Ich-Aussagen beibringen.* Wir teilen *unsere Gefühle als Lehrer durch Ich-Aussagen* mit, z. B.: »Ich fühle mich entmutigt, wenn ihr euch nebenbei unterhaltet, während ich unterrichte, denn ich fürchte, wir können unser Thema heute nicht abschließen.«

- Wir bringen unseren Schülern bei, Ich-Aussagen zu formulieren. Wir initiieren *Gespräche, bei denen Schüler ihre Gefühle* über bestimmte Ereignisse *durch Ich-Aussagen* ausdrücken können, z. B., wenn sie ein Basketballspiel verlieren; wenn sich jemand vordrängelt; wenn sie eine Schlägerei miterleben, usw. Wir ermutigen unsere Schüler, an andere Situationen zu denken, in denen sie glücklich, wütend oder verlegen etc. waren.

4. Austausch mit anderen

Schüler werden sich ihrer eigenen Probleme und Schwierigkeiten unter Umständen eher bewusst, wenn sie hören, wie andere Menschen ähnliche Probleme lösen.

Austausch in der Klasse fördern

Beispiele:

- *Eigene Erfahrungen mitteilen.* Wir teilen einige unserer eigenen Erfahrungen der Klasse mit: »In der Grundschule hatte ich Angst, vor der Klasse etwas sagen zu müssen.«

- *Klassengespräche.* Wir initiieren Klassengespräche über *die Sorgen, Belange und Gefühle unserer Schüler* als einen festen *Bestandteil der Tages- oder Wochenplanung,* mit einer speziell dafür vorgesehenen Zeit (z. B. beim täglichen sog. Morgenkreis 8:00 – 8:15 Uhr, in der Klassenstunde oder in der Unterrichtseinheit »Soziales Lernen«).

  Wenn **Walter** (11) noch nicht so weit ist, in der Klasse über seine Schüchternheit zu reden, kann er von **Ira** (12) lernen, die dieselben Gefühle hatte und nun in der Klassenstunde darüber redet.

- *Reflexion.* Am Ende eines Gesprächs fragen wir die Klasse: »*Was habt ihr daraus gelernt?*«, oder: »*Was würdet ihr anders machen?*« Wir besprechen mit unseren Schülern, welche Vorteile der Austausch hat.

5. Feedback zwischen Schülern

Manchmal müssen unsere Schüler wissen, wie sie in einer bestimmten Situation auf andere wirken. Wenn sie wertschätzendes Feedback ohne Anschuldigung, Vorwurf oder Sarkasmus bekommen, kann die *Selbstwahrnehmung* unserer Schüler gestärkt werden.

Schüler, die gelernt haben, Ich-Aussagen zu formulieren, können sie nutzen, um Feedback zu geben:

Beispiele:

- **Mona** (9) könnte sagen: »Irina, wenn du dich wegen meiner Brille über mich lustig machst, bin ich verletzt, denn ohne sie kann ich nicht gut sehen.«

- **Sven** (16), Leons Mitschüler, könnte sagen: »Leon, ich werde echt wütend, wenn du um jeden Preis recht haben musst.«

Irina und Leon hören vielleicht nicht mit der Hänselei bzw. dem Streiten auf, aber sie wissen jetzt, was andere fühlen und wie andere über ihr Verhalten denken. Wir erinnern unsere Schüler daran, Wut und Beschuldigung aus ihren Ich-Aussagen herauszuhalten.

Feedback wirkt nur dann positiv, wenn es mit gegenseitigem Respekt, Feingefühl und einer ermutigenden Atmosphäre in der Klasse einhergeht: Ohne diese Elemente kann Feedback ineffektiv oder sogar verletzend sein. Wir wollen erreichen, dass Feedback anstelle von Tratsch, Petzen oder unkonstruktiver Kritik eingesetzt wird. Feedback muss so gegeben werden, dass es nicht als Angriff empfunden werden kann. Wenn wir unseren Schülern Ich-Aussagen als Möglichkeit beibringen, konstruktiv Feedback zu geben, denken wir daran, das es vor allem darum geht, zu betonen, wie sehr wir uns um eine Person Gedanken machen.

Gelungenes Feedback stempelt weder jemanden ab, noch führt es garantiert zu einer Veränderung. Wir drücken dadurch lediglich unser Gefühl, über das Verhalten eines anderen zu einem bestimmten Zeitpunkt aus.

Da Feedback wertschätzend gegeben werden muss, möchten wir den Einsatz zu Anfang sicherlich begleiten.

Feedback zwischen Schülern fördern

Beispiele:

- Wir geben unseren Schülern Feedback (*Ich-Aussagen*) *sowohl für positives als auch für negatives Verhalten* (s. Kap. 4).

- Wir fragen die Klasse im *Falle eines Konflikts*: »Wie fühlt ihr euch jetzt?«

- Wir erklären, dass jeder in unterschiedlichen Situationen *verschiedene Eindrücke* hinterlässt, abhängig davon, was er tut oder sagt. Um 10:00 Uhr ärgert sich Herr Stein vielleicht darüber, dass **Peter** (17) seine Hausaufgaben nicht gemacht hat, und um 12:00 Uhr ist Herr Stein vielleicht dankbar, dass Peter beim Aufbau der Bühne hilft.

- Wir lassen jeden Schüler jemand anderem gegenüber ein gutes Gefühl ausdrücken. Wir sind darauf vorbereitet, jemandem *positives Feedback* zu geben, der möglicherweise *ausgelassen wurde* (s. Kap. 8 »Gegenseitige Ermutigung der Schüler«).

- Wir bitten unsere Schüler, eine Szene als *Rollenspiel* vorzuspielen und dann der Klasse zu berichten, welchen Eindruck sie glauben, hinterlassen zu haben. Die Klasse bespricht dann, ob der Schüler die Wirkung seines eigenen Verhaltens richtig eingeschätzt hat oder nicht.

6. Verallgemeinerung

Wir fühlen uns akzeptiert und als Teil einer Gruppe, wenn uns bewusst wird, dass andere die gleichen bzw. ähnliche Erfahrungen machen wie wir. Was wir gemeinsam haben, verbindet uns: »Du bist nicht allein« klingt für alle gut. Constantin sagt: »Ich habe nie genug Zeit, um die Matheaufgaben fertig zu machen, ich bin nicht so schnell.« Ariane antwortet: »Ich auch nicht.« Constantin fühlt sich nicht mehr anders als die anderen.

Der Zusammenhalt einer Klasse basiert auch darauf, dass die Schüler erkennen, dass sie viel gemeinsam haben. Wir können sie ermutigen, Erfahrungen und Gefühle, die sie teilen, auszudrücken.

Verallgemeinerung fördern

BEISPIELE:

- Wir werden uns der *Ähnlichkeiten zwischen unseren Schülern* bewusst, damit wir ihre Aufmerksamkeit auf Gefühle, Ziele, Wertvorstellungen und Überzeugungen lenken können, die sie gemeinsam haben, z. B.: Viele sind sehr aufgeregt vor Tests, viele denken, dass es falsch ist, voneinander abzuschreiben, viele andere wiederum finden es gut, sportlich zu sein. Wir nehmen täglich Gelegenheiten wahr, zu verallgemeinern.

  Wir fragen die Klasse: »*Hat noch jemand schon mal* _____?«, und: »*Wie viele von uns haben das schon einmal erlebt?*« Wenn es für uns als Lehrer zutrifft, melden wir uns auch selbst.

- Wir als Lehrer benennen einige unserer *eigenen Ängste, Interessen und Erfahrungen* und fragen dann, ob andere genauso fühlen wie wir.

7. »Realitätscheck«: Ausprobieren

Wenn wir damit experimentieren, auf Menschen anders zu reagieren, oder wenn wir daran arbeiten, Wertvorstellungen, Überzeugungen und Verhalten zu ändern, dann hilft es, das neue Verhalten in einem geschützten Rahmen, in einer wohlwollenden, nicht bedrohlichen Atmosphäre auszuprobieren. Der »Realitätscheck« bedeutet also: Wir reden nicht nur über Veränderung – wir probieren Neues aus!

Ausprobieren ermutigen

BEISPIELE:

- **Alina** (8) hat Angst, laut vorzulesen, weil sie fürchtet, Wörter falsch auszusprechen. In einem Klassengespräch äußert sie schließlich ihre Gefühle. Ihre Mitschüler erkennen, dass Alinas Unwohlsein sich dadurch vergrößert, dass sie kichern, während Alina liest. Sie einigen sich darauf, dass Alina sich freiwillig zum Vorlesen meldet, wenn sie sich dazu in der Lage fühlt, und dass die Mitschüler ihr helfen, indem sie nicht kichern.

  Am Donnerstag liest Alina vor. Sie spricht ein Wort falsch aus, aber niemand kichert. Der Lehrer bittet sie, einfach weiterzulesen. Danach spricht die Klasse darüber, was ihr an Alinas Vorlesen gefallen hat, und der Lehrer betont, wie viel Mut Menschen aufbringen müssen, um etwas zu *wagen*. Alle Schüler fangen an, den Wert einer annehmenden Atmosphäre in der Klasse zu verstehen. Alinas Lesen wird sich wahrscheinlich mit zunehmender Übung verbessern.

- Wir beobachten, dass **Christopher** (11) während der Pause von der Seitenlinie aus dem Basketballspiel unbeteiligt zusieht. Er versucht sogar, sich vor dem Sportunterricht zu drücken. Als Lehrer sprechen wir mit ihm über die Möglichkeiten, mit anderen Schülern, in einem Verein oder zu Hause zu *üben*. Er ist einverstanden, mit einigen Freunden nach der Schule zu üben. Ein paar Wochen später sehen wir, dass er sich dem Spiel der anderen auf dem Pausenhof angeschlossen hat. Er spielt noch immer nicht gut, aber er hat den Mut entwickelt, etwas zu wagen.

- Wir sprechen mit unseren Schülern über bestimmte Dinge, die sie an sich selbst ändern oder verbessern wollen. Wir helfen diesen Schülern, *konkrete, individuelle Pläne zu erarbeiten*: **Tom** (16) hat keine Lust mehr, zur Schule zu gehen. Der Beratungslehrer nimmt Tom ernst und überlegt mit ihm gemeinsam, welche realistischen Alternativen er zur Schule hätte, damit er eine angemessene Entscheidung treffen kann. Wir betonen, wie wichtig die Unterstützung und Akzeptanz aller relevanten Personen ist.

- Wir lesen und besprechen *Geschichten* von Menschen, die den Mut hatten, an sich selbst zu arbeiten und sich so zu verbessern.

- Wir beachten und ermutigen jede Bemühung unserer Schüler, sich durch ihre *Probleme durchzuarbeiten*:

  Wir sagen zu **Max** (10), der sich lange geweigert hat, ins Wasser zu gehen, und sich nun zu einem Schwimmkurs angemeldet hat: »Du hast deine Scheu vor dem Wasser überwunden, weiter so!«

  Zu **Bianca** (17), die eine Lehrstelle sucht, sagen wir, nachdem sie die erste Bewerbung verschickt hat: »Du hast eine erste Chance wahrgenommen, und der Brief ist auch schon raus. Viel Erfolg!«

8. Altruismus

Wir möchten unsere Schüler ermutigen, sich gegenseitig zu helfen, statt miteinander zu konkurrieren.

Altruismus fördern

BEISPIELE:

- Wenn **Alisa** (14) sich selbst entscheidet, Nathalia *in Geografie zu helfen*, ohne dafür Pluspunkte oder ein extra Lob zu erwarten, könnte ihr Lehrer sagen: »Ich weiß es zu schätzen, dass du Nathalia hilfst. Ich bin sicher, ihr könnt beide *voneinander lernen*.«

- Wenn die Klasse betont, dass **Robin** (17) manchmal mit seiner Schlagfertigkeit verletzend sein kann, könnte sein Lehrer vorschlagen, dass Robin der Klasse hilft, *Witz und Humor* in das gemeinsame *Theaterstück* einfließen zu lassen.

- Wir bitten unsere Schüler, ihre eigenen Ressourcen – Fertigkeiten und Fähigkeiten – zu benennen oder aufzuschreiben, mit denen sie bereit wären, *anderen Schülern zu helfen*. Wir bitten sie auch, Dinge aufzuschreiben, die sie gerne von anderen lernen möchten. Dann erstellen wir ein Talentverzeichnis und bringen die passenden Schüler zusammen.

- Wir suchen mit unseren Schülern nach Möglichkeiten, *anderen Menschen* in der Schule (z. B. beim Sommerfest) oder in der *Gemeinde* (z. B. beim Basar der Kirchengemeinde) zu *helfen*.

- Wir fragen die Klasse: »Was würdet ihr gerne für andere tun?« »Wie habt ihr euch gefühlt, als ihr geholfen habt?«

- Wir *beachten* und ermutigen jeden *spontanen Altruismus*: »René, das war sehr höflich, als du Frau Meier die Tür aufgehalten hast.«

9. Direkte Interaktion zwischen Schülern

Manche von uns Lehrern möchten vielleicht ihre Bemühung, eine *ruhige* Klasse zu schaffen, noch einmal überprüfen. Denn wir möchten, dass unsere Schüler miteinander interagieren, wir wollen ihre sozialen Kompetenzen fördern und stärken und dadurch helfen, eine kreative, lebendige Atmosphäre in der Klasse zu schaffen. Indem wir Schüler dazu anleiten, im Unterricht nicht nur mit dem Lehrer zu reden, sondern sich im Unterrichtsgespräch miteinander respektvoll auszutauschen, lernen sie, sich auch außerhalb der Klasse sozial kompetent zu verhalten.

Direkte Interaktion fördern

BEISPIELE:

- Wir ermöglichen unseren Schülern, sich im Rahmen von Unterrichtsgesprächen *direkt miteinander zu unterhalten*. Wenn Steffi mit uns spricht, obwohl sie etwas kommentiert, das Boris gesagt hat, sagen wir zu ihr: »Steffi, bitte sprich Boris direkt an.«

- Wir geben *Fragen, die an uns gerichtet sind, an die Klasse zurück* und lassen Schüler so direkt aufeinander reagieren. Wenn Stavros fragt, warum die Vereinigten Staaten nicht auf den japanischen Angriff auf Pearl Harbor vorbereitet waren, sagen wir: »Das ist eine interessante Frage, Stavros. Halil, kannst du Stavros einen Grund nennen?«

- Wir geben unseren Schülern Gelegenheit, z. B. bei Projekten *zusammenzuarbeiten*, ohne dass wir sie dabei beaufsichtigen.

Der Klassenrat –
die demokratisch-partizipative Teilhabe

Ein besonders wirksames Instrument, um einen kohäsiven Klassenverband in einer demokratisch geführten Klasse zu schaffen, ist der sog. Klassenrat. Dabei handelt es sich um ein strukturiertes, in der Regel einmal wöchentliches Treffen aller Schüler der Klasse zu einer festgelegten Zeit (z. B. zur Klassenstunde). Der auf den Prinzipien der Individualpsychologie basierende Klassenrat[4] ist ein demokratisches Forum, in dem wir als Lehrer gleichwertig Ideen, Gefühle, Meinungen und Pläne mit unseren Schülern austauschen können.

Bei einem Klassenrat geht es u. a. darum, Schülern das *Verhalten Einzelner* sowie das *Zusammenwirken in einer Gruppe* in konkreten Situationen verständlich zu machen. Da Schüler, die Fehlverhalten zeigen, sich entmutigt fühlen, kann diesen Schülern beim Klassenrat die Ermutigung zuteil werden, die sie brauchen, um durch positives Verhalten dazuzugehören. Schüler, die ihren Mitschülern Ermutigung im Klassenrat geben, lernen Empathie und soziale Kompetenz.

Durch den Klassenrat wird die Klasse zum Instrument, Werte zu bilden, Kooperationsbereitschaft zu entwickeln und Vertrauen und Empathie zwischen den Schülern zu etablieren. Die Teilnehmer ermutigen und helfen einander. Auch die Kommunikation zwischen Lehrern und Schülern kann auf diese Weise verbessert werden.

Darüber hinaus sind die Folgen des frühen Umgangs mit demokratischen Prinzipien für unsere Gesellschaft von unschätzbarem Wert:
»Einem in Familie, Kita und Schule als selbstverständlich praktizierten Rat kommt eine weitreichende Bedeutung zu. Durch zahlreiche Forschungen ist belegt, dass Menschen das, was sie in der prägenden Kindheit und Jugendzeit erfahren und einüben, im Erwachsenenalter fortsetzen. Die Erwartung ist daher berechtigt, dass eine in regelmäßig durchgeführten Räten geübte Generation nicht nur im persönlichen Umfeld rücksichtsvoll handelt, sondern dass sie auch, wenn sie Entscheidungen in Politik, Wirtschaft und Gesellschaft zu treffen hat, das Gemeinwohl im Auge haben wird.«[5]

---

4 Friedrichs [22] – Einblick in die verschiedenen Varianten des Klassenrats

5 Zitat von Gudrun Halbrock, Psychotherapeutin für Kinder, Jugendliche und Erwachsene in Hamburg, die sich bei ihrem Engagement für Kinder seit mehr als 20 Jahren auch für den Familienrat, den Gruppenrat und den Klassenrat einsetzt. www.kinder-respektvoll-erziehen.de

Die drei Grundfunktionen:
Planen, Probleme lösen und Ermutigen

a. Planen

Der Klassenrat bietet die Möglichkeit, Schüler an der Festlegung von Richtlinien und am Aufstellen von Regeln zu beteiligen. Wir lassen die Schüler von Anfang an wissen, in welchen Bereichen sie – und vielleicht auch wir selbst als Lehrer – keine Entscheidungen treffen können: z. B. Schulzeiten, Curriculum, Schulpolitik, Schulordnung. (Sollten Schüler jedoch starke Meinungen zu diesen Themen haben, können wir sie ermutigen, die dafür verantwortlichen Personen oder den entsprechenden Ausschuss anzusprechen.)

Einige Bereiche, die traditionell in der Verantwortung des Lehrers lagen, können in einer demokratisch geführten Klasse mit den Schülern geteilt werden: z. B. die Reihenfolge oder die Art, sich bestimmte Lerninhalte anzueignen, oder alternative Bewertungsmethoden etc. (s. Kap. 6).

Während der Planung berücksichtigen wir alle Schüler als mögliche Ressourcen.

Beispiele:

- **Nora** (13) hat vielleicht Fotos und Souvenirs von ihrer Reise nach Italien, die für den Geografieunterricht benutzt werden können.

- Der Onkel von **Mirko** (14) ist Zimmermann; andere Schüler haben auch Eltern oder Verwandte, die möglicherweise bereit wären, die Klasse zu besuchen und über ihre Arbeit zu sprechen. Bei den Planungssitzungen kann z. B. beschlossen werden, dass sie als Gastredner in den regulären Lehrplan eingebaut werden.

Indem wir unsere Schüler in die Planung ihres individuellen Lernprozesses einbeziehen, unterstützen wir sie, Verantwortung für das eigene Lernen zu übernehmen.

b. Probleme lösen

Die Hilfe der Klasse bei der Lösung von Disziplinproblemen in Anspruch zu nehmen kann effektiver sein, als wenn wir als Lehrer eine eigene Lösung umsetzen. Schüler, die Fehlverhalten zeigen, werden sich darüber klar, dass die Schüler als Teil der Gruppe bestimmte Erwartungen haben und dass ihr Verhalten für die

Klasse nicht akzeptabel ist.[6] Die Mitschüler ermutigen diejenigen, die Fehlverhalten zeigen, auf konstruktive Weise die Anerkennung der Gruppe, die *Dazugehörigkeit*, anzustreben.

Nachdem die Schüler sich untereinander und uns als Lehrer gut kennen, gehen wir dazu über, Probleme mit Fehlverhalten zusammen mit der Klasse zu lösen (s. Phase 2, S. 249). Zuerst leiten wir die Klasse dazu an, das Ziel des Fehlverhaltens des störenden Schülers zu erkennen. Wie in Zweiergesprächen, in denen wir Ziele offenlegen, fragen wir zuerst den betroffenen Schüler, ob er damit einverstanden ist, über sein Fehlverhalten in der Gruppe zu sprechen. Wenn der Schüler zustimmt, die Unterstützung der Klasse in Anspruch zu nehmen, erbitten wir von der Klasse eine vorläufige Hypothese oder Vermutung.

> BEISPIEL:
>
> »Was glaubt ihr, warum **Joe** (13) den Handball immer wieder über den Zaun wirft?« Einige Mitschüler schlagen vor: »Weil er weiß, dass wir ihn dann holen müssen«, »Er spielt nicht gerne Handball und möchte, dass auch sonst niemand spielt«, »Er ist einfach ein Idiot«, »Er will immer nur Fußball spielen«.
>
> Wir blocken persönliche Beleidigungen ab und helfen der Klasse, das Ziel des Fehlverhaltens herauszufinden: »Ich bin betroffen, wenn ihr euch gegenseitig beschimpft, weil Beleidigungen nicht dazu beitragen, Probleme zu lösen. Lasst uns über Joes Absicht sprechen, wenn er sich so verhält.«
>
> Dann fassen wir selbst oder ein Schüler das Ergebnis der Diskussion in der Klasse zusammen: »Joe, kann es sein, dass du den Handball über den Zaun wirfst, um es uns heimzuzahlen, weil wir dich nicht Fußball spielen lassen?«
>
> Der Erkennungsreflex (s. Kap. 5), den wir bei Joe wahrnehmen, zeigt uns, dass diese Vermutung richtig ist. Wir bitten dann alle Schüler, auch Joe, eine Lösung für das Problem zu finden. Die Klasse sammelt Vorschläge, ohne sie zu bewerten (Brainstorming). Dabei wird allen bewusst, dass andere Schüler Joes Wunsch teilen, Fußball zu spielen. Die Klasse beschließt, mittwochs Fußball und an den anderen Tagen Handball zu spielen. Diesen Plan werden sie bis zum nächsten Klassenrat einhalten, bei dem das Ergebnis bewertet wird. Joe stimmt zu, an den »Handball-Tagen« den Ball nicht mehr über den Zaun zu werfen.

Diese Vorgehensweise bei der Lösung von Problemen zeigt häufig, dass ein Schüler, der Fehlverhalten zeigt, mit seinen Gefühlen nicht alleine ist. Der betroffene Schüler erkennt dadurch, dass die Gruppe *nur sein Verhalten ablehnt, nicht ihn als Person.* Die Klasse lernt, innerhalb der Gruppe verschiedene Meinungen und

---

6 Dinkmeyer, Dreikurs [9], S. 153–154: Dieser Druck der Gruppe in der kindlichen Gesellschaftsordnung besteht ohne Zweifel. Ein engagierter Lehrer wird versuchen, diesen Einfluss zum Wohle der Kinder zu mobilisieren.

Gefühle zuzulassen. Durch die Gespräche im Klassenrat sind wir uns der Gedanken, Meinungen, Gefühle und Motivationen all unserer Schüler bewusst.

Wenn der Schüler nicht bereit ist, im Klassenrat über sein Fehlverhalten zu sprechen, hat er die Wahl, das Fehlverhalten einzustellen oder ein Zweiergespräch mit dem Lehrer zu führen (s. Kap. 6).

Wenn es im Klassenrat um das Lösen von Problemen geht, können Schüler auch schwierige Beziehungen mit Eltern, Geschwistern, Lehrern oder Freunden einbringen. Die Mitschüler ermutigen und machen konstruktive Vorschläge. Der Lehrer stellt sicher, dass schmerzliche Familienprobleme (z. B. Alkoholismus der Eltern) nicht im Klassenrat diskutiert werden.

Schüler können auch Probleme besprechen, die die gesamte Klasse betreffen: z. B. wenn Unterrichtsmaterialien nicht an den dafür vorgesehenen Platz zurückgelegt werden und der zügige Ablauf des Unterrichts dadurch behindert wird. Indem Schüler gemeinsam für die ganze Klasse relevante Ziele definieren und Problemlösungen finden, entwickeln sie Teamfähigkeit, die auch für ihr späteres privates und berufliches Leben ausschlaggebend sein wird.

c. Ermutigen

Sie bildet selbstverständlich die Basis bei allen Treffen des Klassenrats. Unabhängig davon, worauf der Fokus liegt, betonen wir das Positive und bewahren eine positive Haltung.

BEISPIELE:

- Wir können jedem Schüler helfen, Selbstvertrauen zu entwickeln, indem wir alle dazu anregen, *Vertrauen ineinander auszudrücken*: »Wer von euch glaubt, dass **Naomi** das Problem lösen kann? Bitte zeigt auf!« In einer Klasse mit einer ermutigenden und respektvollen Atmosphäre kann eine solche Unterstützung Mut machen.

- Zusätzlich dazu, dass spontan ermutigt wird, ziehen wir in Betracht, jeden Klassenrat mit »*erfreulichen Ereignissen*« zu beginnen:

  »Bevor wir uns für ein Ausflugsziel entscheiden, habe ich einige gute Nachrichten: **Vanessa** (7) hat ihre Schrift verbessert, vor allem A und E.«

  »**Ingo** (16) hat die erste Einladung zu einem Bewerbungsgespräch für eine Lehrstelle bekommen.«

Wir sorgen dafür, dass bei den »erfreulichen Ereignissen« über jeden Schüler – z. B. mindestens einmal im Halbjahr – etwas erzählt wird.

Richtlinien für den Klassenrat

- *Geduld und Vertrauen*

Die erfolgreiche Durchführung des Klassenrats erfordert *unseren vollen Einsatz, Vertrauen in unsere Schüler und Geduld*. Möglicherweise werden wir nicht sofort Erfolg haben. Die Schüler testen vielleicht, wie ernst es uns mit ihrer Mitwirkung bei der Entscheidungsfindung ist. Sie fangen möglicherweise lange Diskussionen über Themen an, bei denen sie nicht mitentscheiden können. Wenn sie das tun, fragen wir sie auf freundliche und humorvolle Weise: »Kann es sein, dass ihr so ausführlich über die Länge eines Schultages redet, weil ihr die Geografiestunde damit verkürzen wollt?«

- *Gleichwertigkeit*

Als gleichwertiges Mitglied im Klassenrat haben auch wir die Möglichkeit, unsere eigenen Belange oder Fragen vorzutragen. Wir widerstehen jedoch der Versuchung, bei *jeder Sitzung* des Klassenrats unsere eigenen Themen einzubringen. Wir lassen unsere Schüler wissen, dass die Sitzungen des Klassenrats nicht vom Lehrer dominierte Veranstaltungen sind. Wir belehren nicht und stellen nicht eigenmächtig Regeln auf.

Wir zeigen unseren Schülern unser Interesse und Engagement, indem wir jedem aufmerksam zuhören, indem wir uns zu ihnen *in den Kreis setzen und uns selbst als gleichwertigen Teilnehmer betrachten*. Bei den ersten Treffen spielen wir wahrscheinlich eine größere Rolle als später, wenn unsere Schüler bereits gelernt haben, wie sie sich einbringen und diskutieren können.

- *Konfliktklärung*

Wir helfen unseren Schülern, *das eigentliche Problem zu enthüllen*, das hinter dem liegt, was Menschen in Konfliktsituationen sagen oder tun (s. Kap. 4, »Nur für Sie«): Wir legen das Ziel des Fehlverhaltens offen. Wenn die Schüler sich z. B. darüber streiten, wer eine bestimmte Aufgabe in der Klasse als Nächster übernehmen soll, und wir bemerken, dass es eigentlich darum geht, Macht auszuüben oder andere Schüler herabzusetzen, weisen wir unsere Schüler darauf hin. Wir führen eine Diskussion darüber, wie Menschen das Ziel Macht oder Rache für ihre Zwecke nutzen.

- *Vorbild*

Wir zeigen unseren Schülern durch *unser Vorbild*, wie sie diskutieren und mitentscheiden können.

Beispiel: Klassenrat, um Probleme zu lösen

Die Klasse 4a von Frau Karlson diskutiert das Verhalten zweier Jungs, Hussein (10) und Tony (11), die die anderen Schüler in der Pause stören, indem sie einander nachjagen und dabei durch die Spiele der anderen laufen. Hussein und Tony haben sich einverstanden erklärt, dass die Klasse im Klassenrat über das Problem spricht und alle gemeinsam eine Lösung finden.

Frau Karlson: »Hat jemand eine Idee, weshalb Hussein und Tony sich so verhalten?«

Jana: »Die wollen nur angeben!«

Frau Karlson *(leitet weiter)*: »Noch andere Vorschläge?«

Mesud: »Sie denken, sie sind was Besonderes!«

Frau Karlson *(blockt ab mit einer Ich-Aussage)*: »Ich fürchte, wir werden das Problem nicht lösen können, wenn wir Hussein und Tony weiterhin beschuldigen. Vielleicht möchten sie es uns dann heimzahlen. Könnte es sein, dass die beiden uns etwas zeigen wollen?« *(Danach leitet sie weiter, um das Ziel offenzulegen).*

Sebastian: »Vielleicht versuchen sie, uns zu ärgern.«

Frau Karlson: »Wie viele von euch ärgern sich, wenn die beiden durch euer Spiel rennen?« *(Einige Schüler melden sich.)*
»Was macht ihr, wenn ihr auf Hussein und Tony sauer seid?« *(Einige Schüler berichten, dass sie sie beschimpfen und/oder ihnen hinterherrennen.)*
»Was passiert, wenn ihr das tut?« *(Einige geben zu, dass es nicht hilft.)*
»Kann es sein, dass Hussein und Tony wollen, dass ihr sauer werdet und hinter ihnen herrennt?« *(Einige nicken. Frau Karlson leitet weiter zum Offenlegen des Ziels.)*
»Wozu würden sie das wollen?«

Alexander:	»Vielleicht wollen sie uns zeigen, dass sie machen können, was sie wollen, und wir sie nicht daran hindern können?«
Frau Karlson	*(zu Hussein und Tony):* »Jungs, was denkt ihr darüber?« *(Hussein und Tony grinsen – Erkennungsreflex).*
	(an die Klasse gewandt): »Mir scheint, wir haben es herausgefunden. Ihr habt gesagt, dass es nicht hilft, zu versuchen, Hussein und Tony zu stoppen. Was können wir also tun? Wer hat einen Vorschlag?«
Franzi:	»Wir könnten sie nett darum bitten, es nicht zu tun.«
Mesud:	»Ahh, das wird nicht funktionieren!«
Frau Karlson	*(blockt ab):* »Moment mal, schauen wir mal, welche Ideen wir sammeln können.«
	(Brainstorming). »Ich schreibe alles auf, was uns einfällt. Wir beurteilen keinen Vorschlag, bevor wir nicht alle aufgeschrieben haben. ›Wir bitten sie nett darum, es nicht zu tun.‹ ist ein Vorschlag. Wer hat einen anderen?«
Jana:	»Sie dürfen in der Pause nicht auf den Schulhof gehen!«
Frau Karlson:	»Okay. Andere Ideen?« *(Pause)* »Josi, wir haben noch gar nichts von dir gehört. Was denkst du?« *(Umleiten auf stille Teilnehmer)*
Josi:	»Wir könnten sie fragen, ob sie bei uns mitspielen wollen.«
Frau Karlson	*(leitet weiter):* »Noch weitere Vorschläge?« *(Niemand hat etwas hinzuzufügen).*
	»Okay, das sind unsere Vorschläge: Wir bitten sie nett darum, nicht durch unsere Spiele zu rennen; sie dürfen nicht auf den Schulhof gehen; wir fragen sie, ob sie bei uns mitspielen wollen. Hussein und Tony, da unsere Entscheidung euch beide betrifft: Hat einer von euch etwas dazu zu sagen?« *(Stille)*
	»Okay, wenn ihr nicht darüber sprechen wollt, müssen wir als Klasse das selbst entscheiden. Welchen Plan sollen wir ausprobieren?« *(Die meisten Schüler wollen, dass die beiden nicht auf den Schulhof gehen. Einige sagen, dass sie möchten, dass die beiden bei ihnen mitspielen.)*
	»Ich habe auch einen Vorschlag und möchte wissen, was ihr darüber denkt: Ich glaube, wenn ihr Tony und Hussein dazu einladet, bei euch mitzuspielen, und sie würden mitmachen, dann wäre das Problem gelöst. Wenn sie nicht mitspielen und euch weiterhin stören, dann müssen sie für den Rest der Pause ins Gebäude gehen. In der nächsten Pause können sie dann wieder auf den Pausenhof. Was meint ihr?« *(Die meisten stimmen zu.)*
	»Wie viele von euch sind bereit, diesen Plan bis zu unserem nächsten Klassenrat umzusetzen?« *(Die meisten melden sich, dadurch ist die Entscheidung gefallen, und die Schüler haben sich zur Umsetzung verpflichtet.)*

»Tony und Hussein, wollt ihr etwas dazu sagen?« *(Stille)*

(Frau Karlson fasst zusammen:) »Schauen wir uns unseren Plan noch einmal an: Wir alle haben entschieden, die beiden Jungs einzuladen, bei euren Spielen mitzuspielen. Wenn sie weiterhin stören, müssen sie ins Gebäude gehen. Ist das richtig?«

Mesud: »Was passiert, wenn wir sie fragen und sie nicht mitspielen?«

Frau Karlson *(leitet an die Klasse weiter):* »Ja, was passiert dann?«

Franzi: »Sie müssen nicht mitspielen. Sie dürfen uns nur nicht ärgern.«

Frau Karlson: »Ist das in Ordnung?«

(Schüler stimmen zu.)

»Ich bin froh, dass wir einen Plan haben. Wir werden sehen, wie er funktioniert, und bei unserem nächsten Klassenrat darüber sprechen. Und jetzt wollen wir Hussein und Tony zeigen, dass wir nicht die ganze Zeit nur böse auf sie sind. Was tun die beiden, das wir gerne mögen? Ich möchte sagen: ›Hussein, ich mag es, wenn du als Erster morgens in die Klasse kommst. Tony, ich mag es, wenn du herzhaft lachst.‹«

(Frau Karlson ermutigt und fördert direkte Interaktion:) »Bitte wendet euch jetzt direkt an Hussein oder Tony und sagt: ›Ich mag es, wenn du _____.‹ Wer fängt an?«

Sebastian: *(zu Frau Karlson)* »Ich mag es, wenn Hussein Witze erzählt.«

Frau Karlson *(fördert direkte Interaktion:)* »Sebastian, bitte sprich Hussein direkt an.«

Sebastian: *(zu Hussein)* »Okay. Hussein, ich mag es, wenn du Witze erzählst, weil sie lustig sind.«

Frau Karlson: »Danke. Was ist mit Tony?«

Raissa: »Tony, ich mag es, wenn du mir bei Mathe hilfst.«

(Frau Karlson fährt fort, ermutigende Kommentare zu fördern.)

Wir haben gesehen, wie eine wohlwollende, in Gesprächsführung[7] geübte Lehrerin und eine kooperative Klasse zusammen Probleme lösen können. Für den Beginn des Gesprächs hat sich Frau Karlson entschieden, keine direkte Interaktion zu fördern, da die Jungs sich möglicherweise angegriffen gefühlt hätten. Stattdessen hat sie entschieden, dass die ersten Kommentare an sie gerichtet werden. Die Vorschläge, was man tun könnte, kamen von den Schülern. Frau Karlson hat ihnen geholfen, eine für alle akzeptable Lösung zu finden. Sie hat selbst einen Vorschlag gemacht und die Schüler überzeugt, die Jungs zu fragen, ob sie bei ihnen mitspielen wollen. Sie hat die Gelegenheit ergriffen, um Hussein und Tony in die Gruppe zurückzubringen.

---

7   mehr zu den Fertigkeiten für die Gesprächsführung s. Kap. 9

Wenn die Klasse dem Vorschlag der Lehrerin nicht zugestimmt und unproduktive Vorschläge gemacht hätte, mit dem Wunsch, die »Übeltäter« zu bestrafen, hätte Frau Karlson ihre eigenen Gefühle in einer Ich-Aussage ausdrücken können: »Wenn ihr eure Mitschüler bestrafen wollt, bin ich traurig, weil wir möchten, dass in unserer Klasse jeder fair behandelt wird und eine neue Chance bekommt.« Sie hätte dann die Schüler fragen können, ob sie selbst die vorgeschlagene Strafe gerne bekommen würden und ob die Strafe in der Situation weiterhelfen würde. Im Beispiel war der Vorschlag, die Jungs ins Gebäude zu schicken, eine logische Konsequenz.

Frau Karlson hat die Sitzung beendet, indem sie die anderen aufgefordert hat, Hussein und Tony zu *ermutigen*. Es ist *außerordentlich wichtig*, den Schülern zu zeigen, wie man zwischen »Tat« und »Täter« trennt und dadurch den Schülern, die Fehlverhalten zeigen, hilft, sich als Person akzeptiert zu fühlen. Als Lehrer müssen wir vorbereitet sein, die Schüler selbst zu ermutigen, falls die Gruppe es nicht tut. Wir können die Klasse an positive Dinge erinnern, die die Schüler, die Fehlverhalten zeigen, getan haben.

Schrittweise Einführung des Klassenrats

Wir gewöhnen unsere Schüler Schritt für Schritt an den Klassenrat, indem wir ab und an informelle Treffen abhalten. Wir erwarten nicht von ihnen, dass sie sofort wissen, wie sie z. B. Probleme lösen oder den Klassenrat leiten können. Stattdessen nutzen wir den folgenden »Drei-Phasen«-Ansatz:

Phase 1: Treffen, um zu planen

Zu Beginn des Treffens finden sich die Schüler im Stuhlkreis ein, sodass sie einander sehen und miteinander sprechen können. Beim ersten Treffen lassen wir die Klasse informell entscheiden, wie wir bei der Vergabe von Routineaufgaben in der Klasse verfahren wollen. Wir diskutieren Themen wie z. B. Raumgestaltung, Aufgaben in der Klasse, das Planen von Ausflügen und Feiern usw. (s. Kap. 6).

Wir bringen unseren Schülern bei, wie sie Entscheidungen treffen können: »Bis jetzt habe ich meistens entschieden, was in unserer Klasse passiert. Jetzt möchte ich gerne eure Hilfe in Anspruch nehmen. Lasst uns darüber sprechen, welche Aufgaben in unserer Klasse anfallen und wie wir sie fair aufteilen können. Sollen wir eine Liste machen? Welche Aufgaben müssen erledigt werden?«

Phase 2: Treffen, um Probleme zu lösen

Wir führen das Problemlösen ein, wenn wir das Gefühl haben, dass wir als Lehrer die Klasse und die Schüler sich untereinander gut kennen. Wir beschreiben ein Problem und wenden uns mit der Bitte um Hilfe an die Klasse.

Beispiel:

> »Es gibt ein Problem und ich brauche eure Hilfe, um zu entscheiden, was zu tun ist. Tatsache ist, dass immer wieder Jacken im Flur auf dem Boden verstreut liegen und nicht an den Haken hängen. Sowohl Besucher als auch andere Lehrer und der Hausmeister beschweren sich über die Unordnung. Ich bin nicht daran interessiert, zu erfahren, wer seine Jacke nicht aufhängt, und ich will auch niemanden bestrafen. Ich möchte nur das Problem lösen. Wer hat einen Vorschlag, was wir tun können?«

Die gleichen Fertigkeiten, die Schüler zu nutzen lernen (s. Kap. 5 und 7), um solche Probleme zu lösen, können von der Klasse auch genutzt werden, um Schülern, die Fehlverhalten zeigen, zu helfen, auf positive Weise dazuzugehören. Wir erlauben unseren Schülern grundsätzlich nicht, sich gegenseitig zu bestrafen. Stattdessen machen wir ihnen die Logik der Konsequenzen, die wir als Lehrer vorschlagen, verständlich. Schritt für Schritt beziehen wir sie in das Formulieren von Konsequenzen ein.

Wir ermutigen weiterhin Zusammenarbeit und Nähe zwischen unseren Schülern, während sie lernen, zu planen (Phase 1) und Probleme zu lösen (Phase 2).

Phase 3: Der regelmäßige Klassenrat

Nachdem die Klasse es geschafft hat, einige Probleme erfolgreich durchzuarbeiten, ist es an der Zeit, regelmäßige formale Sitzungen des Klassenrats anzusetzen. Als Lehrer könnten wir z. B. sagen: »Wir haben jetzt schon eine ganze Weile verschiedene Probleme und Belange unserer Klasse diskutiert, Entscheidungen getroffen und sie umgesetzt. Was haltet ihr davon, dieses Treffen zu einem regelmäßigen Bestandteil unserer Woche zu machen, das wir dann ›Klassenrat‹ nennen?«

Die meisten Schüler werden sich für diese Idee erwärmen. Dann schlagen wir einige *Grundregeln* vor, z. B.: »Ich habe mich über den Klassenrat informiert, und einige Klassen fanden es hilfreich, sich jeden Freitagmorgen zu treffen. Was meint ihr?« Wir bieten verschiedene Ideen an, z. B., eine Agenda und Diskussionsrichtlinien aufzustellen, Häufigkeit und Länge der Sitzungen zu planen, usw. Wir betonen, dass die Schüler von nun an die Aufgabe mit uns teilen, Themen für den Klassenrat vorzuschlagen.

Den ersten offiziellen Klassenrat halten wir kurz nach der Planungssitzung für den regulären Klassenrat ab, am besten am Tag danach. In den ersten Sitzungen übernehmen wir als Lehrer den Vorsitz. Bei jedem Klassenrat sitzen wir im Kreis an einer anderen Stelle, um damit die Gleichwertigkeit aller Teilnehmer zu betonen. (Der Vorsitzende muss nicht am »Kopfende« – vor der Tafel – sitzen.)

Vorschlag für einen Ablaufplan:
1. Begrüßung (Vorsitzender), Übernahme der Funktionen (z. B. Protokollant, Zeitwächter etc.)
2. erfreuliche Ereignisse der vergangenen Woche
3. Überprüfung der Ergebnisse der Beschlüsse der letzten Sitzung
4. Verbesserungsmöglichkeiten für die kommende Woche
5. persönliche Probleme der Schüler (ausgenommen schwerwiegende Familienprobleme)
6. Zusammenfassung: umzusetzende Vorhaben, Verteilung der Verantwortlichkeiten und Ziele der Klasse bis zur nächsten Sitzung des Klassenrats

Wenn Anliegen vorgebracht werden, werden sie unter der passenden Überschrift am Flipchart/an der Tafel festgehalten. Möglicherweise wird die Zeit für die Diskussion über jeden Punkt limitiert – z. B. auf sechs oder auf zehn Minuten, abhängig vom Alter der Schüler.

Zu Anfang bitten wir die Schüler, sich zu melden. Stille Schüler fordern wir dazu auf, ihre Meinung zu sagen. Wenn die Schüler sich an die Form gewöhnt haben, lassen wir den Vorsitz bei den Sitzungen rotieren. Wir schlagen Kovorsitzende vor, sodass jeder die Chance hat, die Leitung zu übernehmen.

Alle Schüler können abwechselnd alle Funktionen im Klassenrat übernehmen.

Wir lassen die Klasse entscheiden, wie *Vorsitzende* gewählt werden und wie lange jedes Paar im Amt bleiben soll. Je nach Alter der Schüler ziehen wir als Lehrer in Betracht, vor jedem Treffen mit den neuen Vorsitzenden zusammenzukommen, um mit ihnen ihre Verantwortlichkeiten zu klären. Möglicherweise möchten wir auch vier Schüler (zwei Teams) auf einmal unterweisen, während die Klasse an einem anderen Projekt arbeitet. Wir verweisen auf Einhaltung der Diskussionsrichtlinien und erinnern an die Bedeutung von Ermutigung und respektvoller Kommunikation.

Beim ersten Klassenrat mit *Schüler-Vorsitzenden* können wir uns neben die Vorsitzenden setzen und, falls nötig, Hilfestellung geben. Wir agieren nur als »Berater«. Bei Bedarf flüstern wir ihnen Vorschläge zu: »Frag Erika, was sie denkt.« Aber wir lassen die Vorsitzenden die Klasse direkt ansprechen. Nach und nach setzen wir uns weiter von den Vorsitzenden weg und überlassen ihnen die volle Verantwortung.

Wir können auch das *Protokollschreiben* als Aufgabe einführen, sodass wir einen schriftlichen Bericht über jeden Klassenrat haben. Die ersten Male können wir als Lehrer das Protokoll selbst schreiben. Danach wählen die Schüler den Protokollanten oder ein Schüler übernimmt jeweils freiwillig diese Aufgabe.

Der Schüler, der als *Zeitwächter* fungiert, achtet darauf, dass die zeitlichen Grenzen (Sprechzeit, Ende der Sitzung etc.) eingehalten werden.

Eine weitere Idee wäre, Schüler wählen zu lassen, die für die *Einhaltung des respektvollen Umgangs* miteinander in der Sitzung oder für den *Umgang mit Störungen* zuständig sind.

Bei einigen Klassen dauert es möglicherweise nur ein paar Wochen, um »Phase 3« zu erreichen. Andere brauchen ein ganzes Halbjahr. Wir geben ein für unsere Schüler passendes Tempo vor.

Praktische Hinweise für die Durchführung des Klassenrats

1. Zeitplan einhalten. Die Sitzungen beginnen und enden zu den vereinbarten Zeiten. Der Zeitwächter achtet auf die Einhaltung. Treffen mit jüngeren Schülern dauern vielleicht nur 10 bis 15 Minuten, ältere Schüler treffen sich möglicherweise 30 bis 45 Minuten. Wenn jeder die Zeitvorgaben kennt, achten die Teilnehmer mehr darauf, keine Zeit zu verschwenden. Am Ende sind ein paar Minuten Zeit für eine Zusammenfassung vorgesehen.

2. Sitzungen nicht ausfallen lassen! Den Klassenrat abzusagen wirkt sich negativ auf den Zusammenhalt und die Gruppenmoral aus. Unsere Schüler brauchen die Gewissheit, dass der Klassenrat für uns als Lehrer von Bedeutung ist. Ob in kurzen Schulwochen mit Feiertagen der Klassenrat abgehalten wird, können wir und die Klasse gemeinsam entscheiden.

3. Persönliche Angriffe abblocken. Insbesondere wenn Feedback gegeben wird, ist es wichtig, dass unsere Schüler verstanden haben, dass der Sinn nicht darin liegt, zu kritisieren, nach Fehlern zu suchen, unhöflich zu sein oder persönlich zu werden. Das positive Ziel des Klassenrats bleibt im Blick.

4. Beschwerdesitzung unterbinden. Wir als Lehrer erklären – so früh wie möglich – den Unterschied zwischen sich beklagen (was einfach, aber nicht sehr produktiv ist) und konstruktiv Veränderungen vorschlagen (schwieriger, aber gewinnbringender). Wenn Schüler sich beschweren, erwidert der Vorsitzende z. B.: »Möchtest du das ändern? Was könnten wir beispielsweise tun?« Wenn deutlich wird, dass ein Schüler sich nur beschweren will, hilft die Antwort: »Mir scheint, du willst nicht wirklich etwas ändern. Ich verstehe, dass du deswegen sauer bist, aber lass uns zu produktiveren Themen übergehen, denn im Augenblick dreht sich das Gespräch im Kreis – es führt zu nichts. Was ist der nächste Punkt?«

5. Gespräch nicht monopolisieren lassen. Manche Menschen möchten fortwährend im Zentrum der Aufmerksamkeit stehen. Wenn Louise (13) ständig von ihren Problemen mit dem Sportlehrer spricht, unterbricht sie der Vorsitzende. Er weist sie freundlich darauf hin, dass die Zeit voranschreitet und die Gruppe noch andere Themen besprechen muss. Der Vorsitzende erinnert auch an die Diskussionsrichtlinien. Wenn Louise den Hinweis nicht versteht und nicht genug Zeit ist, um es ihr zu erklären, sprechen wir sie als Lehrer im Anschluss an den Klassenrat darauf an. Wir schlagen ihr konstruktivere Möglichkeiten vor, sich einzubringen. Wenn ihr Verhalten sich bei den nächsten Treffen nicht ändert, wäre die logische Konsequenz, sie so lange auszuschließen, bis sie bereit ist, sich an die Diskussionsrichtlinien zu halten.

6. Lösungsorientiert handeln. Wenn Schüler im Gespräch immer wieder auf die gleichen Probleme oder Klagen zurückkommen, *leiten wir das Gespräch um:* »Wir scheinen es heute nicht zu schaffen, beim Thema zu bleiben. Was glaubt ihr, woran das liegt?«

Besonders in den ersten Sitzungen des Klassenrats werden wir uns möglicherweise oft auf die Diskussionsregeln beziehen, die die Klasse aufgestellt hat. Jeder Schüler kann im Klassenrat üben, klar zu formulieren und aufmerksam zuzuhören.

7. Einigung anstreben. Eine Möglichkeit wäre, Entscheidungen so lange zu verschieben, bis alle Schüler zustimmen. Eine andere wäre, abzustimmen und die Mehrheit entscheiden zu lassen – in diesem Fall sind wir uns aber dessen bewusst, dass die Minderheit möglicherweise nicht kooperativ sein wird. Wenn das Problem sofortiges Handeln erfordert und die Schüler von einer Entscheidung weit entfernt zu sein scheinen, treffen wir sie selbst – sofern diese Vorgehensweise vorher in den Richtlinien festgelegt wurde. Diejenigen, die dem Ergebnis nicht zustimmen, können beim nächsten Klassenrat neue Vorschläge einbringen. Noch nicht abgeschlossene Themen setzen wir auf die Agenda für den nächsten Klassenrat. Wir ermutigen unsere Schüler, die Agenda im Laufe der Woche zu ergänzen. Für schriftliche Vorschläge stellen wir einen *Themenkasten* auf.

8. Vereinbarungen umsetzen. Wenn die Klasse eine Entscheidung getroffen hat, stellen wir – Lehrer und Schüler – sicher, dass der Beschluss sobald als möglich umgesetzt wird. Schüler können dann sehen, dass ihre Macht, Entscheidungen zu treffen, real ist. Solange klar definiert ist, worüber Schüler entscheiden dürfen, haben wir als Lehrer kein Problem damit, die Beschlüsse umzusetzen.

9. Sitzungen bewerten. Der Klassenrat muss – genau wie jeder andere Teil des Bildungs- und Erziehungsprozesses unserer Schüler – bewertet werden, z. B.: Nach jedem dritten Treffen wird eine Bewertung vorgenommen. Schüler und Lehrer entwerfen gemeinsam einen *Auswertungsbogen*, der von jedem Teilnehmer am Klassenrat ausgefüllt oder einfach diskutiert wird.

BEISPIEL FÜR EINEN AUSWERTUNGSBOGEN:

- Was haben wir in den letzten drei Sitzungen besonders gut gemacht?
- Was haben wir in den letzten drei Sitzungen nicht so gut gemacht?
- Hat jeder an der Diskussion teilgenommen? Waren alle interessiert?
- Wie können wir das feststellen?
- Halten wir uns an die Diskussionsrichtlinien?
- Gibt es Regeln, an die wir uns nicht immer halten? Welche sind das?
- Setzen wir unsere Vereinbarungen um?
- Was können wir bei unseren nächsten Sitzungen verbessern?

Wenn wir die feste Verpflichtung eingehen, den Klassenrat regelmäßig durchzuführen, setzen wir damit unseren Wunsch als Lehrer nach einer ermutigenden, demokratisch-partizipativen Klasse in die Realität um.

Herausforderungen im Schulalltag

Beantworten Sie bitte die jeweiligen Fragen in den Situationen **a** und **b**
- alleine im Selbststudium,
- gemeinsam mit Ihren Kollegen, die dieses Kapitel auch gelesen haben, oder
- beim entsprechenden Modul der STEP Fortbildung für Lehrer:

a. Frau Weber ist die neue Mathematiklehrerin in der 8a. Sie bemerkt einen ausgeprägten Wettbewerb zwischen den Schülern. Sie kommen häufig nicht miteinander aus. Eine der Schülerinnen, **Carmen** (13), hat Schwierigkeiten mit dem Prozentrechnen und bittet um Hilfe. Als **Falko** (13) dies mitbekommt, sagt er zu Carmen: »Du bist echt dumm. Du passt nie auf und bist zu blöd fürs Prozentrechnen.«
   1. Wie könnte Frau Weber auf Falkos verächtliche Bemerkung reagieren?
   2. Für welche einfachen Vorgehensweisen könnte sich Frau Weber entscheiden, um eine demokratische, weniger wettkampforientierte Atmosphäre in der Klasse zu entwickeln?
   3. Welche Strategien könnte sie nutzen, um die Atmosphäre in der Klasse zu verbessern? Wie könnte sie die Kräfte der Klasse nutzen?

b. Herr Neubert hat den Klassenrat eingeführt. Bei der zweiten Sitzung diskutieren die Schüler, wie die Helfer des Lehrers ausgewählt werden. Viele beschweren sich, dass ihrer Ansicht nach nur die Lieblinge des Lehrers als Helfer auserkoren werden. Herr Neubert bemerkt, dass die Schüler weder einander zuhören noch direkt aufeinander antworten. Manche unterhalten sich untereinander privat, andere schauen gelangweilt.
   1. Woran kann es liegen, dass die Interaktion auf diese Art stattfindet?
   2. Was könnte Herr Neubert tun, um das zu ändern?
   3. Was wäre – Ihrer Meinung nach – der effektivste Weg, den Klassenrat neu einzuführen?

STEP in der Praxis

a. Üben Sie den Einsatz der Vorgehensweisen zur Entwicklung einer kohäsiven Klasse, um die Interaktion zwischen den Schülern zu verbessern.
   – Nutzen Sie Tab. 8A.
   – Nutzen Sie die Möglichkeiten, die das Soziogramm (s. Anhang B) bietet.
   – Geben Sie Beispiele dafür, wie Sie welche Vorgehensweise genutzt haben.

b. Führen Sie einen Klassenrat durch. Machen Sie sich Notizen von der ersten Sitzung und nutzen Sie den *Auswertungsbogen* zur Bewertung.

Bitte beachten Sie

Die Fertigkeiten, die wir in diesem Buch präsentieren, zeigen unserer Erfahrung nach in den meisten Fällen Wirkung. Wenn Sie STEP im Alltag umsetzen, stellen Sie folgende Überlegungen an:

- Inwiefern trägt die Umgebung des Kindes in der Schule – z. B. Aktivitäten, Fächerabfolge, Stundenplan, Tagesablauf, Lehrerwechsel, Räumlichkeiten, usw. – zum Fehlverhalten bei?

- Welche Ihrer persönlichen Ressourcen tragen zur Lösung von Problemen bei? Dazu gehören Eigenschaften oder Stärken wie ein Sinn für Humor, die Fähigkeit, Abstand zu nehmen und die Perspektive zu wechseln, Erfahrung oder Geschick in der Lösung von Problemen, Geduld, Achtsamkeit oder eine gute Wahrnehmung.

- Inwiefern tragen Sie selbst zu Konflikten bei, beispielsweise indem Sie sehr empfindlich oder leicht verletzbar sind, zu viel reden, zu viel fordern, ständig die Kontrolle oder recht haben müssen, perfekt sein oder gefallen wollen?

Tabelle 8A: Vorgehensweisen zur Entwicklung einer kohäsiven Klasse

Vorgehensweise	Sinn und Zweck	Beispiel
Ermutigung der Schüler untereinander und durch den Lehrer	Den Mut und das Gemeinschaftsgefühl der Schüler anzuregen. Schülern zu helfen, optimistischer zu werden im Hinblick auf das Lösen von Problemen.	»Ich bin sicher, deine Arbeitsgewohnheiten werden dir bei deinem Referat helfen.«
Verständnis der Schüler füreinander	Gegenseitigen Respekt und Empathie zwischen Schülern zu entwickeln.	»Ich sehe, du kannst die Gefühle von Jonas nachempfinden.«
Offen über eigene Gefühle sprechen	Schülern zu ermöglichen, ihre Gefühle, Gedanken und Wertvorstellungen wahrzunehmen und ihren Gefühlen respektvoll frei Ausdruck zu verleihen (Ich-Aussagen).	»Wenn du dich über mich lustig machst, bin ich verletzt.«
Austausch mit anderen	Schülern zu helfen, ihre eigenen Probleme zu verstehen, zu reflektieren und Lösungen für sich zu finden, indem sie anderen zuhören, die ähnliche Belange ansprechen.	»Wie kannst du unser Gespräch über das Problem von Julius auf dein eigenes Problem mit deinen Geschwistern übertragen?«
Feedback zwischen Schülern	Schüler aufzufordern, andere Schüler wissen zu lassen, wie sie ihr Verhalten wahrnehmen – häufig, indem Sie als Lehrer zu Ich-Aussagen ermutigen.	»Frank, könntest du Carlos bitte sagen, wie du dich fühlst, wenn er dich hänselt?«
Verallgemeinerung	Schülern zu helfen, sich bewusst zu machen, dass sie mit ihren Belangen, ihren Sorgen und Nöten, nicht alleine sind und dass andere Schüler ähnliche Probleme haben.	»Wer hat sich diese Frage auch schon mal gestellt?«
»Realitätscheck«: Ausprobieren	Schülern zu ermöglichen, mit neuem Verhalten zu experimentieren.	»Lasst uns dieses Problem als Rollenspiel spielen und dadurch neue Wege ausprobieren, damit umzugehen.«
Altruismus	Schüler zu ermutigen, sich gegenseitig zu unterstützen, statt miteinander zu konkurrieren.	»Bettina, ich weiß es wirklich zu schätzen, dass du Ricky bei der Mathematikaufgabe hilfst.«
Direkte Interaktion zwischen Schülern	Die sozialen Kompetenzen der Schüler zu fördern und dadurch zu helfen, eine ermutigende Atmosphäre in der Klasse zu schaffen.	»Marie, sagst du Carla bitte, wie du dich gefühlt hast, als sie dir sagte, dass es ihr Spaß gemacht hat, mit dir in der Pause zu spielen?«

Tabelle 8B: Die drei Phasen zur Etablierung des Klassenrats

Phase	Sinn und Zweck	Vorgehensweise
1. Treffen, um zu planen	Mit den Schülern zu üben, gemeinsam Entscheidungen zu treffen.	Besprechen Sie zunächst Themen mit niedriger Brisanz: z. B. Raumgestaltung, Aufgaben in der Klasse, Planen von Ausflügen oder Feiern, die Reihenfolge von Lerninhalten. Später besprechen Sie kompliziertere Themen: z. B. Lerneinheiten, Lernmethoden, Bewertungsmethoden für den Unterricht.
2. Treffen, um Probleme zu lösen	Mit den Schülern zu üben, Probleme zu lösen, die die ganze Klasse betreffen.	Beginnen Sie mit allgemeinen Problemen, für deren Lösung Sie die Schüler um Hilfe bitten: »Wir haben ein Problem mit dem Saubermachen nach der Kunststunde«, oder: »Ich habe ein Problem und brauche eure Hilfe.« Wenn Sie die Klasse gut kennen, die Schüler Erfahrungen miteinander gesammelt haben und die betroffenen Schüler dazu bereit sind, besprechen Sie das Fehlverhalten einzelner Schüler und legen Sie Ziele des Fehlverhaltens offen.
3. Der regelmäßige Klassenrat	Schüler an der Organisation und Planung des Alltags in der Klasse zu beteiligen und einen sicheren Raum zu schaffen, in dem persönliche Belange / Herausforderungen besprochen werden können.	Besprechen Sie Regeln und Vorgehensweisen für die Sitzungen des Klassenrats. Betonen Sie, dass alle Beteiligten (Lehrer und Schüler) gleichwertig die Gelegenheit haben werden, Themen einzubringen. Halten Sie den ersten Klassenrat kurz nach den Treffen für die ersten beiden Phasen ab. Bringen Sie Ihren Schülern bei, den Klassenrat zu leiten und andere Funktionen (Protokollant, Zeitwächter usw.) zu übernehmen. Ihr Vorbild bei der Gesprächsführung gibt Orientierung (s. Kap. 9).

Zusammenfassung

1. Ein Verständnis für die Kräfte der Gruppe in ihrer Dynamik kann Ihnen helfen, zu begreifen, wozu Schüler nach Aufmerksamkeit, Macht oder Rache streben oder ihre Unfähigkeit unter Beweis stellen.

2. Die folgenden Prinzipien helfen Ihnen, den einzelnen Schüler als Teil einer Gruppe, der Klasse, zu begreifen:
  - Schüler sind soziale Wesen.
  - Jedes Verhalten ist zielgerichtet und von sozialer Bedeutung.
  - Verhalten reflektiert den Lebensstil.
  - Schüler können eher lernen, sich akzeptiert zu fühlen, wenn sie mit anderen zusammenarbeiten, als wenn sie gegen andere kämpfen.

3. Gemeinschaftsgefühl führt zur Bereitschaft, mit anderen – zum Wohle der Gemeinschaft – zu kooperieren.

4. Die Kräfte der Gruppe können genutzt werden, um positives Verhalten anzuerkennen und zu verstärken.

5. Zu den Möglichkeiten, den positiven Einfluss der Gruppe zugunsten des Einzelnen und der Klasse zu nutzen, gehören: *die Klassenvertretung, der Tag der Ermutigung und das Küren des Schülers der Woche.*

6. Fördern Sie die folgenden Methoden zur Entwicklung einer kohäsiven Klasse:
  - Ermutigung der Schüler untereinander und durch den Lehrer
  - Verständnis der Schüler füreinander
  - Offen über Gefühle sprechen
  - Austausch mit anderen
  - Feedback
  - Verallgemeinerung
  - »Realitätscheck«: Ausprobieren
  - Altruismus
  - Direkte Interaktion zwischen Schülern

7. Die drei Grundfunktionen eines auf den Prinzipien der Individualpsychologie basierenden Klassenrats sind Planen, Probleme lösen und Ermutigen:
  a. Treffen, um zu planen, bieten die Chance, Schüler in Grundsatzentscheidungen und das Aufstellen von Richtlinien einzubeziehen.
  b. Die Klasse einzubeziehen, um Disziplinprobleme zu lösen, kann effektiver sein, als wenn Sie als Lehrer eine eigene Lösung umsetzen.
  c. Unabhängig vom Thema ist Ermutigung sowohl beim Planen als auch beim Problemlösen entscheidend. Betonen Sie stets das Positive!

8. Zu den Richtlinien für den Klassenrat gehören:
- Geduld und Vertrauen seitens der Lehrer
- Gleichwertigkeit aller Teilnehmer
- Konfliktklärung (eigentliches Problem enthüllen)
- Vorbildfunktion des Lehrers

9. Zu den praktischen Hinweisen für den Klassenrat gehören:
- Zeitplan einhalten
- Sitzung nicht ausfallen lassen
- Persönliche Angriffe abblocken
- Beschwerdesitzungen unterbinden
- Gespräch nicht monopolisieren lassen
- Lösungsorientiert handeln
- Einigung anstreben
- Vereinbarungen umsetzen
- Sitzungen bewerten

10. Etablieren Sie den Klassenrat sukzessive, in drei Phasen.
Phase 1: Start mit Planungssitzungen mit Themen niedriger Brisanz.
Phase 2: Einführung von Treffen, um Probleme zu lösen.
Phase 3: Einführung des regelmäßigen, formalen Klassenrats.

NUR FÜR SIE

Sie und Ihre Arbeitskollegen

Denken Sie über Ihre Beziehungen zu Ihren Kollegen nach. Arbeiten Sie im Kollegium in einer autoritären, laisser-faire- (antiautoritären) oder demokratischen Atmosphäre zusammen?

Wenn Sie im Kollegium große Unterschiede beim Umgang der Lehrer mit den Schülern bzw. Eltern feststellen, die zu Problemen oder Missverständnissen führen, möchten Sie vielleicht überlegen, wie Sie das zum Thema eines Fortbildungstages oder der Supervision machen können.

Auch hier gilt: Gesunde, von Respekt und Wertschätzung getragene Beziehungen, verlangen nach *gemeinsamer* Problemlösung.

Als Erwachsener tragen Sie das Ergebnis all Ihrer frühen emotionalen und sozialen Entwicklungsprozesse in sich (Lebensstil, s. Kap. 2). Wenn Sie emotionalem oder sozialem Stress mit Kollegen bzw. Schulleitung oder anderen Erwachsenen ausgesetzt sind, stellen Sie folgende Überlegungen an – genauso, wie Sie es bei Herausforderungen mit Schülern tun:

- Wessen Problem ist es?
- Wie fühlen Sie sich?
- Um welches Ziel geht es? Aufmerksamkeit? Macht? Rache? Beweis der Unfähigkeit?
- Was tun Sie gewöhnlich in einer solchen Situation? Wie würde Ihr Kollege bzw. der Schulleiter dann reagieren?
- Wie können Sie die Situation aus einem anderen Blickwinkel (die positive Seite) sehen und anders als gewohnt reagieren?

Positivem Verhalten Beachtung zu schenken kann – auch in den Beziehungen zu Ihren Kollegen – sehr hilfreich sein. Ein empathischer Kommentar, der einen positiven Beitrag, eine hilfreiche Geste oder eine Stärke anerkennt, wird wertgeschätzt und lange in Erinnerung bleiben. Hilfreich sind auch die Überlegungen zum Umgang mit Konflikten (»Nur für Sie«) am Ende von Kapitel 4.

Der regelmäßige, vertrauensvolle Austausch mit Ihren Kollegen (und der Schulleitung) – sowohl über Erfolge als auch über Herausforderung im Lebensraum Schule – unterstreicht Ihre Professionalität, reduziert Ihren Stress und stärkt Ihr Gemeinschaftsgefühl![8]

Das Ziel dieser Vorgehensweise ist es, ein besseres Arbeitsklima zu schaffen bzw. auf Kooperation basierende Beziehungen aufzubauen und zu pflegen!

---

8 Die STEP Fortbildung für Lehrer/innen als Inhouse-Veranstaltung stimmt Sie auf diesen bereichernden Austausch ein und kann den fortlaufenden Prozess an Ihrer Schule initiieren.

KAPITEL 9

Die Klasse als Gruppe:
Die Klasse führen und die soziale
Kompetenz der Schüler stärken

Professionelle Gesprächsführung im Unterricht und bei Aktivitäten außerhalb – Fertigkeiten, Beispiel, Nutzen.

Die Schüler auf das Leben – über Fachwissen hinaus – vorbereiten.

Ziele, Themen, Aktivitäten einer Unterrichtseinheit »Soziale Kompetenz«.

Als Lehrer erfüllen wir einen Erziehungs- und Bildungsauftrag. Zu unseren wichtigsten Aufgaben gehört, die Führungsrolle bei der Leitung der Klasse als Gruppe zu übernehmen. Durch unseren *Führungsstil* prägen wir *unmittelbar* den Alltag der Schüler, die wir unterrichten, z. B. durch unsere Art der Gesprächsführung. Langfristig bereiten wir unsere Schüler auf das Leben nach ihrer Schulzeit vor, indem wir auch ihre *soziale Kompetenz* fördern und damit Einfluss auf die Entwicklung ihrer Persönlichkeit nehmen.

Mit diesen beiden wichtigen Aspekten unserer Rolle als Lehrer beschäftigen wir uns im Folgenden.

Gespräche im Unterricht effektiv und konstruktiv leiten

Für die professionelle Leitung von Gesprächen im Unterricht ist es unentbehrlich, über effektive »Werkzeuge« zu verfügen. In einer demokratisch geführten Klasse fördern wir die aktive Teilnahme der Schüler – aber letztendlich ist es *unsere Aufgabe, zu leiten.* Wie wir in Kapitel 8 festgestellt haben, ist es wichtig, die Kräfte der Gruppe zu verstehen, damit wir die Kommunikation zwischen den Klassenmitgliedern verbessern können.

Autoritäre Lehrer treffen alle Entscheidungen selbst und strukturieren ihre Klassen so rigide, dass sie damit die Rebellion oder die Abhängigkeit vom Lehrer bzw. von anderen Erwachsenen bei den Schülern fördern. Antiautoritäre Lehrer geben keine oder wenig Struktur, wenige Regeln – und damit kaum Orientierung – vor. Keiner der beiden Führungsstile bietet die Kombination aus Flexibilität und Richtlinien, die für einen erfolgreichen Lernprozess in motivierender Atmosphäre notwendig ist (s. Tab. 9 A).

In einer partizipativ geführten Klasse entscheiden Schüler und Lehrer gemeinsam über Richtlinien (s. Kap. 6). Die Schüler kennen ihre *Rechte (Freiheiten) und Pflichten (Verantwortlichkeiten).* Der Führungsstil des Lehrers hilft den Schülern, zu lernen, andere Menschen als gleichwertig zu behandeln, sich für das eigene Verhalten verantwortlich zu fühlen und in einer demokratisch gestalteten Umgebung ihren Platz zu finden.

Fertigkeiten professioneller Gesprächsführung

Die im Folgenden zusammengefassten STEP Fertigkeiten und Fähigkeiten helfen uns Lehrern – sowohl bei Gesprächen im Unterricht als auch allgemein im Umgang mit Schülern –, die Klasse erfolgreich zu führen (s. Tab. 9 B):

1. Strukturieren. Gruppen kommen oft vom Thema ab, wenn niemand dafür sorgt, dass sie beim Thema bleiben. Wenn wir strukturieren, erinnern wir unsere Klasse auf verschiedene Art und Weise an das Thema, das sie vorübergehend aus den Augen verloren hat. Indem wir auf die gemeinsam festgelegten Diskussionsrichtlinien für Gespräche hinweisen, lassen wir unsere Schüler wissen, dass sie vom Thema abgewichen sind.

Wir können die Regeln anwenden, die wir bereits aus unserer Erfahrung kennen, die wir bei einer STEP Lehrerfortbildung[1] benutzen, oder uns andere Regeln – wie die folgenden – ausdenken:

Beispiele:

für jüngere Schüler

- Wir melden uns durch Aufzeigen.
- Wir bleiben beim Thema.
- Wir beteiligen uns am Unterricht.
- Wir hören aufmerksam zu.
- Wir finden Lösungen gemeinsam.

für ältere Schüler

- Wir achten auf die Gefühle der anderen.
- Wir sagen, wie wir uns in einer Situation fühlen.
- Wir lassen andere ausreden.
- Wir sind interessiert und engagiert im Unterricht.
- Wir reden im Plenum direkt miteinander.
- Wir sehen die positive Seite.

Wir führen die Diskussionsrichtlinien ein, indem wir der Klasse sagen, dass es sich hierbei um Regeln handelt, die andere nützlich finden. Dann bitten wir die Schüler, die Regeln zu erläutern und etwas hinzuzufügen, wenn sie finden, dass etwas fehlt.

Nachdem wir und unsere Schüler entschieden haben, welche Richtlinien für unsere Klassengespräche wichtig sind, schreiben wir sie auf und hängen sie für alle sichtbar im Klassenzimmer auf.

Wenn dann jemand mitten in den Satz eines Mitschülers hineinplatzt, können wir die Klasse fragen: »Welche Regel wird gerade missachtet?« – statt den Schüler zu ermahnen.

Strukturieren kann auch notwendig sein, wenn die Diskussion eher emotional – statt sachlich – geführt wird. Manchmal wird das tatsächliche Thema eines Gesprächs durch ein zweitrangiges, in der Regel emotionaleres Thema überlagert.

---

1 Informationen über STEP Lehrerfortbildungen finden Sie unter www.instep-online.de

Beispiele:

- Wenn die Klasse dabei ist, zu entscheiden, wie sie rechtzeitig fertig wird, um *pünktlich in die Pause* zu gehen, und einige Schüler sich weiterhin gegenseitig beschuldigen, dass sie die Klasse zu lange aufhalten, können wir sagen: »Sind wir noch beim Thema? Was passiert gerade in unserer Klasse?«, oder: »Gegen welche Regel wird hier verstoßen?«

- Wenn in Mathematik gerade das Wurzelziehen behandelt wird, aber irgendwie ständig das *Fußballspiel* vom Vorabend Thema ist, können wir fragen: »Welche Regel vergessen wir als Klasse gerade?« Jemand wird auf die Regel »Wir bleiben beim Thema« zeigen.

2. Verallgemeinern. Viele der Vorgehensweisen, die in Kapitel 8 besprochen wurden, sind auch als Fertigkeiten für die Gesprächsführung im Unterricht nützlich. Verallgemeinern z. B. fördert achtsames Zuhören und die Bildung einer kohäsiven Gruppe dadurch, dass Schüler erfahren, dass andere ähnliche Ideen oder Bedenken bzgl. eines Themas haben. Wir können fragen: »Wer ist derselben Meinung?«, oder: »Wer empfindet das genauso?«

Es ist besonders wichtig, schon in den ersten Unterrichtsstunden zu verallgemeinern, sodass unsere Schüler sich ermutigt fühlen, einander genau zuzuhören. Wir können Schüler bitten, sich zu melden, wenn sie eine Meinung oder ein Gefühl teilen, die eben geäußert wurden. Einige dieser Schüler können wir fragen, ob sie bereit wären, ausführlicher über ihre Bedenken zu berichten. Sehr bald wird das Aufzeigen zu einem Signal der Unterstützung für die Meinung des Schülers, der sich gemeldet hat. Auch wir können uns durch Aufzeigen beteiligen.

3. Verbindungen herstellen. Wir können Gespräche fördern, indem wir verbal Verbindungen zwischen verschiedenen Schülern herstellen. Durch den Hinweis auf Ähnlichkeiten und Unterschiede in Meinungen, Wertvorstellungen und Werten können wir Gespräche in Schwung halten. Verbindungen herzustellen fördert auch die Nähe unter den Mitschülern, weil sie erkennen, dass andere ihre Überlegungen teilen.

Verbindungen herzustellen setzt voraus, dass wir genau hinhören, was unsere Schüler sagen, und – wenn angebracht – durch aktives Zuhören für Klarheit sorgen. Wir achten auch auf den nonverbalen Ausdruck.

Beispiele:

(10. Klasse) Das traurige Gefühl, das **Angelika** zeigt, wird möglicherweise in den betroffenen Gesichtern ihrer Klassenkameraden reflektiert. Wir können sagen: »Angelika sagt, sie ist traurig, weil ihr Team das Spiel verloren hat. Leon und Claire, mir scheint, euch geht es ähnlich.«

(7. Klasse) »**Sarah** ärgert sich sehr und fühlt sich entmutigt, wenn sie ihre Mathe-Aufgaben nicht lösen kann. Ich glaube, **Jojo** und **Dana** haben ähnliche Gefühle, wenn es um das Schreiben von Aufsätzen geht.«

Bei Gesprächen Verbindungen zwischen Schülern herzustellen hilft auch, Diskussionen über Fachthemen voranzutreiben, denn es motiviert zu aufmerksamem Zuhören.

4. Weiterleiten. Wir können die Beteiligung am Unterrichtsgespräch fördern, indem wir Fragen oder Aussagen weiterleiten bzw. an die Klasse zurückgeben: »Was denken andere darüber?«

BEISPIEL:

Wenn **Jens** (15) sagt, dass Menschen auf dem Land es schwerer haben als die in der Stadt, können wir seine Mitschüler fragen: »Wie denken die anderen darüber?«, oder: »Was denkt ihr über das, was Jens gesagt hat?«

Unsere eigene Meinung geben wir erst zum Schluss, und auch nur dann, wenn es nötig ist. Was wir sagen, formulieren wir als unsere Meinung, nicht als unverbrüchliche Tatsache: »Mir scheint …«

Weiterleiten kann auch eine Hilfe sein, wenn Schüler impraktikable Lösungen für Probleme anbieten. Wir fragen z. B.: »Was meint ihr: Was könnte passieren, wenn wir das tun?«

Wenn wir eine vertrauensvolle Beziehung mit unserer Klasse aufgebaut haben, können wir einen negativen Kommentar über uns oder unsere Vorgehensweise an die Klasse zurückzugeben.

BEISPIEL:

Wenn **Marie** (14) sagt: »Sie geben uns mehr Hausaufgaben als jeder andere Lehrer, und es ist alles nur Beschäftigungstherapie«, können wir ihre negativen Gefühle reflektieren: »Du klingst sehr verärgert«, und dann an die Klasse gewandt fragen: »Was denken die anderen darüber?« Wir werden überrascht sein, wie schnell unsere Schüler bereit sind, ehrlich und fair zu antworten, wenn wir in der Klasse eine Atmosphäre des gegenseitigen Respekts geschaffen haben.

Weiterleiten dient also zwei Zwecken: Es ermutigt Schüler, sich einzubringen, und es ermöglicht uns, eine partizipative Atmosphäre zu schaffen.

5. Ziel offenlegen. In Zweiergesprächen sowie im Klassenrat nutzen wir das Offenlegen des Ziels des Fehlverhaltens – wenn angebracht – und halten nach dem Erkennungsreflex bei den Schülern Ausschau. Wie im Kapitel 6 deutlich wurde, können wir mit Einfühlungsvermögen unseren Schülern beibringen, Verhalten zu verstehen, indem wir die Klasse bitten, zu erraten, welches Ziel ein Mitschüler mit seinem Fehlverhalten verfolgt. Geschieht dies auf eine respektvolle, wohlwollende Art, können den Schülern, die Fehlverhalten zeigen, offene Gespräche helfen, sich für ein verändertes Verhalten zu entscheiden.

Dabei gehen wir – Lehrer und Schüler – stets vorsichtig vor und äußern nur Vermutungen. Niemand mag das Gefühl, in eine Falle getappt zu sein, belehrt zu werden oder dass ihm etwas peinlich ist.

Beispiel für das Offenlegen des Ziels – s. Kap. 8: Klassenrat, um Probleme zu lösen.

6. Brainstorming. Eine wichtige Fertigkeit für die erfolgreiche Gesprächsführung besteht darin, Brainstorming einzuführen. Wir laden Schüler ein, *alle möglichen* Fragen, Ideen und Vorschläge, die sie zu Themen im Unterricht haben, im Klassengespräch oder bei der Arbeit in Kleingruppen zu äußern. Wir betonen, dass es in dieser Phase weder richtige noch falsche Antworten gibt und keine Bewertung der Vorschläge vorgenommen wird, bevor nicht alle gesammelt wurden. Brainstorming ermuntert Schüler, ohne Zögern bzw. ohne Ängste an Diskussionen teilzunehmen. Diese Vorgehensweise ermöglicht uns auch, die Interessen der Schüler innerhalb einer Unterrichtseinheit zu erfahren und bei der Planung der Themen zu berücksichtigen.

BEISPIELE (10. KLASSE):

- Wir fragen die Schüler, was gegen *Vandalismus* auf den Toiletten getan werden könnte. Wir schreiben alle Vorschläge auf: Wachen aufstellen; die Türen ausheben; wer erwischt wird, wird aus dem Unterricht ausgeschlossen; eine Schulvollversammlung abhalten; eine Schulabstimmung darüber durchführen, was getan werden sollte; die Ernennung eines Schülerkomitees. Dann bewerten wir alle Vorschläge – wir betrachten alle Vor- und Nachteile.

- Wir nutzen Brainstorming auch im *Fachunterricht*. Wir fragen: »Welchen Nutzen hat die Dichtkunst für uns?« Die Schüler schlagen möglicherweise vor: Sie ist nutzlos; sie sagt viel mit wenigen Worten; sie hilft uns dabei, Dinge in einem neuen Licht zu sehen; sie versorgt den Deutschlehrer mit Arbeit; sie bringt uns bei, zu reimen, usw. Basierend auf diesen Antworten, können wir eine spannende Diskussion leiten. Wir erinnern uns daran, die Vorschläge weder zu bewerten noch zu beurteilen. Wir regen dadurch zu kreativem Denken an.

- Brainstorming kann auch nützlich sein, wenn die Klasse einem Schüler hilft, ein *Problem zu lösen*. »Charlotte, hättest du gerne ein paar Vorschläge von der Klasse? Machen wir Brainstorming.«

7. Abblocken. Manchmal artet die Diskussion in einer Klasse aus und wird zu einem persönlichen Angriff oder zu destruktivem Verhalten – dann schreiten wir ein. Wenn Schüler von uns gelernt haben, respektvolle Kommunikation zu benutzen, können wir sie auffordern, ihre unangenehmen Gefühle durch eine Ich-Aussage ausdrücken.

Oder wir blocken die Kommentare selbst ab, indem wir die störenden Schüler wissen lassen, dass wir alle – die Klasse und wir selbst – solche Kommentare nicht akzeptieren werden.

BEISPIELE:

- **Mark** (11) fragt ständig: »Weshalb müssen wir das machen?« Wir versuchen, ihn dazu zu bewegen, seine Gefühle klarer auszudrücken: »Du scheinst verärgert zu sein, Mark. Möchtest du uns sagen, wie du dich fühlst?« Wir schlagen ihm vor, dass er eine Ich-Aussage benutzt, oder wir eröffnen die Diskussion in der Klasse: »Wie könnte Mark seinem Ärger auf andere Weise Luft machen?«

- **Ria** (12) sagt zu **Malik** (13), der in der Klasse neu ist: »In der Pause störst du immer unser Spiel. Ich wünschte, du wärst nie auf diese Schule gekommen.« Wir blocken ab, indem wir Ria bitten, eine Ich-Aussage zu formulieren und ganz *konkret* zu sagen, was sie stört. Wir helfen Ria, eine neue Sichtweise einzunehmen – weg vom Negativen und hin zum Konstruktiven.

- **Kathi** (14) schreit **Ansgar** (13) an: »Weshalb hast du das gesagt, du A....?« Wir gehen dazwischen und weisen Kathi freundlich, aber bestimmt darauf hin, dass persönliche Angriffe in unserer Klasse keinen Platz haben: »Ich frage mich, wie Ansgar sich fühlt, wenn du so mit ihm sprichst?« Wir zeigen Kathi, wie sie auf respektvolle Weise anderer Meinung sein kann.

8. Feedback zwischen Schülern fördern. Wir können Feedback zwischen Schülern sowohl im Rahmen von Unterrichtsgesprächen als auch bei Aktivitäten fördern, die nicht Teil des Stundenplans sind (s. Kap. 8).

BEISPIEL:

Bastian (16) sagt in der Gruppe: »Ich bin gestresst, wenn wir so lange brauchen, bis wir mit der Arbeit beginnen, weil unsere Schülerzeitung am Freitag erscheinen soll.«

9. Direkte Interaktion fördern. Wir leiten unsere Schüler dazu an, im Unterricht direkt miteinander zu reden, damit wir uns nicht als »Übersetzer« empfinden, der Nachrichten von Schülern an Schüler übermittelt. Vor allem möchten wir, dass die Schüler sich aufeinander beziehen, von- und miteinander lernen (s. Kap. 8).

BEISPIEL:

Wenn **Lisa** (15) an uns gewandt einen Vorschlag macht, der **Tina** (15) betrifft, sagen wir: »Würdest du das Tina bitte selbst sagen?«

Wir setzen diese Hinweise fort, bis unsere Schüler anfangen, im Unterricht einander – ohne Aufforderung – direkt anzusprechen.

10. Ermutigung fördern. Wir ermutigen unsere Schüler und bringen ihnen bei, sich gegenseitig zu ermutigen (s. Kap. 8).

BEISPIEL:

Wir fragen sie z. B.:
- »Was gefällt euch an …?«
- »Worüber freut ihr euch, wenn …?«
- »Wer hat Lunas Fortschritte in … bemerkt?«

Wir sind Vorbild für Ermutigung, indem wir auch im Unterricht die Fortschritte der Schüler – auch als Klasse – bemerken.

BEISPIELE:

- »Ich finde es gut, wie ihr diesen Streit alleine beigelegt habt.«
- »Ich bin froh, dass du die gesamte Zeit über bei uns geblieben bist.«
- »Claudia, wir alle erkennen deine Bemühungen an, beim Staffellauf mitzuhalten.«

Ermutigung ist ansteckend!

11. Zusammenfassen. Wie wir als Lehrer wissen, ist es überaus nützlich, ein Gespräch im Unterricht an verschiedenen Stellen zusammenzufassen. Besonders hilfreich ist es, diese Zusammenfassung aus der Sicht unserer Schüler zu machen: »Bis jetzt haben wir gelernt, dass Umweltschutzprogramme nur Sinn machen, wenn sie von einer breiten Öffentlichkeit getragen werden.«

Noch effektiver ist es sicherlich, Schülern beizubringen, wie sie selbst zusammenfassen können. Die Schüler können die Überlegungen besser nachvollziehen, und wir erfahren dabei, was sie gelernt haben. Die Zusammenfassungen der Schüler können mit »Ich habe gelernt, dass …« beginnen und sich auf Inhalt, Gefühle, Wertvorstellungen und Haltungen im Zusammenhang mit dem Thema konzentrieren.

12. Schüler anleiten, sich Aufgaben zu stellen und die Verpflichtung zur Umsetzung einzugehen. Wenn das Ergebnis eines Klassengesprächs in die Tat umgesetzt werden soll, reden unsere Schüler gerne mit, sind aber oft nicht bereit, konkrete Verpflichtungen einzugehen und Verantwortung dafür zu übernehmen. Als Lehrer, in unserer Leitungsfunktion, können wir die Aufmerksamkeit unserer Schüler auf das lenken, was getan werden muss.

BEISPIELE:

- Nachdem **Dennis** (16) und die Klasse sein Zuspätkommen besprochen haben, entschließt er sich, von zu Hause so rechtzeitig wegzugehen, dass er fünf

Minuten vor Schulbeginn in der Schule ankommt. Er verpflichtet sich, den Plan ab Montag umzusetzen und sich die ganze Woche lang daran zu halten. Wir schlagen vor, dass er der Klasse über seine Fortschritte in der nächsten Klassenstunde berichtet.

- Wir können auch der **Klasse** als Ganzes helfen, sich feste, messbare Ziele zu setzen. Wir regen die Schüler an, die Zuständigkeiten für die Theateraufführung der Klasse zu regeln.

Wichtige Hinweise

- Sich nur an die *Fertigkeiten* der Gruppenleitung *als Technik* zu halten garantiert uns noch keine erfolgreichen Gesprächsrunden im Unterricht oder bei anderen Aktivitäten. Eine Voraussetzung dafür ist unsere *Haltung*. Es ist entscheidend, sich wohl dabei zu fühlen, Gespräche eher partizipativ und demokratisch als autoritär zu führen oder im Stil des Laisser-faire einfach laufen zu lassen.

- Eine effektive Gesprächsleitung setzt auch *Übung* voraus. Eine Hilfe im Alltag ist sicherlich, die Fertigkeiten, die wir für besonders wichtig erachten oder die wir leicht vergessen, aber verstärkt nutzen möchten, auf einer Karteikarte zu notieren. Während des Unterrichtsgesprächs können wir die Karte zur Erinnerung heranziehen.

- Vielleicht finden wir es auch hilfreich, wenn ein anderer Lehrer in unserer Klasse hospitiert und uns danach konstruktiv Feedback darüber gibt, wie das Gespräch gelaufen ist. Zum Vergleich können wir auch die Klassen unserer Kollegen besuchen, von ihnen lernen und ebenfalls wohlwollend und respektvoll Feedback geben.

Ein Beispiel für die Anwendung aller Fertigkeiten (8. Klasse)

Wir sprechen im Unterricht darüber, was es bedeutet, sich um Haustiere zu kümmern.

Alexandra sagt: »Ich habe einen Hund, aber ich hasse es, mit ihm spazieren zu gehen.« Wir *verallgemeinern* und sagen: »Wer sonst hat auch die Erfahrung gemacht, dass Haustiere eine Menge Arbeit verursachen?«
    Nachdem einige andere Schüler zugestimmt haben, dass Haustiere viel Arbeit bedeuten, bemerkt Madeleine: »Im Zoo ist es kein Problem!« Jetzt müssen wir *strukturieren*. »Madeleine, wir sprechen jetzt über Tiere, die wir zu Hause halten.«

Während die Diskussion voranschreitet, warten wir auf Gelegenheiten, Feedback anzuregen. Jannik und Bastian haben sehr vehement das Recht der Tiere verteidigt, nicht eingeschläfert zu werden. *Wir leiten weiter* und *bitten um Feedback:* »Was haltet ihr von dem, was Jannik und Bastian eben gesagt haben?« Wir *fördern direkte Interaktion,* indem wir sagen: »Bitte, sprecht direkt mit ihnen darüber, was diese Meinung bei euch auslöst.«

An dieser Stelle, sagt Laura zu Jannik und Bastian: »Ihr spinnt doch! Wenn keine Tiere getötet würden, würden überall herrenlose Hunde und Katzen herumrennen!« Jetzt *blocken wir ab* und erinnern Laura daran, beim Thema zu bleiben und ihre Mitschüler nicht verbal zu attackieren: »Laura, wenn wir einander beschimpfen, fürchte ich, dass das verletzend für andere ist.«

Um einen Konflikt in der Klasse zu verhindern, ob es besser sei »unrealistisch« oder »grausam« zu sein, beschließen wir, ein *Brainstorming* durchzuführen: »Welche Alternativen gibt es zum gegenwärtig praktizierten Umgang mit streunenden Tieren?«

Wir schreiben das Ergebnis des Brainstormings auf: keine Erlaubnis für Menschen, Tiere zu töten; alle streunenden Tiere für einen unbeschränkten Zeitraum zur Adoption freigeben; alle streunenden Tiere für einen begrenzten Zeitraum von zwei Wochen zur Adoption freigeben; alle Tiere sterilisieren lassen.

Während des folgenden Gesprächs fragt uns Jannik, was wir tun würden, wenn unsere eigene Katze zu Hause Junge bekäme. Wir *leiten* die Frage an die Klasse *weiter.* Esther sagt, sie würde die Katzenbabys Freunden schenken. Wir *verbinden* ihren Kommentar mit anderen ähnlichen Meinungen.

Eine Zeit lang unterbricht Ferdinand ständig, indem er sagt: »Alle Katzen sollten getötet werden.« Jedes Mal, wenn er das sagt, grinst er und schaut in die Runde. Wir haben mit der Klasse schon das Thema Ziele des Fehlverhaltens durchgenommen, und Ferdinand erklärt sich einverstanden, darüber zu sprechen, was ihn dazu bewegt, sich nicht ernsthaft am Gespräch zu beteiligen. Wir fördern *das Offenlegen des Ziels des Fehlverhaltens,* indem wir fragen: »Wer hat eine Idee, wozu Ferdi unsere Überlegungen immer wieder unterbricht?« Nachdem Ferdinands Ziel offengelegt wurde, fragen wir, an die ganze Klasse gewandt: »Wie kann Ferdi auf nützliche Weise unsere Aufmerksamkeit erlangen? Und Ferdi, was meinst du selbst?«

Am Ende beschließt die Klasse, im Rahmen ihrer Auseinandersetzung mit dem Thema »Haustiere in unserer Gesellschaft« ein Tierheim zu besuchen: Die Schüler treffen diese Entscheidung, weil wir sie dazu angeleitet haben, sich Aufgaben zu stellen und Verpflichtungen einzugehen. Die Klasse teilt sich in verschiedene Arbeitsgruppen, die innerhalb von drei Wochen über unterschiedliche Aspekte des Themas berichten werden.

Zum Schluss bitten wir einige Schüler, klar zu formulieren, was in der Klasse gesagt wurde. Durch unsere Fragen helfen wir, die Diskussion einschließlich der eingegangenen Verpflichtungen zusammenzufassen: »Wer kann zusammenfassen, was wir beschlossen haben? Welche Vorschläge wurden bezüglich des Problems heimatloser Tiere gemacht?«

Während der gesamten Diskussion haben wir unsere Schüler ermutigt: »Vielen Dank für deinen Vorschlag, Diana«, »Ich sehe, ihr habt alle intensiv über dieses Problem nachgedacht«.

Der Nutzen professioneller Gesprächsführung

Professionell geführte Gespräche – im Unterricht sowie bei Aktivitäten außerhalb – sind extrem wertvoll, denn durch sie

- bauen Schüler bessere Beziehungen untereinander auf,
- lösen Schüler Probleme miteinander,
- teilen Schüler Gefühle, Wertvorstellungen, Überzeugungen und Ambitionen miteinander und tauschen Ideen oder auch Meinungen aus,
- unterstützen wir Schüler, Regeln für das Verhalten in der Klasse aufzustellen,
- wird der Zusammenhalt der Klasse verbessert und das individuelle Gefühl der Dazugehörigkeit und des Angenommenseins verstärkt – und dadurch auch der Stress der Schüler reduziert.

Durch diese professionelle Gesprächsführung als Teil unseres demokratisch-partizipativen Führungsstils vermeiden wir folgende weitverbreiteten Fallstricke:
1. Frontalunterricht als Frage-Antwort-Spiel zwischen dem Lehrer und jeweils einem Schüler,
2. den Unterricht mit unserem Wissen und unseren eigenen Ideen und Meinungen zu beherrschen und
3. Diskussionen als allgemeines Gerangel ohne Struktur oder Ziel zuzulassen.

Die Entwicklung der sozialen Kompetenz der Schüler – in Vorbereitung auf das Leben – fördern

In Anbetracht des Alltags in der Schule können wir nicht sagen: »Ich bin Lehrer, nicht Berater. Die Beratung überlasse ich den Profis.« In vielen Schulen stehen Berater, Psychologen und Sozialarbeiter mit ihren speziellen Kompetenzen den Schülern zur Seite. Dennoch stehen wir als Lehrer in direktem und intensivem fortwährendem Kontakt mit unserer Klasse – sowohl mit den Schülern als Individuen als auch als Gruppenmitglieder. Eine unserer wichtigsten Aufgaben besteht darin, die Entwicklung der sozialen Kompetenz unserer Schüler in Vorbereitung auf das Leben zu fördern. Unsere Schüler lernen am besten in einem Umfeld, in dem sie sich akzeptiert, unterstützt und erfolgreich fühlen.

Alle Vorgehensweisen, die zur Entwicklung einer kohäsiven Klasse führen (s. Kap. 8), stärken die soziale Kompetenz unserer Schüler.

Im nächsten Schritt könnte eine Schule sich entscheiden, eine Unterrichtseinheit, oder, noch besser, ein regelrechtes Schulfach zur Förderung der sozialen Kompetenz der Schüler einzurichten. Der Fokus liegt dabei auf Einstellungen, Gefühlen, Wertvorstellungen und Überzeugungen, auf Zielsetzungen, dem Selbstbild und auf zwischenmenschlichen Beziehungen.

Beispiele aus der Praxis:
In einigen Schulen – z. B. in der Gesamtschule Erich Kästner in Hamburg – ist das Fach »Soziales Lernen« ein fester Bestandteil des Curriculums von den ersten Klassen an.

In anderen Schulen wurde das Jugendförderprogramm Lions-Quest »Erwachsen werden«[2] eingeführt.

---

2 Dieses Programm bietet heranwachsenden Kindern und Jugendlichen (10–15 Jahre) »wissenschaftlich bestätigte und nachhaltige Hilfen für ihr Selbstverständnis, ihr Verhalten und ihre Werteorientierung«. – s. www.lions-quest.de

Auch bevor weitreichende Veränderungen im Curriculum vorgenommen werden, können Schulen Aktivitäten in den normalen Lehrplan integrieren, z. B. in der wöchentlichen Klassenstunde, im regelmäßigen Klassenrat oder im Ethikunterricht. Bei diesen themenspezifischen Aktivitäten kann es sich um Gespräche, Rollenspiele, Kunst, Musik, um Schreiben und um Ausflüge oder Klassenfahrten handeln. Unabhängig davon, an welcher Stelle diese Aktivitäten »passen«, entscheidend ist, sie niemals als zweitrangig oder gar überflüssig zu betrachten. Wenn wir uns darauf einigen, dass die Stärkung der sozialen Kompetenz für den *Erziehungs- und Bildungsprozess* der Schüler genauso wichtig ist wie Mathematik oder Sprachen, dann gehören solche Aktivitäten als wesentlicher Bestandteil in unseren Lehrplan.

Unterrichtseinheit »Soziale Kompetenz« – Ziele, Themen, Aktivitäten

Diese Unterrichtseinheit muss genauso gut durchorganisiert sein wie andere Teile des Lehrplans. Die Schüler können sich an der Auswahl der Themen und der Gestaltung beteiligen.

Ziele der Unterrichtseinheit

Bei dieser Unterrichtseinheit konzentrieren wir uns auf folgende Ziele:
- individuelle Stärken zu identifizieren (Selbsterkenntnis),
- die Schüler zu unterstützen, sich Ziele zu setzen,
- Ziele von Schülern und Lehrern in Einklang zu bringen,
- Selbstvertrauen der Schüler aufzubauen bzw. zu stärken (Resilienz) und
- Gemeinschaftsgefühl sowie Kooperationsbereitschaft der Schüler zu stärken.

Schließlich dient diese Unterrichtseinheit sowohl der Prävention als auch der Intervention: Wir besprechen Herausforderungen, bevor sie zum Problem werden, und wir diskutieren Probleme, bevor sie nicht mehr in den Griff zu bekommen sind. Mit unseren Gesprächen holen wir die Schüler dort ab, wo sie sich befinden, indem wir Themen ansprechen, die sie jetzt betreffen oder interessieren.

Zusammenfassend lässt sich sagen, dass Erziehung und Bildung mehr bedeuten als die Vermittlung von Fachwissen. Das *Umfeld*, in dem Lernen stattfindet, beeinflusst den schulischen Erfolg der Schüler und langfristig ihre Fähigkeit, den Herausforderungen des Lebens gerecht zu werden (Resilienz).

Beispiel:

Wenn **Martin** (9) Mathematik in einer Atmosphäre lernt, die sich auf Fehler konzentriert und in der er oft versagt, ist es sehr wahrscheinlich, dass er Mathe hasst. Würde er Mathematik in einer Atmosphäre des Erfolgs und der Ermutigung lernen, hätte er wahrscheinlich andere Gefühle. Die Gefühle, die wir Menschen in Zusammenhang mit dem, was wir lernen, entwickeln, beeinflussen entscheidend, wie viel und wie schnell wir lernen.[3] Eine positive Erfahrung trägt zur Entwicklung der Lernbereitschaft bei.

Themen der Unterrichtseinheit

1. Zwischenmenschliche Beziehungen und Vorbereitung auf die Arbeitswelt

Als Lehrer ist es uns ein Anliegen, unsere Schüler darauf vorzubereiten, im Leben verantwortungsbewusst, erfolgreich und den Herausforderungen des Lebens gewachsen zu sein. Das können wir am besten erreichen, indem wir akademisches Lernen mit dem *Erlernen sozialer Kompetenzen* verknüpfen. Schüler, die mit sich selbst zufrieden sind und mit anderen zurechtkommen, sind oft erfolgreich beim Lernen und wachsen eher zu zufriedenen Erwachsenen heran.

Wir können Schülern helfen, indem wir sie während ihrer gesamten Schulzeit – kognitiv und affektiv – auf die Realität des Lebens, u. a. auch auf die Arbeitswelt, vorbereiten. Diese Art Begleitung umfasst mehr, als nur Informationen über bestimmte Berufe zu geben. Es bedeutet vielmehr, die Schüler zu unterstützen,

- ein realistisches Selbstbild zu erlangen,
- die Fähigkeit zu entwickeln, verantwortungsvolle Entscheidungen zu treffen,
- erfolgreiche zwischenmenschliche Beziehungen aufzubauen und
- ein realistisches Verständnis von der Arbeitswelt zu entwickeln.

Ab der 7./8. Klasse beginnen Schüler gewöhnlich, verschiedene Berufe durch Praktika kennenzulernen. Letztlich hat die Berufswahl viel damit zu tun, wie Schüler über sich selbst und andere denken und fühlen und welche Einstellung sie im Laufe ihrer Schulzeit zur Arbeit entwickelt haben.

Jede Aktivität, bei der es um das Selbstbild des Schülers, zwischenmenschliche Beziehungen, Verantwortung für eigenes Verhalten und Selbstmotivation geht, trägt zur Berufsfindung bei.

---

3 Hüther [25]

Es folgen einige Beispiele für Gespräche über *zwischenmenschliche Beziehungen:*
- »Weshalb verhalten wir uns so, wie wir es tun?«
- »Wie können wir besser mit unseren Familien auskommen? Mit unseren Geschwistern? Mit unseren Freunden? Mit den Lehrern?«
- »Wie können wir uns gegenseitig ermutigen?«
- »Wie können wir sagen, was wir denken, ohne andere zu verletzen?«
- »Wie können wir Freundschaften schließen und pflegen?«
- »Was können wir tun, wenn unsere Freunde uns zu etwas zwingen wollen, das wir nicht tun möchten?«
- »Was sind die Vorteile, ein Mädchen bzw. ein Junge zu sein?«
- »Wie können wir Machtkämpfe mit unseren Eltern, unseren Freunden, unseren Lehrern vermeiden?«
- »Wie verhalte ich mich am Arbeitsplatz, damit ich eine gute Beziehung zu meinem Chef und meinen Kollegen aufbaue?«

Schüler können auch folgende Themen auf unterschiedliche Weise bearbeiten (z. B. in Kleingruppen):
- »Die Bedeutung der Geschwisterkonstellation« (s. Exkurs S. 65)
- »Der Zweck von Gefühlen«
- »Die Prinzipien von Demokratie und Gemeinschaftsgefühl«
- »Wie geht man mit Gefühlen der Minderwertigkeit um?«
- »Wie mit Trennung, Scheidung oder Tod?«
usw.

Als Lehrer fallen uns bestimmt noch mehr Themen ein, die für unsere Schüler geeignet sind. Nachdem Schüler mit dieser Art von Austausch Erfahrungen gesammelt haben, können sie ihre Themen selbst wählen. Ältere Schüler können – sowohl im Plenum als auch in Kleingruppen – Diskussionen selbst leiten; bei jüngeren Schülern werden wir wahrscheinlich eine aktivere Rolle spielen wollen.

Wir können unsere Schüler bei der Auswahl und bei der Vorbereitung auf den zukünftigen Beruf unterstützen, indem wir ihnen helfen,
- ihre Stärken zu entdecken und zu nutzen;
- zu verstehen, inwiefern ihre Fähigkeiten und Interessen auf mögliche Berufe hinweisen;
- zu üben, ihre Gefühle auszudrücken und sensibel gegenüber den Gefühlen anderer zu sein – eine Fähigkeit, die gleichermaßen entscheidend ist sowohl für Beziehungen zu Arbeitgebern als auch zu Angestellten oder Kollegen;
- unabhängig, kreativ und flexibel zu werden, um sich an berufliche Veränderungen anpassen zu können;
- den Zusammenhang zwischen Schule und ihrem späteren Leben, d. h. auch ihrem Beruf, zu verstehen;

- mit Stress und Veränderungen erfolgreich umzugehen und so Kontrollüberzeugung zu erfahren und Selbstwirksamkeit zu erleben[4];
- ihr eigenes Wertesystem zu entwickeln, Entscheidungen zu treffen und die Konsequenzen, die daraus folgen, zu akzeptieren.

Chancen und Herausforderungen im Berufsleben wie auch im Leben allgemein können am besten von Menschen wahrgenommen bzw. gemeistert werden, die über gute soziale Kompetenzen verfügen, resilient sind, und von Menschen, die sich selbst als Mitglied einer Gesellschaft betrachten, in der sie einen Beitrag leisten.

2. Bezug von Schule zur Realität des Lebens außerhalb

Aktivitäten zu diesem Thema sind fachübergreifend und konkret und stehen in direkter Verbindung mit den individuellen Interessen und Belangen der Schüler.

BEISPIELE:

- Schüler lernen, was Demokratie ist, indem sie z. B. das Thema »Was bedeutet Demokratie für dich?« bearbeiten. Wir können diesen Gedanken weiterverfolgen, indem wir die Schüler Vorschläge machen lassen, wie sie das Leben in der Klasse demokratischer gestalten können.

- Schüler können die Bedeutung des Grundgesetzes (GG) für das tägliche Leben verstehen, indem sie in Kleingruppen folgende Fragen besprechen und die Ergebnisse im Plenum vorstellen:

  »Was sagt das GG über Erziehung und Bildung?«
  »Was wird im GG über die Familie gesagt?«
  »Was sagt das GG über Religion?«
  »Was sagt das GG über die Pressefreiheit oder die Macht der Presse?«

  Jede Gruppe stellt außerdem die Antwort auf die Frage »Was bedeutet das für euch?« vor.

- Mathematik kann einen neuen Stellenwert bekommen über die Erkenntnis der Bedeutung von Zahlen im Alltag, z. B. bei der Post, in Supermärkten, bei der Berechnung der Zinsen für das Sparbuch, bei der Aufnahme eines Kredits, bei der Gründung eines Betriebs usw. Schüler können z. B. beim Schulfest den Kuchenverkauf organisieren und durchführen, sie können aber auch Pläne für einen Gemüsegarten auf dem Schulgelände erstellen, wobei exakte Maße und Messungen erforderlich sind, und den Plan gemeinsam mit anderen Klassen umsetzen.

Alle genannten Aktivitäten tragen dazu bei, den Lehrplan und den Horizont der Schüler zu erweitern, indem der Bezug von Schule zur Welt außerhalb erstellt wird.

---

4 Wustmann [46]

Aktivitäten der Unterrichtseinheit

Da beim Erlernen sozialer Kompetenzen Gefühle, Motivationen, Ziele, Wertvorstellungen und Überzeugungen von Schülern angesprochen werden, wird die *Reaktion der Schüler auf diese Aktivitäten zum Inhalt der Unterrichtseinheit.* Die Schüler üben, ihre Gefühle auszudrücken und zu hinterfragen. Wir als Lehrer nehmen diese Gefühle der Schüler wahr, die das Lernen so stark beeinflussen. Weil es weder richtige noch falsche Antworten bei dieser Art des affektiven Lernens durch Erleben gibt, werden unsere Schüler ermutigt, spontan und kreativ zu sein. Sie hören einander zu, nicht nur wegen des Inhalts des Gesagten, sondern wegen der Gefühle, die damit einhergehen.

Im Folgenden wird deutlich, wie Schritt für Schritt das Interesse, die Beteiligung, die Unterstützung und die Akzeptanz der Klasse für den einzelnen Schüler immer wichtiger werden. Lernen ist dann weniger abhängig von der Zustimmung des Lehrers, sondern mehr vom persönlichen Bestreben eines Schülers, ein wertvolles Mitglied der Gruppe zu sein. Motivation wird damit weniger extrinsisch als *intrinsisch* hervorgerufen.

Anregungen für Aktivitäten

Gespräche – im Plenum oder in Kleingruppen. Wir nutzen die vorher besprochenen Fertigkeiten für die professionelle Gesprächsführung, um Themen wie das Folgende zu besprechen.

BEISPIEL FÜR EIN GESPRÄCH IM PLENUM:

Stellen wir uns vor, wir sprechen über die Auswirkung persönlicher Beleidigungen und Beschimpfungen. Die Diskussion können wir anregen, indem wir fragen:

»Wie fühlt ihr euch, wenn euch jemand beleidigt?«
»Was macht ihr normalerweise, wenn euch jemand beschimpft?«

»Was passiert dann?«

»Da ihr festgestellt habt, dass es nicht hilft, sich aufzuregen, wenn ihr beschimpft werdet, was glaubt ihr, wäre besser? Was würde helfen?«

Sollten wir uns für die Kleingruppenarbeit entscheiden, können die Schüler die Ergebnisse im Plenum vorstellen. Diese Vorgehensweise ist eine Möglichkeit, Schüler anzuregen, über menschliches Verhalten nachzudenken.

Geschichten und Problemsituationen. Geschichten zu erzählen, lesen zu lassen oder vorzulesen ist eine gute Möglichkeit, Schüler aller Altersstufen dazu zu bewegen, über ihre Gefühle, Haltungen, Wertvorstellungen und Überzeugungen nachzudenken. Wir können Geschichten auch einsetzen, um unseren Schülern die vier Ziele des Fehlverhaltens plausibel zu machen sowie ihnen Möglichkeiten zu zeigen, diese Ziele zu erkennen und die positive Seite zu verstärken.

Genauso können kurz geschilderte, beispielhafte »Problemsituationen« zur Diskussion über typische Sorgen und Nöte von Schülern anregen.

Beispiel:

Der Lehrer, Herr Weiss, berichtet: »Die Klasse hat **Samuels** (15) Sozialkundeprojekt bewundert und der Lehrer hat ihm Anerkennung dafür gegeben. Ein Schüler allerdings, Lukas (16), merkt an: ›So toll ist das nun auch wieder nicht. Letztes Jahr haben wir in meiner damaligen Klasse viele Projekte gemacht, die besser waren als dieses.‹«

Nachdem Herr Weiss die Schüler mit dieser Problemsituation konfrontiert hat, fragt er sie: »Was haltet ihr von dem, was Lukas gesagt hat? Was glaubt ihr, weshalb er das gesagt hat? Wie würdet ihr euch an Samuels Stelle fühlen?«

Rollenspiele. Im Spiel übernehmen Schüler gerne die Rolle von jemand anderem – sie sind dann ein Politiker, ein Pilot, Schauspieler, Berufssportler oder ein DJ, eine Figur aus einem Comic oder einem Videospiel.

Wir alle spielen Rollen im Leben, unabhängig davon, wie alt wir sind. In Rollenspielen lassen wir unsere Schüler in bestimmte Rollen schlüpfen, damit sie fühlen können, wie es ist, jemand anders zu sein. Sie können ihre eigenen Ideen und Gefühle in diesen Rollen darstellen und dann darüber sprechen. So gelingt es leichter, über Alternativen nachzudenken. Als Teil des Publikums können die Schüler durch Beobachten und Empathie lernen.

Unsere Aufgabe als Lehrer besteht darin, die Szene vorzubereiten, die Durchführung und die Auswertung, die darauf folgt, zu leiten. Die Schüler spielen freiwillig mit und helfen möglicherweise, den Text zusammenzustellen und die Richtung festzulegen, in die die Szene sich entwickeln soll.

Zu einem Rollenspiel gehören folgende Schritte:

1. Wir entscheiden uns für ein bestimmtes Problem, ein Thema oder eine spezielle Situation, die gespielt werden soll.

   BEISPIEL (6. KLASSE):

   Wir stellen uns vor, dass zwei Schüler während eines Schulfestes aggressiv aufeinander losgehen.

2. Wir bitten um Freiwillige für die einzelnen Rollen: Schüler, Lehrer, Eltern, Direktor.

3. Wir besprechen jede Rolle und planen die Rolle jeder Person in der Szene. Es gibt kein schriftliches Skript. Die Schauspieler füllen die Rollen nach ihren eigenen Vorstellungen aus.
   Wir können einfache Requisiten wie Hüte oder Werkzeuge benutzen. Z. B. kann die Person, die den Lehrer spielt, ein Notizbuch und einen Stift bei sich haben.

4. Wir besprechen die Szene, die gespielt werden soll, mit der Klasse. Wir helfen den Schülern, zu verstehen, worauf sie achten müssen. Wir bitten sie, auf aggressives Verhalten zu achten: Hin-und-her-Rennen, Schreien, Brüllen, Miteinanderkämpfen.

5. Wir lassen die freiwilligen Akteure die Szene ein bis zwei Minuten spielen. Wenn nötig, geben wir Anleitung, aber vor allem ermutigen wir zu Spontaneität. Wir akzeptieren die unausweichlichen Albernheiten, die aus Nervosität resultieren. Wie z. B., wenn der Schüler, der die Rolle des Vaters spielt, jedes Mal kichert wenn ihn jemand »Herr Wolf« nennt.

6. Nach der Aufführung sprechen wir über Gefühle und Motivation der Haupt- und Nebenfiguren. Wir vergleichen die Wahrnehmung eines Darstellers durch das Publikum mit dem, was er versucht hat, zu vermitteln.
   Wir fragen die »Eltern« in ihrer Rolle, wie es sich angefühlt hat, Personen zu beobachten, die sich aggressiv verhalten.
   Wir fragen die »Kämpfer«, wie sie sich in ihren Rollen gefühlt haben.
   Daraufhin sprechen wir darüber, weshalb Menschen sich so aggressiv verhalten. Wir suchen nach Möglichkeiten für die beiden »Streithähne«, auf positive Weise dazuzugehören. Wir lassen auch diese Alternative mit Freiwilligen durchspielen.

7. Am Ende entlassen wir die Spieler aus ihrer Rolle,

- indem wir sie bitten, die Gefühle, die beim Rollenspiel entstanden sind, »auszuschütteln« oder die Rolle »abzustreifen«, und
- indem wir sie wieder mit ihrem richtigen Namen als Schüler ansprechen.

Besprechung von Bildern und audiovisuellem Material. Interessante Bilder sowie Auszüge aus Filmen, Videoclips etc. führen oft zu lebhaften Diskussionen, Rollenspielen und weiterführenden Projekten. Wir sammeln Bilder aus Büchern und Magazinen, durch die Gefühle, Haltungen, Werte oder Motivationen zum Ausdruck gebracht werden. Dazu stellen wir Fragen, wie z. B.:

- »Was passiert auf diesem Bild?«
- »Weshalb tun diese Leute, was sie tun?«
- »Was glaubt ihr, wie sich diese Person fühlt? Weshalb glaubt ihr das?«
- »Was könnte als Nächstes passieren?«
- »Wie würdet ihr euch fühlen, wenn ihr diese Person wärt?«
- »Was würdet ihr in dieser Situation tun?«
- »Wer möchte uns von einer ähnlichen Erfahrung berichten, die er gemacht hat?«
- »Was habt ihr aus der Diskussion über dieses Bild gelernt?«

Achtung: Wichtig ist die Wahrnehmung unserer Schüler – nicht was »tatsächlich« auf dem Bild zu sehen ist!

Übungen und Spiele. Wir sammeln Übungen und Gesellschaftsspiele, die sich mit Gefühlen, Kommunikation, Motivation usw. beschäftigen, und setzen sie an passender Stelle ein.

BEISPIEL FÜR EINE ÜBUNG: ANGST ÜBERWINDEN.

Wir bitten die Schüler, auf ein Stück Papier (ohne ihren Namen anzugeben) etwas zu schreiben, das sie gerne tun würden, wovor sie jedoch Angst haben. Danach sammeln wir die Blätter ein und lesen sie alle laut der Klasse vor. Die Schüler erstellen in Kleingruppen eine Liste der möglichen Gründe für das jeweilige zögerliche Verhalten und tauschen sich darüber aus. Dabei geht es um Ängste wie die Furcht, zu versagen, verletzt zu werden oder sich lächerlich zu machen, usw. Wir lassen die Schüler Möglichkeiten vorschlagen, wie sie ihre jeweiligen Ängste überwinden und den Mut finden können, etwas auszuprobieren.

Kunst, Musik und Schreiben. Wir lassen unsere Schüler Bilder zeichnen, die Gefühle darstellen. Wir bitten sie, kurz über Themen zu schreiben, wie z. B. »Ich fühle mich einsam, wenn _____« und »Ich bin wütend, wenn _____«. Wir sprechen darüber, indem wir fragen »Was könnt ihr tun, wenn ihr euch einsam fühlt? Wenn ihr wütend seid?« Wir laden unsere Schüler ein, Gefühle durch

Musik oder Tanz darzustellen und auszudrücken. Dann lassen wir die Schüler sich austauschen über die Erfahrung, die sie mit dieser Übung gemacht haben.

Gastredner. Erziehung und Bildung als Vorbereitung auf die Arbeitswelt werden realistischer, wenn wir Erwachsene in die Klasse bringen, die bestimmte Berufe tatsächlich ausüben. Als Lehrer gehen wir dabei auch gegen stereotype Rollenverteilung vor, indem wir Fachleute einladen, die keine für ihr Geschlecht typischen Berufe ausüben, wie z. B. eine Frau, die von Beruf Elektriker ist.

Firmenbesuche. Wir zeigen unseren Schülern verschiedene Unternehmen, Firmen und Organisationen, z. B. besuchen wir eine Schule für Schwerbehinderte, eine Pflegestation, eine Fabrik, eine Bank, ein Architektenbüro, eine Bäckerei, ein Rundfunk- bzw. Fernsehstudio oder einen landwirtschaftlichen Betrieb. Wir ermöglichen den Schülern, einen Berufstätigen bei seiner Arbeit einen Tag lang zu begleiten. In diese Aktivitäten binden wir Eltern und die erweiterte Familie mit ein (s. Kap. 10). Wir verteilen solche Ausflüge in die Arbeitswelt über mehrere Wochen und lassen unsere Schüler danach über ihre Erfahrungen berichten. Wir führen ab Klasse 7 zweiwöchige Berufspraktika ein.

Projekte zu Themen, die zur Reflexion anregen. Wir planen eine Reihe von Aktivitäten rund um ein spezielles Thema, wie z. B. »Freundschaften schließen«. Wir können mit einem Film oder einer Geschichte (z. B. im Deutschunterricht) beginnen und dann mit einer Diskussion über die Handlung, Gefühle und Motivation der Hauptdarsteller fortfahren. Das kann möglicherweise zu einem offenen Gespräch über Freundschaft (z. B. im Klassenrat) führen. Dann lassen wir die Schüler verschiedene Szenen im Rollenspiel spielen oder mithilfe von Puppen darstellen, wie man Freundschaften schließt und pflegt. Wir regen die Schüler zu diversen Projekten zum Thema Freundschaft an, z. B. Sketche schreiben und spielen, Lieder komponieren und singen (z. B. im Musikunterricht), Stücke schreiben, Liste guter Eigenschaften von Freunden erstellen lassen.

Die Kooperation mit den Fachkollegen (und den Schulsozialarbeitern) ist Voraussetzung für die erfolgreiche Durchführung solcher fachübergreifenden Projekte.

Wir haben auch die Möglichkeit, diese Projekte zu bewerten, indem wir unsere Schüler Aufsätze mit Themen wie »Mein bester Freund« oder »Weshalb ich mich für eine gute Freundin halte« schreiben lassen.

Das Erlernen sozialer Kompetenzen, das die Persönlichkeitsentwicklung fördert, wird von Schülern sehr geschätzt und bleibt – als *affektives Lernen* – besser in Erinnerung. Indem wir diese Unterrichtseinheit in unseren Lehrplan aufnehmen, können wir als Lehrer unsere Schüler hoch motivierende Erfahrungen machen lassen.

Herausforderungen im Schulalltag

Beantworten Sie bitte die jeweiligen Fragen in den Situationen **a** und **b**
- alleine im Selbststudium,
- gemeinsam mit Ihren Kollegen, die dieses Kapitel auch gelesen haben, oder
- beim entsprechenden Modul der STEP Fortbildung für Lehrer:

a. Herr **Sander** unterrichtet schon seit einigen Jahren. In letzter Zeit hat er Schwierigkeiten, seine 8. Klasse zur Kooperation zu bewegen. Er hat immer mit selbst aufgestellten Klassenregeln gearbeitet. Wenn Schüler nicht mitgemacht haben, hat er sie zum Direktor geschickt, ihre Eltern angerufen oder einen anderen Weg gefunden, sie zu bestrafen. Aber er hat festgestellt, dass diese Vorgehensweise die Haltung der Schüler nicht verändert. Wenn er die Schüler fragt, weshalb sie nicht kooperieren, sagen einige gar nichts. Die anderen beginnen alle auf einmal zu reden und beklagen sich übereinander und über ihn.

1. Was glauben Sie, ist das eigentliche Problem?
2. Was sind die ersten Veränderungen, die Herr Sander vornehmen könnte?
3. Welche besonderen Fertigkeiten und STEP Strategien benötigt Herr Sander?
4. Welche Fertigkeiten würden seinen Schülern helfen? Wie könnte Herr Sander den Schülern diese Fertigkeiten beibringen?

b. Frau **Klaaßen** initiiert das Erlernen sozialer Kompetenzen, indem sie ihren Schülern beibringt, ihre Gefühle auszudrücken und auf die Gefühle anderer zu hören. Nach einer kurzen Demonstration lässt sie die Schüler in der Klasse Partner für ein Gespräch über Themen wählen, bei denen sie stark emotional involviert sind. Frau Klaaßen bemerkt, dass einige Zweiergruppen Probleme damit haben, Gefühle auszudrücken und sie aus dem Gesagten herauszuhören. Einige Schüler scheinen sich zu schämen und sind nicht bereit, sich entsprechend einzubringen.

1. Was könnte Frau Klaaßen tun?
2. Wie könnte Frau Klaaßen in Zukunft dieses Problem verhindern?

STEP in der Praxis

a. Üben Sie die Fertigkeiten der professionellen Gesprächsführung und der Leitung der Klasse. Notieren Sie Beispiele, wie Sie bestimmte Fertigkeiten eingesetzt haben. Berücksichtigen Sie auch die STEP Strategie beim Umgang mit Herausforderungen!

b. Setzen Sie wenigstens eine der Aktivitäten zur Stärkung der sozialen Kompetenz der Schüler, die in diesem Kapitel vorgestellt wurden, in der Klasse um (z. B. Rollenspiele, Geschichten, Besprechung von Bildern, Filme etc.).

Bitte beachten Sie

Die Fertigkeiten, die wir in diesem Buch präsentieren, zeigen unserer Erfahrung nach in den meisten Fällen Wirkung. Wenn Sie STEP im Alltag umsetzen, stellen Sie folgende Überlegungen an:

- Inwiefern trägt die Umgebung des Kindes in der Schule – z. B. Aktivitäten, Fächerabfolge, Stundenplan, Tagesablauf, Lehrerwechsel, Räumlichkeiten, usw. – zum Fehlverhalten bei?
- Welche Ihrer persönlichen Ressourcen tragen zur Lösung von Problemen bei? Dazu gehören Eigenschaften oder Stärken wie ein Sinn für Humor, die Fähigkeit, Abstand zu nehmen und die Perspektive zu wechseln, Erfahrung oder Geschick in der Lösung von Problemen, Geduld, Achtsamkeit oder eine gute Wahrnehmung.
- Inwiefern tragen Sie selbst zu Konflikten bei, beispielsweise indem Sie sehr empfindlich oder leicht verletzbar sind, zu viel reden, zu viel fordern, ständig die Kontrolle oder recht haben müssen, perfekt sein oder gefallen wollen?

Tabelle 9A: Führungsstil und Atmosphäre in der Klasse

demokratisch-partizipativ	autoritär	laisser-faire
Gegenseitiges Vertrauen. Gegenseitiger Respekt.	Kontrolle durch Belohnung und Strafe. Versuch, Respekt abzuverlangen.	Schüler tun möglicherweise, was sie wollen, ohne Rücksicht auf andere zu nehmen.
Soweit als möglich werden Wahlmöglichkeiten angeboten, damit Schüler aus eigenen Entscheidungen lernen.	Lehrer fordert, dominiert.	Weder Orientierung noch Halt für Schüler.
Motivation durch Ermutigung. Betonung des Positiven.	Fokus liegt auf Schwächen und Fehlern.	Jedes Verhalten wird toleriert.
Freiräume innerhalb bestimmter Grenzen. Balance zwischen Recht (Freiheit), bei der Arbeit selbst zu bestimmen, und Pflicht (Verantwortung), mitzuwirken.	Grenzen ohne Freiräume. Abhängigkeit und/oder Rebellion werden gefördert.	Freiheit ohne Grenzen. Unsicherheit bei den Schülern.
Intrinsische Motivation. Lehrer und Schüler setzen Ziele gemeinsam.	Extrinsische Motivation und Strafe.	Motivation der Schüler wechselt, ist nicht vorhersagbar.
Aktivitäten, die darauf ausgerichtet sind, Selbstvertrauen und Freude am Lernen aufzubauen, um bestmögliche Fortschritte und Erfolge zu erzielen.	Aktivitäten zielen hauptsächlich darauf ab, Spitzenergebnisse zu produzieren (Leistungsdruck).	Manche Aktivitäten helfen Schülern, Fortschritte zu machen, und andere nicht.
Kooperation, geteilte Verantwortung für die Atmosphäre in der Klasse.	Wettkampf/Wettstreit.	Individuelle Rechte werden betont, ohne Rücksicht auf die Rechte anderer.
Disziplin als erzieherischer Prozess (Lernprozess). Selbstdisziplin wird entwickelt.	Disziplin wird genutzt, um externe Kontrolle zu schaffen.	Es wird keine Disziplin erwartet.
Ziele des Lehrers und der Schüler werden miteinander in Einklang gebracht.	Ziele werden vom Lehrer vorgegeben.	Wenig zielgerichtete Arbeitsweise.
Schüler bringen Vorschläge und leisten ihren Beitrag.	Lehrer entscheidet bei allen Fragen.	Wenig formale Verbindlichkeit.

Tabelle 9B: Fertigkeiten für die professionelle Gesprächsführung und die Leitung der Klasse

Fertigkeit	Sinn und Zweck	Beispiel
Strukturieren	Ziele und Rahmen der Diskussion abzustecken.	»Was passiert gerade in der Klasse?« »Inwiefern hilft uns das, unser Ziel zu erreichen?«
Verallge- meinern	Schülern zu helfen, zu erkennen, dass ihre Meinungen oder Bedenken zu einem Thema von anderen geteilt werden.	»Wer empfindet das auch so?« »Wer teilt diese Meinung?«
Verbindungen herstellen	Verbale Verbindungen zwischen Schü- lern herzustellen, die ähnliche Überle- gungen, Bedenken oder Gefühle haben.	»Henry ärgert sich sehr, wenn sein Bruder sich verspätet. Josi und Sam scheint es ähnlich zu gehen bezüglich ihrer Schwestern.«
Weiterleiten	Die Beteiligung aller Schüler an Ge- sprächen zu fördern und zu verhindern, dass der Lehrer durch sein Wissen das Gespräch beherrscht.	»Was denken andere darüber?« »Wie findet ihr Peters Idee?«
Ziel offenlegen	Schülern zu helfen, sich des Ziels ihres Fehlverhaltens bewusst zu werden.	»Kann es sein, dass du mehr im Mittel- punkt stehen möchtest?« »Kann es sein, dass du uns zeigen möchtest, dass wir dich nicht zwingen können?«
Brain- storming	Schüler zu ermutigen, sich, ohne zu zögern, an der Entwicklung von Ideen im Unterricht zu beteiligen.	»Lasst uns alle Ideen bezüglich dieses Themas sammeln. Wir werden keinen Vorschlag bewerten, bevor nicht all eure Ideen aufgelistet sind.«
Abblocken	Destruktive Kommunikation zu unter- binden.	»Würdest du bitte eine Ich-Aussage formulieren?« »Ich frage mich, wie Paloma sich fühlt, wenn du so mit ihr sprichst?«
Feedback zwischen den Schülern fördern	Schülern zu helfen, zu verstehen, wie andere sie bzw. ihr Verhalten wahrneh- men.	Herr Müller bittet Fabian, Dennis Feed- back zu geben. Fabian: »Dennis, ich werde wütend, wenn du so lange sprichst, dass nie- mand von uns mehr drankommt.« Nele im Klassenrat: »Ich finde es unfair. Wie denkt ihr darüber?« Florian: »Ali, ich mag die Art, wie du uns dabei geholfen hast, das Spiel in Gang zu bringen.«
Direkte Interaktion fördern	Schüler dazu zu bringen, im Unterricht direkt miteinander zu sprechen, sich aufeinander zu beziehen und so von- und miteinander zu lernen.	»René, würdest du bitte Johanna direkt sagen, was du von ihrem Vorschlag hältst?«

Fertigkeit	Sinn und Zweck	Beispiel
Ermutigung fördern	Schüler entweder direkt oder mithilfe eines Beispiels dazu anzuregen, Selbstwertgefühl und Selbstvertrauen – und damit ihr Selbstwirksamkeitsgefühl – gegenseitig zu stärken.	Nils (im Gremium für das Schulfest): »Danke, dass ihr alle so zuverlässig wart.« Herr Meier, zur Klasse gewandt: »Was hat euch an Julias Präsentation gefallen?«
Zusammenfassen	Sicherzustellen, dass Lehrer und Schüler verstanden haben, was gesagt und gelernt wurde.	»Was habt ihr aus dieser Diskussion gelernt?« »Was haben wir in dieser Sache beschlossen?«
Schüler anleiten, sich Aufgaben zu stellen und Verpflichtung zur Umsetzung einzugehen	Sicherzustellen, dass Schüler eine konkrete Verpflichtung eingehen, die Verantwortung – für die klar definierte Handlung – übernehmen und einen Zeitpunkt für die Überprüfung festlegen.	»Was werdet ihr wegen dieses Pilotprojekts unternehmen?« »Was wirst du diese Woche konkret tun?« »Welche Schritte wirst du gehen?«

Tabelle 9C: Aktivitäten zur Stärkung der sozialen Kompetenz der Schüler

Aktivität	Sinn und Zweck	Beispiel
Gespräche – im Plenum oder in Kleingruppen – über zwischenmenschliche Beziehungen	Die Selbsterkenntnis der Schüler zu verbessern und die Schüler anzuregen, über menschliches Verhalten nachzudenken.	»Wie können wir besser mit unseren Freunden auskommen?«
Geschichten und Problemsituationen	Über Gefühle, Haltungen und Wertvorstellungen nachzudenken.	Reflektieren über Problemsituationen, in denen typisches Fehlverhalten gezeigt wird.
Rollenspiele	Gefühle und Ziele anderer Menschen zu verstehen, über alternative Verhaltensweisen nachzudenken und sie zu spielen.	Rollenspiel über den Umgang mit »sich lustig machen über andere« und »wenn andere sich über mich lustig machen«.
Besprechungen von Bildern und anderem visuellem Material	Gefühle, Haltungen, Wertvorstellungen und Motivationen erkennen zu lernen. Empathie zu entwickeln und über Alternativen nachzudenken. Die Arbeitswelt zu erkunden.	»Was glaubt ihr, wie sich die Person in dieser Szene fühlt? Wie würdet ihr euch in dieser Situation fühlen?« Ein Film über einen Konflikt zwischen Geschwistern.
Übungen und Spiele	Affektives Lernen über Gefühle, Kommunikation und Motivation.	Übung: »Ich weiß das zu schätzen«: Der Schüler sagt dem Mitschüler rechts von ihm, was er an ihm schätzt. Auch der Lehrer nimmt teil. Es folgt ein Gespräch über die Frage: »Wie fühlt es sich an, geschätzt zu werden?«
Kunst, Musik und Schreiben	Gefühle, Verhalten und Beziehungen darzustellen und auszudrücken.	Ein Bild zeichnen, das ein Gefühl ausdrückt, und über die Erfahrung sprechen.
Gastredner – als Vorbereitung auf die Arbeitswelt	Schülern Menschen vorzustellen, die bestimmte Berufe ausüben, um Erkenntnisse über den Bezug von Schule zur Realität außerhalb zu gewinnen.	Eine Frau, die bei der Feuerwehr arbeitet, kommt in den Unterricht und berichtet über ihre Tätigkeit.
Firmenbesuche – als Vorbereitung auf die Arbeitswelt	Praktische Erfahrungen aus erster Hand in verschiedenen Berufsfeldern und mit zwischenmenschlichen Beziehungen zu sammeln. Schülern zu helfen, ihre Ressourcen und Interessen zu erkennen und sich der Anforderungen der Arbeitswelt bewusst zu werden.	Besuch in einer Pflegestation. Zweiwöchiges Praktikum in einer Firma.
Projekte zu Themen, die zur Reflexion anregen	An verschiedenen Aktivitäten teilzunehmen mit dem Ziel, ein Thema zu vertiefen und vielfältige Lernerfahrungen zu ermöglichen.	Fach- und klassenübergreifendes Projekt zum Thema Kooperation.

Zusammenfassung

1. In einer demokratischen, partizipativ geführten Klasse hilft der Führungsstil des Lehrers den Schülern zu lernen,
   - Menschen als gleichwertig zu behandeln,
   - sich für ihr eigenes Verhalten verantwortlich zu fühlen,
   - sich in einem demokratischen Umfeld dazugehörig zu fühlen und ihren Beitrag zu leisten.

2. Die folgenden Fertigkeiten helfen Ihnen, professionell Gespräche in der Klasse zu leiten und die Klasse zu führen:
   - Strukturieren
   - Verallgemeinern
   - Verbindungen herstellen
   - Weiterleiten
   - Ziel offenlegen
   - Brainstorming
   - Abblocken
   - Feedback zwischen Schülern fördern
   - Direkte Interaktion zwischen Schülern fördern
   - Ermutigung zwischen den Schülern fördern
   - Zusammenfassen
   - Schüler anleiten, sich Aufgaben zu stellen und Verpflichtungen einzugehen.

3. Die professionelle Gesprächsführung und effektive, wertschätzende Leitung einer Klasse nach STEP Prinzipien setzt Übung voraus.

4. Durch professionell geführte Gespräche – im Unterricht sowie bei Aktivitäten außerhalb –
   - bauen Schüler bessere Beziehungen untereinander auf
   - lösen Schüler Probleme miteinander
   - teilen Schüler Gefühle, Wertvorstellungen, Überzeugungen und Ambitionen miteinander und tauschen Ideen oder auch Meinungen aus
   - unterstützen wir Schüler, Regeln für das Verhalten in der Klasse aufzustellen
   - wird der Zusammenhalt der Klasse verbessert und das individuelle Gefühl der Dazugehörigkeit und des Angenommenseins verstärkt – und dadurch der Stress der Schüler reduziert.

5. Ziehen Sie in Betracht, Ihren Schülern einige der Fertigkeiten für die professionelle Gesprächsleitung beizubringen, die Sie selbst gelernt haben.

6. Die Unterrichtseinheit »Soziale Kompetenz« betrifft *alle* Schüler.
Themen sind:

- Zwischenmenschliche Beziehungen und Vorbereitung auf die Arbeitswelt
- Bezug von Schule zur Realität des Lebens außerhalb.

Bei den Aktivitäten zur Stärkung der sozialen Kompetenz der Schüler konzentrieren Sie sich darauf:

- Individuelle Stärken der Schüler zu identifizieren (Selbsterkenntnis)
- Schüler zu unterstützen, sich Ziele zu setzen
- Ziele von Schülern und Lehrern in Einklang zu bringen
- Selbstvertrauen der Schüler aufzubauen bzw. zu stärken (Resilienz)
- Gemeinschaftsgefühl sowie Kooperationsbereitschaft der Schüler zu stärken.

7. Da der Erwerb sozialer Kompetenzen sich mit Gefühlen, Motivationen, Zielen und Wertvorstellungen der Schüler befasst, wird die Reaktion der Schüler auf die Aktivitäten zum Inhalt der Unterrichtseinheit bzw. eines speziellen Unterrichtsfachs (z. B. »Soziales Lernen«).
Das affektive Lernen durch systematische Beobachtung und praktische Erfahrung ist eine hoch motivierende Erfahrung für die Schüler, die in Erinnerung bleibt.

NUR FÜR SIE

Zusammenarbeit zwischen Elternhaus und Schule

Möglicherweise haben Sie als Schüler auch unerfreuliche Erlebnisse in der Schule gehabt. Sie haben sich – wie manche Schüler heutzutage auch und ebenso manche Eltern Ihrer Schüler – als Person rundum beurteilt gefühlt. Vielleicht haben Sie sich nicht vorstellen können, irgendwann wieder in die Schule zurückzukehren. Nun – Sie haben Ihre Meinung geändert und sich entschieden, Lehrer zu werden!

Einige Eltern dagegen erwarten möglicherweise – wenn es um das Thema Schule geht – auch bei ihren Kindern noch die gleiche schlechte Erfahrung, die sie selbst hatten. Wir wissen, dass *Erwartungen für alle Beteiligten eine große, überaus ein-*

flussreiche Rolle – auch im Schulleben – spielen und die vertrauensvolle, effektive Zusammenarbeit mit den Eltern und den Schülern behindern können.

Es folgen einige hilfreiche Prinzipien, die dazu beitragen, dass die *Bildungs- und Erziehungspartnerschaft* mit den Eltern gelingt und Sie gemeinsam mit den Eltern an einem Strang ziehen können:

1. Die Aufgabe des Lehrers ist es, zu lehren und dabei die natürliche Neugier der Kinder aufrecht zu erhalten und die Freude am Lernen beim Schüler zu entwickeln. Die Aufgabe des Kindes ist es, zu lernen und dabei sein Potenzial auszuschöpfen. Die Aufgabe der Eltern ist es, die Voraussetzungen zu schaffen, unter denen ihr Kind lernen kann und will, indem sie u. a. eine ermutigende Haltung einnehmen, Interesse für die schulische Entwicklung des Kindes zeigen und zuträgliche häusliche Bedingungen schaffen.
   Echte Kooperation zwischen Elternhaus und Schule bedeutet, gemeinsam dem Kind zu ermöglichen, die *Verantwortung für seine Arbeit in der Schule, seinen eigenen Lernprozess zu übernehmen* – je früher, desto besser.

2. Lehrer sind nicht nur Fachlehrer, die Wissen vermitteln, sondern auch an der *Stärkung der sozialen Kompetenz ihrer Schüler und deren Persönlichkeitsentwicklung* – in Vorbereitung auf die Welt außerhalb der Schule, also auch die Arbeitswelt – beteiligt.

3. Erfreuliche Erlebnisse in der Schule können als Anlass dienen, dass Eltern und Lehrer in Kontakt treten, um *einander ihre Anerkennung auszusprechen*.

4. Gute Beziehungen zwischen Lehrern und Eltern basieren auf *gegenseitigem Respekt und wertschätzender Kommunikation*.

Weitere Hinweise darauf, wie Sie mit den Eltern zusammenarbeiten können, damit diese gute Voraussetzungen für den Lernprozess ihrer Kinder zu Hause schaffen können, finden Sie in Kapitel 10, insbesondere unter »Elternbildung«.

KAPITEL 10

Die Zusammenarbeit von Eltern und Lehrern im Sinne der Erziehungs- und Bildungspartnerschaft

Die Ressourcen der Eltern als Unterstützung für die Schule: Eltern konstruktiv am Bildungs- und Erziehungsprozess beteiligen

Die Ressourcen der Schule zur Unterstützung der Eltern: Erfolgreiche Eltern-Schüler-Lehrer Gespräche, Elternbildung

Die Beziehung zwischen Eltern und Lehrern verbessern und stärken – Lehrer und Eltern ziehen am gleichen Strang

Eltern haben einen überaus wichtigen Einfluss auf die Einstellung eines Kindes – das gilt auch für das Lernen und die Schule. Schüler treffen ihre eigenen Entscheidungen, aber die Bedeutung des Verhaltens und der Haltung der Eltern für ihre Kinder ist nicht zu leugnen. Vom Interesse der Eltern an der Bildung und Erziehung ihrer Kinder können wir als Lehrer profitieren, wenn eine respektvolle, wertschätzende Zusammenarbeit zwischen Schule und Elternhaus aufgebaut und gepflegt wird.

In allen Bundesländern der Bundesrepublik Deutschland bildet das jeweilige Schulgesetz[1] die Grundlage für die Mitwirkung der Eltern an Schulen. Die Elternbeteiligung in der seit Jahren angestrebten *Erziehungs- und Bildungspartnerschaft* mit den Lehrern ist – auch deshalb – ein wichtiges Thema an vielen Schulen geworden. Dennoch bleibt oft unklar, auf welche konkrete Art Eltern beteiligt werden können, damit sowohl Lehrer als auch Eltern zufrieden sind, an einem Strang ziehen und letztlich alle – vor allem aber die Schüler – davon profitieren.

Stattdessen herrschen oft noch falsche Erwartungen bzgl. der Zusammenarbeit, und es folgen unerwünschte Nebenwirkungen: Lehrer möchten, dass Eltern die Schuldisziplin bei ihren Kindern durchsetzen – obwohl solche Bemühungen häufig zu Machtkämpfen, Rache oder Abhängigkeit führen –, und Eltern benutzen Lehrer als Zielscheibe für ihre Wut und Frustration, wenn das Kind nicht den gewünschten Erfolg in der Schule hat.

Wie können wir als Lehrer unsere Beziehung zu den Eltern unserer Schüler verbessern und stärken? Wie können wir Schule transparent und als Ort des Austausches gestalten? Wie können wir die Eltern integrieren, sie aktiv und konstruktiv am Erziehungs- und Bildungsprozess ihrer Kinder in der Schule beteiligen? Kurz: Wie können wir zusammen mit den Eltern – zum Wohl ihrer Kinder – *an einem Strang ziehen*?

Die Einbeziehung der Eltern und anderer engagierter Erwachsener in der Schule

Wenn wir von den Eltern unserer Schüler sprechen, meinen wir damit nicht nur ihre leiblichen Mütter und Väter. Alle Erwachsenen, die sich um die Kinder kümmern, die Erziehungsaufgaben übernehmen, können wir, einfachheitshalber, als »Eltern« betrachten.

---

1 Art. 6 GG bildet die Basis dafür: Elternhaus und Schule sind gleichberechtigt, was das Erziehungsrecht anbelangt, und gehalten, zusammenzuarbeiten. Weitere Informationen dazu und zur Durchsetzung der Schulpflicht – Hoegg [24], S. 69.

Großeltern, ältere Geschwister, andere Verwandte oder jede weitere Person, die mit dem Schüler regelmäßig Kontakt hat, können in der Schule Aufgaben anstelle der leiblichen Eltern übernehmen. Auch andere Erwachsene, die als direkte Vorbilder für Kinder dienen, können an der Schule beteiligt werden: Nachbarn, Menschen aus dem Stadtteil oder aus der Kirchengemeinde, selbst ehemalige Schüler können als Rollenmodell dienen. Wir können diesen Gedanken ausweiten auf alle Erwachsenen, die das Potenzial haben, unsere Schüler auf positive Weise zu beeinflussen.

Im Folgenden werden zwei grundlegende Arten der Beteiligung der Eltern am Schulleben vorgestellt:
- Eltern und andere interessierte Erwachsene stellen der Schule eine Vielfalt von Diensten zur Verfügung und unterstützen die Schule dadurch mit ihren Ressourcen.
- Die Schule stellt den Eltern und anderen interessierten Erwachsenen Dienste zur Verfügung, die auf den Kompetenzen der Schule basieren – d. h., es wird den Eltern ermöglicht, von den Ressourcen der Schule, dem Lebensraum Schule, zu profitieren.

Die Ressourcen der Eltern als Unterstützung für die Schule

Eine Schule zu leiten ist eine komplexe, verantwortungsvolle Aufgabe – eine große Herausforderung, aber auch eine große Chance, etwas zu bewegen, die es zu nutzen gilt. Der Schulleitung und den Lehrern steht in Deutschland die *Schulpflegschaft* (die Elternvertretung auf Schulebene) zur Seite.[2] Auf Klassenebene vertritt die *Elternpflegschaft* der Klasse die Belange der Eltern und arbeitet mit dem Klassenlehrer zusammen.

Seit Jahren ist es an deutschen Schulen üblich, dass Eltern auch »informell« helfen, indem sie z. B. als Gastredner fungieren, als Begleiter auf Ausflügen bzw. Klassenfahrten, in der Bücherei und in der Cafeteria helfen sowie für Kuchen bei Schulfesten oder am Elternsprechtag sorgen oder indem sie Hilfsaktionen für Partnerschulen in Schwellenländern organisieren.

Diese wichtigen Aufgaben können ausgedehnt und neue hinzugefügt werden: Eltern können z. B.
- in der Grundschule vorlesen bzw. die Lesekompetenz der Schüler fördern

---

2 In der Schweiz: verschiedene Formen der Zusammenarbeit unter dem Oberbegriff »Elternmitwirkung«. In Österreich: auf Klassenebene: Elternforum, auf Schulebene: Schulforum. Im deutschsprachigen Belgien: Die Mitwirkung der Elternvertretung wird in jeder Schule individuell gestaltet.

- Unterrichtsmaterial ordnen
- bei der Aufsicht auf dem Pausenhof mithelfen
- den Schulkarneval / das Faschingsfest, das Klassen- oder Abschlussfest organisieren
- sich als Klassenfotograf zur Verfügung stellen
- Ausflüge organisieren bzw. Geld für Ausflüge sammeln
- Sponsoren für den neuen Pausenhof oder Bolzplatz finden
- bei der Gestaltung der Cafeteria etc. helfen
- bei der Nachmittagsbetreuung in der Ganztagsschule mitwirken
- Kleingruppen bei den Hausaufgaben betreuen
- Klassen besuchen und über ihren Beruf informieren
- Minikurse abhalten, in denen sie ihre Hobbys oder Interessen (z. B. Kochen) vermitteln
- AGs leiten, z. B. Kunstkurs
- Praktika in Betrieben ermöglichen
- Deutschkurse für Eltern mit Migrationshintergrund anbieten
- Konversationskurse in der Muttersprache der Eltern für interessierte Schüler anbieten
- usw.

Diese Aktivitäten können durch die Elternvertretung auf Klassen- bzw. Schulebene in Zusammenarbeit mit uns Lehrern koordiniert und durchgeführt werden.

Indem wir die engagierte Unterstützung der Eltern dankbar in Anspruch nehmen, schaffen wir uns Freiraum für die Vor- und Nachbereitung des Unterrichts und für die Koordination und Kooperation mit den Fachkollegen der Parallelklassen.

Ein wichtiger Nebeneffekt der Einbeziehung der Eltern wird das positive Gefühl sein, das entsteht, wenn die Eltern merken, wie wichtig uns ihr Engagement ist und wie sehr wir ihren Beitrag schätzen.

Wir legen eine (elektronische) »Elternkartei« an

Wenn wir eine neue Klasse übernehmen, möchten wir von Anfang an herausfinden, auf welche Art uns die Eltern unserer Schüler unterstützen könnten. Eine Möglichkeit besteht darin, eine »Elternkartei« anzulegen – in Kartenformat oder elektronisch (Excel-Datei) –, nachdem wir alle Datenschutzfragen geklärt haben. Wir schicken jeder Familie (per Post oder durch den Schüler) einen Brief und eine Karteikarte (s. Beispiel) bzw. für die elektronische Variante eine E-Mail mit einer Datei im Anhang. Wenn die Kartei für alle Lehrer der Schule zugänglich erstellt werden soll, kann der Brief / die E-Mail vom Sekretariat im Namen des Schulleiters geschickt werden. Aus den Informationen, die wir erhalten, stellen wir (oder auch Eltern, die dafür ihre Hilfe anbieten) je eine Kartei mit den Berufs- bzw. den Hobby-/Interessenkarten zusammen (s. Beispiel).

Es folgen Beispiele für einen Brief / eine E-Mail sowie für Karteikarten.

Brief / E-Mail an die Eltern

Liebe Eltern,
wir brauchen Sie!
Sie als Eltern nehmen den größten Einfluss auf das Leben Ihres Kindes. Da liegt es nahe, dass wir mit Ihnen als Partner/innen in Erziehung und Bildung zum Wohle Ihres Kindes zusammenarbeiten möchten.

Deshalb haben wir in unserer Schule Überlegungen angestellt, wie wir Sie als Eltern besser in unser Schulleben einbinden können. Wir brauchen Eltern, die z. B. in die Schule kommen und über ihren Beruf oder ihre Hobbys / Interessen berichten, die in der Bücherei oder in der Cafeteria mithelfen, Klassen bei Ausflügen begleiten, Schülern vorlesen, als Dolmetscher bei Elternabenden wirken und für vieles andere mehr!

Mit diesem Brief erhalten Sie eine sog. Elternkarte, mit der Bitte, sie entsprechend auszufüllen, um uns wissen zu lassen, welchen Beruf bzw. welche Hobbys und besonderen Interessen Sie haben.
Möchten Sie die Schule und damit auch Ihr Kind mit Ihren Kompetenzen und Ihrem Engagement unterstützen? Selbst wenn Sie nur eine Stunde in der Woche Zeit haben, wir wissen diese Zeit sehr zu schätzen.
Sollten Sie Fragen haben, rufen Sie uns bitte an.
Im Voraus schon herzlichen Dank für Ihre Mühe.

Mit freundlichen Grüßen
Margit Deuter
Margit Deuter, Schulleiterin

Elternkarte

(Vorderseite)

Name: _____   Beziehung zum/r Schüler/in: _____

Adresse: _____   Telefon: _____

Mobil: _____   E-Mail: _____

Kinder in der Schule: _____

       Schüler/in: _____   Klassenlehrer/in: _____

       Schüler/in: _____   Klassenlehrer/in: _____

Arbeitgeber: _____

Beruf: _____

Erstellungsdatum: _____

Ich biete an, dass Schüler/innen mich am Arbeitsplatz besuchen:_____

Ich komme gerne in die Schule, um über meinen Beruf / meine Arbeit zu sprechen:_____

Ich würde gerne Bilder / eine Videosequenz über meine Arbeit zeigen: _____

Kontakt/Datum: _____

(Rückseite)

Ich möchte den Schüler/innen und der Schule gerne auf folgende Weise helfen:
(Bei Minikursen, Kursen, AGs, Vorträgen etc. geben Sie bitte Format und Dauer an.)

- Bücherausgabe zu Beginn des Schuljahres
- Pausenhofaufsicht
- Hilfe in der Cafeteria
- Hilfe in der Bücherei
- Ausflüge organisieren
- Schulfeste organisieren
- Kuchen für Schulfeste backen
- Mitarbeit beim Schulkarneval/-fasching
- Klassenfotograf/in
- Begleitung bei Ausflügen
- Sponsoren finden
- Schülern beim Lesen zuhören
- Schülern vorlesen
- Hausaufgabenbetreuung
- Nachhilfe: Fächer _____
- Betreuung kleiner Gruppen am Nachmittag
- Fach: _____
- Musikprojekte unterstützen
  - Ich spiele _____
  - Gesang _____ (Stimme)
- Theaterprojekte unterstützen
- Tätigkeit: _____

- praktische Fertigkeiten für den Alltag vermitteln (Minikurse, Kurse):
  - Kochen _____
  - Nähen _____
  - Elektrizität im Haushalt _____
  - Chemie/Physik im Haushalt _____
  - Umgang mit Geld _____
  - Medienkompetenz _____
  - Stressbewältigung _____
  - weitere _____
- Dolmetscher/in bei Elternabenden
- Übersetzer/in von Infomaterial
- Kunst- oder Handwerks-AG:

  _____
- Besondere Hobbys und Interessen, die ich gerne vermitteln möchte: _____
- Ich habe unterrichtsrelevante Urlaubsfotos über verschiedene Länder: _____
- Andere Vorschläge und Ideen: _____

BEISPIEL:

Herr **Jakob** ist Zimmermann, er leitet einen eigenen Betrieb, und Frau **Jakob** ist Immobilienmaklerin. Für beide wird je eine Berufskarte angelegt, auf der ihr jeweiliger Beruf eingetragen wird.

Wenn Frau Jakob zusätzlich angibt, dass sie gerne bei der Hausaufgabenbetreuung helfen würde, und außerdem »Nähen« angekreuzt hat, dann wird für sie auch eine Hobby-/Interessenkarte unter »Hausaufgabenbetreuung« und eine unter »Nähen« abgelegt. Die Karten werden alphabetisch sortiert. Wenn die Kartei elektronisch erfasst wird, werden diese Informationen in die entsprechenden Spalten eingetragen.

Berufskarte

ZIMMERMANN

Bernd Jakob
Müllergasse 7   Tel: 0123-1234567
12345 Kirchen   Mobil: 0177-123456
Arbeitgeber: selbstständig   E-Mail: bj@abc.de

Bis zu fünf Schüler/innen können ihn auf einmal bei der Arbeit besuchen.
Würde in die Schule kommen, um über seinen Beruf zu sprechen.

Hobby-/Interessenkarten

HILFE BEI DER HAUSAUFGABENBETREUUNG
AM NACHMITTAG

Carola Jakob   Tel: 0123-1234567
Müllergasse 7   Mobil: 0177-456789
12345 Kirchen   E-Mail: cj@abc.de

Könnte montags am Nachmittag die Hausaufgabenbetreuung mit übernehmen.

NÄHEN

Carola Jakob   Tel: 0123-1234567
Müllergasse 7   Mobil: 0177-456789
12345 Kirchen   E-Mail: cj@abc.de

Kann donnerstags (14:00–16:00) einen Kurs leiten.

Da neue Schüler auch im laufenden Schuljahr dazukommen, bietet es sich an, dass die Eltern die Elternkarten und den Brief bzw. die E-Mail zusammen mit den Anmeldeunterlagen erhalten. Wenn Schüler im kommenden Schuljahr nicht mehr auf der Schule sein werden, entfernen wir die Karten der Eltern dieser Schüler bzw. löschen deren Namen in der Excel-Datei, oder wir legen sie in einer Kartei der »Nicht-mehr-Aktiven« ab. Vielleicht möchten wir die Eltern von Schülern, die die Schule abschließen, fragen, ob sie bereit wären, die Schule auch weiterhin zu unterstützen.

Wenn wir die Kartei benutzen, vermerken wir auf der Vorderseite der Karten bzw. in der Datei, wann wir die Eltern kontaktiert haben. Auf diese Weise verhindern wir, dass einige Eltern überstrapaziert und andere gar nicht gefragt werden. Wir tragen auch unseren Namen hinter dem jeweiligen Datum ein. Das ermöglicht Kollegen, die die Kartei ebenfalls benutzen, uns zu fragen, wie effektiv die Zusammenarbeit mit den freiwilligen Helfern war. In die Elternkartei nehmen wir alle Erwachsenen auf, die in das Leben der Schüler involviert sind. Das lässt sich auch auf Menschen in der Gemeinde/im Stadtteil ausweiten, die keine Kinder in der Schule haben – vielleicht möchten auch sie gerne ehrenamtlich einen Beitrag leisten. Wir bitten unsere Schüler, andere Lehrer und freiwillige Helfer, engagierte Menschen aus der Gemeinde zu empfehlen, die infrage kämen.

Am besten ist eine (elektronische) Kartei, die alle Eltern der Schule erfasst, sodass die größtmögliche Auswahl entsteht. Die Kartei wird an einem zentralen Ort, z. B. im Lehrerzimmer, aufbewahrt, sodass sie allen Lehrern (elektronisch durch ein Passwort) zugänglich ist.

Beispiel:

Wir nehmen in unserer **Klasse** gerade das Thema Elektrizität durch. Es wäre hilfreich, wenn ein Elektriker mit der Klasse über die Nutzung von Elektrizität im Alltag sprechen und dies veranschaulichen könnte. Leider ist keiner der Eltern in unserer Klasse Elektriker. Allerdings gibt es in einer anderen Klasse einen Schüler, dessen Mutter diesen Beruf ausübt. Mit einer schulumspannenden Kartei können wir diese Mutter leicht ausfindig machen.

Auswahl der Helfer

Sobald die Elternkartei erstellt ist, führen wir ein Gespräch mit den Freiwilligen, um herauszufinden, ob oder wie gut sie für die Durchführung des jeweiligen Angebots geeignet sind und wie viel *Erfahrung* sie haben. Das Ergebnis des Gesprächs wird stichwortartig in der (elektronischen) Kartei vermerkt. Vielleicht möchten wir Helfer für die Hausaufgabenbetreuung für eine festgelegte Zeitspanne einsetzen und dann wechseln. Oder vielleicht ziehen wir es vor, Eltern unterschiedliche Aufgaben zuzuteilen.

Manchmal halten wir es für ratsam, die Eltern unserer Schüler nicht als Helfer in unserer eigenen Klasse einzusetzen, abhängig von der Aufgabe, die von den Helfern übernommen werden soll, und von der Beziehung zwischen Eltern und Schülern. Wir können selbst am besten beurteilen, ob und wozu ein Helfer geeignet ist.

Auf einige Tätigkeiten (z. B. Lesekompetenz fördern oder Hilfe in der Bücherei) müssen unsere Helfer möglicherweise vorbereitet werden. Dann können wir diese Eltern einladen, die Klasse ein paar Tage im Unterricht zu beobachten, um mit uns, unseren Schülern, unserem Führungsstil und der Art des respektvollen Umgangs vertraut zu werden. Vielleicht bitten wir die Eltern, auch bestimmte Abschnitte des vorliegenden Buchs zu lesen, und stehen dann für Fragen zur Verfügung. Hilfreich wäre auch die Teilnahme der Helfer an einem STEP Elternkurs (s. Seite 317).

Wenn unsere Helfer Erfahrungen gesammelt haben, können wir sie bei der Planung von Aktivitäten und in das Lösen von Problemen einbeziehen. Alle – Lehrer, Schüler, Eltern – profitieren davon, wenn wir die Helfer zu einem Teil unserer gemeinsamen Bemühungen werden lassen. Die letztendliche Verantwortung bleibt bei uns, aber ihre Erfahrungen und ihre Anregungen können sehr nützlich sein.

Eine Kartei über die Ressourcen der Eltern zu erstellen, Helfer auszuwählen und sie vorzubereiten kostet Zeit. Aber es lohnt sich, zu überlegen, wie viel Zeit wir gewinnen, wenn die Nutzung dieser Ressourcen selbstverständlich eingeplant wird und die Eltern gerne mitwirken, weil sie geschätzt werden.

Strategien, um Eltern einzubeziehen

Einige Eltern glauben, dass die Schule sie nur dann einbeziehen möchte, wenn es Ärger mit ihren Kindern gibt. Deswegen sind sie möglicherweise misstrauisch und wenig motiviert, in die Nähe der Schule zu kommen. Aus diesem Grund überlegen wir uns, wie wir sie motivieren können, sich am Schulleben zu beteiligen und mit uns zusammenzuarbeiten. Wir machen die Schule *transparent* und erleichtern den Eltern die *Integration* in das Schulleben, indem wir:

- bereits am »Tag der offenen Tür« verkünden, dass die Einbeziehung der Eltern als wichtige Ressource in den Schulalltag in unserer Schule geschätzt wird und Programm ist.

- die Eltern persönlich kontaktieren oder sie von den Elternvertretern kontaktieren lassen, um sie zu ermutigen, sich zu beteiligen.

- den Eltern ansprechende Briefe mit hohem Aufforderungscharakter über die Beteiligung der Eltern in der Schule entweder an den Elternabenden zu Beginn des Schuljahres verteilen oder über ihre Kinder nach Hause schicken. Im Brief und auf der beiliegenden Karte beschreiben wir konkret, wie Eltern helfen können (s. Beispiele, Seite 295–296).

- mit unseren Schülern über die Beteiligung der Eltern sprechen und sie um Unterstützung bitten. Schüler sind in der Regel sehr stolz, wenn ihre Eltern in der Schule helfen. Wir üben im Rollenspiel, wie sie viel beschäftigte oder zögerliche Eltern motivieren können. Wir bringen ihnen bei, mit ihren eigenen Worten »positive Beharrlichkeit« zu zeigen, z. B.: »Papa, es wäre ganz toll, wenn du am Nachmittag zu uns kommen könntest, um uns etwas über deine Arbeit zu erzählen.«

- den Eltern durch unsere Art des respektvollen Umgangs mit ihnen zeigen, dass ihre Mitwirkung wertgeschätzt wird.

Die Ressourcen der Schule als Unterstützung für die Eltern

Gespräche zwischen Lehrern und Eltern sowie *Elternbildung* sind zwei Ressourcen der Schule, um Eltern und anderen interessierten Erwachsenen Unterstützung anzubieten. Beide Angebote führen zu guten, tragfähigen Beziehungen zwischen Eltern und Lehrern als Vertretern der Schule. Bei beiden geht es um die Kooperation zwischen Lehrern und Eltern bei der Arbeit mit den Kindern und Jugendlichen. Bei beiden erhalten die Eltern Unterstützung, um ihr Verhältnis zu ihren Kindern zu verbessern. Beide stehen für gelebte Erziehungs- und Bildungspartnerschaft!

Gespräche zwischen Lehrern, Schülern und Eltern

Die Basis für eine gelungene Zusammenarbeit mit den Eltern legen wir schon vor den persönlichen Gesprächen, indem wir den Eltern regelmäßig »*ermutigende Rückmeldungen*« über ihre Kinder – kurze Nachrichten über ihre Fortschritte und verbesserte Kooperationsbereitschaft – zukommen lassen (s. Beispiel). Damit steigen die Chancen, dass die Eltern uns ihr Vertrauen schenken. Sie werden unsere wertschätzende Haltung und unser Interesse zu schätzen lernen. Auch wenn einige Eltern misstrauisch bleiben, so sind wir dennoch eine wichtige, einflussreiche Person im Leben ihres Kindes und unser Einfluss wird respektiert.

BEISPIEL: »ERMUTIGENDE RÜCKMELDUNG«

02. Februar, 20..

Liebe Frau Obermann,
lieber Herr Obermann,

durch diese kurze Nachricht möchte ich Sie wissen lassen, dass Boris heute sehr kooperativ war. Er hat all seine Arbeiten erledigt und ist an seinem Platz geblieben. Ich weiß dieses positive Verhalten sehr zu schätzen.

Mit freundlichen Grüßen

Birgit Romanow

Birgit Romanow
Klassenlehrerin der 3. Klasse

Ein weiterer Schritt zur erfolgreichen Zusammenarbeit mit den Eltern ist ihre Präsenz bei den von den Schülern selbst vorbereiteten *Gesprächen über die Lernfortschritte und die eigenen Lernziele des Schülers* (s. S. 163: Individualisierter Unterricht und Beteiligung bei der Notenvergabe). Bei diesen Gesprächen sind die Eltern nur interessierte Zuhörer. Wir schaffen auf diese Weise für die Eltern Transparenz und bauen Vertrauen auf.

Aber auch die *Elternsprechtage* können für die respektvolle, effektive Kooperation mit den Eltern genutzt werden. Die Voraussetzung dafür schaffen wir u. a., indem wir die Gesprächszeit mit den einzelnen Eltern an diesen Tagen auf 20–30 Minuten festsetzen. Da es unser Ziel ist, den Schüler die Verantwortung für seinen Lernprozess übernehmen zu lassen, laden wir ihn zu diesem Lehrer-Schüler-Eltern-Gespräch ein und lassen ihn zuerst zu Wort kommen.

In Vorbereitung auf den Elternsprechtag überlegen wir uns, welches *Ziel* wir mit dem Gespräch erreichen wollen und was wir auf jeden Fall sagen möchten.

BEISPIEL:

Wir möchten **Ivans** (10) Eltern davon überzeugen, dass sie weniger Druck auf ihn ausüben, indem sie darauf verzichten, Ivans Noten mit denen seiner Klassenkameraden zu vergleichen. In Vorbereitung auf das Gespräch werden wir uns darüber klar, *was* wir sagen, *wie* wir es sagen und *wozu*.

Wir bereiten schriftliche Notizen (halbe DIN-A4-Seite) mit folgendem Inhalt vor:

- eine Zusammenfassung der Fortschritte des Schülers,
- Bereiche, die verbessert werden müssen, und
- Stärken des Schülers.

Wir stellen sicher, dass in diesen Notizen diese Reihenfolge (*Sandwich-Methode*) eingehalten wird, damit die Eltern am Ende des Gesprächs etwas über die Stärken ihres Kindes erfahren. Es hilft immer, wenn Eltern auf dem Weg nach Hause positive und ermutigende Gedanken hegen.

Vom Lehrer initiierte Gespräche – aufgrund des Fehlverhaltens des Schülers

Gespräche mit den Eltern unserer »guten« Schüler laufen in der Regel rund. Dagegen sind Treffen mit den Eltern unserer »Problemfälle« meist von beiden Seiten gefürchtet. Das sind allerdings genau die Eltern, mit denen wir unbedingt sprechen wollen – sie sind in der Regel jedoch am schwierigsten zu erreichen. Niemand freut sich auf schlechte Nachrichten und schon gar nicht, wenn es sich schon seit Jahren immer wieder um die gleichen handelt. Vielleicht empfinden die Eltern sich bereits selbst als Versager. Vielleicht schämen sie sich für ihr »Problemkind«.

Wir stellen sicher, dass wir uns genug Zeit nehmen für Gespräche, vor allem mit Eltern von Schülern, die Schwierigkeiten haben. Bei Eltern von Schülern, um die wir uns Sorgen machen, warten wir mit einem Gespräch nicht bis zum nächsten offiziell festgelegten Termin, sondern laden die Eltern und möglichst auch den Schüler zeitnah zu einem Austausch ein und nennen den Grund dafür.

Gerade bei Schülern, die Probleme haben, ist es erstrebenswert, dass *beide Eltern* bzw. *alle* Erwachsenen, die Erziehungsaufgaben bei diesen Schülern wahrnehmen, an den Gesprächen teilnehmen. Wenn die Eltern geschieden sind und die Schüler in regelmäßigem Kontakt mit beiden Elternteilen stehen, laden wir beide zu diesem Austausch ein – vorausgesetzt, sie sind bereit, einander zu treffen, und wir haben das Gefühl, ein gemeinsames Gespräch mit Eltern und Schüler könnte konstruktiv verlaufen.

Sollten wir uns gegen die Anwesenheit des Schülers entscheiden[3] bzw. der Schüler nicht anwesend sein können oder wollen, treffen wir uns vorher mit ihm und

---

3   Möglicherweise bei Beratungsgesprächen zu Erziehungsfragen

erklären ihm das Ziel des Gesprächs. Wir lassen den Schüler mögliche negative Gefühle oder Reaktionen äußern. Viele Schüler fühlen sich durch die Gespräche zwischen Lehrern und Eltern bedroht. Wir erklären ihnen deshalb, dass diese Gespräche dafür gedacht sind, ihnen in der Schule und zu Hause zu helfen. Es kann sein, dass dem Schüler die Idee eines Gesprächs ohne ihn auch dann noch nicht behagt, aber er weiß jetzt, dass wir ihm Respekt entgegenbringen, indem wir ihn vorher informieren.

Lehrer-Schüler-Eltern-Gespräche sorgen für gute Kommunikation, Transparenz und Integration.

Die Durchführung eines Lehrer-Eltern-Gesprächs

Zur Vorbereitung auf das Gespräch stimmen wir uns positiv ein (s. Kap. 7 »Nur für Sie«). Wir schaffen eine angenehme Atmosphäre durch eine freundliche Begrüßung, indem wir uns für die Bereitschaft der Eltern, zu kommen, bedanken und indem wir Kaffee, Tee oder Saft anbieten. Dann fragen wir die Eltern zuerst, ob ihr Kind gern in die Schule kommt. Im Anschluss daran bitten wir sie, unsere Notizen über ihr Kind (Fortschritte, notwendige Verbesserungen und Stärken) zu lesen, bzw. berichten den Eltern über ihr Kind entsprechend unseren Notizen – insbesondere wenn Eltern nicht lesen oder nicht gut Deutsch sprechen können.

> Beispiel für ein Gespräch mit den **Eltern von Sarah** (11):
>
> »Haben Sie Fragen zu den Notizen? Gibt es Punkte in meinen Kommentaren, über die Sie sprechen möchten?«
>
> Wenn Eltern aufgebracht sind, hören wir aktiv zu und spiegeln ihre Gefühle und Wertvorstellungen wider. Wenn sie etwas nicht verstehen, erklären wir es. Sollten die Eltern ihre Meinung nicht äußern bzw. keine Fragen haben, ergreifen wir die Initiative: »Ich möchte gerne über einige Probleme sprechen, die ich mit Sarah habe, und gemeinsam mit Ihnen überlegen, wie wir die Situation ändern, Sarah ermutigen und sie so auf den Weg bringen können.«

Da Sarah im Unterricht Fehlverhalten zeigt, sagen wir den Eltern, *welches Ziel sie unserer Meinung nach verfolgt* und was wir tun, um ihr *Verhalten in positive Bahnen umzulenken*. Wir betonen, dass wir uns bei unserer Vorgehensweise auf die *Stärken von Sarah* konzentrieren.

»Ich glaube, Sarah möchte mir mit ihrem Verhalten zeigen, dass sie tun kann, was sie will. Sie scheint sehr großes Interesse daran zu haben, Macht auszüuben, und versucht häufig, mir zu beweisen, wer das Sagen hat. Am Anfang habe ich mit ihr gekämpft, aber jetzt ermögliche ich ihr, *Lernerfahrungen* zu machen, indem ich sie die *Verantwortung für die Folgen ihres Verhaltens* übernehmen lasse. Wenn sie sich beispielsweise dazu entschließt, den Unterricht zu stören, bitte ich sie – freundlich **und** bestimmt – die Klasse für eine Weile zu verlassen und in dem dafür vorgesehenen Raum zu bleiben, bis sie sich wieder unter Kontrolle hat, dann kann sie wieder zu uns kommen und im Unterricht mitmachen. Ich konzentriere mich außerdem auf Sarahs echte Stärken – Selbstständigkeit, Unabhängigkeit und Lesen –, indem ich sie andere Schüler beim Lesen unterstützen lasse. Beide Vorgehensweisen scheinen zu funktionieren.«

Wenn Sarahs Eltern über die Strategien, die wir anwenden, erfreut zu sein scheinen, können wir herausfinden, ob sie auch daran interessiert sind, selbst etwas zu tun, um zu Hause besser mit ihr zurechtzukommen. Denn die meisten Schüler, die in der Schule Fehlverhalten zeigen, tun das auch zu Hause. Wenn wir viel Unsicherheit spüren, können wir den Eltern einen Besuch beim Schulsozialarbeiter oder beim Beratungslehrer empfehlen. Eine weitere Möglichkeit wäre, ihnen die Teilnahme an einem Elternkurs nahezulegen. Oder aber, wenn wir ein gutes Verhältnis zu den Eltern aufgebaut haben und uns sicher bei der Beratung fühlen, können wir sie im Rahmen des Gesprächs bei der Suche nach Alternativen unterstützen.

Wir sind uns darüber im Klaren, dass es uns viel Zeit kosten wird, wenn wir uns entschließen, die Eltern zu beraten. Folgendes Beispiel für ein Lehrer-Eltern-Gespräch kann – in der vorgestellten Form, unter Berücksichtigung der STEP Strategien – sowohl vom Fach- bzw. Klassenlehrer selbst als auch vom Schulsozialarbeiter oder Beratungslehrer durchgeführt werden. Wer auch immer ein solches Gespräch führt, muss auf *Folgegespräche* vorbereitet sein, damit dieser Ansatz nicht im Sand verläuft.

Wir können das folgende Format nutzen, um spezielle Probleme zu besprechen. Wir bitten die Eltern, anhand einer typischen Situation folgende Fragen zu beantworten:

1. Was tut der Schüler zu Hause?
2. Wie fühlen Sie sich, wenn der Schüler sich so verhält?
3. Wie reagieren Sie auf das Fehlverhalten und wie reagiert Ihr Kind auf Ihre Reaktion?

Wenn ein Elternteil nicht anwesend ist, fragen wir, wie der abwesende Elternteil auf das Fehlverhalten reagiert und wie sich der Schüler zu Hause daraufhin verhält. Wir fragen außerdem, wie die anderen Kinder der Familie sich verhalten, wenn das Fehlverhalten auftritt. Das gibt uns Informationen über die *Ziele des Fehlverhaltens*, die *Geschwisterkonstellation* (s. Kap. 2, Exkurs zur Geschwisterkonstellation), die *Geschwisterrivalität* und den Wettstreit in der Familie.

Wir suchen nach einem Muster, das auf das Ziel des Schülers hinweist. Dann erklären wir das Ziel des Fehlverhaltens und wie die Eltern dieses Verhalten möglicherweise – unbeabsichtigt – verstärken. Indem wir unsere Erfahrungen mit denen der Eltern in Zusammenhang bringen, ist es einfacher, zu zeigen, dass Erwachsene Fehler machen können. Das hilft auch, das Problem zu *verallgemeinern,* und verhindert, dass wir uns nur auf die Fehler der Eltern konzentrieren.

Wir setzen das Gespräch mit den Eltern fort: »Durch das, was Sie erzählen, und aufgrund meiner eigenen Erfahrungen scheint mir, dass Sarah glaubt, beweisen zu müssen, dass niemand ihr sagen kann, was sie zu tun hat – dass sie der Boss ist. Sie ist ein starkes Mädchen, das eigene Entscheidungen treffen möchte. Mir ist klar, dass ich mich manchmal dazu habe bringen lassen, mit ihr zu kämpfen, mich mit ihr zu messen. Sie haben auch gesagt, dass Sarah Sie manchmal provoziert hat und Sie dann versucht haben, sie zu etwas zu zwingen, obwohl dieses Zwingen in der Regel nicht funktioniert. Macht das, was ich sage, für Sie Sinn?«

Nachdem das Ziel des Schülers geklärt wurde, wollen Eltern manchmal sofort Antworten (Tipps oder Patentrezepte) haben: »Ja, das leuchtet mir ein. Was kann ich dagegen tun?« Aber wir halten uns zurück, Lösungen zu besprechen, bis wir mehr Informationen haben. Wir können das Gespräch *strukturieren*, indem wir sagen: »Ich verstehe, dass Sie Antworten möchten. Aber ich muss zuerst mehr wissen, damit ich Sarahs Situation besser verstehen kann.«

Als Nächstes bitten wir die Eltern um mehr Informationen bezüglich der Geschwisterkonstellation: »Da Geschwister sehr großen Einfluss aufeinander haben, muss ich mehr über Ihre anderen Kinder wissen.« Wir hören aufmerksam zu, während die Eltern jedes ihrer Kinder vom ältesten bis zum jüngsten, einschließlich Sarah, beschreiben. Wir fragen: »Was für eine Person ist _____? Welche Worte würden Sie wählen, um _____ zu beschreiben?«

Nehmen wir an, Sarah hat eine ältere Schwester, Elena (13). Wir können ihre unterschiedlichen Eigenschaften auflisten:

Elena (13)	Sarah (11)
✓ gute Schülerin	✓ schlechte Schülerin (außer im Lesen)
✓ hilft zu Hause	✓ muss ständig aufgefordert werden, ihre Aufgaben im Haushalt zu erledigen
✓ adrett, ordentlich	✓ schlampig
✓ freundlich	✓ freundlich
✓ künstlerisch begabt	✓ künstlerisch begabt
✓ ruhig	✓ laut, verhält sich kindisch
✓ kommt gut mit Erwachsenen aus	✓ kommt so lange mit Erwachsenen gut aus, bis ihnen ihr kindisches Getue auf die Nerven geht
✓ viele Freunde	✓ wenige Freunde

Nachdem wir diese Informationen erhalten haben, machen wir einen Vorschlag über das, was unserer Meinung nach in der Familie passiert: »Mir scheint, dass Elena das ›gute‹ und Sarah das ›böse‹ Mädchen (›das schwarze Schaf‹) spielt.« Die Erfahrung hat gezeigt, dass die meisten Kinder um ihren Platz in der Familie kämpfen. Wenn ein Kind in einem Bereich erfolgreich ist, entscheidet sich das andere möglicherweise, in einem anderen Bereich gut zu sein.

»Sarah ist freundlich, liest gut und ist künstlerisch begabt, aber sie ist entmutigt. Das wissen wir, weil sie gelernt hat, sich durch Fehlverhalten bemerkbar zu machen. Wir möchten zwar nicht, dass sie schlampig ist und sich verantwortungslos verhält, aber sie hat herausgefunden, dass diese Eigenschaften ihr einen Platz in der Familie und in der Klasse sichern. Auf diese Weise gehört Sarah dazu! Mir scheint auch, dass Sarah umso entmutigter wird, je erfolgreicher Elena ist und je mehr Anerkennung sie für ihren Erfolg bekommt. Und, was Sie auch schon früher erwähnt haben: Elena verpetzt Sarah häufig, sodass sie gut dasteht und Sarah schlecht. Trifft diese Beschreibung auf die Beziehung der beiden zu?«

Wenn die Eltern der Analyse zustimmen, helfen wir ihnen, Sarahs Stärken zu erkennen: »Sie haben gesagt, dass Sarah freundlich ist, künstlerisch begabt und gut liest. Welche anderen Stärken fallen Ihnen ein – auch außerhalb der Schule?«

Manche Eltern sind so entmutigt, dass ihnen keine einzige Stärke einfällt. Wir ermutigen Sarahs Eltern, indem wir sagen: »Ihre beiden Kinder sind freundlich und künstlerisch begabt. Das bedeutet möglicherweise, dass sie diese Qualitäten von Ihnen haben!« Wir helfen den Eltern, indem wir über die Stärken sprechen, die uns an Sarah im Unterricht aufgefallen sind und die wir dort bereits ermutigt haben.

Im nächsten Schritt fangen wir an, nach Alternativen zu suchen. Wir finden heraus, wie stark die Eltern interessiert sind, Änderungen vorzunehmen: »Haben Sie bei unserem Gespräch etwas entdeckt, das Sie ändern möchten?« Wenn die Eltern antworten: »Alles!«, dann schlagen wir vor, dass sie zunächst *an einem oder an zwei Aspekten* arbeiten.

Ein erster Schritt könnte darin bestehen, dass die Eltern sich bei Schulproblemen nicht einmischen, sondern dieses Thema uns Lehrern überlassen – es sei denn, eine Zusammenarbeit wäre erforderlich (z. B. Vokabeln lernen zu Hause bei Schwierigkeiten mit Sprachen). Wir weisen darauf hin, dass es nicht sinnvoll ist, dass zwei oder noch mehr Erwachsene einem Schüler die Gelegenheit geben, gegen sie zu rebellieren, oder dass ein Schüler Druck von mehreren Erwachsenen benötigt, um seine Aufgaben zu erledigen. Wir ermutigen die Eltern, sich auf die Verbesserung der Situation zu Hause zu konzentrieren.

Gewöhnlich nehmen wir den Eltern eine schwere Last, wenn wir sie darum bitten, sich *nur* auf das Verhalten zu Hause zu konzentrieren. Wir fassen zusammen: »Erinnern Sie sich daran, dass wir herausgefunden haben, dass Sarah uns – durch ihre Wutanfälle – zu zeigen versucht, wie stark sie ist. Sie haben gesagt, dass Sie oft wütend werden, Sarah anschreien, ihr drohen oder ihr nachgeben. Was, glauben Sie, lernt Sarah daraus, wenn Sie mit ihr streiten oder ihr nachgeben? Was können Sie sonst noch tun, um ihr zu zeigen, dass Machtspiele nicht funktionieren?« Wir fordern die Eltern zum Brainstorming auf.

Wenn nötig, gehen wir weiter ins Detail bzgl. der Vorschläge der Eltern: »Was genau wollen Sie tun, um Sarahs Wutanfall zu ignorieren?« Wenn die Eltern keine konkreten Vorstellungen haben, machen wir einen Vorschlag. »Was, glauben Sie, wird passieren, wenn Sie sie für eine Weile alleine in ihrem Zimmer lassen und dabei selber ruhig bleiben? Für mich hat es sich als hilfreich herausgestellt, dass sie sich in diesem Augenblick alleine in den Raum neben dem Sekretariat begibt, bis sie sich beruhigt hat.«

Wir betonen die positiven Eigenschaften der Schülerin. Wir fragen: »Wie können Sie Sarah unterstützen, ihre Stärken zu nutzen, um der Familie zu helfen?« Wir ermutigen die Eltern, Wege zu finden, dass Sarah sich als Person akzeptiert fühlt. »Was können Sie tun, damit Sarah sich anerkannt fühlt?« Wir können das

Spiel »Ich schätze _____« vorschlagen. Jedes Familienmitglied muss die folgende Lücke für jeden anderen in der Familie füllen: »Ich schätze es, wenn du _____.« Wir können die Eltern auch bitten, mindestens einmal am Tag etwas Positives zu Sarah zu sagen. Wir nehmen uns Zeit, den Unterschied zwischen Ermutigung und Lob zu erklären.

Als Nächstes lassen wir die Eltern eine feste Verpflichtung zur Umsetzung eingehen und planen eine Zeit für die Auswertung des Ergebnisses ein. Wir werden hellhörig, wenn die Eltern »Ich werde es versuchen« sagen. Wir bitten sie, die neuen Verhaltensweisen auszuprobieren: »Sind Sie bereit, den Raum zu verlassen und Sarah alleine zu lassen, jedes Mal dann, wenn sie einen Wutausbruch bekommt, bis wir in zwei Monaten das nächste Mal darüber sprechen? Dann gebe ich Ihnen auch einen Bericht über Sarahs Fortschritte, wie es in der Schule läuft.« Wir vereinbaren einen weiteren Gesprächstermin oder einfach ein Telefonat. Wenn sich die Situation zu diesem Zeitpunkt verbessert hat, schlagen wir vor, dass die Eltern an einem anderen Bereich ihrer Beziehung zu Sarah arbeiten. Auch das klären wir wiederum zu einem späteren Zeitpunkt mit ihnen ab – persönlich oder telefonisch – usw.

Da unsere Zeit als Lehrer beschränkt ist, empfehlen wir den Eltern einen Ratgeber oder schlagen die Teilnahme an einem Elterntraining vor. Schließlich fassen wir das Gespräch zusammen, indem wir noch einmal formulieren, wie wir die Schülerin im Unterricht behandeln werden und wozu die Eltern sich verpflichtet haben. Wir gehen außerdem am Ende des Gesprächs noch einmal durch, wann und wie wir die Effektivität unseres Plans gemeinsam auswerten werden.

Von Eltern initiierte Gespräche – aufgrund eines Anliegens der Eltern

Auch hier erweisen wir den Eltern Respekt, indem wir eine angenehme Umgebung für das Gespräch schaffen und sie freundlich begrüßen etc. In diesen Gesprächen, um die Eltern uns gebeten haben, lassen wir uns von ihnen leiten und besprechen die Themen, die sie bewegen. Wir hören den Eltern aktiv zu, vor allem wenn sie aufgebracht oder wütend sind. Dann fassen wir zusammen und sagen unsere Meinung in Form einer Ich-Aussage.

Beispiel (6. Klasse)

»Frau **Möller** und Herr **Möller**, lassen Sie mich sehen, ob ich richtig verstanden habe, was Sie gesagt haben. Sie sind wütend, weil ich den Schülern erlaube, ihre Beziehung zu den Eltern und Geschwistern im Rahmen des Klassenrats zu besprechen. Sie sind der Meinung, dass solche Themen zu persönlich sind und nicht in die Klasse gehören, dass sie nichts mit Schulbildung zu tun haben. Trifft das zu?« Wir warten die Reaktion der Eltern ab. Falls notwendig, fragen wir weiter nach, mit dem Ziel, dass die Eltern sich verstanden fühlen. Wir fahren dann fort. »Ich möchte Ihnen gerne meinen Standpunkt zu diesem Thema erläutern und sehen, ob wir zu einem Einverständnis kommen können. Ich glaube, dass die Entwicklung und Stärkung der sozialen Kompetenz einen großen Teil der Erziehung und Bildung in der Schule ausmachen. Wir wissen, dass Schüler besser lernen, wenn sie sich gut fühlen – in Bezug auf sich selbst und auf andere. Ich kann Ihre Sorge verstehen, dass Schüler Familienprobleme nach außen tragen, aber die Situationen, die wir im Klassenrat besprechen, sind sehr typisch für viele Kinder, wie zum Beispiel Geschwisterstreit. Ich erlaube nicht, dass Dinge besprochen werden, die peinlich für eine Familie sein könnten. Was halten sie davon?«

Wenn die Eltern mit dieser Sichtweise einverstanden sind, wenden wir uns neuen Themen zu. Sollten sie nicht einverstanden sein, erforschen wir gemeinsam Alternativen: »Ich denke, wir müssen eine andere Lösung finden, mit der wir beide einverstanden sind. Sind Sie bereit, herauszufinden, ob wir hier zu einer Einigung gelangen können? Gut, Sie wollen nicht, dass Julius diese Erfahrung macht, und ich denke, dass die Schüler davon profitieren. Also, was können wir tun?«

Während des Brainstormings machen wir auch selbst Vorschläge. Am Ende werten wir die gesammelten Ideen aus. Wenn die Eltern absolut dagegen sind, dass Julius sich an Themen beteiligt, die mit der Familie zu tun haben, entscheiden wir vielleicht, dass er während der Gespräche zu diesen Themen in eine andere Klasse geht. Wenn wir uns mit den Eltern nicht einigen können, vereinbaren wir einen weiteren Gesprächstermin, bei dem ein Beratungslehrer / Schulsozialarbeiter oder der Schulleiter anwesend ist.

Einbeziehung des Schülers in das Gespräch

Grundsätzlich sind wir bestrebt, Schüler an Lehrer-Eltern-Gesprächen zu beteiligen. Wir müssen jedoch darauf vorbereitet sein, dass Eltern und ihre Kinder ›aneinandergeraten‹ können.

Wir beginnen das Gespräch, indem wir den Eltern die schriftlichen Notizen über die Fortschritte, notwendigen Verbesserungen und Stärken des Schülers in die Hand geben bzw. mündlich darüber berichten. Bei jüngeren Schülern lesen wir sie dem Schüler vor.

Dann hören wir uns an, was die Eltern zu den Notizen zu sagen haben, und bringen all das zur Sprache, was für uns wichtig ist und noch nicht erwähnt wurde.

BEISPIEL FÜR EIN GESPRÄCH MIT **Jan** (15) UND **seinen Eltern**:

Angenommen, Jan hat im Unterricht Fehlverhalten gezeigt, dann beschreiben wir – *für die Eltern verständlich* – was wir für das Ziel des Fehlverhaltens halten. Jan dabei direkt anzusprechen kann zu defensivem Verhalten führen. Stattdessen sagen wir den Eltern: »Meiner Ansicht nach glaubt Jan, er bräuchte besondere Aufmerksamkeit, bevor er anfängt zu arbeiten. Er möchte, dass ich ihn daran erinnere und ihm gut zurede.« Wir achten bei Jan auf den Erkennungsreflex. Dann fahren wir fort: »Also, ich bin zu dem Schluss gekommen, dass Jan in der Lage ist, zu arbeiten, *ohne* dass ich ihn erinnere. Ich gebe ihm jetzt wie den anderen die Aufgabe und lasse ihn entscheiden, ob er die Aufgabe während der Stunde oder in der Pause macht. Wenn er sie nicht in der Stunde erledigt, gehe ich davon aus, dass er entschieden hat, dies in der Pause nachzuholen. In den vergangenen Wochen hat Jan sich meist entschieden, die Aufgaben in der Stunde zu erledigen. Ich habe ihn außerdem dazu ermuntert, sein handwerkliches Geschick zu nutzen. Hat er Ihnen von dem Fabrikmodell erzählt, das er im Sozialkundeunterricht gebaut hat?«

Wir nehmen die Reaktionen von Jan und seinen Eltern achtsam auf. Falls die Eltern dafür sind und wir uns dazu entschließen, bieten wir Hilfe für die Verbesserung der Beziehungen in der Familie an. Wir fragen als Nächstes nach Problemen, die sie im Umgang miteinander zu Hause haben. Wenn die Eltern Situationen beschreiben, bitten wir Jan hin und wieder um seinen Kommentar dazu. Wenn er nicht mit seinen Eltern übereinstimmt, können wir sagen: »Ich verstehe, du bist anderer Meinung als deine Eltern.«

Wir fragen nicht *direkt* nach Vergleichen zwischen Familienmitgliedern, da diese dem Schüler peinlich sein könnten. Stattdessen finden wir mehr über seine Geschwister heraus, indem wir auf die Kommentare der Eltern über unseren Schüler reagieren. Wenn Jans Vater sagt: »Jan war noch nie ein guter Schüler«, fragen wir: »Wie ist es mit Eva? Und Ralph?«

Wir ermutigen die Eltern dazu, Jans Stärken – auch die außerschulischen – hervorzuheben. »Was macht Jan, das Ihnen gefällt?« Wir ergänzen ihre Liste mit unseren eigenen Erkenntnissen. Dann erforschen wir Alternativen, wodurch wir sehen können, ob Jan und seine Eltern bereit sind, etwas zu ändern. Wir machen Brainstorming und beziehen dabei Jan mit ein. »Hast du eine Idee, wie wir das in den Griff bekommen können, Jan?« Vielleicht müssen wir den Eltern und Jan helfen, eine Vereinbarung auszuhandeln (z. B. Übernahme von Aufgaben im Haushalt).

Entscheidend ist die Verpflichtung von beiden Seiten, den Beschluss umzusetzen und eine Zeit für die gemeinsame Auswertung einzuplanen. Am Ende bitten wir die Eltern oder Jan, das Gespräch zusammenzufassen. Wenn nötig, ergänzen wir.

Besonders wichtig ist es, dass wir nicht zulassen, dass die Eltern den Schüler angreifen. In respektvollem, wohlwollendem Ton konfrontieren wir Eltern, mit denen wir bereits ein vertrauensvolles Verhältnis aufgebaut haben, mit den möglichen Konsequenzen ihrer Beschuldigungen: »Ich frage mich, wie Jan sich fühlt, wenn er als faul bezeichnet wird.« Oder wir fragen Jan direkt: »Wie fühlst du dich, wenn du faul genannt wirst? Wie reagierst du dann?« Vielleicht möchten wir die Eltern auch fragen: »Wie wäre es für Sie, wenn Sie an Jans Stelle wären und jemand Sie faul nennen würde?«

Auch mit Ich-Aussagen können wir Angriffe effektiv und respektvoll abblocken: »Wenn Sie Jan als faul bezeichnen, fühle ich mich nicht wohl, weil ich festgestellt habe, dass Kinder oft unsere Erwartungen erfüllen. Ich frage mich, ob wir gemeinsam einige Möglichkeiten finden können, Jan zu helfen, verantwortungsbewusster zu werden.«

Wenn die Angriffe weitergehen, setzen wir Grenzen: »Ich finde, Jan Vorwürfe zu machen und ihn als faul abzustempeln hilft ihm nicht. Ich fürchte, auf diese Weise kommen wir nicht weiter. Ich bin nur dann einverstanden, fortzufahren, wenn keine weiteren Beschuldigungen folgen. Andernfalls werde ich Jan bitten, draußen zu warten, sodass Sie sprechen können, wie Sie möchten, ohne dass er dabei ist. Was möchten Sie tun?«

Wir halten die gesteckten Grenzen ein. Wir sind konsequent, denn wir haben eine Verpflichtung unseren Schülern gegenüber, sie vor weiterer Entmutigung zu schützen.

Der Umgang mit Widerstand vonseiten der Eltern

Manchmal halten wir Ziele für wichtig, die denen der Eltern entgegengesetzt sind, z. B.: Möglicherweise würden wir den Eltern gerne nahelegen, sich aus dem Machtkampf mit ihrem Kind zurückzuziehen. Die Eltern dagegen wollen den Machtkampf gewinnen und ihr Kind zwingen, zu gehorchen. In diesem Fall ist das langfristige Ziel vielleicht dasselbe: nämlich, den Schüler zur Kooperation zu bewegen. Aber die kurzfristigen Ziele sind unterschiedlich: Wir möchten den Schüler aus der Erfahrung lernen lassen und die Eltern wollen sofortigen Gehorsam.

Bei anderen Eltern widersprechen vielleicht auch die langfristigen Ziele den unseren. Die Eltern einer zur Unselbstständigkeit erzogenen Schülerin widersetzen sich möglicherweise unserem Vorschlag, dass ihre Tochter selbstständiger werden soll, weil sie Angst davor haben, in deren Leben an Bedeutung zu verlieren.

Unsere Aufgabe ist es, unsere Ziele mit denen der Eltern *in Einklang zu bringen*. Wir sind keine Psychotherapeuten, deswegen beschäftigen wir uns nicht mit dem Lebensstil der Eltern.[4] Aber wir sind bestrebt, die Kooperation der Eltern zu gewinnen.

Wenn Jans Eltern unsere Strategie und unsere Einschätzung des Verhaltens ihres Kindes ablehnen, setzen wir unsere Fertigkeiten als gute Zuhörer ein. »Diese Erklärung ergibt keinen Sinn für Sie, richtig? Mir scheint, Sie können sich mit dieser Vorgehensweise überhaupt nicht anfreunden und fühlen sich unwohl damit.« Wir bitten die Eltern um Vorschläge, denn schließlich kennen sie ihre Kinder am besten, und machen auch selbst Vorschläge. Sollten wir am Ende der Sammlung der Ideen einem Vorschlag nicht zustimmen, können wir eine Ich-Aussage formulieren, wie z. B.: »Dieser Plan macht mir Sorgen, weil _____.«

Wenn die Eltern sich weiterhin widersetzen oder wir ein besonders schwieriges Gespräch erwarten, bitten wir den Beratungslehrer/Schulpsychologen bzw. den Schulleiter, am Gespräch teilzunehmen. Sie sind möglicherweise in der Lage, weitere Ansätze vorzuschlagen, um die Kommunikationsschwierigkeiten zu überwinden.

Beispiel für ein Gespräch mit Eltern, die Widerstand leisten:
Die Eltern von Chantal (13) sind kooperativ, aber wenn wir fragen, ob es zu Hause irgendwelche Probleme mit ihrer Tochter gibt, sagen sie »Nein«. Aufgrund unserer Erfahrung mit Chantal im Unterricht glauben wir, dass die Eltern ihre Tochter »antiautoritär« erziehen. Es könnte auch sein, dass unsere Erwartungen an Chantal sich von denen ihrer Eltern unterscheiden. Um sich Klarheit zu verschaffen, bietet es sich an, ein paar Fragen zu einem für Chantal typischen Tagesablauf zu stellen: »Wie sieht es am Morgen aus? Was passiert, wenn sie von der Schule nach Hause kommt? Hilft sie im Haushalt mit? Was passiert mit den Hausaufgaben? Wann geht sie zu Bett? Wie viele Stunden schläft sie?«

Während wir die Tagesroutine durchgehen, achten wir auf Konfliktpotenzial. »Wie oft müssen Sie Chantal rufen, bevor sie aufsteht? Wie fühlen Sie sich und was tun Sie, wenn Sie sie vier oder fünf Mal rufen müssen?« Dann erklären wir, wie wir die Situation sehen. »Die mehrfachen Aufforderungen, die Sie für Chantal jeden Morgen benötigen, scheinen mir sehr ähnlich dem, was ich im Sprach-

---

4   Kenntnisse über verschiedene Lebensstile und Prioritäten im Leben – s. Kap. 2 – helfen uns jedoch, Eltern besser zu verstehen.

unterricht erlebe. Für mich sieht das so aus, als wären wir alle mit ihr in einen Machtkampf verwickelt.«

Wenn die Eltern zwar unzufrieden sind mit der Situation, sich aber weigern, Veränderungen vorzunehmen, bitten wir sie, ihre gegenwärtige Vorgehensweise zu bewerten: »Sind Sie zufrieden mit Ihrer Beziehung zu Chantal? Funktioniert das, was Sie tun?« Einige Eltern werden »Ja« sagen und dass ihre Methode funktioniere. Dann fragen wir: »Wenn Sie Chantal bestraft haben, bedeutet das, dass sie *nie mehr* eine ›Extraeinladung‹ braucht?« Anschließend fügen wir hinzu: »Hätten Sie gerne, dass Chantal kooperativer ist, dass Sie eine bessere Beziehung zu ihr haben? Können Sie sich vorstellen, für ein paar Wochen eine andere Vorgehensweise auszuprobieren, um zu sehen, was passiert?«

Manchmal möchten wir die Eltern darum bitten, einen Ausschnitt aus einem Ratgeber[5], ein Infoblatt über Kindererziehung, u. a. aus dem Internet[6] oder einen Elternbrief[7] zu lesen. Von einem Buch, Infoblatt oder Elternbrief sind Vorschläge manchmal leichter anzunehmen, da sie weniger persönlich sind.

Wenn Eltern sich während eines Gesprächs streiten, ergreifen wir nicht Partei und lassen sie wissen, dass wir beide Positionen verstehen. Aber wir weisen auch auf die Nachteile für den Schüler hin, wenn Eltern sich streiten. Wir sind respektvoll und bestimmt dabei und denken an den Schüler: »Sie sind beide wütend und können sich nicht einigen, wie Sie mit Chantal umgehen sollen. Jeder von Ihnen muss selbst entscheiden, wie Sie jeweils am besten mit ihr kommunizieren. Aber ich frage mich, ob Ihnen bewusst ist, wie sehr Ihre Wut aufeinander sich auf Chantal auswirken kann. Chantal zeigt möglicherweise Fehlverhalten, weil sie verunsichert und entmutigt ist. Es ist auch gut möglich, dass sie gelernt hat, sie beide gegeneinander auszuspielen. Ich möchte, dass wir auf das Thema zurückkommen, was jeder von Ihnen bereit ist zu tun, um Chantal zu helfen.«

Wenn sich die Eltern auch weiterhin streiten, brechen wir das Gespräch ab und vereinbaren getrennte Termine. Wenn wir das Gefühl haben, dass sie ernsthafte Eheprobleme haben und einen Vorschlag akzeptieren würden, können wir ihnen empfehlen, eine Ehe- oder Familienberatungsstelle aufzusuchen.

---

5   z. B. Dinkmeyer et al. [11] und [12]

6   z. B. www.familienhandbuch.de, eltern-bildung.at

7   z. B. Elternbriefe vom Arbeitskreis Neue Erziehung e.V. Berlin, www.ane.de

Gespräche mit Alleinerziehenden und Patchworkfamilien

Familien mit nur einem Elternteil bzw. Patchworkfamilien sind so vielfältig wie herkömmliche Familien auch. Einige dieser Eltern genießen ihre Verantwortung und kommen gut damit zurecht; andere fühlen sich überlastet. Einige geschiedene Menschen haben bittere, feindselige Gefühle gegenüber ihren früheren Ehepartnern; andere haben einvernehmliche, kooperative Beziehungen. Wir vermeiden, voreilige Schlüsse über eine Familie zu ziehen, bevor wir die Eltern kennengelernt und mit ihnen gesprochen haben.

Ebenso wenig dürfen wir davon ausgehen, dass Kinder geschiedener Eltern auf jeden Fall große Schwierigkeiten haben. Kinder reagieren auf jede Situation entsprechend ihrer eigenen Wahrnehmung, ihrem Lebensstil. Das Mitleid wohlwollender Erwachsener ist nur selten angebracht. Wenn Eltern und Lehrer an die Fähigkeit der Kinder glauben, mit schwierigen Situationen im Leben fertig zu werden, dann muss das Zerbrechen einer Familie – aus welchen Gründen auch immer – nicht zu langfristigen Problemen führen.

Geschiedenen Eltern gilt es manchmal besondere Akzeptanz und besonderes Verständnis entgegenzubringen. Oft ist es für Stiefeltern eine große Hilfe, zu wissen, dass sie zu Beginn der Beziehung zu den Kindern die Wahrung der Disziplin besser dem leiblichen Elternteil überlassen. Obwohl Scheidungen häufig vorkommen, glauben viele Menschen, dass sie ihren Kindern geschadet und als Eltern versagt haben. Unsere Empathie kann beiden, sowohl den Eltern als auch den Schülern, helfen.

Fazit:
Ein Eltern-Schüler-Lehrer- oder ein Eltern-Lehrer-Gespräch, das anberaumt wurde, um das *Fehlverhalten eines Schülers in der Schule* zu besprechen, schließt Folgendes ein:

1. unsere mündliche oder schriftliche Bewertung der Fortschritte des Schülers,
2. unseren Verweis auf das Ziel des Fehlverhaltens des Schülers,
3. unsere geänderte Reaktion, um das Verhalten des Schülers in positive Bahnen zu lenken und auf die Stärken des Schülers zu achten.

Möglicherweise greifen die Eltern unsere Vorgehensweise spontan auf und sind bestrebt, den Umgang mit ihren Kindern entsprechend zu ändern.

Sollten die Eltern von sich aus diesen Wunsch nicht äußern, können wir im nächsten Schritt den Eltern anbieten, ihnen zu helfen, für den *Umgang mit ihrem*

Kind zu Hause Alternativen zu suchen. Dabei ist es wichtig, folgende Aspekte zu beachten:

1. unseren Einstieg gut zu überlegen (z. B. »Hätten Sie Interesse, diese Vorgehensweise zu Hause auszuprobieren?«)
2. Informationen über die Beziehung zwischen Schülern und Eltern zu erhalten
3. Informationen über die Geschwisterkonstellation zu bekommen
4. gemeinsam mit den Eltern (und dem Schüler) Alternativen zu suchen, um die Beziehungen des Schülers zu Hause zu verbessern
5. die Verpflichtung zur Umsetzung der Beschlüsse von den Eltern (und dem Schüler) zu bekommen und einen Termin für die gemeinsame Auswertung festzulegen.

Elternbildung

Noch ist es nicht üblich, sich für die wichtige Lebensaufgabe, Kinder zu erziehen, weiterzubilden. Denn als Eltern gute Erziehungsarbeit zu leisten wird oft als naturgegeben erachtet. Sicher ist, dass alle Eltern für ihre Kinder das Beste wollen, allerdings oft nicht wissen, wie sie das im Alltag erreichen können.

Professor Klaus Hurrelmann schätzt, dass »… etwa ein Drittel der Eltern eine Elternschule nicht braucht. Das sind Naturtalente, die mit Kindern ausgezeichnet zurechtkommen. Ein weiteres Drittel kommt einigermaßen zurecht, macht keine schlimmen Fehler. Das letzte Drittel aber ist restlos überfordert« (WDR Interview 3.5.2003).

Durch die Teilnahme an verschiedenen Formen der Elternbildung können Eltern über Kindererziehung mehr erfahren, sich austauschen, von- und miteinander lernen und sich vernetzen. Es gibt unterschiedliche Ansätze und verschiedene Formen der Elternbildung[8], wie:

- Elternbriefe im Internet
- Themenabende / Elternabende
- Gesprächsrunden / Gesprächskreise / Elternstammtisch
- Elterncafés / Müttercafés
- Beratungsgespräche mit einzelnen Eltern
- Elternrundbriefe
- Hospitation in der Klasse
- Deutschkurse für Eltern mit Migrationshintergrund
- Elterntraining / Elternkurse, wie z. B. *STEP Das Elterntraining für Eltern von Kindern ab 6 Jahre* oder *STEP Das Elterntraining »Leben mit Teenagern«*

---

8 Tschöpe-Scheffler [44]

Beispiel für einen Themenabend:
Hinweise und Anregungen für Eltern, damit sie gute Voraussetzungen für den Lernprozess ihrer Kinder zu Hause schaffen können.

Folgende Anregungen helfen Eltern, ihr Kind zu Hause beim Lernen zu unterstützen, dadurch präventiv zu agieren und Machtkämpfen vorzubeugen:

- das Engagement ihrer Kinder für die Schule schätzen, denn das ist *Ermutigung* pur für Eltern und Kind!
- eine feste Zeit für die Erledigung der Hausaufgaben mit ihrem Kind vereinbaren *(Routine)* und einen für das jeweilige Kind *geeigneten Platz* zur Verfügung stellen. Verlässliche Rituale helfen dem Schüler, zu verstehen, was von ihm erwartet wird.
- die *Schulwoche strukturieren*, sodass – trotz Routine – auch Wahlmöglichkeiten für den Schüler bleiben. Dafür können die Eltern mit ihrem Kind einen Zeitpunkt verabreden, um zu besprechen, wie und wann Hausaufgaben zu erledigen sind, welche Klassenarbeiten bevorstehen und wie die Zeit der Vorbereitung in die Woche eingebaut werden kann. So lernt der Schüler, sich zu organisieren.

  Beispiele:

  - *Grundschulkinder* können den Tag damit beenden, dass sie mit den Eltern lesen bzw. ihnen vorlesen;

  - Kinder in den *Klassen 5 bis 7* können mit den Eltern zusammen einen Plan für die anstehenden Aufgaben erarbeiten;

  - Kinder und Jugendliche in den *Klassen 8 bis 12/13* können ihre eigene zeitliche Wochenplanung für Hausaufgaben, Vorbereitung für Klassenarbeiten oder Klausuren, Referate und andere Aktivitäten vornehmen.

- ihr Kind fragen, *welche* Hausaufgabe es zuerst machen will.
- die alte »Großmutter-Regel« anwenden: »*Erst die Arbeit, dann das Spiel*«, um die Kinder dazu anzuleiten, ihre Hausaufgaben zu machen, bevor sie sich anderen Aktivitäten zuwenden.
- ihr Kind anleiten, *größere Projekte/Referate*, die über einen längeren Zeitraum (von ein paar Tagen bis zu ein paar Wochen) erledigt werden müssen, in *kleinere Abschnitte* einzuteilen. Dem Schüler wird der Anfang erleichtert, er lernt, seine Zeit einzuteilen, übernimmt Verantwortung für seine Arbeit, und die Eltern brauchen nicht zu nörgeln!
- auf gesunde *Ernährung*, genügend *Schlaf* und ausreichende körperliche *Bewegung* für ihr Kind achten.
- darauf achten, welche Fernsehsendungen ihr Kind sieht, und die *Fernsehzeit* begrenzen. Eltern können – je nach Alter des Kindes – bestimmte Zeiten einführen, in denen ferngesehen werden darf, und Programme gezielt – gemein-

sam mit dem Kind – aussuchen. Das Kind kann eine Wahl bekommen, ob es die Hausaufgaben vor oder nach einer bestimmten Sendung erledigt.

- darauf achten, wie viel Zeit das Kind vor dem Computer verbringt, und die *Zeit für Computerspiele* begrenzen.

Elternkurse

Im deutschsprachigen Raum Europas gibt es ein vielfältiges Angebot an Elternkursen. STEP ist ein systematisch aufgebautes, gut strukturiertes Training für Eltern. Viele der Prinzipien über menschliches Verhalten und zwischenmenschliche Beziehungen, die wir im vorliegenden Buch STEP *für Lehrer* kennengelernt haben, werden in den Büchern und Kursen STEP *für Eltern* aufgegriffen. In den STEP Elternkursen (jeweils 6–12 Teilnehmer/innen) haben die Eltern die Möglichkeit, neue Fertigkeiten zu lernen und zu üben, um ihren Herausforderungen im Alltag besser gerecht zu werden. Der Austausch der Eltern und die gegenseitige Ermutigung spielen eine wesentliche Rolle.

Als Lehrer können wir Elternkurse initiieren oder uns *zum Kursleiter ausbilden lassen*, um solche bereichernden Gruppenangebote für die Eltern unserer Schüler – in oder außerhalb der Schule – selbst durchzuführen. Elternkurse können in Schulen auch von Beratern, Psychologen, Ärzten, Sozialarbeitern, Pastoren oder Erziehern durchgeführt werden, nachdem sie die entsprechende Ausbildung zum Kursleiter absolviert haben.[9]

---

9 Zertifizierte STEP Kursleiter – Teilnehmer am Trainernetzwerk – haben sich zur Qualitätssicherung verpflichtet. Die Termine der angebotenen STEP Elternkurse finden Sie unter www.instep-online.de (für Deutschland, Belgien und Luxemburg), www.instep-online.ch (für die Schweiz) und www.instep-online.at (für Österreich).

Als Lehrer sind wir in einer besonders guten Position – an unserer eigenen Schule, aber auch an anderen Schulen –, Elterngruppen zu leiten. Unsere Beziehung zu den Eltern unserer Schüler zu verbessern,kann unsere Beziehung zu den Schülern nur stärken. Es gibt kaum bessere Möglichkeiten, unseren Einsatz für eine starke Erziehungs- und Bildungspartnerschaft mit den Eltern zu zeigen. Die Zeit, die wir jede Woche in die Durchführung von Elternkursen investieren, ist für alle Beteiligten sehr wertvoll. Inzwischen gibt es auch Schulen, an denen Lehrer eine Stundenermäßigung für die Durchführung der Elternkurse bekommen.

Mit einem solchen Elternkurs-Angebot an der Schule öffnet sich die Schule: Die Eltern erleben und lernen im Elternkurs die gleiche wertschätzende, freundliche und bestimmte Atmosphäre, die wir auch in unseren Klassen anstreben. Durch die *Transparenz*, die damit für die Eltern geschaffen wird, wächst das Vertrauen der Eltern in die Schule und zugleich auch ihre Motivation, ihre Kompetenzen einzubringen, sich untereinander zu vernetzen, sich stärker zu engagieren und zu integrieren. Auf diese Weise sind wir unserem Ziel der Erziehungs- und Bildungspartnerschaft – Lehrer und Eltern, die zum Wohl der Kinder an einem Strang ziehen – entscheidende Schritte näher gekommen.

Elternbildung ist eine wichtige präventive Maßnahme für die Erreichung der Erziehungs- und Bildungsziele, die Lehrer und Eltern zum Wohl des Kindes gemeinsam verfolgen.

Im Abschlussbericht der wissenschaftlichen Evaluation von STEP Elternkursen[10] im Setting Schule (Juni 2010, S. 578) wird betont, dass »eine vertrauensvolle, bedarfsorientierte und zielgruppengerechte Elternarbeit viel Zeit braucht, und diese muss den pädagogischen Institutionen sowie dem pädagogischen Personal auch eingeräumt werden, wenn die Forderung nach dem Ausbau präventiver Elternarbeit ernst genommen werden soll. Mancherorts wird die Kursleitertätigkeit indirekt über Abminderungsstunden vergütet (ein bis zwei Wochenstunden, Freizeitausgleich)«.

Die Erziehungs- und Bildungspartnerschaft mit den Eltern ist außerordentlich wichtig für unseren Erfolg als Lehrer. Zusammen mit kooperativen, unterstützenden Eltern, die sich für eine ermutigende, demokratisch-partizipative Klasse einsetzen, kommen wir unseren Idealen, die wir während unseres Studiums formuliert haben (s. Kap. 3), ein großes Stück näher.

---

10 In Deutschland hat das Bundesministerium für Bildung und Forschung die Evaluation von STEP im Rahmen der Präventionsforschung gefördert. Die wissenschaftliche Untersuchung und Begleitung von STEP Elterntraining unter der Ägide von Professor Klaus Hurrelmann fand an der Fakultät für Gesundheitswissenschaft, Universität Bielefeld, 2006–2009 statt. (Siehe Hartung et al. [34b])

Indem Lehrer und Eltern an einem Strang ziehen und gemeinsam mit den Schülern den Bildungs- und Erziehungsprozess gestalten, erhalten die Schüler eine zeitgemäße Schulausbildung, werden zu kooperativen, selbstbewussten, resilienten, zufriedenen Menschen und mündigen Bürgern, die fähig sind, verantwortungsvolle Entscheidungen zu treffen – für ihre eigene Zukunft und die unserer demokratischen Gesellschaft!

Herausforderungen im Schulalltag

Frau Schubert hat Probleme mit **David** (12). Er macht Blödsinn im Unterricht und bringt nur selten seine Aufgaben zu Ende. Mit **Jule** (13) hat Frau Schubert ebenfalls ein Problem. Jule ist zwar klug und hat alle Aufgaben immer sehr schnell erledigt, aber dann stört sie den Unterricht, indem sie mit anderen Schülern schwätzt. Frau Schubert plant in naher Zukunft Gespräche mit den Eltern von David und Jule.

Beantworten Sie bitte folgende Fragen
- alleine im Selbststudium,
- gemeinsam mit Ihren Kollegen, die dieses Kapitel auch gelesen haben, oder
- beim entsprechenden Modul der STEP Fortbildung für Lehrer:

1. Inwiefern werden die Gespräche mit Davids und mit Jules Eltern ähnlich sein? Inwiefern unterscheiden sie sich?

2. Was würden Sie anstelle von Frau Schubert bei den Lehrer-Eltern-Schüler-Gesprächen erreichen wollen?

Tabelle 10: Kommunikation mit den Eltern beim Lehrer-Eltern-Schüler-Gespräch

	Gesprächsförderlicher Umgang		Gesprächshinderlicher Umgang
1.	Sie geben den Eltern »ermutigende Rückmeldungen« – mündlich oder schriftlich –, in denen Sie die positiven Veränderungen und Fortschritte des Schülers anerkennen.	1.	Sie betonen die Fehler des Schülers.
2.	Sie bereiten Notizen vor (Sandwich-Methode): Fortschritte des Schülers, notwendige Verbesserungen, Stärken des Schülers.	2.	Sie lassen zu, dass Eltern sich auf die Fehler des Schülers konzentrieren.
3.	Sie erklären den Eltern Ihren Ansatz und streben Übereinstimmung an.	3.	Sie streiten sich mit den Eltern.
4.	Sie lassen die Eltern wissen, dass das Verhalten des Schülers in der Schule eine Angelegenheit zwischen Ihnen und dem Schüler ist.	4.	Sie fordern die Eltern auf, bzgl. des Verhaltens oder der Arbeit ihres Kindes in der Schule auf den Schüler Druck auszuüben.
5.	Sie erbitten die Anwesenheit des Schulsozialarbeiters/Beratungslehrers und/oder des Schulleiters, wenn Sie ein schwieriges Gespräch erwarten.	5.	Sie glauben, Sie müssen jede schwierige Situation alleine bewältigen.
6.	Sie treffen sich mit Ihrem Schüler vor dem Eltern-Lehrer-Gespräch, wenn der Schüler nicht am Gespräch teilnimmt.	6.	Sie lassen den Schüler über Ihre Absichten »im Dunkeln« und fördern dadurch Misstrauen und Respektlosigkeit.
7.	Sie setzen Ihre Kommunikationsfertigkeiten als guter Zuhörer ein: Aktives Zuhören hilft insbesondere, wenn die Eltern aufgebracht und wütend sind. Mit Ich-Aussagen kommunizieren Sie Ihre Gefühle klar, deutlich und ohne Beschuldigungen.	7.	Sie erzwingen übereilte Lösungen, ohne den Eltern oder dem Schüler zuzuhören. Sie lassen die Eltern wissen, dass Sie über das Verhalten ihres Kindes wütend sind. Sie tun dies auf eine Art, durch die sich die Eltern oder der Schüler persönlich angegriffen fühlen.
8.	Sie erkennen die Ressourcen und Stärken der Eltern und des Schülers.	8.	Sie übersehen die Stärken und Ressourcen der Eltern und des Schülers.
9.	Sie setzen sich für die Wahrung der Selbstachtung des Schülers in Lehrer-Schüler-Eltern-Gesprächen ein.	9.	Sie lassen zu, dass Eltern ihr Kind in Ihrer Anwesenheit verbal oder physisch angreifen.
10.	Sie haben Verständnis für die besonderen Sorgen und Bedürfnisse alleinerziehender Eltern und von Patchworkfamilien.	10.	Sie haben Vorurteile bzgl. alleinerziehender Eltern und Patchworkfamilien, bevor Sie sie kennengelernt haben.

Zusammenfassung

1. Alle Erwachsenen, die als direkte Vorbilder oder Rollenmodelle für Schüler dienen, können angesprochen und motiviert werden, in der Schule mitzuhelfen.

2. Jede Schule kann die Ressourcen der Eltern nutzen, um Unterstützung für diverse Aktivitäten an der Schule zu bekommen.

3. Eine (elektronische) »Elternkartei« zu erstellen ist nützlich, um herauszufinden, welche Helfer der Schule zu Verfügung stehen.

4. Sie motivieren Eltern, sich einzubringen, indem Sie:
   - die Einbeziehung der Eltern in den Schulalltag am Tag der offenen Tür verkünden
   - die Eltern selbst kontaktieren oder über die Elternvertreter kontaktieren lassen
   - ansprechende Briefe / E-Mails verschicken
   - die Unterstützung Ihrer Schüler in Anspruch nehmen: Die Schüler bitten ihre Eltern, sich in der Schule zu engagieren.

5. Sie bauen eine gute Beziehung zu den Eltern auf, indem Sie regelmäßig »ermutigende Rückmeldungen« – Berichte über Fortschritte und Kooperation der Schüler – schicken.

6. Sie unterstützen die Eltern mit den Ressourcen der Schule, indem Sie Gespräche mit Eltern (und Schülern) zum Bestandteil eines positiven Elternbeteiligungsprogramms machen.

7. Für ein Gespräch mit den Eltern (und Schülern) bereiten Sie Notizen vor, die folgende Punkte in dieser Reihenfolge enthalten (Sandwich-Methode):
   - Fortschritte des Schülers
   - notwendige Verbesserungen
   - Stärken des Schülers.

8. Sie bemühen sich, die Kooperation der Eltern, die Widerstand leisten, zu gewinnen, indem Sie respektvoll und wertschätzend mit ihnen kommunizieren: Sie hören aktiv zu und formulieren Ich-Aussagen.

9. Gespräche, die anberaumt werden, um das Fehlverhalten von Schülern zu besprechen, schließen ein:
   1. Ihre Einschätzung der Fortschritte des Schülers
   2. Ihren Verweis auf das Ziel des Fehlverhaltens des Schülers

3. Ihre geänderte Reaktion, um das Verhalten des Schülers in positive Bahnen zu lenken und auf die Stärken des Schülers zu achten.

Wenn Sie sich entscheiden, Eltern zu beraten, mit ihnen gemeinsam Alternativen zu suchen, um die Beziehungen zu Hause in positive Bahnen zu lenken, dann:
1. überlegen Sie sich den Einstieg gut
2. lassen Sie die Eltern ihre Beziehung zu ihrem Kind beschreiben
3. finden Sie mehr über die Geschwisterkonstellation heraus
4. suchen Sie gemeinsam mit den Eltern (und Schülern) nach Alternativen
5. lassen Sie die Eltern (und den Schüler) eine Verpflichtung zur Umsetzung eingehen und legen Sie einen Termin für die Auswertung fest.

10. Als Lehrer sind Sie in einer besonders guten Position, Elternkurse zu leiten. Dadurch schaffen Sie in der Schule Transparenz und die Möglichkeit der Integration als Voraussetzung für eine gelungene Erziehungs- und Bildungspartnerschaft mit den Eltern.

Anhang A: Logbuch (Muster)

	Woche vom .... **08.09** ..... bis .... **12.09.**				
	Montag		**Dienstag**		**Mittwoch**
Lernzeit	Ich plane: **Englisch**	✓	Ich plane: **Deutsch**	✓	Ich plane: **Mathe**	✓
	Notting Hill		Bericht über		Mathelive S. 9	
	Unit 1		meinen Inter-		A 4 / 5 / 6	
	WB p. 3 A1 a, b		viewpartner		S. 10 lesen	
	(Gruppenarbeit)		verfassen			
Selbsteinschätzung	☺☺ ☺ ☹ ☹☹		☺☺ ☺ ☹ ☹☹		☺☺ ☺ ☹ ☹☹	
Projekt	Ich plane: **Projekt 1**	✓	Ich plane: **Projekt 1**	✓	Ich plane: **Projekt 1**	✓
	Probleme in		Texte zu		Ein Rollen-	
	der Gruppe		Gesprächsver-		spiel zu einer	
	besprechen		halten lesen		Streitsituation	
			und Arbeits-		verfassen und	
			blatt dazu		verschiedene	
			bearbeiten		Lösungswege	
					überlegen	
Selbsteinschätzung	☺☺ ☺ ☹ ☹☹		☺☺ ☺ ☹ ☹☹		☺☺ ☺ ☹ ☹☹	
Kommentar	Englisch: Wir mussten mehrmals die CD anhören, um die Aufgabe 1a zu lösen. Projekt: Wir konnten das Problem nicht lösen, Tutor fragen!		Es ist mir leichtgefallen, den Bericht über Marco zu schreiben. Projekt: Der Text war interessant für mich.		Mathe: Die Aufgaben waren leicht! Projekt: Ergin, Sanja und ich sind nicht fertig geworden.	
Daran denken / Zu Hause erledigen	Englisch: Vokabeln A1 ins Vokabelheft schreiben und lernen!		Deutsch: Den Bericht für einen Klassenvortrag vorbereiten.		Mathe: mathelive S. 9, A 7, 8, 9	

Mein Wochenziel: in der Lernzeit nur im Flüsterton reden erreicht ☒		
Donnerstag	Freitag	Mein Wochenrückblick
Ich plane: **Deutsch** ✓	Ich plane: **Mathe** ✓	Ich habe mich während der
Ich präsen-	mathelive S.10	Lernzeit fast immer
tiere meinen	Nr. 10 A	im Flüsterton unterhalten.
Bericht über	1, 2a, 3, 4a-c,	
Marco vor	6a+b	Rückmeldung der Tutoren
Der klasse		
		Du hast diese Woche sehr fleißig für
		Mathe und Deutsch gearbeitet. Prima!
☺☺ ☺ ☹ ☹☹	☺☺ ☺ ☹ ☹☹	In der kommenden Woche solltest du dich
Ich plane: **Projekt 1** ✓	Ich plane: **Projekt 1** ✓	mehr mit Englisch beschäftigen.
Merkmale	Präsentation	Th. Tuto
einer gelung-	des	
enen Rollen-	Rollenspiels vor	
spielpräsenta-	der klasse	
tion lesen und		
Rollenspiel		
proben.		
☺☺ ☺ ☹ ☹☹	☺☺ ☺ ☹ ☹☹	

Material und/oder Logbuch dabei	+++
Arbeitshaltung	++
Respektierung der Regeln	+++
Pünktlichkeit	– –
Ämterführung	+++

Deutsch: Ich habe den Bericht fast frei vorgetragen. Ich wurde gelobt. Projekt: Wir mussten sehr konzentriert arbeiten.	Mathe: Ich habe nicht alles geschafft. Projekt: Für das Rollenspiel gab es viel Beifall. Ich habe aber etwas zu leise gesprochen.	**Mitteilungen** (Tutoren / Eltern)
		Liebe Eltern, in dieser Woche ist Yannik 2 mal zu spät zur Schule gekommen. Bitte sorgen Sie dafür, dass er rechtzeitig das Haus verlässt. Mit herzlichen Grüßen
Deutsch: Vorlagebogen „Würfel basteln" anschauen und über Vorgehen nachdenken	Mathe: mathelive S. 10, 6a+b beenden	Datum:
		Th. Tuto Paul Palter
		TutorIn Erziehungsberechtigte

Anhang B: Das Soziogramm

Bei der Erstellung eines Soziogramms geht es um die Untersuchung und Messung zwischenmenschlicher Beziehungen in der Klasse. Ein Soziogramm kann dazu genutzt werden, Maßnahmen zu planen, die das Selbstbewusstsein und die Lern- und Kooperationsbereitschaft der Schüler fördern.

Nutzen

Die meisten Lehrer denken, dass sie ihre Klasse ziemlich gut kennen. Jedoch werden durch die Nutzung des Soziogramms oft Wertvorstellungen und Beziehungen entdeckt, die bei alltäglicher Beobachtung nicht unbedingt erkannt werden. Als Lehrer können wir diese Methode nutzen, um

- Aktivitäten (Gespräche, Projekte, usw.) in der Klasse zu planen und durchführen, die eng mit den Werten der Klasse verbunden sind,
- die Sitzordnung so zu planen, dass die Beziehungen zwischen den Schülern verbessert werden,
- die Kooperation »schwieriger«, unmotivierter Schüler anzuregen, Außenseiter (isolierte, unbeliebte Schüle) einzugliedern und
- alle Schüler der Klasse miteinander – möglichst konstruktiv – in Beziehung zu bringen.

Fehlverhalten wird von denjenigen gezeigt, die nicht glauben, dass sie durch nützliche, sinnvolle Beteiligung dazugehören können. Schüler, die von Gleichaltrigen bereits im Kindergarten abgelehnt wurden und isoliert sind, nehmen oftmals die gleiche Position in der Grundschule und in der weiterführenden Schule ein, wenn keine positive Intervention stattfindet. Durch die Erstellung eines Soziogramms können Lehrer die soziale Position von Schülern verbessern, die von Gleichaltrigen abgelehnt und isoliert werden, die Außenseiter sind.

Die Erstellung eines Soziogramms

Der Fragebogen zur Erstellung des Soziogramms. Der Fragebogen, den die Schüler ausfüllen, hilft Lehrern, Informationen über Werte, Beziehungen und Führungspersönlichkeiten in der Klasse zu erhalten. Der Fragebogen sollte einem besonderen Zweck dienen, der den Schülern mitgeteilt wird, wie z. B. die Sitzordnung in der Klasse oder die Zusammensetzung von Kleingruppen. Wenn Informationen gesammelt werden, aber dann nicht für diesen bestimmten Zweck genutzt werden, kooperieren die Schüler möglicherweise bei zukünftigen Aktivitäten nicht mehr.

Viele Lehrer glauben, dass sie Schüler, die befreundet sind, trennen müssen, weil sie sich unterhalten und nicht arbeiten. Die Erfahrung hat jedoch gezeigt, dass ein verbessertes soziales Klima auch bessere Leistungen bringt. Eine gute Lernatmosphäre wird oft durch eine willkürliche bzw. nicht gut durchdachte Sitzordnung und ungünstige Arbeitsgruppen ge- oder gar zerstört. Würden wir nicht alle lieber mit einer Person arbeiten, die wir selbst ausgesucht haben? Wenn Schüler sich zu viel unterhalten, schwätzen, unkonzentriert und/oder abgelenkt sind, benutzen wir logische Konsequenzen für eine vorübergehende Trennung.

Die einzige Ausnahme vom Regelfall, Freunde zusammenzusetzen, sind Anführer mit negativem Einfluss und ihre Gefolgsleute: Diese Schüler müssen auseinandergesetzt werden. Unbeliebte und isolierte Schüler können in die Klasse integriert werden, indem wir – als Lehrer – sie mit Schülern zusammensetzen, für die sie sich auf dem Fragebogen entschieden haben. Anführer mit positivem Einfluss können auf kleinere Gruppen verteilt werden, um die Lernatmosphäre zu verbessern.

Bei der vertraulichen Zusammenstellung der Fragebögen achten wir darauf, dass wir jedem Schüler drei Möglichkeiten für die Wahl eines Partners geben: 1., 2. und 3. Wahl. Außerdem bitten wir die Schüler, auf dem Fragebogen auch jemanden aufzuschreiben, mit dem sie absolut *nicht* arbeiten möchten. Es ist wichtig, zu vermeiden, dass Schüler zusammensitzen, die einander gar nicht mögen, da Feindseligkeit destruktiv wirkt. Wir erfahren außerdem, welche Schüler unbeliebt sind, im Unterschied zu denjenigen, die nur einzelgängerisch sind. In einer Gruppe gibt es gewöhnlich starke Gefühle gegenüber einem Schüler, der abgelehnt wird. Ein Schüler, der isoliert ist, wird von der Gruppe einfach ignoriert.

Junge Schüler, die noch nicht lesen und schreiben können, treffen ihre Wahl, indem sie dem Lehrer die Namen zuflüstern.

Beispiel für einen Fragebogen:

Benenne drei Schüler in deiner Klasse, mit denen du gerne zusammensitzen möchtest:

1. Wahl   _____   _____
                  Vorname   Nachname

2. Wahl   _____   _____
                  Vorname   Nachname

3. Wahl   _____   _____
                  Vorname   Nachname

Wenn es jemanden gibt, neben dem du *gar nicht* sitzen möchtest, dann schreibe bitte seinen Vor- und seinen Nachnamen hier auf _____ *(Du brauchst hier gar keinen Namen aufzuschreiben, wenn du gegen keinen Mitschüler eine besondere Abneigung hast.)*

Es ist am besten, den Fragebogen an einem Tag auszuteilen, an dem alle Schüler anwesend sind. Die Namen aller Schüler an der Tafel anzuschreiben hilft den Schülern bei der richtigen Schreibweise der Namen und erleichtert es ihnen, sich an alle Namen und alle Schüler zu erinnern, wenn sie ihre Wahl treffen.

Tabellarische Zusammenstellung und Auswertung der Information

Der 1., 2. und 3. Wahl eine Gewichtung zuzuordnen, hilft uns, die Information treffsicherer zu nutzen, wenn wir Gruppenzusammensetzungen planen. Die 1. Wahl wiegt mehr als die 2. und 3., und deshalb ist es notwendig, die Wahl entsprechend zu gewichten:

die 1. Wahl = 3 Punkte,
die 2. Wahl = 2 Punkte und
die 3. Wahl = 1 Punkt.
Schüler, die abgelehnt werden = − 1 Punkt.

Wir können den Wert bestimmen und gleichzeitig ein Muster der Beziehungen der Schüler untereinander erkennen, wenn wir eine Matrix ähnlich der folgenden erstellen.

Legende für die Matrix:

- A, B und C werden für die 1., 2. und 3. Wahl benutzt, um eine Verwechslung mit der Rangfolge der Wahl und dem Wert der Gewichtung zu vermeiden.

- U (unbeliebt) wird für einen Schüler benutzt, der abgelehnt wird.

- x steht für die gegenseitige Wahl im gleichen Rang.

- (**Jungen**) bzw. (**Mädchen**) wird **hinter dem Namen** einer Schülerin bzw. eines Schülers eingetragen, wenn sie bzw. er alle Schüler des anderen Geschlechts ablehnt.

Die Matrix[11]

Gesamt	7	8	-5 (-5)	0	0 (-3)	12	13	10	9	4 (-1)
Erwählte Wähler	Jonas	Johanna	Frank	Gülçan	Thomas	Alina	Boris	Marie	Ali	Raisa
Jonas (Mädchen)		U			C	A			B	
Johanna (Jungen)						A		C		C
Frank	A	B					C			U
Gülçan		B				A				C
Thomas	B						C		A	
Alina		B	U		U		Cx	A	Cx	
Boris	B		U			Cx			B	Ax
Marie		B	U		U	Ax	Cx			
Ali					B	Cx	A			
Raisa			U		U	C	Ax	C		
1.W: A=3	1					3	3	1	1	1
2.W: B=2	2	4			1			2		
3.W: C=1					1	3	4	2	1	2
unbeliebt U= -1			5		3					1
Gesamt	7	8	-5 (-5)	0	0 (-3)	12	13	5	8	4 (-1)

Wenn nur wenige Schüler sich für Schüler des anderen Geschlechts entscheiden, möchten wir vielleicht zwei separate Matrizen für Mädchen bzw. Jungen erstellen.

Die Werte der Klasse herausfinden. Wir finden heraus, wer die *Anführer*, die *abgelehnten* und die *isolierten* Schüler sind.

---

11 In diesem Beispiel wird die Matrix für eine Gruppe von 10 Schülern erstellt. Eine solche Matrix kann auch für eine größere Klasse (z.B. von 30 Schülern) von Nutzen sein.

Fragen für die Analyse:

- **Anführer**

Handelt es sich bei den Anführern um positive oder negative Persönlichkeiten?
Was macht bei den Anführern ihre Beliebtheit aus?
Erstellen Sie eine Liste ihrer Eigenschaften: Haben sie gute Noten, sind sie intelligent, arrogant/snobistisch (intellektuell/schulisch oder bzgl. der sozialen Herkunft), athletisch, Bullys (andere bewundern ihre Macht), Angeber, die Machtkämpfe mit Lehrern gewinnen (andere bewundern ebenfalls ihre Macht), gut aussehend?

- **Isolierte Schüler**

Wir beobachten sie als Gruppe und als Individuen, indem wir bemerken, welche Schüler auf dem Fragebogen nicht erwähnt wurden.
Gibt es einen bestimmten Grund, weshalb sie nicht gewählt wurden?
Was haben diese Schüler an sich, das die anderen dazu bringt, sie zu ignorieren?
Sind sie besonders still oder schweigsam?
Vermeiden sie den Kontakt mit den Mitschülern?

- **Abgelehnte Schüler**

Wir wenden uns diesen unbeliebten Schülern zu, sowohl als Gruppe wie auch als Individuen.
Gibt es einen bestimmten Grund dafür, dass sie abgelehnt werden?
Handelt es sich um Bullys?
Verhalten sie sich kindlicher als ihre Klassenkameraden?
Hat es etwas mit ihrer Leistung als Schüler zu tun?
Liegt es an ihrem Aussehen?
Sind es Schüler, die ihren eigenen Weg gehen wollen?
Hat es etwas mit dem finanziellen Status ihrer Eltern zu tun oder der Art, wie sie sich kleiden?

Sobald wir die Anführer, die isolierten und die abgelehnten Schüler analysiert haben, haben wir ein Bild von den Werten, die in der Klasse vorherrschen.

Danach können wir gezielt Gespräche durchführen und Übungen, Rollenspiele, audiovisuelles Lehrmaterial usw. einsetzen, durch die wir uns **mit diesen Werten auseinandersetzen**. Wir können auch Bücher über Jugendliche als Lektüre vorschlagen, die ähnliche Probleme haben wie diejenigen, die in der Klasse isoliert oder unbeliebt sind.

Beispiel:

Wenn ein Schüler beliebt ist wegen seiner sportlichen Fähigkeiten – er kommt locker über den Kasten! –, kann sich die Klasse über die Tatsache austauschen, dass jeder seine eigenen Stärken hat. Sind athletische Fähigkeiten die einzige Möglichkeit, in einer Gruppe wichtig zu sein? Was sind andere Eigenschaften und Stärken?

Diese themenbezogene Diskussion könnte durch individuelle Ermutigungsübungen abgerundet werden.

Die Informationen über die isolierten und unbeliebten Schüler können wir nutzen, um zu planen, wie wir diese Schüler zu einem **Teil der Gruppe** machen, sie integrieren können. Es ist notwendig, das Ziel des Fehlverhaltens des individuellen Schülers in Betracht zu ziehen.

BEISPIEL:

Ein Schüler, der ein Bully ist, muss auf andere Weise einbezogen werden als ein Schüler, der still ist und andere dazu bringen möchte, ihn zu bedienen. Der Bully wird lernen müssen, seine Macht auf konstruktive Art einzusetzen. Derjenige, der Aufmerksamkeit durch Passivität sucht (sich bedienen lässt), kann lernen, seinen Beitrag zu leisten, indem er anderen hilft.

Wir bilden Kleingruppen aufgrund der Information, die wir durch das Soziogramm gewonnen haben. Während wir durch eine *Matrix* die Beziehungen zwischen den einzelnen Schülern erkennen können, bekommen wir durch ein *Diagramm* ein klareres Bild von den Kleingruppenbildungen unter den Schülern.

Es gibt verschiedene Arten von Diagrammen. Das nützlichste in diesem Zusammenhang ist wahrscheinlich das Zielscheibendiagramm, weil wir dadurch numerische Werte auf konzentrischen Kreisen festhalten können (s. Beispiel). Auf diese Weise legen wir fest, wo auf dem Kreis die Namen der Schüler platziert werden sollen. Die Namen können so auf dem Kreis verteilt werden, dass keine zu große Ballung entsteht und die Linien nicht überschnitten werden. Nur die 1. und 2. Wahl werden aufgenommen, weil bei Einbeziehung der 3. Wahl zu viele Linien entstehen würden.

Zielscheibendiagramm[12]

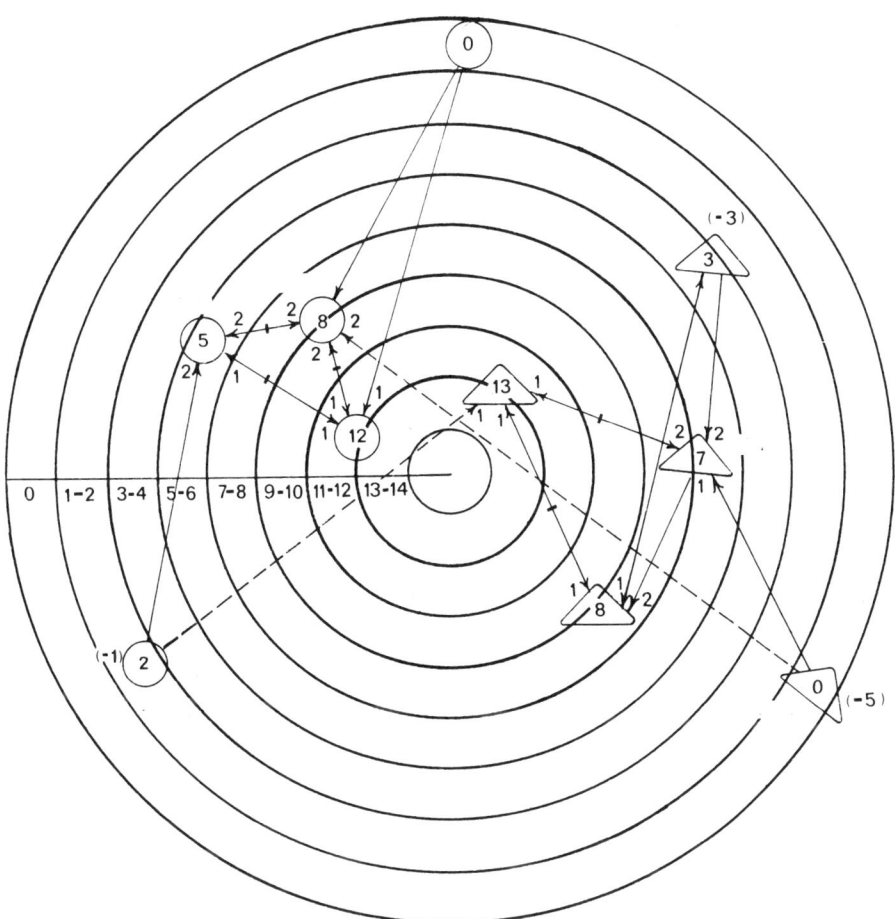

Vorgehensweise:

- Die Summe aus der 1. und 2. Wahl wird benutzt, um die Platzierung zu bestimmen.

- Die 1. und 2. Wahl werden auf dem Kreis dadurch gekennzeichnet, dass die Zahl 1 oder 2 neben die Namen derjenigen Schüler geschrieben wird, die jeweils die 1. bzw. 2. Wahl sind, oder indem jede Wahl durch eine andere Farbe

---

12 Adaptiert nach einem Beispiel eines Soziogramms von D. Dinkmeyer und C. E. Caldwell: Developmental Counselling and Guidance: A Comprehensive School Approach, NY

gekennzeichnet wird. So könnten z. B. Linien, die zur 1. Wahl laufen, rot sein und solche zur 2. Wahl blau.

- Wählen sich Schüler gegenseitig, so kann dies durch entgegengesetzte Pfeile an der gleichen Linie gekennzeichnet werden.

- Schüler, die einen Schüler des anderen Geschlechts wählen, können durch eine unterbrochene Linie gekennzeichnet werden.

- Wir nutzen verschiedene geometrische Formen für die beiden Geschlechter: z. B. ein Dreieck für Jungs und einen Kreis für Mädchen. Die Namen des jeweiligen Jungen oder des Mädchens platzieren wir jeweils neben der geometrischen Form. Positive Zahlen stehen innerhalb des Symbols und negative außerhalb, neben den jeweiligen Namen.

Das Zielscheibendiagramm erleichtert uns, **Kleingruppen** zu bilden. Wir schreiben den Namen eines jeden Schülers auf einen kleinen Zettel, dann schieben wir die einzelnen Zettel von einer Gruppe auf dem Diagramm zur anderen, bis wir die passende Gruppe für den jeweiligen Schüler gefunden haben.

Wenn wir das Soziogramm dazu benutzen, um die **Sitzordnung** zu erstellen, bringen wir jeden Namen am passenden Platz auf unserem Diagramm unter.

Wenn wir das Soziogramm für die **Kleingruppeneinteilung für einen bestimmten Zweck** verwenden möchten, entscheiden wir zuerst, wie viele Gruppen wir brauchen. Wir bringen jeden Schüler in einer Gruppe mit zumindest einem anderen Schüler seiner Wahl unter. (Manchmal wird es nötig sein, eine 3. Wahl mit einzubeziehen oder sogar von einzelnen Schülern eine vierte Wahl einzuholen.)

Wir beginnen mit den am meisten isolierten und abgelehnten Schülern. Wenn es irgendwie möglich ist, bringen wir sie in eine Gruppe zusammen mit ihrer 1. oder 2. Wahl. Auf keinen Fall sollen sie mit Schülern, die sie ablehnen, in eine Gruppe, es sei denn, wir haben das Gefühl, dass wir den erwählten Schüler – durch ein persönliches Gespräch – beeinflussen können, den Schüler, den er abgelehnt hat, zu akzeptieren. Sollte das nicht möglich sein, bitten wir den abgelehnten Schüler um eine weitere Wahl.

Wir fahren fort, indem wir die Gruppen von der niedrigsten zur höchsten Punktzahl (entsprechend den jeweiligen vorgenommenen Wahlen) zusammenstellen. Die positiven Anführer sind die Letzten, die wir zuordnen. Auch hier brauchen wir möglicherweise eine weitere Wahl. Wenn möglich, bringen wir Schüler, die sich gegenseitig als 1. Wahl angegeben haben, in einer Gruppe zusammen, es sei denn, sie wären Teil einer Clique. Cliquen sollten aufgebrochen werden, damit diese Schüler lernen, andere nicht auszuschließen.

Wir trennen auch negative Anführer von ihren Gefolgsleuten. Wenn möglich, platzieren wir einen negativen Anführer in einer Gruppe mit zumindest zwei starken positiven Anführern. Jede Gruppe braucht zumindest einen positiven Anführer.

Soziogramme sind dann am hilfreichsten, wenn wir das Gefühl haben, dass die Klasse sich schon relativ gut kennt, z. B. ca. vier Wochen nach Beginn des Schuljahres. Wenn wir Soziogramme zu früh einsetzen, wissen die Schüler vielleicht nicht genug übereinander, um eine genaue Wahl zu treffen, und wir wissen möglicherweise nicht genug über unsere Schüler, um die Ergebnisse auszuwerten.

Da sich Beziehungen verändern, ist es notwendig, auch Gruppen immer wieder zu verändern. Je jünger die Schüler sind, umso wechselhafter sind ihre Beziehungen untereinander und desto häufiger brauchen wir neue Informationen, um neue Gruppen zu bilden.

Für die Häufigkeit der Bildung neuer Gruppen gilt folgende grobe Regel:
- Kindergarten bis 2. Klasse Grundschule: alle zwei Wochen
- 3. und 4. Klasse: alle drei Wochen
- 5. und 6. Klasse: alle vier bis sechs Wochen
- Ab der 7. Klasse: alle sechs Wochen bis zwei Monate.

Wir als Lehrer bzw. Klassenlehrer entscheiden, welcher Zeitraum für unsere Klasse angemessen ist.

Soziogramme sind zeitaufwendig, aber die Erstellung zahlt sich aus, denn die Beziehungen unter den Schülern werden verbessert, und wir verstehen unsere Schüler besser. Schon die Veränderung der Sitzordnung auf der Basis der Erkenntnisse durch die Soziogramme hat einen großen Einfluss auf die Schüler.

Nachdem wir einige Male mit Soziogrammen gearbeitet haben, werden wir sie in kürzerer Zeit erstellen können als zu Beginn. Es empfiehlt sich, die Soziogramme aufzubewahren, um Veränderungen in den Beziehungen unserer Schüler nachverfolgen zu können.

Anmerkungen, Literaturhinweise im Text

[1]   Adler, A., Brett, C. (Hrsg.): Social Interest. Adler's Key to the Meaning of Life, One World, London 2009

[2]   Bauer, J.: Die Freiburger Schulstudie der Uniklinik Freiburg in Zusammenarbeit mit dem Oberschulamt Freiburg an zehn badischen Gymnasien, 2004

[3]   Bauer, J.: Warum ich fühle, was du fühlst. Intuitive Kommunikation und das Geheimnis der Spiegelneurone, Heyne Verlag, München 2006

[4]   Bründel, H., Simon, E.: Die Trainingsraum-Methode. Unterrichtsstörungen – klare Regeln, klare Konsequenzen, Beltz Verlag, Weinheim und Basel 2007

[5]   Brunner, R., Titze, M. (Hrsg.): Wörterbuch der Individualpsychologie, Ernst Reinhard Verlag, München 1995

[6]   Carlson, J., Dinkmeyer, D. Jr.: The Basics of Discipline, CMTI Press, Bowling Green (KY)

[7]   Dinkmeyer, D.: The Basics of Understanding your Lifestyle, CMTI Press, Bowling Green (KY)

[8]   Dinkmeyer, D. et al.: The Effective Parent, AGS Publishing / Pearson PLC, London 1987

[9]   Dinkmeyer, D., Dreikurs, R.: Ermutigung als Lernhilfe, Verlag Klett-Cotta, Stuttgart 2004

[10] Dinkmeyer, D., McKay, G., Dinkmeyer, J., Dinkmeyer, D. Jr., McKay, J.: STEP Das Elternbuch, Die ersten 6 Jahre, Beltz Verlag, Weinheim und Basel 2006

[11] Dinkmeyer, D., McKay, G., Dinkmeyer, D. Jr.: STEP Das Elternbuch, Kinder ab 6 Jahre, Beltz Verlag, Weinheim und Basel 2006

[12] Dinkmeyer, D., McKay, G., McKay, J., Dinkmeyer, D. Jr.: STEP Das Elternbuch, Leben mit Teenagern, Beltz Verlag, Weinheim und Basel 2006

[13] Dinkmeyer, D., McKay, G., Dinkmeyer, J., Dinkmeyer, D. Jr.: STEP Das Buch für Erzieher/innen, Cornelsen Verlag Scriptor, Berlin 2008

[14] Dreikurs, R.: Psychodynamics, psychotherapy, and counseling: collected papers of Rudolf Dreikurs, M. D. Alfred Adler Institute of Chicago, Chicago (IL) 1973

[15] Dreikurs, R.: Psychologie im Klassenzimmer, Verlag Klett-Cotta, Stuttgart 2009

[16] Dreikurs, R., Grey, L.: A Parent's Guide to Child Discipline, E. P. Dutton (Dutton Penguin), New York 1970

[17] Dreikurs, R., Grey, L.: Kinder lernen aus den Folgen. Wie man sich schimpfen und strafen sparen kann, Verlag Herder, Freiburg 2007

[18] Dreikurs, R., Grunwald, B., Pepper, F.: Lehrer und Schüler lösen Disziplinprobleme, Beltz Verlag, Weinheim und Basel 2003

[19] Dreikurs, R., Soltz, V., Kinder fordern uns heraus, Verlag Klett-Cotta, Stuttgart 1990

[20] Endres, W.: Endres-Lernmethodik, Beltz Verlag, Weinheim und Basel 2007

[21] Felten, M.: Auf die Lehrer kommt es an! Für eine Rückkehr der Pädagogik in die Schule, Gütersloher Verlag, Gütersloh 2010

[22] Friedrichs, B.: Praxisbuch Klassenrat. Gemeinschaft fördern, Konflikte lösen, Beltz Verlag, Weinheim und Basel 2009

[23] Gordon, T.: Teacher Effectiveness Training: The Program Proven to Help Teachers Bring Out the Best in Students of All Ages, Three Rivers Press, New York 2003

[24] Hoegg, G.: SchulRecht! Aus der Praxis – für die Praxis, Beltz Verlag, Weinheim und Basel 2010

[25] Hüther, G.: Die Zukunft des Lernens. Voraussetzungen für gelingende Lernprozesse aus neurologischer Sicht, Auditorium Netzwerk, Müllheim-Baden 2008

[26] Hüther, G.: Vortrag im Rahmen einer Fachtagung an der Universität Göttingen, Nov. 2010

[27] Jannan, M.: Das Anti-Mobbing-Buch: Gewalt an der Schule – vorbeugen, erkennen, handeln, Beltz Verlag, Weinheim und Basel 2008

[28] Keirsey, D. W.: Systematic exclusion: Eliminating chronic classroom disruptions. In: Krumboltz, J.D., Thoresen, C. E. (Hrsg.): Behavioral Counseling, Holt, Rhinehardt and Winston, New York 1969, S. 89-114

[29] Kretschmann, R.: Stressmanagement für Lehrerinnen und Lehrer. Ein Trainingsbuch mit Kopiervorlagen, Beltz Verlag, Weinheim und Basel 2008

[30] Krowatschek, D., Wingert, G.: Schwierige Schüler im Unterricht. Was wirklich hilft, Verlag Modernes Lernen Borgmann, Dortmund 2010

[31] Langmaack, B., Braune-Krickau, M.: Wie die Gruppe laufen lernt, Beltz Psychologie Verlags Union, Weinheim und Basel 2010

[32] Programm Lions-Quest: Erwachsen Werden. Life-Skills-Programm für Schülerinnen und Schüler der Sekundarstufe 1. www.lions-quest.de

[33] Marmet, O.: Ich und du und so weiter. Kleine Einführung in die Sozialpsychologie, Beltz Verlag, Weinheim und Basel 2011

[34a] Marzinzik, K., Kluwe, S., Trompetter, E.: Die Umsetzung von STEP Elternkursen in Kooperation mit Schulen, Kindertagesstätten und Familienhilfe. Erster Forschungsbericht der Bielefelder Evaluation von ElternedukationsProgrammen (BEEP): Teilstudie STEP Evaluation, Universität Bielefeld, Projektleitung: Prof. Dr. K. Hurrelmann, 2008. http://www.uni-bielefeld.de/gesundhw/beep/

[34b] Hartung, S., Kluwe, S., Sahrai, D.: Elternbildung und Elternpartizipation in Settings. Eine programmspezifische und vergleichende Analyse von Interventionsprogrammen in Kita, Schule und Kommune. Abschlussbericht BEEP. Gefördert vom BMBF. Projektleitung: Prof. Dr. K. Hurrelmann. Laufzeit: 1.7.2006 bis 31.12.2009. http://www.uni-bielefeld.de/gesundhw/beep/

[35] McKay, G.: The Basics of Encouragement, CMTI Press, Bowling Green (KY)

[36] Meyer, H.: Was ist guter Unterricht? Sonderausgabe inkl. DVD-Video, Cornelsen Verlag Scriptor, Berlin 2004

[37] Mosak, H. H.: Adlerian psychotherapy. In: Corsini, R. J., Wedding, D. (Hrsg.): Current psychotherapies (6th ed.), F. E. Peacock Publishers, Itasca (IL) 2000, S. 54–98

[38] Müller, F.: Selbstständigkeit fördern und fordern: Handlungsorientierte und praxiserprobte Methoden für alle Schularten und Schulstufen, Beltz Verlag, Weinheim und Basel 2010

[39] Prior, M., Winkler, H.: MiniMax für Lehrer, Beltz Verlag, Weinheim und Basel 2009

[40] Stahl, E.: Dynamik in Gruppen. Handbuch der Gruppenleitung, Beltz Psychologie Verlags Union, Weinheim und Basel 2002

[41] Steen, R.: Frühjahrsakademie in Göttingen, 27.-28.02.03, Vortrag: »Lehrer stark machen.«, S. 8/9

[42] Thompson, C., Poppen, W.: For Those Who Care: Ways of Relating to Youth, Charles E. Merrill Publishing Company, Columbus (OH) 1972

[43] Tschöpe-Scheffler, S.: Elternkurse auf dem Prüfstand. Wie Erziehung wieder Freude macht, VS Verlag für Sozialwissenschaften/Springer Fachmedien, Wiesbaden 2003

[44] Tschöpe-Scheffler, S.: Konzepte der Elternbildung – eine kritische Übersicht, Verlag Barbara Budrich, Leverkusen 2006

[45] Wiechmann, J. (Hrsg.): Zwölf Unterrichtsmethoden. Vielfalt für die Praxis, Beltz Verlag, Weinheim und Basel 2008

[46] Wustmann, C.: Resilienz. Widerstandsfähigkeit von Kindern in Tageseinrichtungen fördern, Cornelsen Verlag Scriptor, Berlin 2008

Literatur zum Thema

Individualpsychologie

Adler, A.: Lebensprobleme. Vorträge und Aufsätze, S. Fischer Verlag, Frankfurt 1994

Dreikurs, R.: Grundbegriffe der Individualpsychologie. Konzepte der Humanwissenschaften, Verlag Klett-Cotta, Stuttgart 2009

Kornbichler, T.: Die Individualpsychologie nach Alfred Adler. Eine praktische Orientierungshilfe, Kreuz Verlag, Freiburg 2007

Rattner, J.: Alfred Adler, Rowohlt Taschenbuch Verlag, Hamburg 1972

Schiferer, H. R., Skopec, M., Gröger, H.: Alfred Adler. Eine Bildbiografie, Verlag E. Reinhardt, München 1995

Erziehung und Bildung in der Schule

Becker, G.: Lehrer lösen Konflikte. Handlungshilfen für den Schulalltag, Beltz Verlag, Weinheim und Basel 2006

Bohl, T.: Prüfen und Bewerten im Offenen Unterricht, Beltz Verlag, Weinheim und Basel 2009

Buhren, C. G., Rolff, H.-G.: Personalmanagement für die Schule. Ein Handbuch für Schulleitung und Kollegium, Beltz Verlag, Weinheim und Basel 2009

Caspary, R. (Hrsg.): Lernen und Gehirn. Der Weg zu einer neuen Pädagogik (Mit Beiträgen von G. Hüther, G. Roth, M. Spitzer u. a.), Verlag Herder Spektrum, Freiburg 2006

Czisch, F.: Kinder können mehr. Anders lernen in der Grundschule, Verlag Antje Kunstmann, München 2007

Dreikurs, R., Cassel, P., Dreikurs Ferguson, E.: Disziplin ohne Tränen, Verlag Klett-Cotta, Stuttgart 2009

Edelstein, W., Frank, S., Sliwka, A. (Hrsg.): Praxisbuch Demokratiepädagogik. Sechs Bausteine für Unterrichtsgestaltung und Schulalltag, Beltz Verlag, Weinheim und Basel 2009

Endres, W.: Lernen lernen – Wie Stricken ohne Wolle? 13 Experten streiten über Konzepte und Modelle zur Lernmethodik, Beltz Verlag, Weinheim und Basel 2007

Farnkopf, R.: ADS und Schule. Tipps für Unterricht und Hausaufgaben, Beltz Verlag, Weinheim und Basel 2009

Garner, B.: Ich hab's! Aha-Erlebnisse beim Lernen – Was schwachen Schülern wirklich hilft, Beltz Verlag, Weinheim und Basel 2009

Grüner, T., Hilt, F.: Bei STOPP ist Schluss. Werte und Regeln vermitteln, AOL Verlag / AAP Lehrerfachverlage, Buxtehude 2009

Gugel, G.: Handbuch Gewaltprävention. Für die Grundschule und die Arbeit mit Kindern. Grundlagen – Lernfelder – Handlungsmöglichkeiten, Institut für Friedenspädagogik Tübingen e.V. / WSD Pro Child e.V. 2008

Gugel, G.: Methoden-Manual »Neues Lernen«. Tausend Vorschläge für die Schulpraxis, Beltz Verlag, Weinheim und Basel 2006

Hart, S., Kindle Hodson, V.: Das respektvolle Klassenzimmer. Werkzeuge zur Konfliktlösung und Förderung der Beziehungskompetenz (für Schüler), Junfermann Verlag, Paderborn 2010

Hentig von, H.: Die Schule neu denken. Eine Übung in pädagogischer Vernunft, Beltz Verlag, Weinheim und Basel 2008

Hüther, G.: Bedienungsanleitung für ein menschliches Gehirn, Vandenhoeck & Ruprecht, Göttingen 2009

Hüther, G.: Biologie der Angst. Wie aus Stress Gefühle werden, Vandenhoeck & Ruprecht, Göttingen 2011

Juul, J., Jensen, H.: Vom Gehorsam zur Verantwortung. Für eine neue Erziehungskultur, Beltz Verlag, Weinheim und Basel 2009

Kahl, R.: Treibhäuser der Zukunft. Wie in Deutschland Schulen gelingen, (DVD), Beltz Verlag, Weinheim und Basel 2006

Kaltwasser, V.: Achtsamkeit in der Schule. Stille-Inseln im Unterricht: Entspannung und Konzentration, Beltz Verlag, Weinheim und Basel 2008

Kegler, U.: In Zukunft lernen wir anders. Wenn die Schule schön wird, Beltz Verlag, Weinheim und Basel 2009

Kempfert, G., Ludwig, M.: Kollegiale Unterrichtsbesuche. Besser und leichter unterrichten durch Kollegen-Feedback, Beltz Verlag, Weinheim und Basel 2010

Kempfert, G. Rolff, H-G.: Qualität und Evaluation. Ein Leitfaden für pädagogisches Qualitätsmanagement, Beltz Verlag, Weinheim und Basel 2005

Klippert, H.: Lehrerentlastung. Strategien zur wirksame Arbeitserleichterung in Schule und Unterricht, Beltz Verlag, Weinheim und Basel 2007

Klippert, H.: Kommunikations-Training. Übungsbausteine für den Unterricht, Beltz Verlag, Weinheim und Basel 2010

Klippert, H.: Teamentwicklung im Klassenraum. Übungsbausteine für den Unterricht, Beltz Verlag, Weinheim und Basel 2010

Korte, J.: Erziehungspartnerschaft Eltern-Schule. Von der Elternarbeit zur Elternpädagogik, Beltz Verlag, Weinheim und Basel 2008

Kounin, J. S.: Techniken der Klassenführung. Standardwerke aus Psychologie und Pädagogik. Reprints, Waxmann Verlag, Münster 2006

Marzano, R., Marzano, J., Pickering, D.: Classroom Management that Works. Research-Based Strategies for Every Teacher, Association for Supervision and Curriculum Development, Alexandria (VA) 2003

Militzer, Renate, et al.: Der Vielfalt Raum geben. Interkulturelle Erziehung in Tageseinrichtungen für Kinder, Beltz Votum Verlag, Weinheim und Basel 2002

Miller, R.: Sich in der Schule wohlfühlen. Wege für Lehrerinnen und Lehrer zur Entlastung im Schulalltag, Beltz Verlag, Weinheim und Basel 2006

Nelsen, J., Lott, L., et al.: Positive Discipline in the classroom. Developing Mutual Respect, Cooperation, and Responsibility in Your Classroom, Three Rivers Press, New York 2000

Nolting, H.-P.: Lernfall Aggression. Wie sie entsteht – wie sie zu vermindern ist. Eine Einführung, Rowohlt Taschenbuch Verlag, **Hamburg** 2005

Nolting, H.-P.: Störungen in der Schulklasse. Ein Leitfaden zur Vorbeugung und Konfliktlösung, Beltz Verlag, Weinheim und Basel, 2003

Palmowski, W.: Nichts ist ohne Kontext. Systemische Pädagogik bei »Verhaltensauffälligkeiten«, Verlag Modernes Lernen Borgmann, Dortmund 2007

Philipp, E., Rolff, H.-G.: Schulprogramme und Leitbilder entwickeln, Beltz Verlag, Weinheim und Basel 2006

Plath, M.: »Spielend« unterrichten und Kommunikation gestalten. Warum jeder Lehrer ein Schauspieler ist, Beltz Verlag, Weinheim und Basel 2010

Preuss-Lausitz, U. (Hrsg.): Verhaltensauffällige Kinder integrieren. Zur Förderung der emotionalen und sozialen Entwicklung, Beltz Verlag, Weinheim und Basel 2005

Rosenberg, M.: Erziehung, die das Leben bereichert. Gewaltfreie Kommunikation im Schulalltag, Junfermann Verlag, Paderborn 2007

Schilling, J. (Hrsg.): Kompetent im Lehramt? Studierende und Referendar/innen einschätzen und beraten, Beltz Verlag, Weinheim und Basel 2009

Schulz von Thun, F.: Miteinander reden: 1. Störungen und Klärungen. Allgemeine Psychologie der Kommunikation, Rowohlt Taschenbuch Verlag, Hamburg, 2011

Spitzer, M.: Lernen. Gehirnforschung und die Schule des Lebens, Spektrum Akademischer Verlag, Heidelberg 2006

Stanford, G.: Gruppenentwicklung im Klassenraum und anderswo. Praktische Anleitungen für Lehrer und Erzieher, Hahner Verlagsgesellschaft, Aachen 2002

Stöger, C., Lion, B., Niermann, F.: Professionalisierung im Lehrberuf, Ziele erreichen – Potenziale nutzen, Beltz Verlag, Weinheim und Basel 2010

Strähling, R.: Basiswissen Grundschule. Bd. 20. »Du gehörst zu uns.« Inklusive Grundschule. Ein Praxisbuch für den

Umbau der Schule, Schneider Verlag Hohengehren, Baltmannsweiler 2010

Tennstädt, K.-C. u. a.: Das Konstanzer Trainingsmodell (KTM). Neue Wege im Schulalltag. Ein Selbsthilfeprogramm für zeitgemäßes Unterrichten und Erziehen, Verlag Hans Huber, Bern 1994

Walker, J.: Gewaltfreier Umgang mit Konflikten in der Grundschule. Grundlagen und didaktisches Konzept. Spiele und Übungen für die Klassen 1-4, Cornelsen Verlag, Berlin 1995

Whittaker, T.: Was gute Lehrer anders machen. 14 Dinge, auf die es wirklich ankommt, Beltz Verlag, Weinheim und Basel 2009

Wildfeuer, W.: Kommunikation – Moderation – Mediation. Ein Trainingsprogramm für Schüler und Lehrer, Juventa Verlag, Weinheim und München 2006

Kindererziehung: Prävention und Intervention

Bauer, J.: Schmerzgrenze, vom Ursprung alltäglicher und globaler Gewalt. Karl Blessing Verlag, München 2011

Bergmann, W.: Das Drama des modernen Kindes. Hyperaktivität, Magersucht, Selbstverletzung, Beltz Verlag, Weinheim und Basel 2007

Biddulph, S.: Das Geheimnis glücklicher Kinder, Heyne Verlag, München 2001

Brazelton, T. B., Greenspan, S. I.: Die sieben Grundbedürfnisse von Kindern. Was jedes Kind braucht, um gesund aufzuwachsen, gut zu lernen und glücklich zu sein, Beltz Verlag, Weinheim und Basel 2008

Deegener, G.: Kindesmissbrauch. Erkennen – helfen – vorbeugen, Beltz Verlag, Weinheim und Basel 2010

Delfos, M.: Wie meinst du das? Gesprächsführung mit Jugendlichen (13–18 Jahre), Beltz Verlag, Weinheim und Basel 2011

Endres, W.: Geschwister … haben sich zum Streiten gern, Beltz Verlag, Weinheim und Basel 2005

Gebauer, K., Hüther, G.: Kinder brauchen Wurzeln. Neue Perspektiven für eine gelingende Entwicklung, Patmos Verlag, Ostfildern 2005

Gerlinghoff, M., Backmund, H.: Ess-Störungen. Fachwissen – Krankheitserleben – Ess-Programme, Beltz Verlag, Weinheim und Basel 2006

Gerlinghoff, M., Backmund, H.: Was sind Ess-Störungen? Ein kleines Handbuch zur Diagnose, Therapie und Vorbeugung, Beltz Verlag, Weinheim und Basel 2001

Gruhn, W.: Kinder brauchen Musik. Musikalität bei kleinen Kindern entfalten und fördern, Beltz Verlag, Weinheim und Basel 2011

Hurrelmann, K.: Familienstress, Schulstress, Freizeitstress. Gesundheitsförderung für Kinder und Jugendliche, Beltz Verlag, Weinheim und Basel 1994

Juul, J.: Das kompetente Kind, Rowohlt Taschenbuch Verlag, Hamburg 2006

Klein, J., Träbert, D.: Wenn es mit dem Lernen nicht klappt. Schluss mit Schulproblemen und Familienstress, Beltz Verlag, Weinheim und Basel 2009

Omer, H., von Schlippe, A.: Autorität durch Beziehung. Die Praxis des gewaltlosen Widerstands in der Erziehung, Vandenhoeck & Ruprecht, Göttingen 2005

Omer, H., von Schlippe, A.: Autorität ohne Gewalt. Coaching für Eltern von Kindern mit Verhaltensproblemen. »Elterliche Präsenz« als systemisches Konzept, Vandenhoeck & Ruprecht, Göttingen 2010

Rosenberg, M.: Gewaltfreie Kommunikation. Eine Sprache des Lebens, Junfermann Verlag, Paderborn 2007

Rotthaus, W.: Wozu erziehen? Entwurf einer systemischen Erziehung, Carl-Auer-Systeme Verlag, Heidelberg 2002

Spitzer, M.: Vorsicht, Bildschirm! Elektronische Medien, Gehirnentwicklung, Gesundheit und Gesellschaft, Deutscher Taschenbuch Verlag, München 2006

Tausch, R., Tausch, A.-M.: Erziehungs-Psychologie. Begegnung von Person zu Person, Hogrefe Verlag, Göttingen 1998

Tymister, H. J.: Pädagogische Beratung mit Kindern und Jugendlichen. Fallbeispiele und Konsequenzen für Familie und Schule, Bergmann & Helbig Verlag, Hamburg 1996

Register

Danksagung

Herrn **Professor Dr. Klaus Hurrelmann** danken wir herzlich für die vertrauensvolle, wertschätzende Begleitung, die er uns und unserer Arbeit seit 2003 hat zuteilwerden lassen. Seine wohlwollende Unterstützung wird u.a. durch seine Tätigkeit als Beirat im Trainernetzwerk deutlich, aber auch durch seine ermutigenden Worte im Geleit.

Unser Dank gilt auch Herrn **Professor Dr. Gerald Hüther** für die Würdigung unserer Arbeit auf der Rückseite des Buches.

Für die Durchführung der Pilotprojekte 2010/2011 und ihre engagierten Rückmeldungen im Anschluss danken wir Frau **Angela Jensen-Markhoff** und **Frau Marianne Nehrkorn**, Lehrerinnen an der Erich-Kästner Schule in Hamburg, Herrn **René Roth**, Konrektor an der Bischöflichen Schule in St. Vith in Belgien und Herrn **Detlef Soetbeer**, Schulleiter der Hehlentor Grundschule in Celle, Niedersachsen.

Herrn **Dennis Mohr,** Diplompsychologe in St. Augustin bei Bonn**,** gilt unser Dank für seine professionelle Beratung im Bereich der Individualpsychologie.

Herrn **Dr. Claus Koch** danken wir für seine wie immer engagierte Begleitung, professionelle Unterstützung und sein konstruktives Feedback bei der Vorbereitung zur Veröffentlichung des STEP Buches für Lehrer/innen.

Wir danken der **Erich-Kästner Schule** für die freundliche Überlassung des sog. »Logbuch« als Beispiel (Muster) für einen Wochenplan für Schüler in Anhang A.

Hinsichtlich der zahlreichen Beispiele im Buch aus dem Schulalltag danken wir den vielen **STEP Kursleitern** aus Deutschland, der Schweiz und aus Belgien, die auch Lehrer verschiedenen Schulformen waren oder sind und ihren reichen Erfahrungsschatz auf diese Weise mit uns geteilt haben.

Unser Dank gilt außerdem unseren **Freunden und Bekannten**, die seit Jahren als Lehrer in Nordrhein-Westfalen, Bayern, Hessen, Baden-Württemberg, Niedersachsen, Hamburg, Berlin und Schleswig-Holstein tätig sind und unsere vielen Fragen nimmermüde und geduldig mit vielfältigen Hintergrundinformationen aus der Schulpraxis, dem Schulrecht und der Schulverwaltung beantwortet haben.

Last but not least: die Unterstützung unserer **Familien** war auch bei diesem – dem fünften – STEP Buch entscheidend. Wir danken unseren Ehepartnern und Kindern für ihre Ermutigung, die uns, besonders in arbeitsintensiven Zeiten, Kraft gegeben hat.

Trudi Kühn und Roxana Petcov, Düsseldorf im Juli 2011

Meinungen von Teilnehmern an den Pilotprojekten der STEP Fortbildung für Lehrer

»Ich kann das STEP Lehrertraining auf jeden Fall weiterempfehlen. Es hat mir geholfen, selbstbewusster im Unterricht aufzutreten, gelassen und vorbereitet mit Störungen und Störenfrieden umzugehen und es hat mir verdeutlicht, dass ich mit meinen Schulalltagsproblemen nicht alleine bin. Von dem Austausch in der Gruppe über Probleme und mögliche Lösungen habe ich sehr profitiert«.

Johanna R., Studienseminar Celle

»Das STEP Lehrertraining rüstet die Teilnehmer mit einer wertvollen Werkzeugkiste aus, die mit effektiven und hilfreichen Werkzeugen zur Umsetzung von Problemlösungen im alltäglichen Umgang mit schwierigen Schülern gefüllt ist. Die Fortbildung hilft, sicherer und gelassener aufzutreten, das Verhalten der Schüler zu verstehen und konsequent darauf zu reagieren.«

Manfred S., St. Vith, Belgien

»Die ermutigende Haltung im STEP Lehrerkurs hat mir neue Handlungsmöglichkeiten gegeben. ›Ich muss nicht perfekt sein‹ ist eine wichtige Botschaft für mich als Lehrer gewesen.«

Jan L., Erich-Kästner-Schule, Hamburg

»Ich habe viele wichtige Anregungen bekommen. Die Möglichkeit, das sofort auszuprobieren, was für mich gerade wichtig ist, und die Erfahrungen im Kurs auszuwerten, war sehr wertvoll.«

Annemarie K., Erich-Kästner-Schule, Hamburg

»Ruhig und besonnen auf die Schüler einzugehen ist besser als spontane Aktionen, die vielleicht das Verhältnis zwischen den Beteiligten für immer zerstören. Ich bin sehr dankbar, dass ich an diesem Programm teilnehmen durfte.«

Armin M., St. Vith, Belgien

**STEP Fortbildungen für Lehrer bundesweit ab 2012 unter
www.instep-online.de**

Mit STEP zu mehr Erziehungskompetenz

STEP bietet die Prinzipien einer demokratischen Kindererziehung als Antwort auf die Herausforderungen unserer Zeit, auch aus der Erkenntnis heraus, dass weder die autoritäre noch die antiautoritäre Kindererziehung den Anforderungen der heutigen Gesellschaft gerecht wird. Die Grundidee des Konzepts ist die Gleichwertigkeit der Eltern (oder Erziehenden) und Kinder als würdige Menschen sowie das Recht und die Pflicht aller zu gegenseitigem Respekt.

Prof. Dr. K. Hurrelmann, der die wissenschaftliche Evaluation des STEP Programms in Deutschland übernommen hat, betrachtet STEP als »ein zutiefst demokratisches und humanes Konzept. Es zielt darauf ab, Menschen unterschiedlicher Generationen feste und klar strukturierte Regeln für den Umgang miteinander an die Hand zu geben.«

Folgende STEP Bücher sind bei Beltz bereits erschienen:

Das Elternbuch
Die ersten 6 Jahre
ISBN 978-3-407-22877-2

Das Elternbuch
Kinder ab 6 Jahre
ISBN 978-3-407-22875-8

Das Elternbuch
Leben mit Teenagern
ISBN 978-3-407-22883-3

Informationen über STEP Elternkurse bei zertifizierten Kursleiter/innen:
www.instep-online.de, www.instep-online.ch und www.instep-online.at

BELTZ

Wirksame Präventions- strategien

Das Thema »Gewalt an Schulen« beschäftigt seit vielen Jahren die öffentliche Diskussion, und die Massenmedien erwecken den Eindruck, als nähmen Gewalt und Aggressionen in unseren Schulen ständig zu.

Was aber hat sich wirklich verändert, und wie ist diesen Veränderungen zu begegnen? Tatsache ist: Immer mehr Schülerinnen und Schüler »importieren« unkontrollierte Aggressionsimpulse in den schulischen Raum.

Andererseits erweist sich die Schule aber auch als eine besonders geeignete Institution für die Gewaltprävention. Und so werden neben einer kritischen Bestandsaufnahme, wo die Gewalt herkommt und wie ihr in der Schule sofort begegnet werden kann, in diesem Buch eine Vielzahl präventiver Ansätze vorgestellt, vom gezielten Aufbau sozialer Kompetenz über die Stärkung von Eigenverantwortung von Schülerinnen und Schülern bis hin zu Möglichkeiten der Zusammenarbeit von Schule und Elternschaft.

Klaus Hurrelmann/Heidrun Bründel
Gewalt an Schulen
Pädagogische Antworten auf eine soziale Krise
broschiert, 224 Seiten
ISBN 978-3-407-22184-1

Entspannungs-übungen für den Unterricht

Wie aus einer Haltung der Achtsamkeit heraus sich die Selbstwahrnehmung von Schülerinnen und Schülern verfeinert und ihre Selbstkompetenz sich erhöht, das erläutert Vera Kaltwasser in diesem Buch.

Von den jüngsten Erkenntnissen der Hirnforschung und der Psychologie über das enge Wechselspiel zwischen Körper, Geist und Gefühlen spannt die Autorin den Bogen zu praktischen Konsequenzen für den Unterricht. Erstmals wird hier ein prozessorientiertes Konzept vorgestellt, das die Kraft der Stille und der Selbstbesinnung für Kinder und Jugendliche erschließt.

Die Schüler werden zu Forschern in eigener Sache und lernen, wie sie selbsttätig Stress bewältigen und innere Anspannung lösen können. Die Achtsamkeitsphasen, in denen auch mit Übungen aus dem QiGong gearbeitet wird, lassen sich nahtlos und mit geringem Aufwand in den Schulalltag einflechten.

»In den Übungen befreunde ich mich mit mir selber.«
Schülerin einer 5. Klasse

Vera Kaltwasser
Achtsamkeit in der Schule
Stille-Inseln im Unterricht:
Entspannung und Konzentration
Broschur, 160 Seiten
ISBN 978-3-407-62631-8

BELTZ